Verkehrspsychologie

Reihe herausgegeben von

Bernhard Schlag, Fakultät für Verkehrswissenschaften, TU Dresden, Dresden, Sachsen, Deutschland

Verkehrspsychologie ist ein wachsendes Gebiet der Psychologie, das starke öffentliche Aufmerksamkeit erfährt. Die Bände dieser Reihe befassen sich mit wissenschaftlichen Arbeiten in allen Gebieten der Verkehrspsychologie: Unfall- und Sicherheitsforschung, Mobilitätsverhalten und Mobilitätserleben der Menschen, Diagnostik und Rehabilitation auffälliger Kraftfahrer, Fahrerassistenz und Automatisierung, Human Factors in der Verkehrsplanung und Straßenverkehrstechnik sowie im Bahn- und Flugwesen, Mobilitätsmanagement, Strategien der Verhaltensbeeinflussung für eine umweltgerechtere und sicherere Mobilität, Aufklärung und Ausbildung in Schulen und Fahrschulen. Verkehrspsychologische Forschung wird oft in enger Kooperation mit Ingenieuren, Wirtschaftswissenschaftlern, Pädagogen und Medizinern betrieben. Sie hat dabei eigenständige theoretische und methodische Ansätze entwickelt. Die Reihe macht sowohl aktuelle Forschungen als auch Überblicksdarstellungen in diesen Bereichen zugänglich.

Weitere Bände in der Reihe http://www.springer.com/series/12369

Denise Kaniok

Framing im Kontext von Straßenbenutzungsgebühren

Beeinflussung der Akzeptanz und der Nutzungsabsicht kostenpflichtiger Straßeninfrastruktur zugunsten einer nachhaltigen Mobilität

Springer

Denise Kaniok
Professur für Verkehrspsychologie
Technische Universität Dresden
Dresden, Deutschland

Zugl.: Dissertation, Technische Universität Dresden, 2019

Verkehrspsychologie
ISBN 978-3-658-33301-0 ISBN 978-3-658-33302-7 (eBook)
https://doi.org/10.1007/978-3-658-33302-7

Die Deutsche Nationalbibliothek verzeichnet diese Publikation in der Deutschen Nationalbibliografie; detaillierte bibliografische Daten sind im Internet über http://dnb.d-nb.de abrufbar.

Planung/Lektorat: Marija Kojic
Springer ist ein Imprint der eingetragenen Gesellschaft Springer Fachmedien Wiesbaden GmbH und ist ein Teil von Springer Nature.
Die Anschrift der Gesellschaft ist: Abraham-Lincoln-Str. 46, 65189 Wiesbaden, Germany

„Leider läßt sich eine wahrhafte Dankbarkeit mit Worten nicht ausdrücken."

Johann Wolfgang von Goethe

Geleitwort

Mobilität ist ein gesellschaftliches Kernthema mit hohem Konfliktpotential. Zur Beeinflussung der Mobilität stehen unterschiedliche und gleichzeitig unterschiedlich stark akzeptierte Maßnahmen zur Verfügung. Hohe Akzeptanz finden gerade in Deutschland vor allem technische Lösungen, von E-Mobilität bis zu automatisiertem Fahren, die in begrenztem Maße wirken können ohne dass Menschen ihr Mobilitätsverhalten ändern müssen. Dem gegenüber stehen u.a. verhaltensbezogene Maßnahmen, die Anreize für eine nachhaltige und damit effizientere Mobilität schaffen. Dazu gehören als ein Kernelement Preise für die Benutzung der Verkehrsinfrastruktur.

Preisliche Maßnahmen können und sollen neben ihrer Finanzierungsfunktion einen wesentlichen Anreiz zu Verhaltensänderungen in unterschiedlichen Lebensbereichen geben („Lenkungsfunktion"). Gesellschaftlich wurden Möglichkeiten einer verstärkten Nutzerfinanzierung der Verkehrsinfrastruktur in den letzten Jahren u.a. in Bund-Länder-Kommissionen erörtert (Daehre-Kommission und Bodewig-Kommission), die zu politischen Empfehlungen und öffentlichen Diskussionen führten. Die Untersuchung, wie solche Preissysteme kommuniziert werden sollten, so dass in der Bevölkerung eine hohe Akzeptanz entsteht und darüber das gewünschte nachhaltige Verkehrsverhalten folgen kann, stellt dabei einen entscheidenden Schritt dar. Hier setzt die Dissertation „Framing im Kontext von Straßenbenutzungsgebühren – Beeinflussung der Akzeptanz gebührenpflichtiger Straßeninfrastruktur" an.

Mit diesem Band der Reihe Verkehrspsychologie legt Frau Dr. Denise Kaniok eine interdisziplinäre Dissertation vor, durch die in anspruchsvoller Weise wirtschaftswissenschaftliche Fragestellungen und Theorien mit empirischen psychologischen Erkenntnissen verbunden werden. Wie können im Verkehrsbereich Preismaßnahmen (z. B. Straßenbenutzungsgebühren) so gestaltet und kommuniziert werden, dass diese akzeptiert werden und zu intendierten Verhaltensänderungen führen? Da menschliche Entscheidungen nicht rein rational erfolgen, hängen Präferenzen und Entscheidungen von der Darstellung und dem Bezugsrahmen („framing") des Sachverhalts ab. In mehreren experimentellen Studien untersuchte Denise Kaniok u. a., welche Auswirkungen die Art der Darstellung von Kosteninformationen bei einer City-Maut sowie von Zeitgewinnen vs. -verlusten bei Routenwahlentscheidungen hat.

Die Arbeit fügt sich ein in die sich derzeit stark entwickelnde Forschungsrichtung der behavioural economics und ist geeignet, diese Ansätze in spezifischen Aspekten weiter zu entwickeln. Entstanden ist die Arbeit im Wesentlichen im Rahmen des gemeinsamen Graduiertenkollegs „DIKE – Kostenwahrheit im Verkehr" der Lehrstühle Verkehrsökologie und Verkehrspsychologie der Fakultät Verkehrswissenschaften der TU Dresden und wurde finanziell durch die Dr. Joachim und Hanna Schmidt-Stiftung für Umwelt und Verkehr sowie die Graduiertenakademie und das Zentrum für Weiterbildung der TU Dresden unterstützt.

Aus den empirischen Befunden ergibt sich eine Reihe praktischer Schlussfolgerungen, die hervorragend geeignet sind, der Diskussion um die Kommunikation von Maßnahmen zur Verhaltensbeeinflussung im Verkehrsbereich neue Impulse zu geben.

Dresden
im Dezember 2020

Bernhard Schlag

Danksagung

In tiefer Dankbarkeit blicke ich auf eine intensive, schöne, aufreibende, interessante, herausfordernde und inspirierende Zeit zurück, die mich oft an meine Grenzen, aber nie zur Aufgabe gebracht hat. Ich möchte mich bei allen – nicht nur den nachfolgend genannten – Begleitern dafür bedanken, dass sie mir ermöglicht haben, was für mich zeitweise unerreichbar schien.

Ein herzlicher Dank gilt Prof. Dr. Bernhard Schlag für seine fortwährende Unterstützung, Ermutigung und das stete Vertrauen, was mir hohe Eigenständigkeit und örtliche Flexibilität ermöglicht hat. Ebenfalls bedanke ich mich bei Prof. Dr.-Ing. Udo Becker für den stets geäußerten Glauben an den Erfolg dieser Promotion, die konstruktiven Hinweise in der Schlussphase meiner Arbeit und nicht zuletzt für die Bereitschaft zur Erstellung des Zweitgutachtens.

Ich danke meinen Mitstreitern des interdisziplinären Graduiertenkollegs „DIKE – Kostenwahrheit im Verkehr“ Angela Francke, Thilo Becker, Julia Gerlach und Christiane Kramer für viele schöne Erlebnisse, intensive Gedanken- und Informationsaustausche sowie die gegenseitige Motivation in den vergangenen Jahren.

Sehr dankbar bin ich für die Unterstützung durch Christine Geyer und Konstanze Winkler, deren studentische Arbeiten, aber auch der Austausch darüber hinaus überaus gewinnbringend waren.

Für unterschiedlichste Mithilfe und Anregung möchte ich folgenden Personen danken: Dr. Jens Schade, Lars Rößger, Prof. Dr. Christos Evangelinos, Dr. Andy Obermeyer und Dr. Matthias Rudolf.

Ich danke der „Dr. Joachim und Hanna Schmidt Stiftung für Umwelt und Verkehr“ und der „Graduiertenakademie“ sowie dem „Zentrum für Weiterbildung“ der Technischen Universität Dresden für die finanzielle Unterstützung und somit Ermöglichung meiner Dissertation.

Bei meinen lieben Freunden bedanke ich mich für ihr bloßes Dasein und den emotionalen Beistand. Ein großer Dank geht an unseren Nachbarn Clemens für die intensive Hilfe und die zahlreichen Gespräche in der letzten Phase der Promotionszeit sowie meinem Schiegervater, dessen Unterstützung auch in den Höhen der Schweizer Alpen nicht abriss.

Schließlich danke ich von ganzem Herzen meiner Familie, die mich mein Leben lang hat das spüren lassen, was nicht nur für die Promotionszeit überaus wertvoll ist: unerschütterliche Geduld, Zuversicht, Motivation und Wertschätzung. Ein besonderer Dank gilt meinem Mann Lars und unseren Kindern Svea und Mika für deren Liebe und den Glauben an mich.

Denise Kaniok
Bremen, Deutschland

Hintergrund und Zielstellung

In Anbetracht der schon heute beobachtbaren Engpässe im Straßenverkehr, dem Ausmaß der Umweltbelastung und der gleichzeitigen Knappheit öffentlicher Mittel gilt es, neue Wege einzuschlagen, um die Leistungsfähigkeit der Straßeninfrastruktur zu erhalten bzw. wiederherzustellen und zugleich den ökologischen Ansprüchen gerecht zu werden. Da diesbezüglich insbesondere im Verkehrssektor auf technischer und planerischer Ebene in naher Zukunft zu wenig Fortschritt zu erwarten ist, sind eher Verhaltensänderungen zu forcieren. Doch trotz eines steigenden Bewusstseins über vorherrschende Verkehrsprobleme ist seitens der Bevölkerung kaum von einer nennenswerten freiwilligen Einschränkung des Autogebrauchs auszugehen. Hier sollen regulierende staatliche Maßnahmen ansetzen, um mittels monetärer Anreize die Habituierung beim Verkehrsverhalten zu durchbrechen und die Bereitschaft für umweltbewusste Verhaltensweisen zu erhöhen. Straßenbenutzungsgebühren haben sich in diesem Zusammenhang als technisch realisierbarer, aus ökonomischer Sicht effektiver und verhaltenswirksamer Lösungsansatz herausgestellt. Trotz der Vorteile einer Implementierung regt sich starker Widerstand auf öffentlicher und politischer Ebene (Kramer, 2018; Schade, 2005). Der sensiblen und kontextabhängigen Thematik der Gebühren, Steuern und Abgaben sollte daher besonders bei der Darstellung in der Öffentlichkeit Beachtung geschenkt werden.

Bei Betrachtung menschlicher Entscheidungsmuster wird deutlich, dass abweichend von den Grundsätzen rationalen Verhaltens Präferenzen einer Abhängigkeit von der Art der Darstellung unterliegen und Bewertungen eines Sachverhaltes nicht absolut erfolgen. Allein durch die unterschiedliche Formulierung eines Sachverhaltes und dem Erzeugen eines anderen Bezugsrahmens, dem sogenannten Framing, können trotz identischer Erwartungswerte der angebotenen Alternativen divergierende Entscheidungen hervorgerufen werden (Kahneman & Tversky,

1979). Bei Betrachtung des Erfolgspotentials bezüglich der Beurteilungs- und Verhaltensbeeinflussung liegt eine Anwendbarkeit im Verkehrsbereich und der Thematik der Straßenbenutzungsgebühren nahe.

Im Rahmen der vorliegenden Arbeit ist zu prüfen, inwieweit Framing eine persuasive Wirkung auf die Bewertung von Straßenbenutzungsgebühren und die Nutzungsabsicht kostenpflichtiger Straßeninfrastruktur hat. Es wird hinterfragt, ob sich menschliche Entscheidungen durch Veränderungen bei der Darstellung verschiedener Gebühreninformationen zugunsten von nachhaltigem Mobilitätsverhalten beeinflussen lassen.

Konkret wird folgenden Forschungsfragen nachgegangen:

1) Welche Auswirkung hat die unterschiedliche Darstellung systemseitiger Eigenschaften auf die Beurteilung eines Straßenbenutzungsgebührenkonzeptes?
2) Inwieweit beeinflusst die verschiedenartige Darstellung der Handlungskonsequenzen infolge der Einführung von Straßenbenutzungsgebühren deren Beurteilung?
3) Welchen Einfluss haben unterschiedlich dargestellte Zeitinformationen in Form von Reisezeitgewinnen und -verlusten auf Routenwahlentscheidungen und die Beurteilung kostenpflichtiger Fahrspuren?
4) Beeinflussen Drittvariablen wie soziodemografische Faktoren oder Reiseparameter die Wirkung unterschiedlich dargestellter Informationen?

Aus den Befunden werden praxisrelevante Empfehlungen abgeleitet, die bei der Präsentation von Straßenbenutzungsgebühren für deren positive Beurteilung und das angestrebte Verhalten im Sinne der Maßnahme zu berücksichtigen sind.

Methodik

Zur Beantwortung der Forschungsfragen und Verifizierung der aufgestellten Hypothesen sind eigene Befragungsinstrumente entwickelt worden. Grundlage für die in den vier Studien untersuchten Framing-Effekte bildet die Kategorisierung von Levin, Schneider und Gaeth (1998), wonach zwischen Einflüssen des Attribute Framings, des Goal Framings sowie des Risky Choice Framings unterschieden wird.

Die konzipierten Fragebögen setzen sich im Wesentlichen aus drei Teilen zusammen. Ein Abschnitt erhebt allgemeine Angaben beispielsweise zur Wahrnehmung von Verkehrsproblemen, Einstellung gegenüber Straßenbenutzungsgebühren, Nutzungshäufigkeit verschiedener Verkehrsmittel oder zum gewohnheitsmäßigen Fahrverhalten. Den Kern der Befragungen bilden die Inhalte der drei Framing-Konzepte. Es werden verschiedene Straßenbenutzungsgebührenmaßnahmen – wie City- oder Autobahnmaut – vorgestellt. Die Präsentation des jeweiligen Sachverhaltes und die Fragen zur Wirkungsanalyse der Formulierungsversionen erfolgen entsprechend dem Framing-Typ. Die Fragebögen schließen mit der Erhebung soziodemographischer Daten ab.

Studie I fokussiert die Wirkung des Attribute Framings, bei dem die differenzierte Darstellung bestimmter Eigenschaften eines Sachverhaltes zu unterschiedlichen Entscheidungsmustern führt. Der untersuchte Metric-Effekt konzentriert sich auf die Wirkung von Preisänderungen in Prozentangaben und absoluten Werten. Im Rahmen von *Studie II* wird hinterfragt, inwieweit Goal Framing als die verschiedenartige Präsentation der Konsequenzen einer Handlung einen Einfluss auf die Beurteilung von Straßenbenutzungsgebühren hat. Ferner ist zu prüfen, ob sich die Ausprägung dieses Framing-Effektes in verschiedenen Problemdomänen unterscheidet. In den *Studien III.I* und *III.II* werden die Konsequenzen von Routenwahlentscheidungen, die in ihrer Unsicherheitsausprägung variieren und Zeit- sowie Kosteninformationen beinhalten, unterschiedlich dargestellt. Es wird untersucht, inwieweit dieser Ansatz des Risky Choice Framings die Beurteilung und die Nutzungsbereitschaft von kostenpflichtigen Fahrspuren beeinflusst. Darüber hinaus stellt sich die Frage, ob sich diese bei unterschiedlichen Reisezeiten, Zeitabweichungen und Gebührenhöhen unter Gewinn- bzw. Verlustbedingungen ändern. Aufbau und Inhalt der Untersuchungen sind zusammengefasst Tabelle 1 zu entnehmen.

Zur Beantwortung der aufgestellten Untersuchungsfragen erfolgt anhand der deskriptiven Statistik eine übersichtliche Darstellung der erhobenen Daten. Inferenzstatistische Verfahren werden herangezogen, um die formulierten Hypothesen zu prüfen. Entsprechend den Anwendungskriterien sind zur Datenauswertung unter anderem zweifaktorielle multivariate Varianzanalysen, Chi-Quadrat-Tests und die Verallgemeinerten Schätzgleichungen verwendet worden.

Ergebnisse

In *Studie I* erweisen sich die antizipierten Konsequenzen, die aus der Implementierung der Gebührenmaßnahme resultieren, durch die herangezogene Formulierungsversion als beeinflussbar. Es sind Differenzen bezüglich der subjektiven Nutzenerwartung bei kommunizierten Rabatten und Aufschlägen zu erkennen. Bei letzteren werden trotz identischer Änderung des Budgets häufiger Mehrkosten für Mobilität antizipiert als bei gewährten Ermäßigungen. Verstärkt wird die Negativerwartung bei Aufschlägen in Prozentwerten. Die Befunde zur finanziellen Betroffenheit im interpersonalen Vergleich bestätigen diese Tendenzen. Ein negativer Bezugsrahmen ruft häufiger als ein positiver die Erwartung der finanziellen

Tabelle 1 Aufbau und Inhalt der durchgeführten Studien

Studie	Studieninhalt
- I - *Attribute Framing & Metric-Effect* Online-Studie (N = 237)	Unterschiedliche Darstellung kostenbasierter Informationen: - City-Mautkonzept - Rabatte vs. Aufschläge - Absolute Zahlen vs. Prozentsätze
- II - *Goal Framing* Laborstudie (N = 92)	Unterschiedliche Darstellung der verfolgten Ziele: - City-Mautkonzept - situative Verbesserung vs. keine situative Verbesserung - umwelt- vs. staubezogene Probleme
- III.I & III.II - *Risky Choice Framing & Attribute Framing* Online-Studien ($N_{III.I}$ = 835; $N_{III.II}$ = 423)	Routenwahlentscheidungen mit unterschiedlicher Darstellung zeitbasierter Informationen und Unsicherheitsausprägung: - III.I: - Zeitgewinn vs. Zeitverlust - Variation: Reisezeit, Zeitabweichung, Route mit Unsicherheitsfaktor - III.II: - Autobahnmautkonzept - Zeitgewinn vs. Vermeidung Zeitverlust - Variation: Reisezeit, Zeitabweichung, Gebührenhöhe

Benachteiligung gegenüber anderen hervor. Da die individuelle Nutzenwahrnehmung als zentraler Prädiktor der Akzeptanz von Straßenbenutzungsgebühren gilt (Schade, 2005), werden Ansatzpunkte für positive Beeinflussungsmöglichkeiten mittels unterschiedlich dargestellter Objekteigenschaften gesehen.

Das herangezogene Goal Framing lässt in *Studie II* keine statistisch bedeutsamen Unterschiede bezüglich der Wirkung einer differenzierten Darstellung von Konsequenzen erkennen. Es bestätigen sich vielmehr die stärksten Effekte beim Risky Choice Framing.

In den *Studien III.I* und *III.II* löst die Verschiebung des Referenzpunktes insbesondere bei ausreichend langen Reisezeiten respektive zeitlichen Abweichungen ein unterschiedliches Wahlverhalten aus. Zeitbewertungen werden nicht kontextunabhängig, sondern infolge der hohen Wertigkeit von Zeit und infolge von Verlustangst vorgenommen. Drohende Zeitverluste induzieren hierbei stärkere Verhaltenseffekte als in Aussicht gestellte Zeitgewinne. Während bei letzteren mehrheitlich die kostenfreie Alternative präferiert wird, fällt die Wahl bei Präsentation eines Verlustes vornehmlich auf die gebührenpflichtige Fahrspur, um vorhersagbare Reisezeiten zu erzielen. Bei identischer Gesamtreisezeit scheint der Nutzenverlust, resultierend aus einer negativen zeitlichen Abweichung von einem Referenzpunkt, größer als der Nutzenzuwachs aus einer gleich großen positiven

Veränderung. Die Bedeutsamkeit des Faktors Zeit im menschlichen Entscheidungskalkül und vor allem die Aversion gegenüber Zeitverlusten werden anhand der Zahlungsbereitschaft und stärkeren Nutzungsabsicht gebührenpflichtiger Fahrspuren deutlich.

Zusammenfassend lassen die Befunde zum Attribute Framing und Risky Choice Framing erkennen, dass sich die von der Prospect Theory prognostizierten Entscheidungsmuster im Kontext von Straßenbenutzungsgebühren wiederfinden. Es sind eine Anfälligkeit für kognitive Verzerrungen und insbesondere eine hohe Sensitivität bezüglich der Faktoren Zeit und Kosten zu beobachten. Die in der Literatur angenommene Verlustangst und das damit einhergehende Vermeidungsverhalten bei menschlichen Entscheidungen sind auch bei der Präsentation einer Gebührenmaßnahme von zentraler Bedeutung. Es stellt sich die Frage, welche praxisrelevanten Handlungsempfehlungen aus den Befunden abgeleitet werden können.

Implikationen

Bezüglich kostenrelevanter Faktoren empfiehlt es sich, einen *positiven Bezugsrahmen* vorzugeben. Werden bei einem Konzept zur Bepreisung der Straßeninfrastruktur zeitliche Differenzierungsstufen in Betracht gezogen, mindert eine *Fokussierung des Einsparungspotentials bei Verhaltensanpassung* die Befürchtung von Mehrkosten und finanzieller Benachteiligung gegenüber anderen. Somit ist die Setzung des Referenzpunktes auf hochpreisige Hauptverkehrszeiten zu empfehlen und bei Änderung des Fahrtzeitpunktes auf weniger stark frequentierte Zeiten sind Rabattierungen zu gewähren. Die Wahrnehmung möglichst weniger persönlicher Nachteile geht mit positiveren Bewertungen der Maßnahme einher.

Darüber hinaus sollte die Bedeutsamkeit des Faktors Zeit bei der Präsentation eines Gebührenkonzeptes Berücksichtigung finden. Es wird das Hervorheben der *Möglichkeit der Vermeidung von Zeitverlusten* empfohlen. Zudem sind *ausreichend große Handlungsanreize* notwendig, um insbesondere bei einem Konzept mit einer zusätzlichen kostenpflichtigen Fahrspur stärkere Nutzungsanreize zu setzen. Mit einem deutlich wahrnehmbaren individuellen Nutzen in Form von vermeidbaren Zeitverlusten sowie moderat angesetzten Gebühren sollten weitere Voraussetzungen für positivere Bewertungen und ein Verhalten im Sinne des Systems geschaffen sein. Durch die Entzerrung der Verkehrsströme sind eine Entspannung der gesamten Verkehrslage und somit eine Reduzierung negativer externer Effekte zu erwarten. Im zeitlichen Verlauf sind Differenzierungen und Gebührenanpassungen zu empfehlen, um das Potential einer solchen verhaltensbeeinflussenden Maßnahme weiter auszuschöpfen (Francke & Kaniok, 2013). Abbildung 1 stellt die identifizierten Wirkungsprozesse der durchgeführten Studien vereinfacht dar.

Abbildung 1
Wirkungsprozesse und Empfehlungen

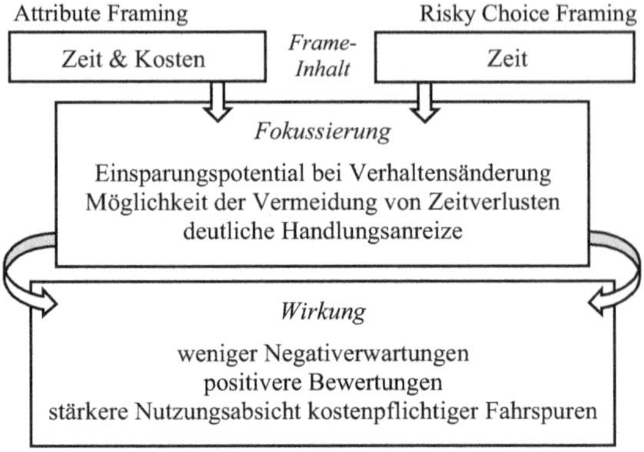

Die gewonnenen Erkenntnisse lassen sich auf andere Anwendungsbereiche zur Beeinflussung des Mobilitätsverhaltens übertragen. Es wird im Allgemeinen eine stärkere Fokussierung auf den Deutungsrahmen empfohlen, sodass mittels gezielt eingesetzter Informationsdarstellung Verhaltens- und Einstellungsmuster im Sinne der Nachhaltigkeit hervorgerufen werden. Die aufgezeigte Aversion gegenüber Zeitverlusten kann beispielsweise zum Ziel der Attraktivitätssteigerung des ÖPNVs genutzt werden. Es sollten die Möglichkeit der Vermeidung von Verlusten bei der Nutzung des öffentlichen Nahverkehrs im Vergleich zu anderen Verkehrsmitteln und der daraus resultierende individuelle Mehrwert für die Adressaten deutlich werden.

Über die Art der Darstellung hinaus sind weitere essentielle Punkte wie eine umfangreiche Informationspolitik und Transparenz sowie das Vorhandensein adäquater Handlungsalternativen bei der Implementierung von Straßenbenutzungsgebühren zu berücksichtigen, um wesentliche Veränderungen der globalen Einstellung zu erzielen. Mit der Einbindung von entsprechend dargestellten Straßenbenutzungsgebühren in ein Paket verschiedener Mobilitätsmaßnahmen, welches Verhaltenswirksamkeit zeigt und auf Akzeptanz in der Bevölkerung trifft, sollte ein wichtiger und notwendiger Schritt in Richtung von zukunftsorientiertem und umweltfreundlichem Verkehr gemacht sein, ohne dabei das Bedürfnis der Verkehrsteilnehmer nach Mobilität zu vernachlässigen.

Background and Objective

In view of the bottlenecks in road traffic that can already be observed today, the extent of environmental pollution and the simultaneous scarcity of public funds, new ground has to be broken in order to maintain and restore the efficiency of road infrastructure while at the same time meeting environmental requirements. In the transport sector in particular, at the technical and planning level, too little progress can be expected in the near future. This is why behavioural changes offer a helpful way forward. However, despite an increasing awareness of traffic-related problems, the population can hardly be expected to voluntarily restrict car use to a significant extent. For this reason, more official regulatory measures are being used which, by means of monetary incentives, are intended to overcome undesirable habits in terms of travel behaviour and increase people's willingness to behave in an environmentally conscious manner. In this context, road pricing has turned out to be a technically feasible and economically as well as behaviourally effective solution. Despite the advantages of its implementation, there is strong public and political resistance (Kramer, 2018; Schade, 2005). The sensitive and context-dependent topic of charges, taxes and fees should therefore be given particular attention when presenting it to the public.

When considering human decision-making patterns, in deviation from the principles of rational behaviour, preferences are subject to contextual dependency and assessments of a problem are not absolute. For example, simply by framing a different but objectively equivalent description of the same problem can result in different decisions (Kahneman & Tversky, 1979). When considering its potential for success in terms of influencing assessment and behaviour, it is obvious that this principle should be applied within the transport sector and in the context of road user charges.

The present work examines to what extent framing has a persuasive effect on people's assessment of road pricing and their intention to use tolled road infrastructure. It investigates whether human decisions can be influenced by changes in the presentation of different charging information in favour of sustainable mobility behaviour.

In light of the existing challenges and potential solutions, this research sets out to address the following research questions:

1) What effect does a different presentation of system characteristics have on the assessment of a road charging concept?
2) To what extent does the different representation of the consequences resulting from the introduction of road pricing influence the way tolls are being viewed by the user?
3) How does the way that time information is presented to the user in terms of travel time gains and losses influence their route choice and their assessment of tolled lanes?
4) Do other variables, such as sociodemographic factors or travel parameters, influence the way in which such information is perceived and assessed?

From the findings, practical recommendations are derived that should be considered when presenting road pricing to achieve a more positive public appreciation and behaviour intended by the measure.

Methodology

To answer the research questions and verify the formulated hypotheses, special survey instruments have been developed. For the framing effects examined in the four studies the categorisation developed by Levin, Schneider and Gaeth (1998) is used. They differentiate between influences of attribute framing, goal framing and risky choice framing.

The questionnaires essentially consist of three parts. One section collects general data, e. g. on the perception of traffic-related problems, on attitudes towards road pricing, on the frequency of use of different modes of transport or driving behaviour habits. The core of the surveys contains the three framing concepts. Various road pricing measures such as city or motorway tolls are presented. The presentation of the particular problem and the questions on the impact analysis of the different formulation are made according to the framing type. The questionnaires conclude in the collection of socio-demographic data.

Study I focuses on the effects of attribute framing. Here, varying the representation of certain characteristics of a given fact leads to different decisions. The metric effect studied concentrates on the effect of price changes in percentage and absolute terms. *Study II* examines to what extent goal framing as the different presentation of the consequences of an action has an influence on the appreciation of road pricing. The study also raises the question whether the extent of this framing effect differs in various problem domains. In *studies III.I* and *III.II* the focus lies on different levels of risk, travel time and how costs are described in different ways: to what extent does the risky choice framing approach influence people's assessment and their willingness to use tolled roads? Furthermore, the question arises whether these will change under gain or loss conditions with different travel times, time deviations and charge levels. Table 1 summarises the structure and content of the investigations.

Table 1 Structure and content of the studies

Study	Content
- I - *Attribute Framing & Metric Effect* Online Study (N = 237)	Different presentation of cost based information: - city toll concept - discount vs. surcharge - absolute numbers vs. percentage terms
- II - *Goal Framing* Laboratory study (N = 92)	Different presentation of objectives pursued: - city toll concept - situational improvement vs. no situational improvement - environmental vs. congestion related objectives
- III.I & III.II - *Risky Choice Framing & Attribute Framing* Online Studies ($N_{III.I}$ = 835; $N_{III.II}$ = 423)	Route choice with different presentation of time based information and level of risk: - III.I: - time saving vs. time loss - variation: travel time, deviation of time, route with uncertainty factor - III.II: - motorway toll concept (HOT lane) - time saving vs. avoiding time loss - variation: travel time, deviation of time, level of charge

To answer the research questions, a clear presentation of the collected data is made based on descriptive statistics. Inferential statistical methods are used to verify the formulated hypotheses. In accordance with the application criteria two-factor multivariate variance analyses, chi-square tests and the generalized estimation equations are used for data evaluation, among other methods.

Results

In *study I,* the anticipated consequences resulting from the implementation of a pricing measure are influenced by the formulation version. Differences in the subjective outcome expectations can be identified, depending on whether fees are communicated as discounts or surcharges. In the case of the latter, despite identical total costs, additional costs for mobility are more frequently perceived than when fees are communicated in terms of discounts. The negative expectation increases for surcharges that are provided in percentages. The findings on financial involvement compared to other persons confirm these trends. A negative frame, more often than a positive one, evokes the expectation of financial disadvantage compared to others. Since the individual perception of benefits is regarded as the central predictor of the acceptability of road pricing (Schade, 2005), this points the way to approaches that could induce positive reactions by means of differently represented object characteristics.

In *study II*, the goal framing used does not reveal any statistically significant differences resulting from presenting consequences differently. Rather, the strongest effects are confirmed for risky choice framing. In *studies III.I* and *III.II,* shifting the reference point triggers differences in the choice of behaviour, especially in the case of sufficiently long travel times or time deviations. Users assess time decisions in context-dependent ways, putting a particular focus on time and loss aversion. Anticipated time losses induce stronger behavioural effects than expected time gains. While for the latter the majority prefers a road free of charge, presenting a loss primarily results in choosing the tolled lane in order to achieve predictable travel times. Despite an identical total travel time, a negative temporal deviation from a reference point appears to be more beneficial than a positive change of the same magnitude. The importance of time as a factor in human decision-making and, above all, the aversion to time losses are made clear by the willingness to pay, and by the strengthened intention to use tolled lanes.

In summary, the findings on attribute framing and risky choice framing show that the decision patterns predicted by prospect theory are, to some extent, reflected in the context of road pricing. A vulnerability to cognitive biases and in particular a high sensitivity to time and cost factors can be observed. The aversion to losses assumed in the literature and the associated avoidance behaviour in human decisions are also of central importance when presenting a pricing measure. The question arises what practical recommendations can be derived from the results.

Implications

With regards to cost-relevant factors, it is recommended to provide a *positive frame*. If, for a road pricing concept, time-based differentiation is planned, focusing on the *potential for financial savings of behavioural adaptation* reduces the fear of additional costs and financial disadvantage compared to others. It is therefore suggested that the reference point should be set to high-price peak hours and that discounts should be granted for changing travel time to less heavily frequented times. The perception of as few personal disadvantages as possible will result in more positive evaluations of the measure.

In addition, the importance of time should be considered when presenting a pricing concept. It is recommended to emphasise the *possibility of avoiding losses of time*. In addition, *clear behavioural incentives* are necessary to increase usage, especially in the case of a concept with an additional tolled lane. With a perceptible individual benefit in the form of avoidable time losses and a moderate level of charges, further conditions should be given for more positive evaluations and behaviour that aligns with the aims of the system. By an equalisation of traffic flows and a calmer traffic situation in general, a reduction in negative external effects can be expected. Over time, differentiation and price adjustments are recommended in order to further exploit the potential of such a behaviour-influencing measure (Francke & Kaniok, 2013). Figure 1 summarises the implications derived from the findings.

Figure 1 Implications and their effect

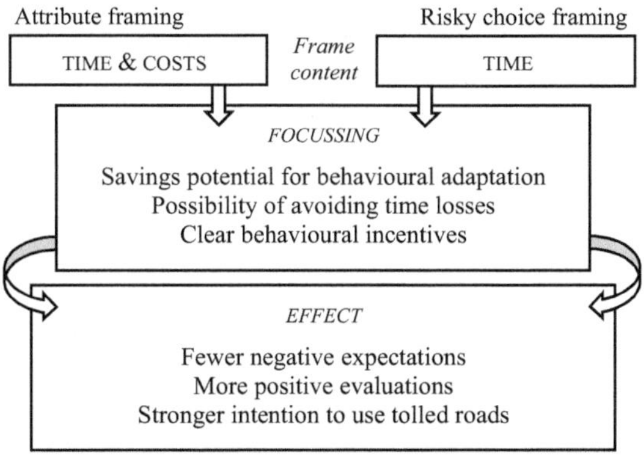

The findings can be transferred to other areas of application to influence mobility behaviour. In general, a stronger focus on framing is recommended, so that, by systematic representation of information, behaviour and attitude patterns are evoked that result in more sustainable travel choices. For example, the aversion to time losses can be used to increase the attractiveness of public transport. The opportunity to avoiding losses when using public transport in comparison to other modes of transport and the resulting individual added value for the recipient should be made obvious.

In addition to the manner of presentation, when implementing road pricing further essential points such as a comprehensive information policy and transparency as well as the existence of adequate alternatives must be considered in order to achieve significant changes in overall attitudes. By integrating appropriately presented road pricing into a package of different mobility measures that shows behavioural effectiveness and is well accepted among the population, an important and necessary step is taken towards future-oriented and environmentally friendly transport, without neglecting the need of road users for mobility.

Inhaltsverzeichnis

Abkürzungsverzeichnis

ADP	*Asian Disease Problem*
BAU	Business As Usual
BMVI	Bundesministerium für Verkehr und digitale Infrastruktur
DM	Deutsche Mark
EST	Environmentally Sustainable Transport
EUR	Euro
EUT	Erwartungsnutzentheorie (*Expected Utility Theory*)
GEE	Verallgemeinerte Schätzgleichungen (*Generalized Estimating Equations*)
GLM	Gerneralisierte Lineare Modelle (*Generalized Linear Models*)
HOT	*High Occupancy Toll*
HOV	*High Occupancy Vehicle*
InfrAG	Infrastrukturabgabegesetz
Lkw	Lastkraftwagen
MC	Private Grenzkosten (*Marginal Costs*)
MIV	Motorisierter Individualverkehr
Na.	Nutzenabsicht
NFC	*Need for Cognition*
n. s.	nicht signifikant
ÖPNV	Öffentlicher Personennahverkehr
Pkw	Personenkraftwagen
PT	*Prospect Theory*
QIC	Quasi-Likelihood unter Unabhängigkeitsmodellkriterium (*Quasi-Likelihood under Independence Model Information Criterion*)
SEU	Subjektiver Erwartungsnutzen (*Subjective Expected Utility*)
SEU_{PT}	Subjektiver Erwartungsnutzen laut *Prospect Theory*

Sig.	Signifikanz
SMC	Soziale Grenzkosten (Social Marginal Costs)
TDM	Travel Demand Management
VTT	Wert von Reisezeit (*Value of Travel Time*)
WTA	Kompensationszahlung (*Willingness to Accept*)
WTP	Zahlungsbereitschaft (*Willingness to Pay*)

Symbolverzeichnis

A	Menge an Alternativen
c^i	Individuelle Kosten
c^*	Wohlfahrtsoptimale Kosten
c^0	Kosten bei freier Fahrt
$Cov(\beta)$	Kovarianzmatrix
f	Optimale Straßenbenutzungsgebühr
$g(\mu_i)$	Linkfunktion
M	Mittelwert
p_i	Eintrittswahrscheinlichkeit
$R(\alpha)$	Arbeitskorrelationsmatrix
SD	Standardabweichung
t	Reisezeit
$u(x_i)$	Nutzenfunktion
x^i	Anzahl an Fahrzeugen bei Stau
x^*	Wohlfahrtsoptimale Anzahl an Fahrzeugen
x^0	Anzahl an Fahrzeugen bei freier Fahrt
x_i	Konsequenzen der Handlungsalternativen
Y_i	Kriteriumsvariable
α	unbekannter Parametervektor
β	Regressionskoeffizienten der Prädiktoren
ηi	Linearprädiktor
μi	Erwartungswert
$v(\mu_i)$	Varianzfunktion
π	Wahrscheinlichkeitsgewicht
ϕ	Skalenparameter

Abbildungsverzeichnis

Tabellenverzeichnis

Einführung 1

1.1 Problemhintergrund

Im Spannungsfeld zwischen den in Jahrzehnten gewachsenen Siedlungs-, Industrie- und Verkehrsstrukturen und deren ökologischen und ökonomischen Konsequenzen steht die Verkehrspolitik vor immer größeren Herausforderungen. Einem nicht unbegrenzt verfügbaren Angebot an Raum und Umweltgütern stehen weiter zu erwartende Nachfragezuwächse gegenüber (BMVI, 2016; Follmer et al., 2008). Darüber hinaus führen die aus der Überbeanspruchung des Verkehrsnetzes resultierenden negativen Externalitäten, die von den Verursachern nicht vollständig getragen und an Dritte weitergegeben werden, zu ökonomischen Ineffizienzen. Die monetären Verluste infolge der Nutzung von Kraftfahrzeugen betrugen im Jahr 2008 allein in Deutschland 88 Milliarden EUR (Becker, Becker & Gerlach, 2012, S. 34). Die negative Umweltwirkung zeigt sich beispielsweise anhand der Werte der Treibhausgasemission. Während im Jahr 1990 der Anteil des Verkehrssektors an der gesamten Emission 13 % betrug, wird dieser Wert bis 2020 voraussichtlich auf 19 % ansteigen. Es ist davon auszugehen, dass die angestrebten Klimaziele für das Jahr 2020 in Form einer Reduktion der Treibhausgasemissionen um 40 % im Vergleich zum Basisjahr 1990 nicht erreicht werden. Im Zuge des im November 2016 von der Bundesregierung beschlossenen Klimaschutzplans 2050 müssen zur Erreichung des bestehenden deutschen Klimaschutzziels 2050 und der vereinbarten Zwischenziele im Rahmen des Übereinkommens von Paris insbesondere im Bereich Verkehr drastische Emissionsminderungen forciert werden. In diesem Sektor waren bisher die geringsten Rückgänge zu verzeichnen (BMU, 2019).

D. Kaniok, *Framing im Kontext von Straßenbenutzungsgebühren*, Verkehrspsychologie, https://doi.org/10.1007/978-3-658-33302-7_1

Zwar treibt technischer Fortschritt umweltschonende Technologien voran, Informationssysteme sorgen für eine Verbesserung der Reiseeffizienz und neue Konzepte in der Verkehrswegeplanung haben gewisse umweltpolitische Erfolge erzielt. Jedoch ist auch von Seiten der Verkehrsteilnehmer[1] ein Weiter- und Umdenken gefordert. Dabei muss Umweltschutz – ein wesentlicher Faktor zum Erhalt der menschlichen Lebensgrundlage – als gesamtgesellschaftliche Aufgabe betrachtet werden. Die Umweltbewusstseinsstudie 2016 (UBA, 2017) zeigt, dass umweltfördernde Konzepte in der Bevölkerung auf eine breite Akzeptanz stoßen. Allerdings kann trotz eines mehr oder weniger stark ausgeprägten Bewusstseins über vorherrschende Verkehrsprobleme und der Wahrnehmung des Straßenverkehrs als eines der drängendsten lokalen Umweltprobleme kaum von freiwilligen Verhaltensänderungen zugunsten eines eingeschränkten Autogebrauchs in einem angemessenen Umfang ausgegangen werden (Blake, 1999; Schade, 2005; Schade & Stern, 1997). Zwar nimmt die Diskrepanz zwischen der Einstellung in Form des Umweltbewusstseins und dem tatsächlichen Verhalten ab, jedoch stellt nicht zuletzt die Abhängigkeit von situativen externen Bedingungen eine fortwährende Herausforderung für nachhaltige Verhaltensweisen dar (Schade, 2005).

Die vorgeschlagenen Strategien zur Beeinflussung des Nachfrageverhaltens reichen von der Setzung positiver Anreize, um erwünschte Verhaltensweisen der Verkehrsteilnehmer zu fördern, bis hin zu restriktiven Maßnahmen, wodurch eine Vermeidung unerwünschten Verhaltens forciert wird. Ziel regulierender staatlicher Maßnahmen ist, durch die Setzung monetärer Anreize die Habituierung beim Verkehrsverhalten zu durchbrechen und die Bereitschaft für umweltbewusste, nachhaltige Verhaltensweisen zu erhöhen. Straßenbenutzungsgebühren haben sich in diesem Zusammenhang sowohl theoretisch als auch in Anbetracht der Erfahrungen bei bereits implementierten Systemen als technisch realisierbarer, aus ökonomischer Sicht effektiver und verhaltenswirksamer Lösungsansatz herausgestellt. Mit dem Ziel der Verkehrslenkung, Finanzierung und Umweltverbesserung werden verursachungsgerecht Gebühren für die tatsächliche Nutzung der Straßeninfrastruktur erhoben. Trotz der Vorteile einer Implementierung eines solchen preispolitischen Instrumentes regt sich starker Widerstand auf öffentlicher und politischer Ebene. Zahlreiche Veröffentlichungen belegen, dass der Großteil der Bevölkerung – insbesondere Autofahrer – Gebühren für die Benutzung der Straßeninfrastruktur negativ bewertet (Kramer, 2018; Schade, 2005). Da sich

[1] In der vorliegenden Arbeit wird aus Gründen der besseren Lesbarkeit das generische Maskulinum verwendet. Weibliche und andere Geschlechteridentitäten sind ausdrücklich mitgemeint.

die Thematik Gebühren, Steuern und Abgaben als sehr sensibel und kontextabhängig zeigt, sollte insbesondere der Art der Darstellung Beachtung geschenkt werden (vgl. Druckman, 2001; McCaffery & Baron, 2004; Traub, 1999). Es existieren zahlreiche Studien, in denen sich formulierungsabhängige Entscheidungen und Beurteilungen herausgestellt haben (vgl. Kahneman & Tversky, 1979; Kühberger, 1998; Levin, Schneider & Gaeth, 1998; Stocké, 2002). Möglicherweise bieten sich hier Anknüpfungspunkte, indem zum einen Bereitschaft der politischen Meinungsführer, das Vorhaben zu unterstützen, aber auch das öffentliche Meinungsbild und somit der Erfolg einer verkehrspolitischen Preismaßnahme beeinflusst werden können.

Zur Erklärung der Reaktionen auf eine derartige Maßnahme kommen unterschiedliche Ansätze in Betracht. Entsprechend der ökonomischen Theorie ist davon auszugehen, dass Individuen auf Grundlage verfügbarer Informationen und deren verzerrungsfreier Verarbeitung rational handeln und Entscheidungen nach der Abwägung zu erwartender Kosten und Nutzen treffen (vgl. Diekmann & Voss, 2004). Basierend auf psychologischen Erkenntnissen führen jedoch beispielsweise kognitive Beschränkungen und motivationale Faktoren zu fehlerhaften oder suboptimalen Entscheidungen. Es werden vielmehr solche präferiert und getroffen, die bedingt rational sind, aber für den Entscheidungsträger ein höheres Maß an Zufriedenheit stiften (Simon, 1982, zit. nach Fiori, 2005). Kahneman und Tversky (1979) wiesen bereits vor Jahrzehnten bei einer Reihe von Experimenten einige systematische Muster in der menschlichen Präferenzstruktur nach, die von den Annahmen der normativen ökonomischen Entscheidungstheorie abweichen. Allein durch die unterschiedliche Formulierung eines Sachverhaltes und dem Erzeugen eines anderen Bezugsrahmens können divergierende Entscheidungsmuster hervorgerufen werden.

Mit dem Ziel, die subjektive Wahrnehmung von Nutzen und Wahrscheinlichkeiten zu modellieren, wurde mit der Prospect Theory (PT) ein deskriptives Modell für tatsächlich beobachtbare Verhaltensweisen unter Risiko und Unsicherheit entwickelt. Es wird postuliert, dass Präferenzen einer Kontextabhängigkeit unterliegen und Bewertungen eines Sachverhaltes nicht absolut erfolgen. Der aus einer Entscheidung resultierende Nutzen wird durch positive oder negative Abweichungen von einem Referenzpunkt modelliert. Trotz identischer absoluter Abweichungsbeträge haben Gewinne hierbei einen geringeren Einfluss auf das wahrgenommene Nutzenniveau als Verluste. Aus der Anfälligkeit von Entscheidungen für gegebene Rahmenbedingungen resultieren sogenannte Framing-Effekte (vgl. u. a. Dunegan, 1993; Kahneman & Tversky, 1979; Levin et al., 1998; Meyerowitz & Chaiken, 1987; Traub, 1999).

Das Thema der Meinungs- und Verhaltenslenkung mittels gezielt eingesetzter Sprache und dessen kontroverse Diskussion gehen weit in die Geschichte zurück und sind in den verschiedensten Bereichen noch immer aktuell.[2] Dem Betrachter wird hierbei ein Rahmen vorgegeben, der sich auf die wesentlichen, oft vereinfachenden Elemente einer Nachricht konzentriert und eine Art Orientierungs- und Entscheidungshilfe gibt (Mayerl, 2009). Während in der Konsum- und Dienstleistungsbranche die Steigerung des Umsatzes der Unternehmen im Vordergrund steht, gilt es im Bereich der Politik und des öffentlichen Interesses Meinungen zu prägen.[3] Auch im wirtschaftspolitischen Bereich und bei der erfolgreichen Einführung preispolitischer Maßnahmen ist der Einfluss der Informationsdarstellung von enormer Bedeutung. Die Erforschung des Mobilitätsverhaltens unter Berücksichtigung der Annahmen der Prospect Theory ist in den letzten Jahrzehnten vorangeschritten, bietet jedoch im Kontext von Straßenbenutzungsgebühren noch Forschungspotential. Werden die zahlreich durchgeführten Framing-Studien und deren Ergebnisse betrachtet, liegt eine mögliche Anwendbarkeit im Verkehrsbereich bei Routenwahlentscheidungen und der damit verbundenen Bewertungsproblematik bezüglich Straßenbenutzungsgebühren nahe.

Im Rahmen der vorliegenden Arbeit wird anhand wissenschaftlicher Untersuchungen der Frage nachgegangen, inwieweit Framing eine persuasive Wirkung auf die Bewertung von Straßenbenutzungsgebühren und die Nutzungsabsicht kostenpflichtiger Straßeninfrastruktur hat. Es ist zu prüfen, ob sich menschliche Entscheidungen mittels unterschiedlicher Formulierungen verschiedener Gebühreninformationen zugunsten von nachhaltigem Mobilitätsverhalten beeinflussen lassen.

Konkret wird folgenden Forschungsfragen nachgegangen:

1) Welche Auswirkung hat die unterschiedliche Darstellung systemseitiger Eigenschaften auf die Beurteilung eines Straßenbenutzungsgebührenkonzeptes?
2) Inwieweit beeinflusst die verschiedenartige Darstellung der Handlungskonsequenzen infolge der Einführung von Straßenbenutzungsgebühren deren Beurteilung?

---

[2]Die Brisanz dieser Thematik zeigte sich im Jahr 2019 anhand des Aufsehens um die Institution der ARD. Sie stand in der Kritik, weil sie zur Imageverbesserung ein „Framing-Manual“ für einen positiveren Auftritt des öffentlich-rechtlichen Rundfunks in der Öffentlichkeit in Auftrag gegeben hatte (Wehling, 2017).

[3]Insbesondere vor anstehenden Wahlen konsultieren Politiker für ihre Reden und öffentlichen Auftritte Linguisten, um mittels der von denen empfohlenen Sprachbilder und Wortkombinationen die Meinungen und das Handeln der Adressaten zu beeinflussen.

3) Welchen Einfluss haben unterschiedlich dargestellte Zeitinformationen in Form von Reisezeitgewinnen und -verlusten auf Routenwahlentscheidungen und die Beurteilung kostenpflichtiger Fahrspuren?
4) Beeinflussen Drittvariablen wie soziodemografische Faktoren oder Reiseparameter die Wirkung unterschiedlich dargestellter Informationen?

Ziel ist es, praxisrelevante Empfehlungen herauszuarbeiten, die bei der Präsentation eines Gebührensystems für die Nutzung der Straßeninfrastruktur für deren positive Beurteilung und das angestrebte Verhalten im Sinne des Systems zu berücksichtigen sind.[4]

1.2 Aufbau der Arbeit

Nach dieser Einleitung werden zunächst *Straßenbenutzungsgebühren* als Instrument zur gezielten Nachfragesteuerung, deren Charakteristik und Gestaltungsmöglichkeiten beleuchtet. Darüber hinaus wird die *Akzeptanz* dieser preispolitischen Maßnahme betrachtet und auf Begrifflichkeiten, Komponenten des Akzeptanzmodells sowie auf verschiedene Verhaltensauswirkungen eingegangen. Kapitel 3 fokussiert *Framing* im Kontext von Entscheidungen unter Unsicherheit und Risiko sowie den damit einhergehenden Effekten als Auswirkung der Veränderungen der Oberflächenstruktur eines Sachverhaltes. Hierfür erfolgt zunächst eine Darstellung des ökonomischen und psychologischen Hintergrundes, wobei die Verschmelzung der partiell konträren Fachdisziplinen, die grundlegende Erklärungsansätze menschlicher Entscheidungen abbilden, von zentraler Bedeutung ist. Nach einer Begriffseingrenzung wird die klassische Erwartungsnutzentheorie zur Erklärung von Entscheidungsverhalten unter Unsicherheit und Risiko betrachtet. Anschließend ist die Prospect Theory als notwendige Erweiterung dieses rationalen Ansatzes um psychologische Annahmen und deren Anwendung beim Routenwahlverhalten zu beleuchten. Aus der Vielzahl von verhaltensbeeinflussenden Mechanismen, die sich mit der Prospect Theory erklären lassen, galt es, die für den Verkehrsbereich und die Darstellung preislicher Maßnahmen relevanten zu selektieren. Der Fokus der Arbeit liegt auf Framing und den

[4]Die Arbeit ist im Rahmen des interdisziplinären Graduiertenkollegs DIKE – Kostenwahrheit im Verkehr – entstanden. Globales Ziel war es, Hintergründe und Möglichkeiten für eine ökologisch effiziente, sozial gerechte und psychologisch akzeptierte Organisation zukünftiger Mobilität zu erforschen (vertiefende Informationen sind der Internetpräsenz des Kollegs unter https://www.tu-dresden.de//vkw/dike zu entnehmen).

damit einhergehenden Effekten. Nach einer begrifflichen Einordung der verwendeten Framing-Terminologien wird auf Grundlage der Kategorisierung von Levin, Schneider und Gaeth (1998) zwischen Einflüssen des Risky Choice Framings, des Attribute Framings und des Goal Framings unterschieden. Diese werden hinsichtlich ihrer Wirkungsweisen und Spezifizität genauer betrachtet. Darüber hinaus erlangt der Metric-Effekt als weitere formale Beeinflussungsmöglichkeit bei der Bewertung von Gebühren für die Straßeninfrastruktur Beachtung. Kapitel 3 schließt mit Einflussfaktoren auf die berichteten Framing-Effekte und mündet in Kapitel 4 in der Ableitung zentraler Forschungsfragen und Formulierung von Hypothesen.

Im Kern der vorliegenden Arbeit werden vier eigenständig erarbeitete Studien vorgestellt, wobei jeweils das methodische Vorgehen sowie die gewonnenen Ergebnisse berichtet und vor dem theoretischen Hintergrund diskutiert werden. *Studie I*, die als Online-Studie durchgeführt worden ist, fokussiert die Wirkung des Attribute Framings bei der Präsentation von Straßenbenutzungsgebühren als Lösungsansatz städtischer Verkehrsprobleme. Bei dieser Art der Formulierung führt die differenzierte Darstellung bestimmter Eigenschaften eines Problems bzw. Sachverhaltes zu unterschiedlichen Entscheidungsmustern.

a) Im Kontext von Gebühren für die Nutzung der Straßeninfrastruktur ist zu prüfen, ob trotz identischem Endbetrag Ermäßigungen eher akzeptiert werden als Aufschläge.
b) Der untersuchte Metric-Effekt konzentriert sich auf die unterschiedliche Wirkung von Preisänderungen in Prozentangaben und absoluten Werten.

Diese Art der Beeinflussung wurde gewählt, da hinsichtlich potentieller Veränderungen der individuellen finanziellen Situation sowie des Autogebrauchs an sich eine hohe Sensitivität besteht.

Die Erwartung von Vor- und Nachteilen aus der Einführung von Straßenbenutzungsgebühren stellt eine entscheidende Determinante für deren Akzeptanz dar (Kramer, 2018; Schade, 2005). Vordergründig werden durch preispolitische Verkehrsregulierungsmaßnahmen negative Assoziationen wie Bestrafung infolge zusätzlicher Kosten oder erzwungener Verhaltensänderungen hervorgerufen, anstatt die positiven Effekte in Form des resultierenden Nutzens deutlich werden. Es ist zu hinterfragen, wie diese Verlustperspektive vermieden werden kann.

c) Im Rahmen eines Laborexperimentes wird untersucht, inwieweit Goal Framing mit dem Fokus auf der verschiedenartigen Präsentation der Konsequenzen einer Handlung einen Einfluss auf die Beurteilung von Straßenbenutzungsgebühren hat (*Studie II*).
d) Ferner ist zu prüfen, ob die Ausprägung dieses Framing-Effektes im Kontext von Umwelt- und Stauproblemen unterschiedlich ausfällt.

Die *Studien III.I* und *III.II* widmen sich der Wirkung des Risky Choice Framings und differenziert dargestellter Handlungsoptionen im Kontext von Routenwahlentscheidungen unter Berücksichtigung von Zeit- und Kosteninformationen. Obwohl sich der „klassische" Formulierungseffekt in zahlreichen Studien gezeigt hat, blieben Untersuchungen im Verkehrsbereich bisher verhalten (vgl. Kühberger, 1998; Levin et al., 1998). Der hierbei zentrale Aspekt der Unsicherheit spielt auch beim Entscheidungsverhalten hinsichtlich der zu erwartenden Reisezeit und anfallenden Kosten eine wesentliche Rolle. Ebendiese Faktoren sind wiederum entscheidende Determinanten der Akzeptanz von Straßenbenutzungsgebühren (vgl. Kramer, 2018; Schade, 2005).

e) In einer ersten Untersuchung sind die Darstellung der Informationen in Form von unsicheren Zeitgewinnen sowie -verlusten und die Frage, inwiefern sich diese auf das Verhalten bei Routenwahlen auswirken, von zentraler Bedeutung (*Studie III.I*).

Auf Grundlage der gewonnenen Erkenntnisse dieses reduzierten Ansatzes wird in Studie *III.II* untersucht, ob die unterschiedliche Formulierung eines der Ziele von Straßenbenutzungsgebühren – Zeiteinsparung durch gezielte Nachfragesteuerung – einstellungs- und verhaltensbeeinflussend wirkt.

f) Im Speziellen ist zu prüfen, inwieweit Framing die Beurteilung und die Nutzungsbereitschaft von kostenpflichtigen Fahrspuren beeinflusst.
g) Zudem wird hinterfragt, ob sich bei unterschiedlichen Reisezeiten, Zeitabweichungen und Gebührenhöhen die Wahrscheinlichkeit der Nutzungsabsicht unter Gewinn- bzw. Verlustbedingungen ändert.

Tabelle 1.1 fasst den Aufbau und Inhalt der Untersuchungen zusammen.

Tabelle 1.1 Aufbau und Inhalt der durchgeführten Studien

Studie	Studieninhalt
- I - *Attribute Framing & Metric-Effect* Online-Studie (N = 237)	Unterschiedliche Darstellung kostenbasierter Informationen: - City-Mautkonzept - Rabatte vs. Aufschläge - absolute Zahlen vs. Prozentsätze
- II - *Goal Framing* Laborstudie (N = 92)	Unterschiedliche Darstellung der verfolgten Ziele: - City-Mautkonzept - situative Verbesserung vs. keine situative Verbesserung - umwelt- vs. staubezogene Probleme
- III.I & III.II - *Risky Choice Framing & Attribute Framing* Online-Studien ($N_{III.I}$ = 835; $N_{III.II}$ = 423)	Routenwahlentscheidungen mit unterschiedlicher Darstellung zeitbasierter Informationen und Unsicherheitsausprägung: - III.I: - Zeitgewinn vs. Zeitverlust - Variation: Reisezeit, Zeitabweichung, Route mit Unsicherheitsfaktor - III.II: - Autobahnmautkonzept - Zeitgewinn vs. Vermeidung Zeitverlust - Variation: Reisezeit, Zeitabweichung, Gebührenhöhe

Kapitel 8 beinhaltet eine *zusammenfassende Diskussion* der wesentlichen Erkenntnisse der durchgeführten Studien. Es folgen aus den Befunden der Arbeit sowie aus der Untersuchungskritik abgeleitete offene Forschungsfragen. Final werden *praxisrelevante Handlungsempfehlungen* abgeleitet, die bei der Präsentation eines Gebührensystems für die Nutzung der Straßeninfrastruktur für deren positive Beurteilung und das angestrebte Verhalten im Sinne der Maßnahme zu berücksichtigen sind.

Straßenbenutzungsgebühren zur Verhaltenssteuerung

2

2.1 Ausgangslage im Straßenverkehr

In den letzten Jahrzehnten führte das enorme Wachstum im Bereich des Personen- und Güterverkehrs zu einer zunehmenden Verknappung der Ressourcen Umwelt und Straßeninfrastruktur, wodurch ein reibungslos funktionierendes Verkehrssystem nicht mehr gewährleistet werden kann. Die Verkehrsleistung im Personenverkehr in Deutschland wird beispielsweise bis zum Jahr 2030 im Vergleich zu 2010 um insgesamt 12 % zunehmen (BMVI, 2016). So steht einem nicht unbegrenzt verfügbaren Angebot an Raum und Umweltgütern eine stetig steigende Nachfrage gegenüber. Da die Grenzen der Auslastung nicht nur in einigen Ballungszentren nahezu erreicht sind, wird der Optimierung des Verkehrsflusses stetig mehr Bedeutung beigemessen. Knappheitsprobleme werden in der Wirtschaft in der Regel über den Marktmechanismus gelöst (Woll, 2003). Im Straßenverkehrsbereich kann jedoch durch den öffentlichen Charakter der Straße und die Existenz externer Effekte eine aus ökonomischer Sicht optimale Ressourcenverteilung im Sinne eines Marktgleichgewichtes nicht gewährleistet werden (Fritsch, Wein & Ewers 2005). Reine öffentliche Güter zeichnen sich durch die Eigenschaften Nicht-Ausschließbarkeit und Nicht-Rivalität aus. Die Nutzung der Straße ist für die meisten Fahrzeuge und Teilstrecken bisher ohne die Entrichtung eines Preises möglich. Da bei der Straßenbenutzung ab einer gewissen Kapazitätsgrenze zwischen den Verkehrsteilnehmern Rivalität vorherrscht, liegt ein unreines öffentliches Gut vor (Eisenkopf, 2002; Varian, 2007). Die Verbindung zwischen

---

Elektronisches Zusatzmaterial Die elektronische Version dieses Kapitels enthält Zusatzmaterial, das berechtigten Benutzern zur Verfügung steht https://doi.org/10.1007/978-3-658-33302-7_2.

D. Kaniok, *Framing im Kontext von Straßenbenutzungsgebühren*, Verkehrspsychologie, https://doi.org/10.1007/978-3-658-33302-7_2

der Theorie der öffentlichen Güter und der externen Effekte besteht darin, dass es für den Großteil externer Effekte ebenfalls keine beobachtbaren Marktpreise gibt (Meyer, 1999).

Externe Effekte liegen vor, wenn mit der Produktion oder dem Konsum eines Gutes Vor- oder Nachteile für unbeteiligte Dritte verbunden sind, die im Rahmen der marktlichen Tauschbeziehungen nicht berücksichtigt und mit Marktpreisen belegt werden können. Diese positiven oder negativen Externalitäten stellen Zusatzerträge oder -kosten dar, die ein Auseinanderklaffen von privat berücksichtigten sowie sozial existierenden Werten bewirken und zu Fehlallokationen von knappen Ressourcen und somit zu ökonomischen Ineffizienzen führen (Willeke, 1996). Auf den Verkehr bezogen besteht das Problem darin, dass den Verkehrsteilnehmern ihre Kosten für die in Anspruch genommene Leistung nicht vollständig angelastet werden, sondern von anderen Personen bzw. der gesamten Gesellschaft getragen werden müssen (Lehmann, 1996). Hierbei wird zwischen privaten Kosten wie Zeitaufwand, Fahrzeug- und Kraftstoffkosten und externen Kosten unterschieden, deren Summe die wahren sozialen Kosten abbildet. Da die einzelnen Verkehrsteilnehmer individuell rational handeln, werden Entscheidungen zum Beispiel über den Fahrtzeitpunkt oder die Häufigkeit der Fahrt getroffen, bei denen lediglich die privaten Kosten berücksichtigt und auch nur diese getragen werden. Das private Entscheidungskalkül ist jedoch nur dann volkswirtschaftlich effizient, solange die entstehenden negativen Effekte wie Umwelt- oder Stauungskosten auch individuell angelastet werden (Krause, 2003). Sobald beispielsweise zwischen den Nutzern Rivalität entsteht, gehen die mit externen Kosten verbundenen Wirtschaftsaktivitäten über das gesellschaftlich erwünschte Maß hinaus, was letztlich zu Wohlfahrtseinbußen führt (vgl. Abschnitt 2.4; Krause, 2003; Meyer, 1999; Michaelis, 2006).

Zur exakten Bewertung der externen Kosten im Verkehrssektor existieren zahlreiche Untersuchungen, deren Grundüberlegungen nahezu einheitlich sind. Wer ist Verursacher bzw. trägt die Verantwortung (Zurechnung)? Welche Schäden sind in welchem Umfang entstanden (Quantifizierung)? Welche Kosten entstehen dadurch (Monetarisierung)? Die Ermittlung der Zahlungsbereitschaft, der Schadensbewertung oder die der Vermeidungskosten sind hierbei Ansätze für die monetäre Bewertung. Im Rahmen der Untersuchungen zur Zahlungsbereitschaft wird herausgearbeitet, welchen Wert die Betroffenen einer bestimmten Umweltqualität oder deren Verschlechterung aufgrund von Externalitäten beimessen. Beim Prinzip der Schadensbewertung werden die externalitätsbedingten Schäden und beim Vermeidungskostenansatz die notwendigen Ausgaben zur Vermeidung von externen Effekten ermittelt (Meyer, 1999). Die wichtigsten Kostenbereiche sind Stauungen, Unfälle, Lärm, Luftschadstoffe, das Klima, der Bereich

Natur und Landschaft sowie die Kosten aus vor- und nachgelagerten Prozessen (Schreyer, Maibach, Sutter, Doll & Bickel, 2007).

Über die Höhe der Kosten bestehen dabei unterschiedliche Auffassungen, die durch die gewählte Abgrenzung, die Bewertungsmethodik, die Bezugsdaten und das Basisjahr begründet werden (Huckestein & Verron, 1996). Zur Verdeutlichung gibt Tabelle 2.1 eine Auswahl verschiedener Studien und deren Daten zum Thema externe Kosten im Verkehr wieder.

Tabelle 2.1 Externe Kosten im Bereich Verkehr (eigene Darstellung)

Studie	Bezugspunkt	Art der externen Kosten	Bezugsjahr	Kosten in Mrd. EUR
Essen et al., 2011	EU, Schweiz & Norwegen	Stauungskosten im Straßenverkehr	2008	146–243
Becker et al., 2012	EU	durch Kfz verursacht	2008	373
	Deutschland	durch Kfz verursacht	2008	88
Schreyer et al., 2007	Deutschland	Σ durch Straßenverkehr verursacht *	2005	76,9
	Deutschland	– ungedeckte Unfallkosten	2005	40
	Deutschland	– durch Verkehrslärm und Luftverschmutzung verursacht	2005	16,92
	Deutschland	– Klimakosten	2005	10,77
	Deutschland	– sonstige externe Kosten	2005	9,21
Gericke & Seidel, 2005	Sachsen	durch Straßenverkehr verursacht	2001	6,6
Becker, 2016	Berlin	durch Verkehrslärm verursacht	2012	0,127
	Berlin	durch Luftschadstoffe verursacht	2009	1,89

* ohne Stauungskosten

Trotz aller Fortschritte in der Monetarisierung lassen sich bei weitem nicht alle externen Kosten quantifizieren. Einige negative Effekte des Verkehrs wie Einbußen an individuellem Wohlbefinden oder Lebensqualität entziehen sich ganz oder teilweise einer monetären Bewertung. Überdies wirft die Irreversibilität von Umweltschäden die Frage auf, ob sich anhand der bisherigen Schätzungen die tatsächliche Schadenshöhe überhaupt darstellen lässt (Huckestein & Verron, 1996).

Es wird ersichtlich, dass es sich bei den Angaben lediglich um Schätzungen und Bewertungen handelt, die nicht nur politischen Entscheidungsträgern eine Vorstellung der Größenordnung geben sollen. Die bestehenden Lücken bei der Monetarisierung der externen Kosten sind jedoch kein Grund, deren Vorhandensein zu leugnen. Vielmehr sollte damit die Vertiefung der Forschungsaktivitäten auf diesem Gebiet verbunden sein.

Die Höhe der durch den Straßenverkehr verursachten externen Kosten macht die nicht nur aus ökonomischer Sicht unbedingt erforderliche Reduzierung des Kfz-Aufkommens deutlich. Das zunehmende Ungleichgewicht zwischen Angebot und Nachfrage zeigt sich insbesondere, wenn tägliche Nachfragespitzen zu Hauptverkehrszeiten sowie über das Jahr verteilte Urlaubszeiten auf eine begrenzte Raumkapazität treffen. Ein Ausbau der Straßeninfrastruktur lindert diese Problematik nur kurzfristig, da sich im zeitlichen Verlauf die Nachfrage dem ausgeweiteten Angebot anpasst. Auch andere passive Versuche wie technische Innovationen oder Förderung des öffentlichen Verkehrs haben bisher kaum zum gewünschten Erfolg bei der Lösung der zuvor geschilderten Verkehrsprobleme geführt. Es wird demnach immer deutlicher, dass lediglich eine grundlegende Veränderung des Verhaltens der Verkehrsteilnehmer langfristig zielführend ist (Schade, 1999).

2.2 Nachfragesteuerung im Straßenverkehr

Trotz eines mehr oder weniger stark ausgeprägten Bewusstseins über vorherrschende Verkehrsprobleme kann kaum von freiwilligen Verhaltensveränderungen zugunsten eines eingeschränkten Autogebrauchs ausgegangen werden. Die aus der Umweltpsychologie bekannte Wissen-Handeln-Lücke beschreibt eine Diskrepanz zwischen Umweltbewusstsein bzw. -wissen und nachhaltigem Verhalten (Blake, 1999; Schade & Stern, 1997). Daher sind regulierende staatliche Maßnahmen heranzuziehen, um den negativen Folgen des gestiegenen Verkehrsaufkommens entgegenzuwirken. Die gegenwärtig vorgeschlagenen Strategien lassen sich dem so genannten „Push & Pull"-Konzept zuordnen. Bei Pull-Maßnahmen sollen durch positive Anreize, wie der Erhöhung der Attraktivität von MIV-Alternativen (motorisierter Individualverkehr), erwünschte Verhaltensweisen der Verkehrsteilnehmer gefördert werden. Hingegen ist es Ziel von Push-Maßnahmen, unerwünschtes Verhalten durch negative Anreize, wie einer Erhöhung der Kosten des motorisierten Individualverkehrs, zu vermeiden (Müller, Schleister-Jester, Schmidt & Topp, 1992; Litman, 2003; Steg & Vlek, 1997). Ein in der Literatur häufig auffindbares Klassifikationsschema, die so genannten „4 E's“, unterscheidet vier Maßnahmentypen (Aberle, 2003; Schade, Kämpfe, Kecskés & Schlag, 2003; Schlag, 1997):

- ordnungspolitische Maßnahmen (Enforcement) sind vom Staat erlassene Ver- und Gebote,
- infrastrukturpolitische Maßnahmen (Engineering) beinhalten Investitionen in die Verkehrsinfrastruktur,
- Maßnahmen der Aufklärung, Information und Ausbildung (Education) umfassen Mobilitätsorganisation, -management, -information sowie -beratung und
- preispolitische Maßnahmen (Economy/Encouragement) schließen von staatlichen Institutionen erhobene Gelder im Verkehrsbereich ein.

Eine strikte Trennung der einzelnen Strategien ist jedoch nicht möglich, da beispielsweise bei der Einführung einer neuen Maßnahme ebenso Aufklärungsbedarf besteht (Schade, 2005). Bezogen auf das gesetzte Ziel der Verkehrsverbesserung steht vor allem die Verhaltenswirksamkeit der aufgeführten Maßnahmen im Vordergrund. Folgende Defizite hinsichtlich der Wirksamkeit lassen sich festhalten: Ordnungspolitische Eingriffe, wie Tempo-30-Zonen, sind für einige Stadtteile sinnvoll, jedoch ist dadurch kaum mit einer Vermeidung von Fahrten zu rechnen. Bei infrastrukturellen Maßnahmen, die beispielsweise eine Reduzierung der Kapazität des Verkehrsraumes bewirken, wird vorerst vermehrt mit Stausituationen zu rechnen sein. Zudem sind diese mit hohem finanziellen und zeitlichen Aufwand verbunden. Informatorische Maßnahmen sollen begleitend und unterstützend wirken, haben aber allein im Allgemeinen nur geringe Verhalteseffekte (Bamberg, Niestroj & Weber, 2000; Bock, Hohlweg & Schwarz, 1996; Schade, 2005). Aufgrund der wenig verhaltensbeeinflussenden Wirkung dieser Maßnahmen werden verstärkt preispolitische Ansätze diskutiert, um die gesetzten Ziele zu erreichen.

Mit der Bezahlung einer Passiergebühr für Brücken reicht die Idee der Bepreisung einer Straße oder eines Straßenabschnitts bereits mehrere Jahrhunderte in die Geschichte zurück (Nielsen, 2001). Der Gedanke, Verkehrsteilnehmer mit einem nutzungsabhängigen Entgelt zu belasten, ist zu Beginn des 20. Jahrhunderts erneut aufgegriffen worden, um vorrangig negative Stau- und Umwelteffekte zu reduzieren (Teubel, 2001). Zu diesem Zeitpunkt beschäftigten sich die englischen Ökonomen Pigou und Knight mit den theoretischen Grundlagen einer Preissteuerung und diskutierten über die Möglichkeit, Staukosten mit Hilfe von Abgaben zu internalisieren und somit das aufgetretene Marktversagen zu korrigieren (Pigou, 1929; Knight, 1924). In einer vom britischen Verkehrsministerium in Auftrag gegebenen Studie wurde 1964 die Idee der Bepreisung von Straßen weitergeführt und konkrete Bedingungen einer Umsetzung überprüft. Dieser so genannte Smeed-Report fokussierte die Bewältigung von Stauproblemen und die Regulierung von Kapazitätsengpässen im Straßenverkehr (Ministry of Transport, 1964, zit. nach Nielsen, 2001). Die Erhebung von Straßenbenutzungsabgaben wäre zwar nach damaligem Erkenntnisstand bereits möglich, jedoch aufgrund der beschränkten technischen Möglichkeiten nicht umsetzbar gewesen (Schütte, 1998). Im Laufe der Jahrzehnte folgten weitere zahlreiche Untersuchungen und Machbarkeitsstudien zur Einführung von Straßenbenutzungsgebühren.[1] Neben dem Hauptanliegen, Kapazitätsengpässe im Straßenverkehr mit Preisen zu regulieren, gewannen Stoßrichtungen wie „Gerechte Preise statt Steuern für den Straßenverkehr", „Kostenwahrheit" und „Internalisierung der externen Kosten" immer mehr an Bedeutung (Sutter et al., 2006). Der Schwerpunkt der Veröffentlichungen wurde im Laufe der Jahre zunehmend auf die Untersuchung der Effizienz, auf konkrete Umsetzungsmöglichkeiten und auf die Akzeptanzproblematik gelegt (Nielsen, 2001). Doch trotz der mehr als 80-jährigen wissenschaftlichen Diskussion und einzelner praktischer Erfahrungen in den vergangenen 50 Jahren sowie des technologischen Fortschritts und der nachgewiesenen Effektivität wird der Einführung von Straßenbenutzungsgebühren immer noch mit viel Skepsis begegnet.

2.3 Charakteristik und Zielsetzung

Im deutschsprachigen Raum sind mit Straßenbenutzungsgebühren Abgaben gemeint, die ein Verkehrsteilnehmer für die tatsächliche Benutzung der Straßeninfrastruktur entrichten muss. Diese verursachungsgerechte Gebührenerhebung bezieht sich ausschließlich auf den fließenden Verkehr (Teubel, 2001). In der Literatur werden unter anderem die Begriffe Straßenbenutzungsabgaben oder -preise, road pricing, congestion charging sowie road user charging weitestgehend synonym verwendet. Unterschiede beziehen sich zumeist auf die verfolgten Ziele und die Anlastungsgrade (Einbock, 2007; Schade, 2005; Teubel, 2001).

Die Bepreisung der Straßeninfrastruktur wird im Zusammenhang mit verschiedenen verkehrspolitischen Zielen diskutiert, wobei nahezu einheitlich die Funktionen Finanzierung, Lenkung und Umweltverbesserung im Mittelpunkt

[1] Vgl. u. a. Department for Transport, 2004; Hautzinger, Fichert, Fuchs & Stock, 2011; Rothengatter, 1994; Weißbuch, 1998; Wissenschaftlicher Beirat beim Bundesminister für Verkehr, 1992.

stehen (CERTU, 2007). In den meisten Volkswirtschaften plant und verwaltet unabhängig vom Wirtschaftssystem der Staat die Straßeninfrastruktur (Eisenkopf, 2002). In Deutschland wurde im Bundesverkehrswegeplan 2030 ein Finanzvolumen von rund 265 Milliarden EUR – somit 115 Milliarden mehr als im Bundesverkehrswegeplan 2003 – für den Erhalt der Bestandsnetze sowie für Aus- und Neubauprojekte angesetzt. Knapp die Hälfte des Budgets ist für den Verkehrsträger Straße eingeplant (BMVBW, 2003; BMVI, 2016). Jedoch wurde bereits im Jahr 2016 prognostiziert, dass das geplante Investitionsvolumen in vielen Bereichen unzureichend ist. Dem entgegen stehen die gesetzten Klimaschutz- und Nachhaltigkeitsziele der Bundesregierung, vor allem beim Flächenverbrauch (BMVI, 2016). Um nicht langfristig Wachstums- und Wohlstandseinbußen zu verzeichnen und um gleichzeitig der stetig wachsenden Verkehrsnachfrage nachzukommen, sind Finanzierungsalternativen gefragt, die die ökonomischen, sozialen und ökologischen Erfordernisse eines dauerhaft tragbaren Verkehrssystems gewährleisten können (Europäische Kommission, 1998). Bisher geschieht die Finanzierung der Verkehrsinfrastruktur in erster Linie aus dem Steueraufkommen. Daneben leisten im geringeren Ausmaß Mittel der Europäischen Union und seit 2005 die Lkw-Maut mit einem Anteil von etwa einem Drittel ihren Beitrag (BMVI, 2016). Jedoch erfüllen diese Finanzierungssysteme nicht die Anforderungen an einen effizienten Mechanismus zur Anlastung der Infrastrukturkosten. Die Kraftfahrzeugsteuer regelt zwar ansatzweise mittels Differenzierung je nach Schadstoffausstoß die Umweltwirkungen, aber die wahre Nutzungsintensität des Verkehrsraumes wird nicht berücksichtigt. Die Energiesteuer hingegen hat vielmehr persuasive Wirkung auf die Nutzung des Fahrzeugs, jedoch bleiben Steuerungswirkungen bezogen auf die Infrastruktur weitestgehend aus (Eisenkopf, 2002; Huckestein, 1996). Aufgrund des so genannten Nonaffektationsprinzips ist zudem eine direkte Gegenüberstellung von Steueraufkommen und deren Verwendung nicht zulässig (Prätorius & Wichert, 2004).

Bei Gebühren besteht hingegen eine Art Zweckbindung, da durch die erzielten Einnahmen die Kosten der Staatstätigkeiten für erbrachte Leistungen ausgeglichen werden müssen (Krause, 1996). Die Einnahmen können beispielsweise für den Erhalt und den Ausbau der vorhandenen Straßensubstanz oder für die finanzielle Unterstützung anderer Verkehrsträger verwendet werden (Sutter et al., 2006).

Als weiteres Ziel ist neben dem *Finanzierungszweck* die *Steuerung der Nachfrage* nach dem knappen Gut Straße zu nennen. Der Idee der Verkehrslenkung mittels des Einsatzes von Gebühren zur optimalen Auslastung vorhandener Kapazitäten wird gerade bei der Aktualität des Problems der Straßenüberbelastung viel Beachtung geschenkt. Hierbei soll durch räumliche und/oder zeitliche Differenzierung der Gebühren eine Nachfragesteuerung bewirkt werden. Der Belastungsgrad der Straße wird den Verkehrsteilnehmern über die Gebührenhöhe verdeutlicht (Kossak, 2004). Ziel ist die Verlagerung von Fahrten auf verkehrsärmere Zeiten und/oder auf weniger belastete Strecken und/oder die Veranlassung zum Verzicht auf unnötige Fahrten (vgl. Abschnitt 2.5).

Darüber hinaus werden Straßenbenutzungsgebühren als geeignetes Instrument zur *Reduzierung negativer externer Umwelteffekte* diskutiert. Im Gegensatz zu Staukosten werden die anfallenden Umweltkosten der gesamten Gesellschaft beispielsweise in Form von Lärmbelästigung und Luftverschmutzung angelastet (vgl. Abschnitt 2.1). Vordergründiges Ziel ist es, das Verkehrsvolumen zu reduzieren und folglich die Umweltsituation zu verbessern bzw. die verursachten externen Kosten mit Zahlungen verursachungsgerecht zu kompensieren (Meyer, 1999).

Erfahrungen haben gezeigt, dass für eine erfolgreiche Umsetzung eines Straßenbenutzungsgebührenkonzeptes mehrere Ziele angestrebt werden sollten, um einerseits die Vielschichtigkeit der Probleme anzugehen, aber auch um eine möglichst hohe Akzeptanz verschiedener Interessengruppen zu erreichen (Sutter et al., 2006). Autofahrer sollen zunächst mit den tatsächlichen Kosten ihres Handelns und entsprechenden Preisen konfrontiert werden, die die Knappheit der eingesetzten Ressourcen einschließlich der verfügbaren Umweltgüter widerspiegeln. So dienen Straßenbenutzungsgebühren gerade bei deren Ersteinführung vorrangig der Verkehrslenkung, die eine Finanzierungsfunktion inkludiert. Infolge des erwarteten Nachfragerückgangs ist langfristig mit einer Verbesserung der Umweltsituation zu rechnen (Teubel, 2001). Eine Variante zur Durchsetzung der erläuterten Ziele stellt die in Abschnitt 2.5 beschriebene Maßnahme der differenzierten Straßenbenutzungsgebühren als eine effektive Möglichkeit der Bepreisung der Infrastruktur speziell im städtischen Bereich dar.

2.4 Internalisierung externer Kosten

Das Europäische Parlament stellt im Grünbuch von 1995 über „Faire und effiziente Preise im Verkehr“ fest, dass das Beziffern externer Kosten nicht dazu dienen darf, den Verkehr zu verteuern, sondern lediglich eine effiziente Anlastung von bereits vorhandenen Kosten auf alle Verkehrsträger bewirken soll (Europäische Kommission, 1995). Um die Wirtschaftlichkeit und Nachhaltigkeit des europäischen Verkehrssystems zu verbessern, stellte die Europäische Kommission im Weißbuch von 1998 ein abgestuftes harmonisiertes Gemeinschaftskonzept für die Verwirklichung der Internalisierung der Infrastrukturkosten in der EU vor (Europäische Kommission, 1998). Das Gebührenkonzept dient dazu, die tatsächlich anfallenden Kosten den Verkehrsteilnehmern über das Grenzkostenprinzip anzulasten. Es sollen finanzielle Anreize geschaffen werden, wirtschaftliche Entscheidungen entsprechend den tatsächlich anfallenden Kosten zu treffen und umweltgerechtes Verhalten zu zeigen (Einbock, 2007; Europäische Kommission, 1998).

Im Folgenden wird beschrieben, wie die Anlastung der durch den Verkehr verursachten Kosten erfolgen sollte. Die Kostensituation für die Nutzung einer Straße in einem bestimmten Zeitraum ist in diesem Zusammenhang in Abbildung 2.1 vereinfacht dargestellt. Die Linearität der Kurven beruht auf Vereinfachungsgründen. Betrachtet werden homogene Straßennutzer, die sich lediglich in ihrer Zahlungsbereitschaft für die Durchführung einer Fahrt auf der betrachteten Straße unterscheiden. Die aggregierten marginalen Zahlungsbereitschaften werden anhand der Nachfragekurve D abgebildet. MC spiegelt die privaten und SMC die sozialen Grenzkosten einer Fahrt wider, die jeweils mit wachsender Nutzerzahl zunehmen. Aufgrund der Knappheit des Straßenraumes behindern sich ab einem bestimmten Verkehrsaufkommen (x^0) die Fahrzeuge, die gleichzeitig die Straße nutzen, gegenseitig, die Durchschnittsgeschwindigkeit sinkt und es kommt zu Stauungen. Die hier entstehenden externen Kosten werden im privaten Kostenkalkül nicht berücksichtigt, weshalb MC und SMC für eine zusätzliche Fahrt ab diesem Punkt auseinandergehen. Das individuelle Optimum ist erreicht, wenn die individuelle Zahlungsbereitschaft den privaten Grenzkosten entspricht (Punkt A). Eine effiziente Nutzung der Straße ist hingegen gegeben, wenn diese den sozialen Grenzkosten entspricht (Punkt B). Aus volkswirtschaftlicher Sicht finden also ab einem bestimmten Verkehrsaufkommen zu viele Fahrten statt, was letztlich zu Wohlfahrtsverlusten (Fläche ABC) führt (Bock et al., 1996; Meyer, 1999; Ramjerdi, 1995; Teubel, 2001).

In der ökonomischen Theorie wird zur Lösung dieses Problems die Internalisierung externer Kosten anhand der Pigou-Steuer vorgeschlagen (Schütte, 1998; Teubel, 2001). Mit einer Erhebung von Straßenbenutzungsgebühren, die der Differenz zwischen sozialen und privaten Grenzkosten bei einem Wohlfahrtsoptimum entsprechen (f), erhöhen sich die individuellen Fahrtkosten. Da Verkehrsteilnehmer, deren Zahlungsbereitschaft geringer als die sozialen Grenzkosten der Fahrt ist, auf die Pkw-Nutzung verzichten, reduziert sich die Anzahl der Fahrzeuge auf das gesellschaftlich optimale Maß x^* (Teubel, 2001). In der Situation, in der die zu zahlende Gebühr den Grenzkosten entspricht, ist die soziale Wohlfahrt maximal. Diese wird in der Ökonomie als *first best*-Situation bezeichnet, hat jedoch in der Praxis aufgrund der zahlreichen Bedingungen eines optimalen Preises kaum Bestand. Daher wird sich häufig auf annähernde *second best*-Lösungen berufen, die nur geringe Wohlfahrtsverluste verzeichnen (vgl. Rouwendal & Verhoef, 2006; Small & Yan, 2001; Verhoef, 2005). Auf eine im ökologischen und ökonomischen

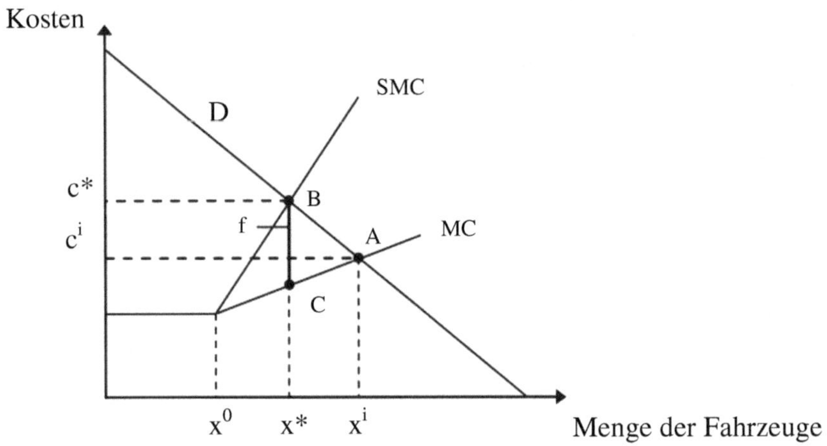

Abbildung 2.1 Internalisierung externer Kosten mittels Straßenbenutzungsgebühren (in Anlehnung an Bock et al., 1996; Meyer, 1999; Teubel, 2001)

Sinn wünschenswerte Anlastung der externen Kosten des Verkehrs über differenzierte Straßenbenutzungsgebühren als Näherung an eine *first best*-Lösung wird in Abschnitt 2.5 eingegangen.

Trotz einer theoretisch vorhandenen und wirtschaftlich begründeten Möglichkeit der Internalisierung externer Effekte mittels Straßenbenutzungsgebühren erweist sich die praktische Umsetzung als weitaus schwieriger. Kritiker der Internalisierung externer Kosten über die Bepreisung von Straßen merken unter anderem an, dass die Kosten dem externen Nutzen gegenübergestellt werden müssen, um ein realistisches Bild über die tatsächlichen Wohlfahrtseffekte des Verkehrs zu erhalten. Hierunter werden unter anderem die Beiträge des Straßenverkehrs zu Wirtschaftswachstum und Beschäftigung sowie zu Zeit- und Kostenersparnissen beim Transport und damit zu Produktionsgewinnen gefasst (Meyer, 1999). Ferner gestaltet sich die Ermittlung der Höhe einer optimalen Gebühr für ein gesamtes Verkehrsnetz weitaus schwieriger als für einen einzelnen Straßenabschnitt. Hierbei spielen Faktoren wie die zeit- und ortsabhängige Verkehrsbelastung des gesamten Netzes eine Rolle. Werden bei einer Gebührenerhebung neben den Staukosten auch andere Kosten berücksichtigt, müssen diese auf die privaten Grenzkosten angerechnet werden (Einbock, 2007; Teubel, 2001). An dieser Stelle soll erwähnt werden, dass es bei der Internalisierung externer Kosten durch Straßenbenutzungsgebühren nicht um eine vollständige Beseitigung der negativen Auswirkungen geht. Auch in einer „kostenwahren" Situation wird es beispielsweise Luftschadstoffemissionen geben (Wellisch, 2000).[2]

Mit der Einführung einer fahrleistungsabhängigen Lkw-Maut auf deutschen Autobahnen im Jahr 2005 wurde ein erster Schritt in Richtung verursachergerechter Anlastung der Wegekosten im Straßenverkehr gegangen (ABMG, 2004). Am 1. Juli 2018 erfolgte eine Erweiterung der Mauterhebung auf alle Bundesstraßen. Übergeordnetes Ziel ist eine stärkere Beteiligung des Lkw-Verkehrs an der Finanzierung der Infrastruktur. Des Weiteren werden Anreize geschaffen, den Güterverkehr von der Straße auf umweltfreundlichere Verkehrsträger wie die Schiene zu verlagern und durch Tourenoptimierung vorhandene Kapazitäten besser zu nutzen (BMVBS, 2007). Eine Differenzierung der Mautsätze nach Achsanzahl (Infrastrukturkostenanteil) und Schadstoffemission der Fahrzeuge (Umweltkostenanteil) soll zur Umweltverträglichkeit dieser Maßnahme beitragen. Doch trotz der Erreichung wichtiger verkehrspolitischer Erfolge wird deutlich, dass Engpässe auf den Straßen aufgrund des weiter prognostizierten Verkehrszuwachses im Personen- und Güterverkehr, die Erhaltung des hohen Standards des deutschen Infrastrukturnetzes sowie klimapolitische Ziele nicht allein durch diese Maßnahme geregelt bzw. gelöst werden können (Schröder, 2005).

Ein Wechsel von der Steuer- zur Nutzerfinanzierung durch eine Infrastrukturabgabe soll hier ansetzen. Das Gesetz zur Einführung einer solchen Abgabe (InfrAG)[3] ist am 12.06.2015 verabschiedet worden und sieht eine Beteiligung der Nutzer an der Finanzierung des deutschen Bundesfernstraßennetzes vor. Die derzeitigen Regelungen zur Erhebung der Abgabe, deren Berechnungsgrundlagen und Angaben zu den erwarteten Einnahmen können Anhang E entnommen werden. Nach dem Beschluss des Bundestages vom 24.06.2017 die Infrastrukturabgabe einzuführen, wurde eine Implementierung im Laufe der Legislaturperiode der aktuellen Regierung bis 2021 angestrebt. Aufgrund von Einwänden der Europäischen Kommission, die sich auf Zweifel an der Vereinbarkeit des Gesetzes mit dem EU-Recht beziehen, eingereichter Klagen am Europäischen Gerichtshof wegen Diskriminierung ausländischer Fahrzeughalter und einer ständig währenden Akzeptanzproblematik in Bevölkerung sowie Politik wurde die Einführung der Abgabe zunächst ausgesetzt. Seitdem erfolgt auf europäischer Ebene eine

---

[2]Für vertiefende Informationen zum Thema externe Kosten und deren Internalisierung durch Straßenbenutzungsgebühren wird an dieser Stelle auf weiterführende Literatur verwiesen (vgl. u. a. Dosch, 2001; Einbock, 2007; Eisenkopf, 2002; Meyer, 1999; Wittling, 2001).

[3]Infrastrukturabgabengesetz vom 08.06.2015 (BGBl. I S. 904), das zuletzt durch Artikel 22 des Gesetzes vom 14.08. 2017 (BGBl. I S. 3122) geändert worden ist.

Prüfung der Bedenken sowie zeitgleich eine Anpassung der Abgabenstruktur und Konkretisierung der technischen und organisatorischen Umsetzung.

Der Europäische Gerichtshof urteilte am 18.06.2019, dass die deutsche Pkw-Maut eine mittelbare Diskriminierung aufgrund der Staatsangehörigkeit darstellt und von einer Einführung abzusehen ist. Der Gerichtshof räumte ein, dass das bestehende Steuersystem zur Finanzierung der Straßeninfrastruktur durchaus durch ein System der Nutzerfinanzierung ersetzt werden kann, sofern hierbei das Unionsrecht einschließlich des Diskriminierungsverbotes beachtet wird (Urteil des Europäischen Gerichtshofs, Az. C 591/17).[4]

Auch wenn diverse Kritikpunkte am aktuellen Entwurf existieren (vgl. u. a. Eisenkopf, 2017; Ratzenberger, 2017 sowie Anhang E), scheint ein weiterer Schritt – möglicherweise langfristig auf EU-Ebene – in die richtige Richtung gegangen worden zu sein. Wird mit einer solchen Maßnahme nicht nur eine Finanzierungsfunktion, sondern auch ein Lösungsversuch der Umwelt- und Stauproblematik angestrebt, sollte eine weitere Differenzierung der Abgabe nach umweltförderlichen und nachfragesteuernden Kriterien erfolgen. Im Hinblick auf Verständnis und Akzeptanz ist allerdings bei der Einführung ein wenig differenziertes System zu empfehlen (Bonsall, Stone, Stewart & Dix, 2006; Jaensirisak, 2002, Obst, 2007), deren Gestaltungsmöglichkeiten und die Akzeptanzproblematik im Folgenden beschrieben werden.

2.5 Gestaltungsmöglichkeiten

Ein effizientes Preissystem für die Nutzung der Straßeninfrastruktur hat verschiedenen Anforderungen und Zielvorstellungen zu genügen. Der Wissenschaftliche Beirat beim Bundesminister für Verkehr (1992, S. 124) definiert als organisatorische Hauptanforderungen eine hinreichende Differenzierbarkeit, die Vermeidung unerwünschter Ausweichreaktionen, die Einfachheit und Manipulationssicherheit, einen überschaubaren Aufwand für Technik und Verwaltung, die Vermeidung von Datenschutzproblemen sowie die Kompatibilität mit nationalen EG-Vorschriften. Im Folgenden wird auf Möglichkeiten der Differenzierung eines Preissystems näher eingegangen.

Ein Stau und dessen Entstehung ist ein dynamisches Phänomen, welches von räumlichen und zeitlichen Prozessen sowie der Interaktion vieler inhomogener Verkehrsteilnehmer abhängt. Durch den Verkehr verursachte Schäden entstehen beispielsweise nicht überall in gleichem Maße, sondern unterscheiden sich in

[4] Laufende Aktualisierungen sind der Internetpräsenz des BMVI zu entnehmen.

räumlicher, zeitlicher und modaler Hinsicht (Schütte, 1998). Hohe Umweltbelastungen und überlastete Straßen treten vermehrt in Ballungsgebieten und auf Autobahnen auf. Diese werden von den verschiedenen Bevölkerungsschichten in unterschiedlicher Intensität getragen. So konnte Becker (2016) bei Luftschadstoffen und Lärm eine überdurchschnittliche Belastung von Menschen mit niedrigem sozioökonomischen Status nachweisen. Zudem ist die Nutzungsintensität des Straßennetzes tages-, wochen- und jahreszeitlichen Schwankungen unterworfen. Hierbei lässt sich während des Berufsverkehrs und der Urlaubsreisezeit ein erhöhtes Verkehrsaufkommen beobachten (Meyer, 1999; Schütte, 1998; Schröder, 2005). Aus diesem Grund ist es naheliegend, die Gebühren für die Benutzung der Straße adäquat zu differenzieren.

Das Prinzip der Preisdifferenzierung basiert auf der Tatsache, dass sich die Nachfrager hinsichtlich ihrer einem Produkt oder einer Leistung entgegengebrachten Wertschätzung – resultierend aus dem verschieden wahrgenommenem Nutzen – unterscheiden.[5] Diese äußert sich in Form eines Reservationspreises und spiegelt die individuelle maximale Zahlungsbereitschaft wider (Baumeister, 2000). Ziel ist es, anbieterseitig mittels Abschöpfung der Konsumentenrente höhere Erlöse zu erzielen und den Nachfragern individuelle Preisstrukturen und somit Einsparungspotenziale zu ermöglichen (Helmedag, 2001).

Bereits 1964 legte das Ministry of Transport (UK) in einem Anforderungskatalog an Straßenbenutzungsgebühren fest, dass diese in gewissem Umfang zum Beispiel für verschiedene Straßen oder Zonen, zu verschiedenen Zeiten oder für verschiedene Fahrzeuggrößen variierbar sein sollten (Ministry of Transport, 1964, zit. nach Nielsen, 2001). Laut Krause (2003, S. 103) wird diejenige als eine effiziente dynamische Straßenbenutzungsgebühr bezeichnet, „die einen optimalen Verkehrsfluss auf dem Straßenabschnitt und der Zeitperiode unter Berücksichtigung der Nebenbedingung einer geringen Verkehrsverlagerung auf das nachgeordnete Verkehrsnetz" erreicht. Die wichtigsten Parameter, die bei der Ausgestaltung einer solchen Gebühr Berücksichtigung finden sollen, sind die gewählte Strecke und deren Kapazitätsauslastung, die zurückgelegte Distanz sowie der Zeitpunkt der Fahrt. Im Folgenden werden unter anderem die im praktischen Teil dieser Arbeit herangezogenen Gestaltungskriterien näher betrachtet.

[5]Preisdifferenzierung liegt vor, wenn Güter gleicher oder sehr ähnlicher Art nebeneinander an verschiedene Nachfrager zu unterschiedlichen Preisen verkauft werden (Diller, 2000; Homburg & Krohmer, 2003).

2.5.1 Raumnutzung

Bei der Raumnutzung werden Straßenbenutzungsgebühren hinsichtlich der Fahrleistung und dem Ort der Verkehrsnachfrage erhoben bzw. differenziert. Hierbei gibt es zahlreiche Kategorisierungsmöglichkeiten, deren Inhalte weitgehend gleich sind (vgl. u. a. Claus, 1997; Obst, 2007; Schütte, 1998). Schütte (1998) unterscheidet grundlegend zwischen Zonen- und Zahlpunktsystemen.

Das Zonensystem ermöglicht eine Abrechnung der individuellen Inanspruchnahme bestimmter Strecken, Distanzen und Gebiete. Bei diesem geschlossenen System beginnt die Gebührenmessung mit der Einfahrt in die Zone und endet beim Verlassen. Bei der streckenbezogenen Preiserhebung wird ein bestimmter, relativ kleiner Abschnitt des Verkehrsnetzes, wie etwa eine stauanfällige Straße, bepreist. Die zu zahlende Gebühr beruht bei einem distanzbezogenen System auf der exakten Fahrleistung und bei einer gebietsbezogenen Gebühr auf sämtliche Straßen aller Kategorien in einem bestimmten (Innenstadt-) Bereich. Die Gebührenbelastung bei einem Zahlpunktsystem erfolgt gemäß den passierten Zahlpunkten in einem Straßennetz. In diesem offenen System muss der Nutzer im Gegensatz zum Zonensystem lediglich einmal erfasst werden. Die punktbezogene Preiserhebung ist unabhängig von der tatsächlichen Verkehrsnachfrage und wird an bestimmten Verkehrsstellen, zumeist stauanfälligen Knotenpunkten, entrichtet. Bei einem Kordon-System (*Cordon Pricing*) werden die Gebühren an allen Ein- oder Ausfahrtspunkten in ein bestimmtes Gebiet erhoben, wobei die Zahlstellen zusammen die Grenze der Preiszone bilden (Claus, 1997).

Bei Zonensystemen liegen die Vorteile in der präzisen Anpassung an die unterschiedlichen Verkehrsverhältnisse in einem Netz und in der entsprechenden verbrauchsabhängigen Kostenanlastung. Jedoch ist diese Genauigkeit wiederum mit erheblichem Aufwand verbunden (Schütte, 1998). Auch wenn die Zahlpunktsysteme weniger fahrleistungsabhängig sind, ist hier die Umsetzungswahrscheinlichkeit wesentlich höher.

2.5.2 Fahrtzeitpunkt

Eine Differenzierung nach dem Zeitpunkt der Fahrt ermöglicht eine Berücksichtigung unterschiedlicher Belastungszustände des Verkehrsnetzes. Bei der Gebührenermittlung wird einkalkuliert, dass die Nutzung ein und derselben Straße zu unterschiedlichen Zeiten differierende Kosten verursacht (Meyer, 1999). Für die Berechnung einer optimalen Straßenbenutzungsgebühr werden dynamische Modelle benötigt, die die Preise für die Nutzung der Straßeninfrastruktur in

Abhängigkeit von deren Auslastung adäquat abbilden können (Schütte, 1998). So stellen dynamisch-belastungsorientierte Gebührensysteme den theoretischen Idealfall der verursachungsgerechten Bepreisung der Straßeninfrastruktur dar. Hierbei werden die Verkehrsteilnehmer entsprechend der jeweiligen aktuellen Auslastung mit ständig wechselnden Preisen für die Straßennutzung konfrontiert. Bei dieser Art der Gebührengestaltung wird mit erheblichen Widerständen zu rechnen sein, da die reale Preisbelastung erst unmittelbar vor oder erst nach Beendigung des Fahrtvorganges bekannt ist und somit keine individuell rationale Entscheidung bezüglich der Verkehrsnachfrage getroffen werden kann (Schütte, 1998).[6] Ein derartiges System wurde 1993 in einem Feldversuch in Cambridge getestet. Trotz einer nahezu technisch problemlosen Umsetzung blieb eine tatsächliche Implementierung aus (Claus, 1998).

Die hier kritisierte fehlende Systemtransparenz ist bei statisch-belastungsorientierten Gebührenmaßnahmen gegeben. Allerdings erfolgt keine explizite Berücksichtigung des aktuellen Verkehrsflusses. Die Preise werden langfristig aufgrund der zu erwartenden Belastung und der Werte der vergangenen Nutzungsperioden festgelegt. Hohe Kostenwahrheit bietet eine möglichst differenzierte tageszeitabhängige Preisvariation, wobei Verkehrsspitzen mit höheren Gebühren belegt werden als Zeiten mit niedriger Verkehrsbelastung. Hauptanliegen der zeitabhängigen Preisdifferenzierung ist es, mittels besserer Kapazitätsauslastung Verkehrsstauungen zu reduzieren bzw. ganz zu vermeiden. Diese Art der Differenzierung wurde nach einer siebenmonatigen Testphase im Jahr 2006 Anfang August 2007 als so genannte *Trängselskatt* (Gedrängelsteuer) in Stockholm erfolgreich eingeführt (Vägverket, 2007).

2.5.3 Weitere Gestaltungsmöglichkeiten

Die Höhe der Kosten für eine Fahrt steht in engem Zusammenhang mit den Fahrzeugkategorien, wodurch sich eine weitere Differenzierungsmöglichkeit ergibt. Diese kann nach Fahrzeugklassen oder nach spezifischen Fahrzeugeigenschaften erfolgen (Schütte, 1998). Die Preisdifferenzierung nach Fahrzeugkategorien soll den Gebrauch umweltfreundlicher Kraftfahrzeuge fördern. Da beispielsweise die Geschwindigkeitswahl oder die Risikobereitschaft der Fahrer Auswirkungen auf die Kosten des Verkehrs haben, ist für die Gebührenerhebung auch eine Orientierung am Fahrverhalten denkbar. Einige Autoversicherungen bieten sogenannte Telematik-Tarife an, wobei die Versicherungsprämie nach einem *Pay*

[6] Der Umgang mit differenzierten Preissystemen wird in Abschnitt 2.6.4.4 genauer betrachtet.

As You Drive- Konzept (*PAYD*) erhoben wird. Umsichtiges Fahrverhalten mit einem geringen Risikolevel offeriert hierbei Einsparungspotential durch gewährte Rabatte (Bolderdijk, 2011; Düsterhöft & Brandmayer, 2018). Weitere Gestaltungsmöglichkeiten sind Mengenrabatte für regelmäßige Straßennutzer oder Preisbündel, bei denen beispielsweise neben der Straßennutzung freies Parken in der Innenstadt möglich ist (Baumeister, 2000; Claus, 1997). Eine Preisstaffelung entsprechend personeller Eigenschaften oder nach Zahlungsmodalitäten ermöglicht zwar keine verursachungsgerechte Bepreisung der Straßeninfrastruktur, erzielt jedoch eine individuell gestaltete Nutzungsgebühr. Neben dem separaten Einsatz dieser Differenzierungsformen ist eine Kombination durchaus denkbar (Güller, Neuenschwander, Rapp & Maibach, 2000; Hoffmann, Schade, Schlag, 2006; Lehmann, 1996; Nielsen, 2001; Schütte, 1998). Ein Überblick über die verschiedenen Gestaltungsmöglichkeiten ist in Tabelle 2.2 dargestellt. Im Folgenden soll ein differenziertes Gebührensystem vorgestellt werden, welches aufgrund der positiven Attribute Grundlage für Studie III.II im empirischen Teil der Arbeit bildet (vgl. Abschnitt 7.2).

2.5.4 HOT Lanes als Beispiel eines stark differenzierten Gebührensystems

Die State Route 91 in Kalifornien als eine Hybridlösung aus *Congestion Pricing* und *HOV Lanes* (*High Occupancy Vehicle*) stellt ein Paradebeispiel für ein stark differenziertes Gebührensystem dar. Beim *Congestion Pricing* werden hoch frequentierte Verkehrszeiten mit Nutzungsgebühren belegt, die idealerweise mit zunehmendem Verkehrsaufkommen steigen. Dieser Ansatz spiegelt die monetarisierten sozialen Kosten des Verkehrs wider, trifft jedoch in der Bevölkerung auf starken Widerstand (vgl. Abschnitt 2.6.3). Bei einem *HOV Lane*-Konzept wird zur Entzerrung von Verkehrsströmen für Busse, Vanpools, Fahrgemeinschaften oder ähnlich vielbesetzte Fahrzeuge mindestens ein exklusiver Fahrstreifen zur Nutzung bereitgestellt (Chang, Wiegmann, Smith & Bilotto, 2008; Giuliano, Levine & Teal, 1990, S. 159). Eine Erweiterung stellen die im Jahr 1993 zum ersten Mal von Fielding und Klein (1993) als solche beschrieben *HOT Lanes* (*High Occupancy Toll*) dar. Das hier angewendete *Value Pricing* ermöglicht durch das Zahlen einer Gebühr Zugang zu optionalen Straßen, die einen zusätzlichen Nutzen beispielsweise in Form von kürzeren Wegzeiten bieten (Safirova, Gillingham, Harrington & Nelson, 2003, S. 4). Auf der Autobahnzufahrt nach Los Angeles existieren neben kostenlosen Fahrspuren kostenpflichtige *Express Lanes*, die ebendiesen Ansatz aufgreift. Die Gebühren für die Benutzung sind zeitlich

Tabelle 2.2 Mögliche Gestaltungsparameter differenzierter Straßenbenutzungsgebührensysteme (in Anlehnung an Schütte, 1998)

<table>
<tr><th>Gestaltungskategorien</th><th colspan="6">Gestaltungsvarianten</th></tr>
<tr><td rowspan="2">Raum</td><td colspan="4">Zonensystem</td><td colspan="2">Zahlpunktsystem</td></tr>
<tr><td>Streckenbezogen</td><td colspan="2">Distanzbezogen</td><td>Gebietsbezogen</td><td>Punktbezogen</td><td>Kordonbezogen</td></tr>
<tr><td rowspan="2">Zeit</td><td colspan="4">Statisch-belastungsorientiert</td><td colspan="2" rowspan="2">Dynamisch- belastungsorientiert</td></tr>
<tr><td colspan="2">Wochentagabhängig</td><td colspan="2">Tageszeitabhängig</td></tr>
<tr><td>Fahrzeugkategorie</td><td colspan="2">Fahrzeugklassen</td><td colspan="4">Fahrzeugeigenschaften</td></tr>
<tr><td>Fahrverhalten</td><td colspan="6">z. B. auf Grundlage der Kfz-Versicherung</td></tr>
<tr><td>Personenbezogene Eigenschaften</td><td colspan="6">Auf Grundlage soziodemografischer Merkmale</td></tr>
<tr><td>Zahlungsmodalitäten</td><td colspan="2">Barzahlung</td><td colspan="2">Pre-Pay-Verfahren</td><td colspan="2">Post-Pay-Verfahren</td></tr>
</table>

differenziert (tageszeit- und wochentagabhängig) und variieren je nach Auslastung der Fahrbahnen. Darüber hinaus können u. a. Fahrzeuge mit drei oder mehr Insassen und schadstofffreie Fahrzeuge die *Express Lane* entweder kostenlos nutzen oder erhalten zu hoch frequentierten Zeiten einen Rabatt von 50 % (Sullivan, 2000, S. 30).

Der Gefahr der gegenläufigen Entwicklung infolge von Übernutzung der *HOV Lanes* kann bei einem *HOT*-Konzept mit flexibler Tarifgestaltung und ausreichend hohen Gebühren entgegengewirkt werden. Es gilt, den Nutzungsgrad der kostenpflichtigen Spur unter der Kapazitätsgrenze zu halten (Dahlgren, 1999, S. 6). Die Ermittlung der erforderlichen Daten erfolgt meist über einen im Auto befindlichen Transponder und ermöglicht einen ungestörten Verkehrsfluss (Kim, 2000, S. 16).

Als Vorteile der Nutzung der kostenpflichtigen Spur bei nicht zu starker Auslastung werden folgende Punkte hervorgehoben (Boriboonsomsin & Barth, 2008; Chang et al., 2008; Lam & Small, 2001):

- komfortableres, stressreduziertes Fahren,
- Reisezeitersparnisse,
- mehr Planungssicherheit aufgrund höherer Sicherheit hinsichtlich der Ankunftszeit sowie
- langfristig eine Verbesserung der Umweltsituation aufgrund der Entzerrung der Verkehrsströme und der entsprechenden Entspannung der gesamten Verkehrslage.

Bezüglich der positiven Aspekte soll auf die oft im Kontext von Straßenbenutzungsgebühren kontrovers diskutierte Gerechtigkeitsfrage hingewiesen werden (vgl. Abschnitt 2.6.2.3). Ein entscheidender Vorteil dieses Mautkonzeptes ist, dass sowohl Nutzer als auch Nicht-Nutzer der *HOT Lanes* profitieren (Li, 2001, S. 62). Im Gegensatz zu konventionellen Autobahnmautkonzepten mit Gebühren auf allen Spuren ist es hierbei nicht erforderlich, sein Verhalten zu ändern bzw. eine finanzielle Mehrbelastung zu tragen, um den aktuellen Status quo zu erhalten. Nutzer der Express-Spuren erhalten für das Zahlen einer Gebühr ihren Mehrwert in Form von Zeiteinsparungen und den damit verbundenen Annehmlichkeiten. Nicht-Nutzer können ihr gewohnheitsmäßiges Fahrverhalten beibehalten und profitieren gegebenenfalls durch ein geringeres Verkehrsaufkommen. Fielding und Klein (1993, S. 5) merken in Bezug auf den Gerechtigkeitsaspekt an, dass sich Nicht-Nutzer benachteiligt fühlen könnten, da diese trotz der Mitfinanzierung des Baus in Form von Steuerzahlungen von der Benutzung ausgeschlossen werden. Kritiker geben weiter zu bedenken, dass infolge eines schnelleren Verkehrsflusses Anreize zum Umstieg auf Kraftfahrzeuge geschaffen und somit zusätzlicher

Verkehr induziert wird. Des Weiteren wird von der Gefahr des „*Empty Lane-Syndrome*“ gesprochen, wobei sich der Nutzungsgrad auf den kostenfreien Spuren erhöht, während die *HOT Lane* unbenutzt bleibt (Long & Curry, 2000, S. 7). Als Gegenargumente seien die bereits erwähnten Gestaltungsvariationen genannt, die mehr Flexibilität bezogen auf die Nutzung bzw. Auslastung ermöglichen. Hierfür stehen beispielhaft eine Beschränkung der Bepreisung auf Hauptverkehrszeiten, stärkere Preisstaffelungen oder ein Nutzungsrecht für alle Fahrzeuge zu weniger stark frequentierten Zeiten. Zudem ist gegebenenfalls der Umbau zu einer normalen Spur oder der freie Zugang für alle denkbar.

Studien zum Nutzungsverhalten und zur Akzeptanz von *HOV* und *HOT Lanes* zeigen eine tendenziell positive Einstellung gegenüber diesem Konzept. Eine Befragung in Kalifornien lässt hohe Akzeptanzwerte bezüglich der dortigen *HOV Lanes* erkennen: 76 % der befragten Fahrer drückten ihre (starke) Zustimmung aus. Zudem passten 10 % der Einzelfahrer und 43 % der Carpooler ihr Verhalten beispielsweise mit geänderten Abfahrtszeiten an (Southern California Association of Governments, 2004, S. 15). Auch in anderen Untersuchungen zeigen sich ähnliche Ergebnisse, wobei sich teilweise weit über die Hälfte der Befragten positiv gegenüber einem derartigen Gebührenkonzept äußern (Harrington, Krupnick & Alberini, 2001, S. 102; Kwon & Varaiya, 2005; PB Study Team, 2002). Es werden eine höhere Effektivität gegenüber regulären Fahrspuren, geringere Stauanfälligkeit auf allen Fahrspuren und verbesserte Luftqualität als positive Aspekte hervorgehoben.

Hinsichtlich der Gestaltungsmöglichkeiten lässt sich zusammenfassend festhalten, dass mit steigendem Differenzierungsgrad eine gezielte Nachfragesteuerung und Internalisierung der auftretenden externen Effekte möglich sind. Die hierfür anzusetzende *first best*-Gebühr und die Einbindung dieser in ein geeignetes System sind theoretisch sinnvoll und möglich. Allerdings sind bei der Umsetzung in der Praxis eine Vielzahl von Aspekten zu berücksichtigen (Krause, 2003). Hierzu zählen unter anderem die Gegebenheiten der Infrastruktur, die Implementierungs- und Betriebskosten, die verfolgten Ziele, datenschutzrechtliche Bedenken und die Einnahmenverwendung sowie verschiedene politische Faktoren (Rietveld, 2006). Von Seiten der Verkehrsteilnehmer ist – neben dem Verständnis – die wohl entscheidendste Herausforderung die Akzeptanz solcher Systeme (Bonsall & Shires, 2005; Francke & Kaniok, 2013; Güller et al., 2000; Obst, 2007; Schade, 2005; Sutter et al., 2006; Teubel, 2001).

2.6 Akzeptanz von Straßenbenutzungsgebühren

2.6.1 Der Akzeptanzbegriff

Wie so oft existiert auch im Bereich der Akzeptanzforschung eine Vielzahl von Definitionen, die eine Allgemeingültigkeit der Begrifflichkeiten schwierig erscheinen lässt (vgl. u. a. Anstadt, 1994; Lucke, 1995; Oppermann, 1984; Schade, 1999, 2005). Hier kommt beispielsweise die Unterscheidung zwischen Akzeptanz und Akzeptabilität zum Tragen. So ist laut Oppermann (1984) nicht alles, was akzeptiert wird, auch akzeptabel, bzw. muss eine akzeptable Lösung nicht zwangsläufig akzeptiert werden. Schade (1999, S. 230) definiert Akzeptanz im Kontext von Straßenbenutzungsgebühren als „...die positive, bejahende Einstellung eines Akzeptanzsubjektes gegenüber einem Objekt (road pricing), diese drückt sich in der verbalen (schriftlichen) Zustimmung aus, darüber hinaus in der Äußerung der Bereitschaft (Intention), sich „im Sinne von road pricing“ verhalten zu wollen.[7] Dabei ist zu spezifizieren, welche Verhaltensweisen im Zusammenhang mit road pricing stehen. Weiterhin ist zu bestimmen, wer road pricing zu akzeptieren hat (Akzeptanzsubjekt)“. Dieser Ansatz – Akzeptanz als positive Einstellung gegenüber einem Objekt und der entsprechenden Verhaltensabsichten – wird für die vorliegende Arbeit übernommen (vgl. Anstadt, 1994; Lucke, 1995).

In einem heuristischen Modell zur Akzeptanz von Straßenbenutzungsgebühren identifiziert Schlag (1998) theoriegeleitet die zentralen Bedingungen der Akzeptanz. Aufbauend auf der Theorie des überlegten und geplanten Verhaltens (vgl. Fishbein & Ajzen, 1975) erweitert er den rein verhaltensbasierten Ansatz mittels zentraler kognitiver Bedingungen für die Bewertung solcher Maßnahmen (vgl. Abbildung 2.2).

Dieses offene Modell und dessen Zusammenhänge wurden von Schade (2005) eingehend geprüft und konkretisiert. Die einzelnen Faktoren werden hierbei vier Ebenen zugeordnet. Die erste Stufe beinhaltet notwendige, jedoch nicht hinreichende Bedingungen für die Akzeptanz von Straßenbenutzungsgebühren wie Problembewusstsein oder Wissen. Die Bewertungsebene schließt evaluative Kriterien wie die wahrgenommene Effektivität und Gerechtigkeit sowie die Nutzenerwartung ein. Die Akzeptanz als übergeordnetes Einstellungsmaß (dritte Ebene) und die aus der Maßnahme resultierenden Verhaltensintentionen (vierte Ebene) finalisieren das erweiterte Akzeptanzmodell. Schade (2005) hebt hervor, dass vor allem utilitaristische Variablen wie die wahrgenommene Effektivität und

[7] Eagly & Chaiken (1993) beschreiben eine Einstellung als die Bewertung eines bestimmten Objektes anhand eines bestimmten Grades der Zustimmung oder Ablehnung.

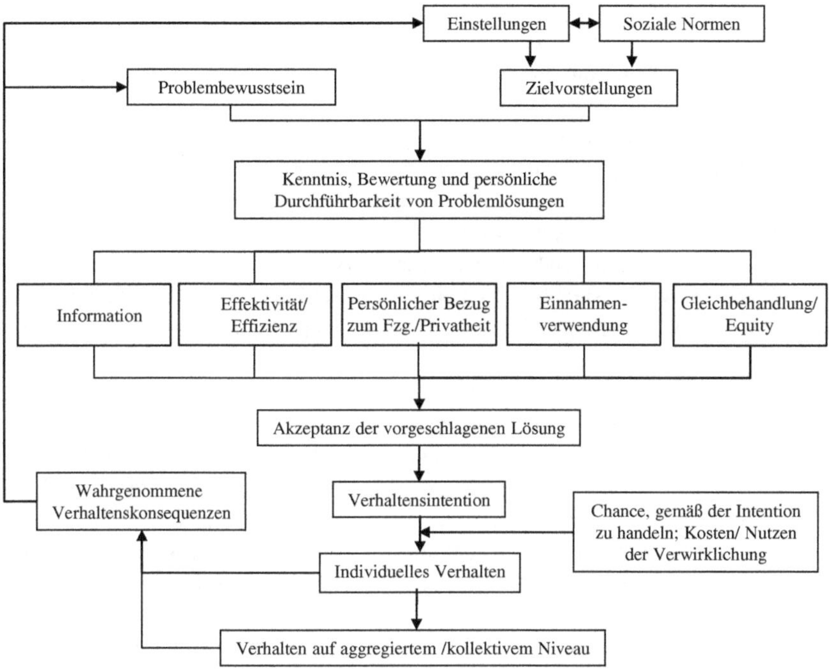

Abbildung 2.2 Ursprüngliches Akzeptanzmodell von Schlag (1998, S. 310)

die individuelle Nutzenerwartung die Zustimmung zu Straßenbenutzungsgebühren prägen. Auf dieser proximalen Bewertungsebene werden Ansatzpunkte der Beeinflussung mittels unterschiedlich dargestellter Systemattribute der Gebührenmaßnahme gesehen, welche sich letztlich in Form eines positiven Gesamturteils und Verhaltensabsichten im Sinne des System äußern sollen (vgl. Kapitel 5, 6 und 7).

2.6.2 Komponenten des Akzeptanzmodells

Von den zahlreichen Komponenten des Akzeptanzmodells werden im Rahmen der vorliegenden Arbeit lediglich das Problembewusstsein, die wahrgenommene

Effektivität und Gerechtigkeit, Verhaltensintentionen sowie verschiedene soziodemographische Einflussfaktoren betrachtet. Diese sind von zentraler Bedeutung für die Gestaltung der durchgeführten Studien im empirischen Teil der Arbeit.[8]

2.6.2.1 Problembewusstsein

Ein wichtiges Kriterium für die Bewertung von Straßenbenutzungsgebühren stellt die Problemwahrnehmung dar. Es wird vorausgesetzt, dass ein gewisses Bewusstsein für die aus dem Verkehr resultierenden Probleme bestehen sollte, um sich mit verkehrspolitischen Maßnahmen auseinanderzusetzen (Steg & Vlek, 1997). Es wird wenig Verständnis für Maßnahmen zur Reduzierung von Verkehrsproblemen aufgebracht, wenn diese Probleme als solche überhaupt nicht wahrgenommen werden.

Da in größeren Städten und Ballungsgebieten mehr oder weniger überall Umwelt- und Verkehrsprobleme auftreten, wird davon ausgegangen, dass in der Bevölkerung prinzipiell ein hohes Bewusstsein dafür vorherrscht. Dieses steigt mit zunehmenden, durch den Verkehr verursachten Problemen weiter an (Schlag, 1997; Teubel, 2001). Zahlreiche Befunde zeigen, dass in erster Linie durch Kraftfahrzeuge verursachte Luftverschmutzung und Lärmbelästigung sowie Stau als relevante Problemfaktoren eingestuft werden (Jones, 2003; Morris & Bird, 2006; Schade, 2005; Teubel, 2001). Allerdings ist trotz eines hohen Problembewusstseins nicht zwangsläufig von einer Verhaltensanpassung auszugehen. So gaben beispielsweise bei einer Befragung rund 90 % der Autofahrer an, dass insgesamt weniger mit dem Auto gefahren werden sollte, wobei immerhin die Hälfte die Einschränkung des Autogebrauchs auf sich selbst bezog. Nur knapp ein Drittel gab an, ihr Verhalten in diese Richtung anpassen zu wollen. Fraglich ist, ob die geäußerten Intentionen tatsächlich umgesetzt wurden (Praschl & Risser, 1994). Prose (1994) benennt die Wahrnehmung von Umweltproblemen, deren Konsequenzen und die persönliche Betroffenheit als Voraussetzung für die Veränderung individuellen umweltrelevanten Verhaltens. Neben diesen Faktoren müssen Handlungsoptionen für die Problembewältigung gegeben sein und genügend Informationen darüber vorliegen. Schade (2005) fand heraus, dass die Wahrnehmung von umweltbezogenen Problemen über das Wissen einen positiven Einfluss auf die Akzeptanz von Straßenbenutzungsgebühren hat. Bei der Unterscheidung in umwelt- und verkehrsbezogene Probleme führt hingegen das Bewusstsein letzterer vielmehr zur Ablehnung. In der Literatur wird die Wahrnehmung mobilitätsbezogener Probleme aufgrund ambivalenter Befunde als eine

[8]Detaillierte Informationen zur Akzeptanz von Straßenbenutzungsgebühren sind den Arbeiten von Schlag (1998) und Schade (2005) zu entnehmen.

notwendige, wenn auch nicht hinreichende Bedingung für die Akzeptanz preispolitischer Maßnahmen angesehen (Jaensirisak, 2002; Schade, 1999; 2005; Schlag, 1997).

2.6.2.2 Wahrgenommene Effektivität

Sobald ein Bewusstsein über bestehende Verkehrsprobleme existiert und Maßnahmenpakete für deren Lösung vorliegen, stellt sich die Frage, wie effektiv diese eingeschätzt werden. Wie bereits erwähnt, sind differenzierte Straßenbenutzungsgebühren eine ökonomisch sowohl effektive als auch effiziente Maßnahme zur Erreichung verschiedener verkehrspolitischer Ziele (vgl. Abschnitt 2.4 und 2.5.4). Allerdings ist die ökonomische Effizienz zur Steigerung der gesellschaftlichen Wohlfahrt nicht mit den individuellen Maßstäben für eine effiziente bzw. effektive Lösung gleichzusetzen. Für die Verkehrsteilnehmer sind lediglich die Effektivität der Maßnahme, d. h. der Grad der Zielerreichung, und nicht die Effizienz (Kosten-Nutzen-Relation) maßgeblich (Teubel, 2001). Ferner wird davon ausgegangen, dass sich die von der Bevölkerung wahrgenommene bzw. eingeschätzte Effektivität von der tatsächlichen Wirksamkeit einer Maßnahme unterscheidet (Rietveld & Verhoef, 1998). So wurden in einer Studie Straßenbenutzungsgebühren zur Bewältigung von Verkehrsproblemen von einem Großteil der Befragten als uneffektiv bewertet (Jaensirisak, 2002). Die Effektivitätsbeurteilung bei Autofahrern zeigte sich geringer als die von Personen, die kein Auto besitzen und demnach keine Gebühren bezahlen müssen. Gleichzeitig war zu erkennen, dass infolge solcher Maßnahmen enorme Verhaltensanpassungen im Sinne von Umsteigen auf ein anderes Verkehrsmittel erfolgen, was die tatsächliche Effektivität widerspiegelt.

Es wird angenommen, dass die Akzeptanz von Straßenbenutzungsgebühren von der empfundenen Effektivität dieser Maßnahme abhängt. In mehreren Untersuchungen zeigt sich, dass Maßnahmen, die eine hohe Akzeptanz aufzeigen, auch als effektiv zur Lösung von Verkehrsproblemen eingeschätzt wurden. Umgekehrt ist die Effektivität der preislichen Maßnahme in hohem Maße auf deren Akzeptanz angewiesen (Eliasson, 2016; Kramer, 2018; Luk & Chung, 1997; Morris & Bird, 2006; Schade, 1999; Schlag, 1997). Jaensirisak (2002) beschreibt hingegen einen Trade-off zwischen Akzeptanz und Effektivität. Demnach werden effektive Maßnahmen – gemessen an deren Wirkungsmaß wie Staureduzierung – eher schlecht bewertet und sind unpopulär in der Bevölkerung. Als Gründe werden die mangelnde Fähigkeit oder Motivation, die Konsequenzen einer restriktiven Maßnahme einzuschätzen, die persönlich empfundene, stark ausgeprägte Autoabhängigkeit und die damit ausgeschlossene Verhaltensanpassung sowie strategisches Antwortverhalten genannt (Schade, 2005). Dabei gilt die (wahrgenommene) Effektivität als wichtige Voraussetzung für die Einführung des Gebührensystems (Brundell-Freij & Jonsson, 2009). Die tatsächliche Wirksamkeit beispielsweise hinsichtlich der Staureduzierung oder Umweltwirkung ist aufgrund mangelnder Erfahrung meist erst nach der Implementierung wahrnehmbar. Folglich kann dann mit positiveren Beurteilungen gerechnet werden (Börjesson, Eliasson & Hamilton, 2016; Gehlert, 2009).

2.6.2.3 Wahrgenommene Gerechtigkeit

Bisher erleben auf der Straße alle Gleichheit, d. h., die Nutzung erfolgt beispielsweise unabhängig vom Einkommen. So wird auch eine Stausituation als gerecht empfunden, da sie alle ungeachtet von persönlichen Eigenschaften gleichermaßen betrifft und Reisezeitverzögerungen für alle identisch sind (Teubel, 2001). Bei der Einführung von Straßenbenutzungsgebühren wird der Aspekt ausgenutzt, dass die Opportunitätskosten der Zeit bzw. die individuelle Zahlungsbereitschaft für staufreies Fahren unterschiedlich ausfallen (Calfee & Winston, 1998). Um die Gerechtigkeit einer Maßnahme messbar zu machen, erfolgt intra- oder interpersonal ein Vergleich des Outcomes zu einem Referenzpunkt. Da die Straßennutzung in Deutschland bislang weitestgehend kostenfrei ist, empfinden besonders Personen mit geringem Einkommen Ungerechtigkeit, da sie sich die Nutzung kostenpflichtiger Infrastruktur nicht leisten können und demnach vom Autofahren ausgeschlossen würden (Rothengatter, 1994). So nimmt mit sinkendem Haushaltseinkommen der Anteil der Haushalte mit Pkw und die Anzahl der im Haushalt befindlichen Pkw ab (Follmer et al., 2008). Auch Personen, die für lange Arbeitswege täglich auf das Auto angewiesen sind, wären stark benachteiligt (Lehmann, 1996). Diese interpersonale Gerechtigkeit, die bei einem Vergleich zwischen Personen auftritt, muss von der intrapersonalen unterschieden werden. Bei letzterer sollte unter Berücksichtigung von Erfahrungswerten bei dem Vergleich der aktuellen individuellen Situation mit der veränderten ein ausgeglichenes Verhältnis von entstandenen Kosten und dem erhaltenen Nutzen bestehen (Schade, 2005; Schlag, 1997). Auch hier wird in einer Gebühr eine Benachteiligung zur Situation ohne eine solche gesehen. Als häufiger Grund für die empfundene Ungerechtigkeit von preislichen Maßnahmen wird neben der finanziellen Belastung die Unmöglichkeit einer Verhaltensänderung gesehen, wobei vor allem unzureichende Alternativen bemängelt werden (Hoffmann et al., 2006). Zudem stellen erzwungene Verhaltensänderungen oft einen Nutzenverlust im Vergleich zur Situation vor der Gebührenerhebung dar (Teubel, 2001). Hinsichtlich des Zusammenhangs zur Akzeptanz von Straßenbenutzungsgebühren wird davon ausgegangen, dass diese mit steigender empfundener Gerechtigkeit steigt. Umgekehrt sinkt die Akzeptanz, wenn mehr eigene Nachteile angenommen werden (Bamberg & Rölle, 2003;

Jakobsson, Fujii & Gärling, 1999; Kramer, 2018; Schade, 1999; Schade & Schlag, 2000).

Kahneman und Kollegen (1991, S. 203) beschreiben, dass das Fairness-Urteil der Bevölkerung über eine politische Maßnahme im engen Zusammenhang mit der Wahrnehmung der sich verändernden Situation steht: „whether the question was framed as a reduction in a gain or an actual loss". Trotz identischem Ergebnis wird ein wahrgenommener Verlust als unfairer bewertet als ein reduzierter Gewinn. Darüber hinaus erfolgt die Beurteilung des Preissystems auch in Abhängigkeit davon, ob es positiv als Möglichkeit für Kosteneinsparungen oder negativ im Sinne von lediglich zusätzlich anfallenden Kosten gesehen wird (Bonsall & Shires, 2005).

2.6.2.4 Soziodemographische Faktoren

Die Erhebung von Gebühren für die Straßeninfrastruktur trifft Personen mit unterschiedlichen soziodemographischen Hintergründen auf differenzierte Art und Weise. Im Folgenden sollen kurz das Geschlecht, Alter, Bildungsstand und Einkommen betrachtet werden.

Trotz eines sich wandelnden Rollenbildes und sich dadurch annähernder Verhaltensmuster beeinflusst das *Geschlecht* das Mobilitätsverhalten.[9] Laut den Erkenntnissen von Sullivan (2000, S. 90) sind 65 % der Pendler, welche die SR 91 *Express Lanes* in Kalifornien nutzen, männlich. Allerdings zeigt sich, dass mehr Frauen als Männer – insbesondere die im Alter zwischen 30 und 50 Jahren – die Nutzung der *Express Lanes* die der *Free Lanes* vorziehen. So gaben 40 % der weiblichen Befragten an, die kostenpflichtigen Spuren zu nutzen, wohingegen der Anteil der männlichen Nutzer gegenüber Nicht-Nutzern lediglich bei 25 % lag.[10] Die Ergebnisse der TransPrice-Studie unterstützen dies, indem Frauen Straßenbenutzungsgebühren eher akzeptieren und daraus mehr Vorteile erwarten als Männer. Gründe werden in der geringeren Pkw-Nutzungshäufigkeit, den kürzeren zurückgelegten Distanzen und der höheren Flexibilität von Frauen gesehen (Schade, 2005). Laut der Studie von Hautzinger und Kollegen (2011)

[9]Die Anzahl der getätigten Wege und die in diesem Zusammenhang zurückgelegten Strecken sind – abhängig von der Lebenssituation und Lebensphase – bei Männern höher als bei Frauen (Follmer et al., 2008). Frauen nutzen häufiger die öffentlichen Verkehrsmittel und tätigen mehr Wege für Freizeit und Haushaltserledigungen. Männer hingegen fahren häufiger mit dem Pkw und die meisten Wege werden zur Erwerbstätigkeit und Bildung zurückgelegt. Die meiste Wegzeit verbringen beide Geschlechter in einem Kraftfahrzeug (De La Fuente Layos, 2005, S. 6; Hamilton, 2001, S. 6).

[10]Gilt für Fahrzeuge mit einem Insassen.

zeigten Frauen im Zuge der Einführung einer City-Maut eine höhere Zahlungsbereitschaft, um ihr vorheriges Fahrverhalten beizubehalten, als Männer. Darüber hinaus waren die weiblichen Befragten mit steigender Gebührenhöhe eher bereit, auf ein alternatives Verkehrsmittel umzusteigen als die männlichen. Bei Untersuchungen der Persönlichkeitstypen in Bezug auf das Geschlecht zeigte sich, dass Männer vielmehr danach streben, die beste Alternative herauszufiltern, und Frauen aufgrund von Vertrauen wählen (Bonsall et al., 2006b). Demnach sollten Männer differenzierte Gebührensysteme präferieren und Frauen starre Systeme wie *Cordon Pricing* bevorzugen. Kramer (2018) stellt in ihrer Metaanalyse fest, dass sich aus den Daten der herangezogenen Studien keine eindeutige Beziehung bezüglich des Geschlechts und der Akzeptanz feststellen lässt.

Burris und Pendyala (2002, S. 249) schreiben zum Zusammenhang zwischen dem *Alter* und der Reaktion auf zeitlich differenzierte Straßenbenutzungsgebühren, dass je nach Gestaltung des Systems bis zu 76 % der befragten Rentner bereit waren, ihr Verhalten anzupassen und einen anderen Fahrtzeitpunkt zu wählen. Diese zeigen eine hohe zeitliche Flexibilität, sodass sie problemlos auf derartige Gebühren reagieren können. Der Anteil der Pendler mit hohem Einkommen, die ihren Fahrtzeitpunkt anpassen können, lag lediglich zwischen 13 % und 25 %. Sullivan (2000, S. 94) berichtet, dass neben älteren Personen auch Jüngere seltener gebührenpflichtige Strecken nutzen. Mögliche Gründe liegen in dem insgesamt höheren Nutzungsgrad öffentlicher Verkehrsmittel, im fehlendenden Vorhandensein eines Pkws sowie im geringeren Einkommen dieser Altersgruppen im Vergleich zu Personen mittleren Alters (Statistisches Bundesamt, 2005; 2007a). Letztere weisen eine höhere Zahlungsbereitschaft für Zeiteinsparungen auf und sind daher eher geneigt, auch zu Hauptverkehrszeiten höhere Gebühren für kostenpflichtige Strecken zu zahlen (Calfee & Winston, 1998; Jaensirisak, 2002; Sullivan, 2000). Insgesamt lässt sich auch bezüglich der Alters-Akzeptanz-Beziehung keine eindeutige Aussage treffen (Kramer, 2018; Schade, 2005).

Eine Erhebung der San Diego State University ergab, dass die Nutzer einer Strecke mit zeitlich differenzierten Gebühren gegenüber Nutzern von frei zugänglichen Straßen neben einem höheren Einkommen auch einen höheren *Bildungsstand* vorweisen (Evans et al., 2003). Den gleichen signifikanten positiven Zusammenhang zwischen Bildung und der Nutzung gebührenpflichtiger Strecken bestätigt Sullivan (2000, S. 97). Bonsall und Kollegen (2004) berichten, dass Personen mit unterschiedlichem Bildungsstand verschiedenartig mit komplexen Informationen umgehen, wobei höher Gebildete ein besseres Verständnis komplexer Sachverhalte vorweisen. Da laut Luz (1994) ein Sachverhalt nur dann akzeptiert werden kann, wenn dieser auch verstanden wurde, ist demnach bei dieser Personengruppe eine höhere Akzeptanz zu vermuten. Kramer (2018) bestätigt in ihrer Metaanalyse, dass ein höheres Maß an Bildung mit der Zustimmung von Straßenbenutzungsgebühren einhergeht. Es wird allerdings auf den moderierenden Effekt des Einkommens hingewiesen. Harrington und Kollegen (2001) fanden heraus, dass Personen mit einem höheren Bildungsstand Straßenbenutzungsgebühren weniger akzeptieren als die mit einer niedrigeren Bildung. Sie begründen dies mit einer größeren Skepsis höher gebildeter Personen gegenüber neuen Projekten und gegenüber der Kompetenz der Regierung bei der Einführung einer preispolitischen Maßnahme. Andere Studien können keinen bedeutsamen Zusammenhang zwischen dem Bildungsniveau und der Akzeptanz finden (Douma, Zmud & Patterson, 2005).

Kritik an Straßenbenutzungsgebühren geht oft mit dem Argument der sozialen Ungerechtigkeit einher (vgl. Abschnitt 2.6.2.3). Demnach sei die Nutzung kostenpflichtiger Straßen nur denjenigen möglich, die es sich leisten können (Teubel, 2001). Verschiedene Studien belegen eine positive Korrelation zwischen der Zahlungsbereitschaft für Zeiteinsparungen und der Höhe des *Einkommens*, wonach Besserverdienende eher bereit sind, für eine staufreie Fahrt zu zahlen (Calfee & Winston; 1998; Evans et al., 2003; Hauzinger et al., 2011; Lehmann, 1996). Beispielsweise nutzen 51 % der Berufspendler mit hohem Gehalt (mehr als 100.000 USD Haushaltseinkommen pro Jahr) die gebührenpflichtige *Express Lane* (vgl. Abschnitt 2.5.4), wohingegen nur 21 % der Pendler mit niedrigem Einkommen (weniger als 40.000 USD Haushaltseinkommen pro Jahr) diese Strecke für Arbeitswege wählen (Sullivan, 2000, S. 85 ff.). Knapp 70 % der Geringverdiener besitzen hier nicht einmal die technischen Voraussetzungen an ihrem Fahrzeug für die Nutzung der *Express Lane* (Evans et al., 2003). Laut Sullivan (2000) sind Pendler mit mittlerem Einkommen wenig bereit, Straßenbenutzungsgebühren zu zahlen. Die höhere Zeitwertigkeit, der geringere Grenznutzen des Einkommens und die höhere Zahlungsbereitschaft für Zeiteinsparungen von Personen mit höherem Gehalt lassen vermuten, dass die Akzeptanz von Straßenbenutzungsgebühren stärker ausgeprägt ist. Zudem unterstützt das hier vorliegende bessere Verständnis als Folge eines höheren Bildungsniveaus diese Tendenzen. Harrington und Kollegen (2001) widerlegen dies, indem sie zeigen, dass höheres Einkommen mit geringeren Akzeptanzwerten einhergeht. Gründe werden im höheren Nutzungsgrad und weiter zurückgelegten Strecken von Besserverdienern gesehen. So werden vor allem distanzbezogene Systeme von dieser Personengruppe abgelehnt (vgl. Kramer, 2018). Schade (2005) stellt einen leicht negativen Zusammenhang zwischen dem Einkommen und der Nutzenerwartung fest. So befürchten Personen mit hohen Einkommen nach der Einführung von

Benutzungsgebühren für die Straße einen niedrigeren Nutzen als Personen mit geringem Einkommen. Die Inkonsistenz bezüglich der Ergebnisse bzw. die fehlenden direkten Zusammenhänge zwischen der Höhe des Einkommens und der Akzeptanz von Straßenbenutzungsgebühren bestätigen sich bei dem Großteil der Akzeptanzstudien (Jaensirisak, 2002; Kramer, 2018; Schade, 2005).

Zusammenfassend zeigen Praxisberichte zwar Beziehungen zwischen soziodemographischen Eigenschaften und der tatsächlichen Nutzung von kostenpflichtigen Straßen, allerdings existieren zahlreiche Studien, die keine oder lediglich sehr geringe Zusammenhänge zur Einstellung gegenüber Straßenbenutzungsgebühren feststellen (Evans et al., 2003; Harrington et al., 2001; Jaensirisak, 2002; Kramer; 2018; Schade, 2005; Sullivan, 2000; Vrtic, Schuessler, Erath & Axhausen, 2010).

2.6.3 Akzeptanzmangel

Obwohl Straßenbenutzungsgebühren sowohl der Kfz- als auch der Energiesteuer aus Sicht der ökonomischen Effektivität weitaus überlegen sind und mit deren Einsatz bestehende Verkehrsprobleme nachweislich gemindert werden können, trifft diese Maßnahme auf starken öffentlichen und politischen Widerstand (Meyer, 1999). Zahlreiche Veröffentlichungen und Studien belegen, dass der Bevölkerung zwar Verkehrsprobleme wie Stau und Umweltbelastung bewusst sind, aber ein Großteil – insbesondere Autofahrer – Straßenbenutzungsgebühren zur Bewältigung negativ bewertet (u. a. Güller et al., 2000; Hautzinger, 2011; Jaensirisak, 2002; Kramer, 2018; Luk & Chung, 1997; Schade & Schlag, 2000; Schade, 2005). So scheinen die existierenden Probleme noch nicht ersichtlich genug bzw. deren Beseitigung nicht so viel wert zu sein, als dass dafür bezahlt werden würde.

Die zu entrichtende Gebühr wird häufig als doppelter Verlust wahrgenommen: die tatsächlich anfallenden Kosten in Form einer Reduzierung des persönlichen Vermögens und der „unsichere" Nutzen. Die Unsicherheit resultiert aus dem Misstrauen der Steuerzahler gegenüber der Politik und der Intransparenz, wofür steuerliche Einnahmen tatsächlich verwendet werden (Hsu, Walters & Purgas, 2007). Hinzu kommen die schwer greifbaren Konsequenzen im Vorfeld der Einführung einer solchen Maßnahme. Diese werden, wie beispielsweise eine Verbesserung der Umweltsituation, meist erst langfristig sichtbar. Zudem liegt eine Art soziales Dilemma von einerseits Einschränkungen der persönlichen Mobilität sowie individuell zu tragende Kosten und andererseits Verbesserungen des gesellschaftlichen Allgemeinwohls vor (Avineri & Waygood, 2012). Erschwerend kommt hinzu, dass die Verlierer im Zuge von (Steuer-) Reformen bereits im Vorfeld sichtbar sind, wohingegen die Gewinner meist unbeachtet bleiben (Heinemann, Förg, Jonas & Traut-Mattausch, 2008, S. 389). Begünstigt wird diese Wahrnehmung durch eine verzerrte Darstellung in den Medien, die vordergründig Reformverlierern ein Gesicht geben. Des Weiteren nimmt die Einschätzung der eigenen Anpassungsfähigkeit eine zentrale Rolle ein. Individuen besitzen meist eine Vorstellung über die Folgen einer Reform und dem daraus resultierenden Nutzen. Allerdings liegen unterschiedlich stark ausgeprägte Diskrepanzen zwischen dem individuell erwarteten und dem tatsächlich entstandenen Nutzen vor. Hinzu kommt eine unterschiedlich starke Gewichtung von bestimmten Dimensionen der Veränderungen und deren Folgen. Studien zeigen, dass aufgrund der Unterschätzung der eigenen Anpassungsfähigkeit die Auswirkungen von Reformen auf das Nutzenniveau überschätzt werden und die individuellen Anpassungskosten, die bei einer Änderung des Status quo anfallen, überzogene Werte annehmen (Fielding & Klein, 1993, S. 3; Heinemann et al., 2008, S. 389 ff.; Kahneman & Thaler, 2006). Die Folgen sind Ablehnung von Reformen und eine Bevorzugung des gegenwärtigen Zustandes.

Bei einer Untersuchung der Akzeptanz verschiedener *Travel Demand Management*-Strategien (TDM-Strategien) in unterschiedlichen europäischen Städten stellte sich heraus, dass Maßnahmen zur Verbesserung des ÖPNV-Netzes und selbst Zufahrtsbeschränkungen für die Innenstadt deutlich gegenüber preislichen Maßnahmen vorgezogen werden (Schade, 2003).[11] Die Zustimmung für Zufahrtsbeschränkungen lässt sich mit dem Aspekt der Gerechtigkeit erklären, da hier alle Autofahrer gleichermaßen betroffen sind (Teubel, 2001). Bei der Akzeptanzstudie ist in den verschiedenen Städten eine nahezu gleiche Verteilung der Bewertung zu erkennen, sodass international eine sehr geringe Akzeptanzausprägung gegenüber Straßenbenutzungsgebühren deutlich wird (vgl. Abbildung 2.3).

Die Ergebnisse einer Machbarkeitsstudie zur Einführung einer City-Maut in Hamburg zeigen, dass 69 % der befragten Autofahrer der Idee der Implementierung einer Gebühr für die Benutzung der Straßeninfrastruktur im Stadtzentrum ablehnend gegenüberstehen (Hautzinger et al., 2011). Von den Befürwortern stimmten rund zwei Drittel für eine fahrleistungsunabhängige Maut. Bei der Frage zur Akzeptanz einer zweckgebundenen Gebühr beurteilten 60 % der MIV-Nutzer diese von „sehr gut“ bis „noch hinnehmbar“. Lediglich 37 % lehnten

[11] *Travel Demand Management*-Strategien beschreiben Maßnahmen zur Steuerung der Verkehrsnachfrage zum Ziel der Erhöhung der Effizienz des gesamten Verkehrssystems (Litman, 2003).

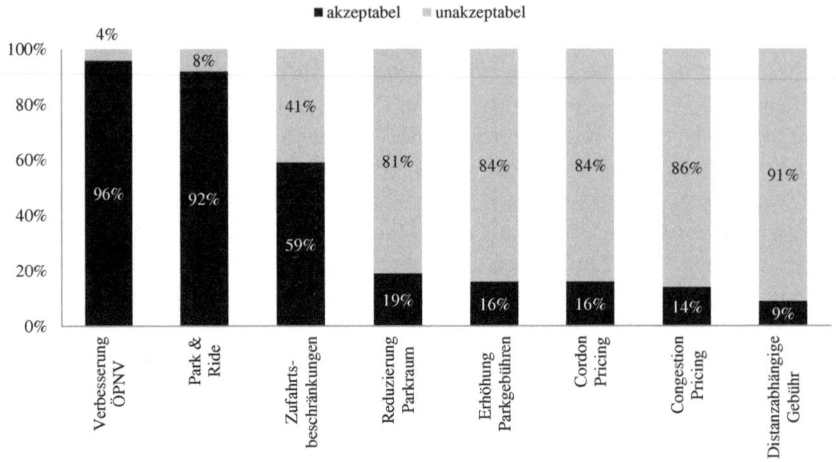

Abbildung 2.3 Akzeptanz verschiedener TDM-Maßnahmen (in Anlehnung an Schade, 2003, S. 111)

eine Straßenbenutzungsgebühr selbst mit Zweckgebundenheit ab. Auch in anderen Studien ist ein Einfluss der Einnahmenverwendung auf die Akzeptanz der Gebührenmaßnahme zu beobachten (Schade, 1999; Schlag & Schade, 2000).

Verschiedene Untersuchungen zeigen, dass sich die Zustimmung im zeitlichen Verlauf durchaus positiv ändert (Börjesson et al., 2016; Gehlert, 2009). Während vor der Einführung des *Cordon Pricing* in Trondheim 72 % der Befragten negativ gegenüber dieser Maßnahme eingestellt waren, waren es fünf Jahre später nur noch 36 % (Hoven, 1996, zit. nach Luk & Chang, 1997). Hoven (ebd.) nimmt bezüglich der beträchtlichen Änderungen in den Einstellungen an, dass sich vor der Umsetzung preislicher Maßnahmen viele dagegen aussprechen in der Hoffnung, dass im Falle einer großen öffentlichen Ablehnung das Projekt nicht durchgeführt würde.

Fortfolgend werden einige Ansatzpunkte zur Erhöhung der Akzeptanz von Straßenbenutzungsgebühren genannt (Bonsall & Shires, 2005; CERTU, 2007; Claus, 1996; Francke & Kaniok, 2013; Gehlert, 2009; Obst, 2007; Kramer, 2018; Schröder, 2005; Schade, 2005; Schlag, 1997, 1998; Sutter et al., 2006; Teubel, 2001). Diese beruhen weitestgehend auf den Hintergründen und Ursachen der negativen Bewertung solcher Gebühren.

- Das Bewusstsein in der Bevölkerung bezüglich der durch den Straßenverkehr verursachten Probleme sollte erhöht werden. Die konkrete Darstellung der externen Effekte bietet einen möglichen Ansatzpunkt. Darüber hinaus empfiehlt sich eine Anpassung des Systems an die jeweiligen Verkehrsprobleme (z. B. fahrleistungsabhängige Gebühr zur Reduzierung der externen Effekte).
- Alle Interessengruppen sollten von der Effektivität und dem gesellschaftlichen, aber auch individuellen Nutzen der Maßnahme überzeugt werden. Hierfür müssen unter anderem die verfolgten Ziele und die Art der Umsetzung klar ersichtlich sein. Erfahrungsberichte über bestehende Gebührensysteme wirken unterstützend.
- Im Hinblick auf (soziale) Gerechtigkeit sollten Möglichkeiten für adäquate Verhaltensanpassungen gegeben sein. Angesprochen sind die Verfügbarkeit und Attraktivität alternativer Verkehrsmittel, die möglichst vor der Einführung der Gebührenmaßnahme vorhanden sein sollten. Mittels gezielter Einnahmenverwendung sollten der Ausbau bzw. die Verbesserung des ÖPNV- oder des Radnetzes im Fokus stehen. Hierbei bietet die Einbettung der Straßenbenutzungsgebühren in ein komplettes Mobilitätsmaßnahmenpaket vielversprechende Erfolgsaussichten. Darüber hinaus sind die Gewährleistung der finanziellen Tragbarkeit und das Mobilitätsbedürfnis von Personen mit geringem Haushaltseinkommen zu berücksichtigen.
- Insbesondere bei der Einführung ist eine umfangreiche Informationspolitik über die Maßnahme und die damit verbundene Zielsetzung, Sicherstellung des Datenschutzes sowie eine ausreichende Transparenz über die Mittelverwendung essentiell. Es sollte ein einfacher Zugang zu Informationen über das Gebührensystem an sich und allen damit in Verbindung stehenden kritischen Punkten über verschiedene Informationskanäle mit ausreichend zeitlichem Vorlauf gewährleistet sein.
- Für eine bessere Verständlichkeit sind eine logische Strukturierung und eindeutige Darstellung des Gebührensystems gefordert. Im zeitlich Verlauf und Gewöhnung an die Preismaßnahme kann eine Differenzierung der Gebühren erfolgen, wodurch gezielte Verhaltensanpassungen beispielsweise in zeitlicher oder räumlicher Hinsicht ermöglicht werden.

Da sich die Thematik Gebühren, Steuern und Abgaben als sehr sensibel und kontextabhängig gezeigt hat, sollte insbesondere der Darstellung in der Öffentlichkeit Beachtung geschenkt werden (vgl. Druckman, 2001; McCafferry & Baron, 2004; Traub, 1999). Es existieren zahlreiche Studien in denen allein durch die unterschiedliche Formulierung eines identischen Sachverhaltes und dem Erzeugen eines anderen Bezugsrahmens, dem sogenannten Framing, divergierende Entscheidungsmuster hervorgerufen werden konnten (vgl. Kahneman & Tversky, 1979; Kühberger, 1998; Levin et al., 1998; Stocké, 2002). Es stellt sich Frage, ob die Bewertung von Straßenbenutzungsgebühren mittels systemseitiger Eigenschaften und deren unterschiedlicher Darstellung positiv beeinflussbar ist, sodass die Bereitschaft, sich im Sinne des Systems zu verhalten, erhöht wird. Diesen Überlegungen wird nach der Betrachtung weiterer theoretischer Grundlagen mithilfe empirischer Studien nachgegangen (vgl. Kapitel 5, 6 und 7).

2.6.4 Akzeptanz und Verhaltensanpassung

Eines der von Straßenbenutzungsgebühren verfolgten Ziele ist das Aufbrechen des gewohnheitsmäßigen Fahrverhaltens im Sinne der Nachhaltigkeit. Es werden eine Reduzierung des Autogebrauchs zugunsten alternativer Verkehrsmittel oder zumindest eine teilweise Verlagerung der Verkehrsströme auf verkehrsärmere Zeiten und Strecken angestrebt. Änderungen im Verkehrsraum, wie die Einführung neuer Maßnahmen, werden bei der Teilnahme am Verkehr aktiv wahrgenommen und anhand eigener Ziele und Motive bewertet (Weller & Schlag, 2004). Ob tatsächlich eine Verhaltensänderung erfolgt, hängt neben der Verfügbarkeit von Alternativen davon ab, ob die Verkehrsteilnehmer dazu in der Lage und bereit sind, ihr Verhalten zu ändern (OECD, 1990). Es stellt sich die Frage, in welchem Zusammenhang Akzeptanz und Verhalten stehen bzw. welche Verhaltensweisen auf unterschiedliche Akzeptanzausprägungen folgen. Jaensirisak (2002) schreibt, dass eine positive Bewertung von Straßenbenutzungsgebühren zum Bezahlen der Gebühren und Beibehalten des Fahrverhaltens führt. Hingegen wird bei einer geringen Akzeptanz durch Vermeidung kostenpflichtiger Zeiten und Strecken öfter versucht, die Gebühr zu umgehen. Diesen Aussagen stehen die Befunde von Schade (1999; 2005) gegenüber, indem es bei einer positiven Bewertung von Straßenbenutzungsgebühren zur Verhaltensanpassung kommt. Diese äußert sich über eingeschränkten Autogebrauch und Umstieg auf andere Verkehrsmittel. Demnach unterstützen Personen, die Straßenbenutzungsgebühren akzeptieren, Maßnahmen zur Reduzierung des MIVs und verhalten sich entsprechend. Bei Verhaltensanpassungen erfolgt oft unbewusst eine Kosten-Nutzen-Abwägung, wobei ein Verlust, resultierend aus der erzwungenen Verhaltensänderung und den anfallenden Kosten, einem Gewinn infolge von Zeiteinsparungen gegenübersteht. Aufgrund der Unsicherheit über die positiven Konsequenzen bei Vorliegen eines Gebührenkonzeptes wird jedoch häufig kritisiert, dass Verhaltensänderungen keinen direkten

Mehrwert im Vergleich zur Situation vor der Gebührenerhebung stiften (Teubel, 2001).

Die Bereitschaft für freiwillige Verhaltensänderungen, insbesondere bezüglich des Verzichts auf das Auto, ist in der Bevölkerung sehr gering ausgeprägt (Heine, Mautz & Rosenbaum, 2001; Schade & Stern, 1997). Ferner erfolgen Änderungen des gewohnheitsmäßigen Verhaltens aufgrund wirtschaftlicher Anreize tendenziell unfreiwillig (Hoffmann et al., 2006). Durch die hohe Wertigkeit der Autonutzung werden Situationen in diesem Zusammenhang oft als *High Cost*-Situation charakterisiert und von den Betroffenen als solche wahrgenommen. Die Vorteile der Nutzung sind demnach so hoch, dass eine Verhaltensänderung entweder als nicht (mehr) möglich oder nur als erhebliche Einschränkung der bestehenden Lebensqualität angesehen wird (Schade, 2005; Schlag & Schade, 2007). So berichten Praschl und Risser (1994), dass eine Vielzahl von Kraftfahrzeugfahrern angibt, ihren momentanen Autogebrauch bereits auf ein Minimum beschränkt zu haben. Hier ist zwischen Viel- und Wenigfahrern zu unterscheiden, denn je mehr das Auto genutzt wird, desto geringer ist die Bereitschaft zur Nutzungseinschränkung (Heine et al., 2001). Wenn Verhaltensänderungen unumgänglich sind, sollten diese so gering wie möglich ausfallen, um das derzeitige Verhalten weitestgehend beibehalten zu können (Gärling et al., 2002; Schlag & Schade, 2007). Die Ergebnisse der Studie in Hamburg zeigen beispielsweise, dass mehr als die Hälfte der Befragten bei einer niedrigen Gebührenhöhe von 1 EUR pro Fahrt das gewohnheitsmäßige Fahrverhalten beibehalten und die Gebühr bezahlen würde (Hautzinger et al., 2011, S. 127 ff.). Im Folgenden sollen die Art und der Umfang des Einflusses von Straßenbenutzungsgebühren auf das Verhalten der Verkehrsteilnehmer betrachtet werden. Es wird zwischen höheren Entscheidungen sowie dem Mobilitäts- und Fahrverhalten an sich unterschieden.

2.6.4.1 Langzeitentscheidungen

Höhere Entscheidungen betreffen nicht unmittelbar verkehrsbezogene Verhaltensweisen, wirken sich allerdings auf diese aus und werden auch umgekehrt von ihnen beeinflusst (Schlag & Schade, 2007). Diese Langzeitentscheidungen, die den Besitz eines Fahrzeugs und die Fahrzeugkategorie, den Wohn- oder Arbeitsort sowie Freizeitaktivitäten betreffen, bedürfen sorgfältiger Abwägung, werden demzufolge selten getätigt und sind von außen schwer beeinflussbar (Hoffmann et al., 2006). Daher sind diese Entscheidungen zwar bedeutsamer als Kurzzeitentscheidungen, jedoch auch – insbesondere was deren Beeinflussungsmöglichkeiten betrifft – schwerer messbar (Evans et al., 2003).

Da in der heutigen modernen Gesellschaft die individuelle Mobilität einen hohen Stellenwert einnimmt, wird dem Besitz eines Fahrzeugs eine besondere Rolle zugeteilt. Das Auto bietet neben Prestige und Anerkennung, räumliche und zeitliche Flexibilität, Komfort sowie oftmals Zeiteinsparungspotential (Heine et al., 2001). So dominierte beim Modal Split im Jahr 2008 das Auto mit einem Anteil von 58 % an allen Wegen (Follmer et al., 2008, S. 25).[12] Prinzipiell ist der Besitz eines Fahrzeugs vom Einkommen, von Fahrgewohnheiten und den Kosten der Fahrzeugnutzung abhängig (Ubbels, 2006). Aus diesem Grund werden Straßenbenutzungsgebühren als zusätzlicher Kostenfaktor nicht nur das Mobilitätsverhalten, zum Beispiel im Sinne von Fahrteneinschränkungen, sondern auch die Anzahl der im Haushalt befindlichen Fahrzeuge beeinflussen (Hoffmann et al., 2006). Die wichtigsten Faktoren bei der Wohnortwahl sind die unmittelbare Nachbarschaft, die Nähe zu Schulen und die anfallenden Kosten (Evans et al., 2003). So kann die Wahl des Wohnortes oder des Arbeitsplatzes im Fall vorliegender Gebühren für die Straßeninfrastruktur je nach Betroffenheit durchaus entscheidend sein. Allerdings werden diese Entscheidungen auch durch eine verbesserte Lebensqualität infolge verminderter Lärm- und Schadstoffemissionen außerhalb der mit Gebühren belegten Innenstädte begünstigt (Nielsen, 2001). Es wurde beispielsweise festgestellt, dass die Bepreisung der Interstate 15 in San Diego einen positiven Effekt auf Wohnortentscheidungen hat (Evans et al., 2003). Hingegen werden weder die positiven noch die negativen Effekte, die aus der Erhebung von Straßenbenutzungsgebühren resultieren, kaum auslösend für einen Wohnort- oder Arbeitsplatzwechsel sein. Vielmehr finden sie bei der Planung solcher Entscheidungen Berücksichtigung (Ramjerdi, 1995).

2.6.4.2 Mobilitätsverhalten

Das Mobilitätsverhalten betrifft mittelfristige Entscheidungen, die einen direkten Einfluss auf die Verkehrsteilnahme haben und stark von äußeren Einflüssen abhängen (Hoffmann et al., 2006). Hier geht es um die Planung der Verkehrsteilnahme, insbesondere um die Verkehrsmittelwahl, die Häufigkeit der getätigten Fahrten, die Wegewahl und den Zeitpunkt der Fahrt (vgl. Tabelle 3.1).[13] Das EU-Projekt EUROTOLL, welches Auswirkungen von Straßenbenutzungsgebühren auf das Verhalten von Verkehrsteilnehmern fokussiert, kategorisiert Straßennutzer grob in zwei Kategorien. Da mittels der Bepreisung von Straßen in erster Linie eine Lenkung der Verkehrsnachfrage angestrebt wird, sind mit dieser Maßnahme vorrangig

[12] Rang zwei im Modal Split: rund ein Viertel aller Alltagswege werden zu Fuß bewältigt.

[13] Da Verhaltensadaptation am ehesten auf dieser Ebene des Verhaltens erfolgt und auch messbar ist, steht diese im vordergründigen Interesse der Arbeit.

die *Essential Road User* angesprochen, denen eine Änderung ihres Verhalten in Bezug auf Routenwahl, Zeit oder gewählte Verkehrsmittel möglich ist. Die so genannten *Targeted Road User* behalten ihr gewohnheitsmäßiges Verhalten bei und nehmen so die geforderte Gebühr in Kauf. Beide Gruppen erhöhen folglich mit ihrer jeweiligen Verhaltensanpassung, wenn nicht unmittelbar für sich selbst, so doch den Nutzen für die Gesellschaft (O'Mahony, 2001). Im Folgenden wird beschrieben, in welcher Art und Weise die Verkehrsteilnehmer ihr Verhalten ändern.

Der *Umstieg auf ein anderes Verkehrsmittel* wie Bus und Bahn ist eine der Möglichkeiten, kostenpflichtige Straßen zu umgehen. Mit der Einführung des Road Pricing-Systems in Singapur erhöhte sich langfristig der Anteil des Öffentlichen Verkehrs am Berufsverkehr von 33 % auf 55 % und der Anteil von Autonutzern sank von 56 % auf 23 % (Evans et al., 2003, S. 10). In London reduzierten sich die Fahrten in die Gebührenzone von 2002 bis zum Jahr 2006 um 21 %, wobei diese zur Hälfte auf Busse und Untergrundfahrten verlagert wurden (Transport for London, 2007, S. 22). In Stockholm verzeichneten die Nahverkehrsbetriebe während der siebenmonatigen Testphase der City-Maut einen Fahrgastanstieg von fast 10 % (Andersson, 2006). Nach der Umsetzung der Maßnahme wurde ein Anstieg der Nutzung von etwa 7 % gemessen (Eliasson, Van Amelsfort, Börjesson, Brundell-Freij & Engelson, 2012, S. 11). Es ist zu berücksichtigen, dass der erhöhte Nutzungsgrad der öffentlichen Verkehrsmittel nicht nur der Gebührenerhebung zuzurechnen ist, sondern der Ausbau der Verkehrsbetriebe insgesamt zur Steigerung der Attraktivität geführt hat. Um den mit der Einführung erwarteten Nachfragezuwächsen gerecht zu werden, wurden die Taktzeiten der Metro sowie Pendelzüge erhöht und neue Buslinien eingeführt (Eliasson et al., 2012). Ob und in welchem Ausmaß der Umstieg auf ein alternatives Verkehrsmittel stattfindet, hängt auch von den Kosten der Fahrt sowie der bereits erwähnte hohe Wert der Autonutzung ab (Evans et al., 2003; Sutter et al., 2006). Die Befunde der City-Maut in Hamburg zeigen, dass bei einer Gebührenhöhe von 3 EUR pro Fahrt der Großteil der Befragten auf ein alternatives Verkehrsmittel umsteigen würde. Bei geringeren Kosten wird eher ein Beibehalten des Fahrverhaltens angestrebt (Hautzinger et al., 2011, S. 127 ff.).

Ein weiteres Maß der verhaltensbeeinflussenden Wirkung von Straßenbenutzungsgebühren ist die Häufigkeit der getätigten Fahrten. Hierbei soll *durch Unterlassung unnötiger Fahrten oder Aggregation von Fahrten* mit unterschiedlichen Zwecken die Fahrthäufigkeit reduziert werden. Zahlreiche Studien berichten, dass nach Einführung eines Gebührensystems die Einfahrten in die Innenstadt rückläufig waren oder sich generell eine Reduzierung des innerstädtischen Verkehrsaufkommens gezeigt hat. Die Zahlen reichen von 3 % bis 15 %

(Schade, 2005, S. 18 ff.). In Stockholm wurde der Verkehr in und um die Innenstadt während der kostenpflichtigen Zeiten die Erwartungen übertreffend um 20 % verringert (Andersson, 2006; Eliasson et al., 2012, S. 9). Ein Grund des Rückgangs der Fahrthäufigkeit wird in der Aggregation von unterschiedlichen Fahrtzwecken gesehen, indem bei einer Fahrt mehrere Erledigungen getätigt werden (Ramjerdi, 1995). Zudem entstehen vermehrt Fahrgemeinschaften, um Fahrten mit nur einer Person zu vermeiden. So erhöhte sich der Anteil der Fahrgemeinschaften am Pkw-Verkehr nach Einführung des Gebührensystems in Singapur innerhalb eines Jahres von 7 % auf 37 % (O'Mahony, 2001, S. 35).

Im Falle einer räumlich differenzierten Gebühr ist es für Verkehrsteilnehmer vereinzelt möglich, dass sie *geplante Fahrten über andere Routen durchführen*, die entweder weniger oder gar nicht bepreist ist. Bei der Einführung einer solchen Gebühr wird laut Evans und Kollegen (2003) zunächst versucht, das Ziel über kostenfreie Straßen zu erreichen. Wenn dies nicht möglich ist, werden nach Abwägung der Fahrzeit oder -kosten andere Umgehungsalternativen gewählt. Sullivan (2000) berichtet, dass ein Drittel der Autos mit drei oder mehr Insassen, die bei der Nutzung der Express Lane während der Nebenverkehrszeit von der Gebühr befreit sind, zu Verkehrsspitzen auf die gebührenfreie Strecke wechseln. Ramjerdi (1995) gab hingegen an, dass es aufgrund der Einführung des Zonengebührensystems in Oslo zu keinen Änderungen bei der Routenwahl gekommen ist. Bei der Untersuchung in Hamburg würden in Abhängigkeit zur Gebührenhöhe zwischen 15 % und 30 % der Befragten eine mautfreie Strecke wählen (Hautzinger et al., 2011, S. 127 ff.).

Eine mögliche und auch gewünschte Reaktion auf zeitlich differenzierte Straßenbenutzungsgebühren ist die *Änderung des Fahrtzeitpunktes.* Hierbei können Verkehrsteilnehmer je nach Ausgestaltung des Systems Kosten verringern bzw. ganz vermeiden. Die Verkehrsnachfrage verlagert sich auf verkehrsärmere Zeiten und die Staugefahr zu hoch frequentierten Zeiten sinkt (Schütte, 1998). Diese Flexibilität ist in hohem Maße vom Fahrtzweck abhängig, wobei der Zeitpunkt der Fahrt beispielsweise für Freizeitaktivitäten eher variiert werden kann als für berufliche Verpflichtungen. In Trondheim sank der Anteil der Fahrten zur Arbeit und zum Einkaufen in den ersten zwei Jahren nach der Einführung des Gebührensystems während der morgendlichen Hauptverkehrszeit um jeweils 4 %. Mit einem Anstieg von 19 % wurden Einkaufstrips hingegen verstärkt auf die kostenfreien Abendstunden gelegt. Der Anteil der Fahrten von der Arbeit nach Hause erhöhte sich in dieser Zeit um 13 % (PROGR€SS Project, 2005). Mit der Einführung einer differenzierten Straßenbenutzungsgebühr in Lee County, die einen Rabatt auf Peak-Off-Zeiten gewährt, änderten laut einer Studie etwa 44 % der Befragten den Fahrtzeitpunkt (Burris & Pendyala, 2002, S. 247). In Singapur stieg der Kfz-Verkehr in der halben Stunde vor dem kostenpflichtigen Zeitraum im Vergleich zum Jahr vor der Einführung des Gebührensystems um 13 % (Evans et al., 2003, S. 11).

2.6.4.3 Fahrverhalten

Änderungen des Fahrverhaltens betreffen Kurzzeitentscheidungen wie den Fahrstil und die Geschwindigkeitswahl, stehen in engem Zusammenhang mit Persönlichkeitsmerkmalen des Fahrers (z. B. Risikobereitschaft) sowie situativen Faktoren (z. B. Zeitdruck) und wirken beeinflussend auf die Verkehrssituation. So steigen aufgrund von rasantem Fahren oder ständigem Abbremsen und Beschleunigen das Unfallrisiko, die Emissionswerte, die Lärmbelästigung und die Stauwahrscheinlichkeit (Milne, Niskanen & Verhoef, 2000). Diese Faktoren werden beispielsweise in geringem Maße über die Höhe der Kraftstoffsteuer beeinflusst. Um Kosten für Treibstoff zu sparen, wird das Fahrverhalten angepasst und eben geschilderte positive Effekte folgen (Hoffmann et al., 2006). Die Gefahr einer zeitabhängigen Straßenbenutzungsgebühr besteht in einer Überhöhung der Fahrtgeschwindigkeit, sodass infolge schnelleren Fahrens ein Verbleiben in den günstigeren Zeitzonen forciert wird. Ein indirekter Einfluss einer Gebührenerhebung auf die Fahrgeschwindigkeit ist anhand des besseren Verkehrsflusses erkennbar. Es wurde festgestellt, dass sich die Geschwindigkeit im Stadtzentrum in Singapur und London um 22 % bzw. 15 % erhöhte (Evans et al., 2003, S. 17; O'Mahony, 2001, S. 36). Generell ist der Einfluss von Straßenbenutzungsgebühren auf das Fahrverhalten eher marginal, was jedoch aufgrund der Fokussierung auf das Mobilitätsverhalten zu vernachlässigen ist.

Es lässt sich festhalten, dass verschiedenartig gestaltete Straßenbenutzungsgebühren den Verkehrsteilnehmern einen großen Handlungsspielraum in Bezug auf ihr Verhalten im Straßenraum ermöglichen. Die Verhaltensanpassung wird sich dabei am ehesten auf die gegebenen Gestaltungsparameter beziehen. Tabelle 2.3 fasst verschiedene Steuerungsmaßnahmen im Straßenverkehr und ihre möglichen Wirkungen auf die unterschiedlichen Verhaltensdimensionen zusammen. Je nach Gestaltung des Gebührensystems können unterschiedliche Resultate und Intensitäten bewirkt werden. Die *first best*-Lösung als hoch differenziertes System stellt den theoretisch wirkungsvollsten Ansatz dar (vgl. Abschnitt 2.4), wobei auch die Effekte der ausgewählten *second best*-Maßnahmen nicht unbeachtlich sind.

2.6.4.4 Der Umgang mit differenzierten Preisstrukturen

Hinsichtlich des Differenzierungsgrades bei der Ausgestaltung von (Straßenbenutzungs-) Gebührensystemen erweisen sich die Empfehlungen

Tabelle 2.3 Wahrscheinliche Auswirkungen verschiedener TDM-Maßnahmen auf unterschiedliche Verhaltensebenen (in Anlehnung an Hoffmann et al., 2006, S. 14; Milne et al., 2000, S. 72)

TDM -Strategien	Fahrverhalten		Mobilitätsverhalten			Langzeitentscheidungen			
	Fahrstil	VM-wahl	Fahrtenhäufigkeit	Fahrzeug-km	Routenwahl	Fahrtzeitpunkt	Fahrzeugbesitz	Fahrzeugart	Wohn-/ Arbeitsort
first-best	***	***	***	***	***	***	***	***	***
Direkte Nachfragesteuerung									
Distanzabh. Gebühr	–	*	**	**	*	**	**	–	**
Cordonpricing	*	*	**	*	*	**	**	–	*
Area Licences	*	*	*	*	*	*	**	*	**
Peak Permits	–	**	*	*	*	*	**	–	*/ –
Parkgebühren	–	**	**	*	*/ –	*	*	–	*
Undiff. Kraftstoffsteuer	–	**	**	**	–	–	**	**	**
Indirekte Nachfragesteuerung									
Kfz-Steuer	*	–	*	*	–	–	**	–	–
Verbesserung ÖPNV	–	**	*	*	*/ –	–	*	–	–

*** optimale Auswirkung
** wahrscheinliche direkte Auswirkung (an first-best annähernd)
* mögliche direkte Auswirkungen
– keine besonderen Auswirkungen bzw. in der Praxis unwahrscheinlich

der ökonomischen und psychologischen Theorie als mehr oder weniger konträr. Gemäß dem ökonomischen Ansatz trifft der rationale Verkehrsteilnehmer seine Entscheidungen unter dem Kalkül der individuellen Kostenminimierung und Nutzenmaximierung (Krause, 2003). Im Falle der Einführung von Straßenbenutzungsgebühren würden demnach stark differenzierte Preissysteme bevorzugt werden, da hier jedes Individuum den für sich optimalen Tarif entsprechend seiner Zahlungsbereitschaft wählen kann (perfekte Preisdifferenzierung). Folglich steigt mit zunehmender Differenzierung der eingesetzten Preissignale der Grad der Verhaltensanpassung (Hoffmann et al., 2006). Da mittels starker Preisdifferenzierung die Konsumentenrente nahezu vollkommen abgeschöpft werden kann, liegt zudem eine hohe Effektivität vor (vgl. Abschnitt 2.4). Jedoch sind bei der Verhaltungsanpassung in Abhängigkeit vom Differenzierungsgrad eine Vielzahl psychologischer Faktoren zu berücksichtigen, die eine Anwendung hoch differenziert ausgestalteter Nutzungsgebühren in der Praxis als unrealistisch erscheinen lässt. In Anlehnung an Bonsall und Shires (2005) werden folgende Theorien und Konzepte zusammengefasst, die im Zusammenhang mit differenzierten Preisstrukturen gesehen werden:

- Aufgrund von Risikoaversion und der Tendenz zur Unsicherheitsvermeidung präferieren Individuen bekannte, verständliche und vorhersehbare Strukturen gegenüber unsicheren, auch wenn diese einen geringeren finanziellen Nutzen aufweisen (Hofstede, 1997; Homburg & Krohmer, 2003; Rößger et al., 2008).
- Infolge begrenzter Rationalität werden Entscheidungen bevorzugt und getroffen, die nur bedingt rational, aber für den Entscheidungsträger zufriedenstellender sind (Simon, 1982, zit. nach Fiori, 2005).
- Die Anwendung von Heuristiken dient der Reduktion von kognitivem Aufwand und der Optimierung bei der Entscheidungsfindung. Es werden verfügbare Informationen meist anhand einfacher Entscheidungsregeln auf ein verständliches Maß reduziert bzw. irrelevante Informationen vermieden (Coutinho, 2006; Gigerenzer & Gaissmaier, 2006; Hoffmann et al., 2006; Homburg & Koschate, 2005).[14]
- Es wird ferner vom Streben nach kognitivem Gleichgewicht durch die Vermeidung von Dissonanzen ausgegangen.[15] Eine Verringerung von Unstimmigkeit

[14] Heuristiken werden als „grobe, die Komplexität von Situationen reduzierende, kognitive Schlussregeln oder Mechanismen zur Entscheidungsfindung und Problemlösung" verstanden (Scholz, 1981, S. 43).

[15] Kognitive Dissonanz liegt beispielsweise vor, wenn bei der Implementierung von Straßenbenutzungsgebühren für ein vorher kostenloses Gut ein Preis verlangt wird.

kann in Form von Ausweichverhalten oder Einstellungsanpassung erfolgen (Homburg & Koschate, 2005).
- Letztlich hängt laut Prospect Theory die Entscheidungsfindung in Situationen der Unsicherheit ausschlaggebend von Art der Präsentation ab. Sachverhalte werden als Gewinne und Verluste bewertet, wobei letztere stärker ins Gewicht fallen (Kahneman & Tversky, 1979; vgl. Abschnitt 3.1.3).

Aufgrund dieser Überlegungen wird angenommen, dass bei einem theoretisch optimalen, komplexen Gebührensystem der kognitive Aufwand der Informationsverarbeitung für den Betrachter zu hoch ist und die angestrebte rationale Reaktion nicht erfolgt (Bonsall & Shires, 2005). In Studien zum Umgang mit differenzierten Preisstrukturen konnte gezeigt werden, dass mit steigender Differenzierung die Fehlerwahrscheinlichkeiten bei der Gebührenberechnung, die Bearbeitungszeiten und die empfundene Schwierigkeit zunimmt (Obst, 2007; Rößger et al., 2008). Verhaltensanpassungen äußern sich beispielsweise durch die Wahl von sicheren Alternativen – z. B. dem Hinnehmen der gegebenen Situation mit dem Bewusstsein einer suboptimalen Wahl – oder in Form von Vermeidung (Bonsall et al., 2006b).

Im Folgenden sollen die oben angedeuteten Anomalien insbesondere bei Routenwahlentscheidungen als Entscheidungen unter Unsicherheit und deren theoretischer Hintergrund genauer betrachtet werden.

Framing-Effekte bei Entscheidungen unter Unsicherheit und Risiko

3

3.1 Entscheidungen unter Unsicherheit und Risiko

Die ökonomische Theorie postuliert, dass Individuen auf Grundlage verfügbarer Informationen und deren verzerrungsfreier Verarbeitung rational handeln und Entscheidungen nach Abwägung zu erwartender Kosten und Nutzen treffen. Basierend auf psychologischen Erkenntnissen führen jedoch beispielsweise kognitive Beschränkungen und motivationale Faktoren zu fehlerhaften oder suboptimalen Entscheidungen (Kahneman & Tversky, 1979). Kahneman und Tversky (1979) stellten in einer Reihe von Untersuchungen Abweichungen von der in der normativen Entscheidungstheorie angenommenen Präferenzstruktur fest. Allein durch unterschiedliche Formulierungen eines Sachverhaltes können divergierende Entscheidungsmuster hervorgerufen werden.

Im Folgenden wird nach einer kurzen Darstellung von Begrifflichkeiten und unterschiedlichen Verarbeitungsmodi im Entscheidungskontext zunächst die klassische Erwartungsnutzentheorie zur Erklärung von menschlichem Entscheidungsverhalten unter Unsicherheit und Risiko betrachtet. Anschließend gilt es, die Prospect Theory als notwendige Erweiterung des rationalen Entscheidungsansatzes um psychologische Annahmen und deren Anwendung beim Routenwahlverhalten zu beleuchten. Aus der Vielzahl der verhaltensbeeinflussenden Mechanismen, die sich anhand der PT erklären lassen, wird daraufhin der Fokus auf Framing und den damit einhergehenden Effekten als Auswirkung der Veränderungen der Oberflächenstruktur eines Entscheidungsproblems gelegt.

D. Kaniok, *Framing im Kontext von Straßenbenutzungsgebühren*, Verkehrspsychologie, https://doi.org/10.1007/978-3-658-33302-7_3

3.1.1 Grundlagen

3.1.1.1 Begrifflichkeiten

Individuen treffen täglich eine Vielzahl von Entscheidungen, denen habituierte, teilweise triviale Überlegungen bis hin zu essentiellen (Lebens-) Abwägungen vorausgehen. Die Komplexität geht dabei nicht immer mit der Anzahl der Alternativen einher, sondern kommt bereits zustande, wenn inkompatible Handlungsalternativen aufkommen. Die Bedeutsamkeit einer Entscheidung nimmt dabei mit dem Grad ihrer Irreversibilität und der Relevanz ihrer Folgen zu (Welling, 2013). Hinsichtlich der Entscheidung als solche, wie verschiedenartig, facettenreich und komplex sie auch sein mag, zeigen sich ebenso unterschiedliche Definitionsversuche. Laut Brauchlin und Heene (1995) steht in Entscheidungssituationen eine Anzahl von Akteuren mit einem gewissen Informationsstand über sich und ihre Umwelt einer Auswahl von Objekten gegenüber. Ziel ist es, die von ihnen präferierten Zustände anzustreben. Jungermann, Pfister und Fischer (2005, S. 3) definieren den Entscheidungsbegriff als „mehr oder weniger überlegtes, konfliktbewusstes, abwägendes und zielorientiertes Handeln". Die Entscheidung wird dabei als ein mentaler Prozess des Beurteilens, Bewertens und Auswählens verstanden. In der wirtschaftswissenschaftlichen Literatur findet der Begriff bei einer Wahl zwischen mindestens zwei Handlungsoptionen Anwendung, aus denen der Entscheider die für ihn bevorzugte mehr oder weniger bewusst auswählt (Laux, Gillenkirch & Schenk Mathes, 2012). Diese Wahl kann durch eine Festlegung oder eine entsprechende Handlung zum Ausdruck gebracht werden (Jungermann et al., 2005). Yates, Veinott und Patalano (2003, S. 15) beschreiben eine Entscheidung als „a commitment to a course of action that is intended to produce a satisfying state of affairs". Baron (2008, S. 233) präzisiert, dass eine optimale Entscheidung „depend on the extent to which each consequence of each option [...] achieves each goal for each person". Der Wert einer Konsequenz bzw. der Grad der Zielerreichung bildet dabei den Nutzen ab und die Nutzenfunktion die Präferenzen des Entscheiders (Varian, 2007). Die aus einem individuellen Bewertungsprozess resultierende Ordnung der Menge der zur Verfügung stehenden Handlungsalternativen wird als Präferenzordnung bezeichnet (Sorger, 1999, S. 17). Je höher die Alternativen in der Ordnung angesetzt und darüber hinaus realisierbar sind, desto höher fällt der Nutzen der Individuen aus. Zu unterscheiden ist zwischen den angegebenen Präferenzen (*Stated Preferences*) und denen durch Handlungen beobachtbaren. Letztere *Revealed Preferences* spiegeln Entscheidungen wieder, die beispielsweise aufgrund von Unvollständigkeit der Handlungsalternativen nicht den geäußerten Präferenzen entsprechen müssen. Auch bei strategischem Antwortverhalten des

Befragten können diese von den wahren Vorlieben abweichen (Katsikopoulos, Duse-Anthony, Fisher & Duffy, 2000; Wardman, 1988).

Der Prozess der Entscheidungsfindung setzt sich aus den Stufen Problemdefinition, Festlegung von Zielen, Ermittlung von Alternativen und den damit verbundenen Konsequenzen sowie final der Entscheidung zusammen. Dieser Prozess muss als Einheit betrachtet werden, wobei die einzelnen Stufen oft mehrfach durchlaufen werden (vgl. Recke, 2006). Die einzelnen Elemente lassen sich in einem Entscheidungsmodell abbilden und dienen der vereinfachten Darstellung des Wahlproblems (vgl. auch Abschnitt 1.1.3.2).

3.1.1.2 Entscheidungsmodi

Menschen zeigen individuelle Differenzen in ihrer kognitiven Beschränktheit als Bestimmungsfaktor unterschiedlich rationaler Verarbeitungsmodi. In verschiedenen Bereichen der (Sozial-) Psychologie wie der Persuasionsforschung und auf dem Gebiet der Urteilsbildung unter Unsicherheit werden zwei idealtypische Entscheidungsstile postuliert und geschlussfolgert, dass sich diese auf die Verarbeitung von präsentierten Sachverhalten und die Beurteilung von Konsequenzen auswirken (Epstein, 1994; Petty & Cacioppo, 1986; Tversky & Kahneman, 1983). Das Konstrukt des Zweiprozessmodells zieht zur Prognose von menschlichen Handlungen unterschiedliche Tests und Skalen heran, die die kognitiven Fähigkeiten der Akteure abgreifen und bewerten (Stocké, 2002). Zur Bezeichnung der beiden Verarbeitungsmodi werden Begriffspaare wie „peripher – zentral" „heuristisch – systematisch" und „intuitiv – extensional" herangezogen (vgl. Petty & Cacioppo, 1986; Tversky & Kahneman, 1983). Keller, Bohner und Erb (2000) differenzieren zwischen einem sparsamen Modus, wobei Urteile auf Grundlage einfacher Faustregeln oder Assoziationen getroffen werden, und einem aufwendigen Stil, dessen Einsatz hohe verfügbare Kapazität sowie Motivation erfordert. Epstein (1994) stellt der Intuition als einem heuristisch-affektiven Modus den analytisch-rationalen Verarbeitungsstil gegenüber. Dieses Konzept wurde von Betsch (2004) aufgegriffen und modifiziert. Sie postuliert, dass bei intuitiven Entscheidungsstrategien lediglich auf Affekte als primäre Informationsquelle zurückgegriffen wird und somit vom heuristischen Verarbeiten zu unterscheiden ist. Betsch geht weiter davon aus, dass intuitives Entscheiden weder durch eine fehlende Genauigkeitsmotivation bedingt wird noch mit der Fähigkeit oder der Motivation, elaborierte Strategien anzuwenden, zusammenhängt. Der intuitive Entscheidungsmodus sollte sich somit vom deliberaten nicht aufgrund von fehlerhaften Informationsverarbeitungsstrategien unterscheiden. Entscheidungen des Deliberations-Modus' basieren primär auf Kognitionen (Betsch, 2005). In ihren Arbeiten konnten die zwei Dimensionen als voneinander weitestgehend unabhängig, nicht gegenteilig nachgewiesen werden. Finalisiert bilden sich diese in der „Präferenz für Intuition und Deliberation" (PID) ab.

Es finden sich Hinweise, dass der Stil der Informationsverarbeitung die Effektivität von inhaltlich identischen, jedoch unterschiedlich dargestellten Sachverhalten herabsetzt. Betsch (2004) ließ in einer Studie variierenden Geldwerten einen subjektiv wahrgenommenen Nutzen zuordnen und leitete daraus persönliche Nutzenfunktionen ab. Bei als deliberat klassifizierten Entscheidern zeigten sich nahezu unverzerrte, lineare Funktionen. Die der intuitiv entscheidenden Personen bildeten sich infolge des gefühlsbasierten Entscheidungsstils in einer gekrümmten Form ab (vgl. *Diminishing Sensitivity* in Abschnitt 1.1.3). Diese Abweichungen von rationalen Entscheidungsmustern lassen vermuten, dass intuitiv entscheidende Personen häufiger von Urteilsverzerrungen betroffen sein könnten. Im Gegensatz sollten deliberate Entscheider von der Art der Problemdarstellung aufgrund der rationalen, systematischen Verarbeitung unbeeinflusst bleiben.[1]

Das Erforschen von individuellem Entscheidungsverhalten und dessen modellhafte Abbildung stellten sich im vergangenen Jahrhundert als Kern verschiedener Wissensdisziplinen heraus. Die daraus resultierenden Entscheidungstheorien, die je nach vordergründigem Forschungsziel auf vorschreibenden (präskriptiven) oder beschreibenden (deskriptiven) Aussagen basieren, werden anschließend näher betrachtet (Laux et al., 2012). Während die präskriptive (oder normative) Theorie der Frage nachgeht, nach welchen Regeln ein rationaler Entscheidungsträger wählen sollte und Verhaltensvorschriften gibt, beschreibt die deskriptive den tatsächlichen Prozess der Entscheidungsfindung (Diekmann & Voss, 2004; Kahneman & Tversky, 1983; Laux, 2012).

3.1.2 Erwartungsnutzentheorie – wie der Mensch handeln soll

In der klassischen ökonomischen Entscheidungstheorie gilt der Mensch als homo oeconomicus als stets planendes, zweckorientiertes, eigennütziges, logisch denkendes, kosten-nutzen-abwägendes Individuum, welches über vollständige Informationen über seine Handlungsmöglichkeiten und die damit verbundenen Konsequenzen verfügt und sozial unbeeinflusst handelt (vgl. Braun & Gautschi, 2011; Diekmann & Voss, 2004; Mayerl, 2009). Auch wenn Jungermann und

---

[1]Zur Verifizierung dieser Annahmen wird in Studie III.I das von Betsch (2005) entwickelte Fragebogenkonstrukt „Präferenz für Intuition und Deliberation" herangezogen. Nähere Ausführungen zu diesem Instrument folgen in Abschnitt 7.1.1.2.

Kollegen (2005) schreiben, dass grundsätzlich alle zu treffenden Entscheidungen von Unsicherheit geprägt sind, da die Folgen einer Handlung ex post nicht ersichtlich sind, kann hinsichtlich der zu erwartenden Konsequenzen grundsätzlich zwischen Entscheidungen unter Sicherheit und Unsicherheit differenziert werden. Liegen Situationen mit sicheren Konsequenzen vor, ist dem Entscheider jede mögliche Handlungsalternative und die damit verbundene Folge bewusst. Die Erwartungsstruktur bei Entscheidungen unter Unsicherheit unterteilt sich wiederum in solche bei Ungewissheit (oder Unsicherheit i.e.S.) und bei Risiko. In Situationen unter Ungewissheit hat der Entscheider zwar Kenntnis über die möglichen Zustände, aber ihm liegen keine Informationen über ihre Eintrittswahrscheinlichkeiten vor. In der Risikosituation sind alle möglichen Ergebniszustände mitsamt ihren Wahrscheinlichkeitsverteilungen bekannt (Bamberg & Coenenberg, 2006; Laux et al., 2012, S. 33).

Die ersten Arbeiten, die Entscheidungen unter Unsicherheit in ihren Grundzügen behandeln, gehen auf Daniel Bernoulli zurück. Dieser postuliert, dass der objektive Wert des Geldes nicht dem subjektiven Wert bzw. Nutzen für einzelne Personen entspricht (Jungermann et al., 2005). Grundlage für das Treffen von Entscheidungen ist laut dem im Jahr 1738 bekannt gewordenen Bernoulli-Prinzip die Bildung einer Nutzenfunktion, die einzelnen Handlungsergebnissen Nutzenwerte zuordnet. Unter den Annahmen der Vergleichbarkeit, Transitivität, Stetigkeit und Unabhängigkeit ist vom Entscheider diejenige Alternative zu präferieren, deren Erwartungswert des Nutzens am höchsten ist (Eisenführ & Weber, 1999; Laux et al., 2012). Darauf aufbauend entwickelten die Ökonomen von Neumann und Morgenstern die Erwartungsnutzentheorie für Entscheidungen unter Risiko (*Expected Utility Theory*, EUT; Jungermann et al., 2005; Laux et al., 2012). Wenn ausgehend von dem Entscheidungsprozess unterstellt wird, dass der Entscheider eine Maximierung des erwarteten Nutzens anstrebt, kann das Entscheidungsproblem anhand einer Erwartungsnutzenfunktion wie folgt beschrieben werden:

$$EU(x_i, p_i) = \sum_i p_i \; u(x_i)$$

Hierbei steht eine Menge von Alternativen A zur Wahl, die sich aus Konsequenzen x_i (i = 1,…, n), der Bewertung dieser über die Nutzenfunktion $V = u(x_i)$ und den zugehörigen Eintrittswahrscheinlichkeiten p_i zusammensetzen (Recke, 2006). Die Objektivität des wahrscheinlichkeitstheoretischen Konzeptes des Erwartungswertes zur Berechnung der Wertigkeit einer Alternative der EUT wird bei der Theorie des subjektiv erwarteten Nutzens (*Subjective Expected Utility,* SEU) durch den individuellen Charakter ersetzt (Jungermann et al., 2005). Nur wenn bestimmte Axiome, d. h. grundlegende Annahmen über präferentielles Verhalten, erfüllt sind, werden die Ergebnisse aller vorliegenden Handlungsalternativen unter Berücksichtigung von positiven und negativen Nutzenwerten bewertet. Individuen präferieren dann diejenige Alternative, die den höchsten subjektiv zu erwarteten Nutzen stiftet. Aus den unterschiedlichen Varianten der axiomatischen Prinzipien gelten vier Annahmen rationalen Handelns als zentral (Eisenführer & Weber, 1999, S. 211 ff.; Jungermann et al., 2005; Laux et al., 2012, S. 122): Das Axiom der Vergleichbarkeit gibt an, dass ein Entscheider stets in der Lage sein muss, alle Alternativen miteinander zu vergleichen und Präferenzen anzugeben. Bei einer Gegenüberstellung von Alternativen müssen widerspruchsfreie Präferenzrelationen gebildet werden (Axiom der Transitivität). Nach dem Unabhängigkeitsaxiom ist die Präferenzordnung eines Entscheiders über zwei Alternativen unabhängig davon, ob er diese isoliert oder im Zusammenhang mit anderen Alternativen in einer komplexeren Wahlsituation beurteilt. Schließlich muss laut dem Axiom der Kontinuität beim Vergleich zwischen einer einfachen Lotterie und einem sicheren Ergebnis gegeben sein, bei welcher Gewinnwahrscheinlichkeit der Lotterie Indifferenz zwischen der Lotterie und dem sicheren Ergebnis vorliegt.

Die von Savage (1954) aufgestellte, axiomatisch begründete Weiterentwicklung der Erwartungstheorie enthält eine Funktion, die Wahrscheinlichkeiten der jeweiligen Ergebnisse in Gewichte transformiert. Der Erwartungsnutzen ergibt sich unter Berücksichtigung aller verfügbaren Informationen über die zu erwartenden Ergebnisse durch die multiplikative Verknüpfung der Bewertung der Ergebnisse sowie der Erwartung über deren tatsächliche Realisierung (Stocké, 2002, S. 10). In das Erklärungsmodell fließt neben dem Nutzen einer Konsequenz $u(x_i)$ das subjektive Wahrscheinlichkeitskonstrukt $\pi(p_i)$ ein, welches die Sicherheit einer bestimmten Handlung zur Realisierung der unterschiedlichen Nutzenpotentiale widerspiegelt (Eisenführ & Weber, 1999, S. 220 f.). Die Form der Nutzenfunktion der SEU als Summe der Nutzenwerte der einzelnen möglichen Konsequenzen, gewichtet mit den Wahrscheinlichkeiten ihres Eintretens, stellt sich wie folgt dar (Recke, 2006, S14):

$$SEU(x_i, p_i) = \sum_i \pi(p_i)u(x_i)$$

Individuen zeigen ungeachtet äußerer Gegebenheiten wie dem vorliegenden Informationsgehalt unterschiedliche Risikopräferenzen, welche sich in ihren Nutzenfunktionen widerspiegeln. Abbildung 3.1 stellt die Grundformen dieser Funktionen vereinfacht dar. Am Beispiel eines Glücksspiels sollen im Folgenden der Erwartungsnutzen bei der Teilnahme (unsicher) und der Nicht-Teilnahme (sicher) anhand der Risikoeinstellung der Akteure abgebildet werden. Bei Risikoaffinität ist der Nutzen des Erwartungswertes der sicheren Option $u(x_s)$ kleiner als der erwartete Nutzen des unsicheren Ereignisses $u(x_r)$.[2] Der steigende Grenznutzen wird über eine konvexe Nutzenfunktion abgebildet.

$$\frac{1}{2}u(x_{r-}) + \frac{1}{2}u(x_{r+}) > u(x_s)$$

Die lineare Nutzenfunktion (konstanter Grenznutzen) bildet den risikoneutralen Fall ab. Hierbei ist der Entscheider indifferent zwischen den dargebotenen Optionen (Laux et al., 2012, S. 113, 205; Varian, 2007, S. 264).

$$\frac{1}{2}u(x_{r-}) + \frac{1}{2}u(x_{r+}) = u(x_s)$$

Ist der Entscheider risikoavers und präferiert sichere gegenüber riskanten Alternativen, verläuft die Nutzenfunktion infolge des abnehmenden Wertzuwachses bei einer zusätzlichen Gewinneinheit konkav (vgl. Abbildung 3.1).

$$\frac{1}{2}u(x_{r-}) + \frac{1}{2}u(x_{r+}) < u(x_s)$$

Die Krümmung der abgebildeten Nutzenfunktionen gibt Auskunft über die Ausprägung der Risikoeinstellung. Je risikofreudiger ein Individuum bei der Entscheidungsfindung ist, desto konvexer zeigt sich die Funktion. Ein hoch risikoaverses Verhalten bildet sich in einer stark konkaven Form ab.

Die Abbilddung des Risikos kann wie folgt variiert werden (Kühberger, 1998):

- ist der Sachverhalt bzw. das Problem risikobehaftet oder ist es das Ergebnis,
- existieren zwei riskante Antwortalternativen oder werden eine riskante und eine sichere Option in Aussicht gestellt oder
- handelt es sich um risikobehaftete Einzel- oder Mehrfachentscheidungen.

---

[2] $u(x_{r+})$ und $u(x_{r-})$ bilden jeweils den Nutzen der risikobehafteten Option im Fall eines Gewinnes (+) oder Verlustes (−) ab. Die Eintrittswahrscheinlichkeiten liegen gleichverteilt bei $p_i =,5$.

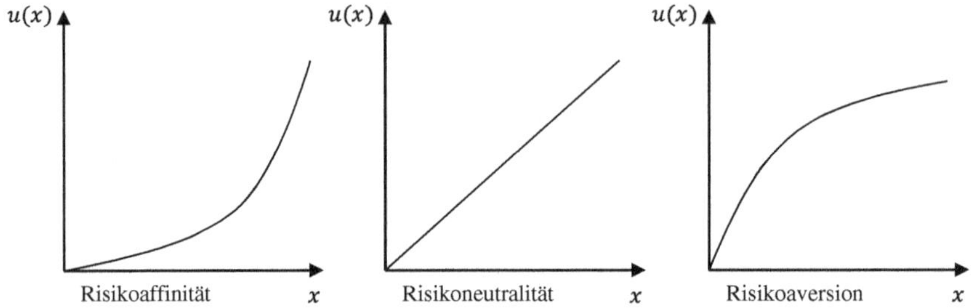

Abbildung 3.1 Verlauf der Nutzenfunktionen mit unterschiedlicher Risikopräferenz (in Anlehnung an Laux et al., 2012, S. 114 & 205)

Die im Rahmen des ökonomischen Entscheidungsmodells aufgestellten eindeutigen Annahmen über das menschliche Entscheidungsverhalten stellen hohe Anforderungen an die Konsistenz der Urteile rationaler Entscheider. Somit verfügt der normative Ansatz theoretisch über eine hohe Prognosekraft. Allerdings kann die Angemessenheit dieser Theorie verschiedener Anomalien in Frage gestellt werden. Seit den Pionierarbeiten von Herbert Simon in den 1950er Jahren zur *Bounded Rationality* untersuchen Psychologen und *Behavioral Economists* mittels deskriptiver Entscheidungstheorien Verstöße gegen das Invarianzprinzip bei Entscheidungsverhalten und die damit einhergehende Rahmenabhängigkeit (1982, zit. nach Fiori, 2005). Rationale Entscheider sollten demnach von ergebnisirrelevanten Aspekten der Problemformulierung oder des Entscheidungskontextes unbeeinflusst bleiben. Gegen dieses Prinzip wird verstoßen, wenn eine Abhängigkeit des gegebenen Rahmens bzw. dessen Intransparenz gegeben ist.[3]

Kahneman und Tversky (1979) wiesen bereits vor Jahrzehnten systematische Muster in der menschlichen Präferenzstruktur nach. Sie konstatieren, dass „the deviations of actual behaviour from the normative model are too widespread to be ignored, too systematic to be dismissed as random error, and too fundamental to be accommodated by relaxing the normative system" (Tversky & Kahneman, 1986, S. 252). Mit der Überzeugung „that people rely on a limited number of heuristic principles which reduce the complex tasks of assessing probabilities and predicting values to simpler judgemental operations" konzentrierten sich die Verhaltensforscher in ihren Arbeiten auf Phänomene, die den Annahmen der EUT widersprechen (Tversky & Kahneman, 1974, S. 1124). Sie brachten ein

[3]Das Invarianzaxiom liegt der Theorie des rationalen Verhaltens implizit zu Grunde und bedarf keiner expliziten Nennung bzw. wird lediglich als Ergänzung des klassischen Axiomensystems betrachtet (Laux et al., 2012).

Konzept in Form der Prospect Theory hervor, welches die normativen Modelle notwendigerweise theoretisch modifiziert.

3.1.3 Prospect Theory – wie der Mensch tatsächlich handelt

Die Kritikpunkte an der klassischen Nutzentheorie führten dazu, individuelle Verhaltensweisen nicht nur axiomatisch, sondern auf Basis empirischer Beobachtungen zu fundieren (Heinemann et al., 2008, S. 385 f.). Mit dem Ziel, die subjektive Wahrnehmung von Nutzen und Wahrscheinlichkeiten zu modellieren, entwickelten Kahneman und Tversky (1979) ein deskriptives Modell für tatsächlich beobachtbare Verhaltensweisen. Die PT stellt in ihren Grundzügen eine stark modifizierte und um psychologische Annahmen ergänzte Version der EUT von v. Neumann und Morgenstern (1944) dar (Stocké, 2002; Van Wee, 2010). Beide Theorien behandeln in ihren Grundzügen die Bewertung und Gewichtung von Konsequenzen sowie die Maximierung des Erwartungsnutzens bei Entscheidungen unter Unsicherheit. In wesentlichen fünf Punkten weist die PT bedeutsame theoretische Modifikationen zum ökonomischen Erklärungsansatz auf (vgl. Kahneman & Tversky, 1979; Laux et al., 2012; Pfister, Jungermann & Fischer, 2017; Stocké, 2002; Tversky & Kahneman, 1992; Van de Kaa, 2004): Referenzpunktabhängigkeit, Verlustaversion, abnehmende Sensitivität, nicht-linear gewichtete Wahrscheinlichkeiten und Kontextabhängigkeit.

3.1.3.1 Annahmen der Prospect Theory

Die für die vorliegende Arbeit entscheidende Erweiterung der Rational Choice Theory ist, dass die Wahrnehmung eines Sachverhaltes als Gewinn oder Verlust „nicht nur durch das objektive Ergebnispotential der Handlungsalternativen, sondern auch durch instrumentell irrelevante Aspekte der Entscheidungsalternativen und des gesamten Entscheidungskontextes bestimmt werden“ (Stocké, 2002, S. 80). Diese Art der Beeinflussung läuft vor der eigentlichen Entscheidungsfindung während der Kodierung der Handlungsoptionen in der Editierungsphase ab. Im Folgenden werden die einzelnen Aspekte der Entscheidungsphasen genauer betrachtet, die Wertfunktion zur Abbildung des subjektiven Erwartungsnutzens und die Gewichtungsfunktion als Summe der Wahrscheinlichkeitsgewichte beschrieben.

Entscheidungsphasen

Laut Kahneman und Tversky werden Entscheidungen von Individuen als Ergebnis eines zweistufigen Entscheidungsprozesses erklärt (Kahneman & Tversky, 1979). Die Editierphase dient in erster Linie der Vorbereitung des Bewertungsprozesses sowie der vereinfachten Darstellung der aufgezeigten Alternativen. Folgende Operationen werden bei der Editierung durchgeführt (vgl. Kahneman & Tversky, 1979; Laux et al., 2012; Pfister et al., 2017):

- Kodierung: Identifikation eines Referenzpunktes; Kodierung der Konsequenzen der Handlungsalternativen als positive (Gewinne) oder negative Abweichungen (Verluste) von dem gesetzten Punkt;
- Kombination: Vereinfachung der Alternativen durch Zusammenfassung von Ergebnissen mit gleichen Wahrscheinlichkeiten;
- Abtrennung: Separierung risikoloser von risikobehafteten Komponenten;
- Streichung: Ausklammern von Komponenten, die alle Alternativen gemein haben bzw. die für den Entscheider irrelevant sind;
- Vereinfachung: Ab- und Aufrunden von Wahrscheinlichkeiten sowie Verwerfung von sehr unwahrscheinlichen Ereignissen;
- Vorauswahl von Dominanzen: Auswahl und Eliminierung dominanter Alternativen.

Ist die Aufbereitung der verfügbaren Handlungsalternativen – den sogenannten *Prospects* – abgeschlossen, werden diese in der darauffolgenden Evaluationsphase bewertet. Es ist diejenige mit dem höchsten zu erwartenden Nutzenwert $SEU_{PT}(x_i, p_i)$ zu präferieren. Dieser Wert einer Alternative A ergibt sich aus der Summe der Wertfunktionen $u(x_i)$ mit x als Abweichung vom Referenzpunkt, multipliziert mit den jeweiligen Wahrscheinlichkeitsgewichten $\pi(p_i)$. Letztere geben die subjektive Empfindung einer Wahrscheinlichkeit p_i wieder und besitzen keine objektive Wertigkeit. Formal wird der erwartete Nutzen für eine Alternative wie folgt definiert (Kahneman & Tversky, 1979; Laux et al. 2012, S. 167):

$$SEU_{PT}(x_i, p_i) = \sum_{i=1}^{n} \pi(p_i)u(x_i)$$

Die Eigenschaften der Funktion werden anschließend kurz erläutert.

Die Wertfunktion

Kahneman und Tversky (1979) postulieren, dass Handlungsoptionen nicht in Bezug auf das Ergebnis, sondern vielmehr auf Grundlage ihres positiven oder negativen Veränderungspotentials beurteilt werden. So kann eine Veränderung des Status quo je nach individueller Situation des Entscheiders als Gewinn- oder Verlustsituation wahrgenommen werden (Stocké, 2002). Bei verhaltensbeeinflussenden Maßnahmen spielt der Status quo bzw. die Lage des Referenzpunktes eine essenzielle Rolle. Dieser Punkt ist laut Kahneman und Tversky (1984, S. 349) „largely determined by the objective status quo, but it is also affected by expectations and social comparisons“. In der Literatur wird oft kontrovers diskutiert, was als Referenzwert angesehen wird bzw. wo dieser liegt: der tatsächliche Ist-Zustand oder ein angestrebter Soll-Zustand, von dem aus beurteilt wird (vgl. Avineri & Bovy, 2008; De Palma et al., 2008; Gao, Frejinger & Ben-Akiva, 2010; Masiero & Hensher, 2011; Van Wee, 2010). Lindenberg (1989, S. 186 f.) schreibt: „Sometimes it will be the status quo, sometimes it will be expectations, sometimes it will be social comparisons“. Zur Beeinflussung dieses Punktes merken Tversky und Kahneman (1991, S. 1046 f.) an, “Although the reference state usually corresponds to the decision makers current position, it can also be influenced by aspirations, expectations, norms, and social comparisons”. Avineri und Bovy (2008) ergänzen, dass implizite, explizite oder sogar irrelevante Informationen einen Einfluss auf die Referenzpunktlage haben. Zudem muss der Referenzpunkt nicht dem aktuellen Status quo entsprechen und kann stochastisch sein (Laux et al., 2012, S. 165). Van Wee (2010, S. 388) beschreibt hierzu den Kauf eines Autos, wobei zum einen das im Besitz befindliche Modell als Status quo angesehen werden kann. Hier liegt beim Erwerb eines neuen Wagens eine enorme Verbesserung vor. Wird hingegen ein gewünschtes Modell als Referenzpunkt gesetzt, können Abweichungen trotz einer eigentlichen Verbesserung auch negativ wahrgenommen werden.

Um den Nutzen modellieren zu können, wird neben dem Referenzpunkt als dessen Ausgangslage eine Nutzenfunktion abgebildet. Der in der EUT beschriebene Erwartungsnutzen wird hier als (subjektiver) Wert bezeichnet, der mittels einer Wertfunktion abgebildet wird (Jungermann et al., 2005). Diese ist „ (i) defined on deviations from the reference point; (ii) generally concave for gains and commonly convex for losses; (iii) steeper for losses than for gains“ und gibt Auskunft über die Einstellung des Entscheiders (Kahneman & Tversky, 1979, S. 279; vgl. Abbildung 3.1 und Abbildung 3.2). Der Verlauf der Funktion bzw. die Steilheit der Kurve spiegeln den abnehmenden Wertzuwachs (*Diminishing Sensitivity*) einer zusätzlichen Gewinneinheit bzw. den Wertverlust einer zusätzlichen Verlusteinheit wider (Laux, et al., 2012). Zudem wird ein asymmetrischer Verlauf aufgrund des steileren Anstiegs im negativen im Vergleich zum positiven Bereich deutlich.

Dieser ergibt sich aus der stärkeren Gewichtung von Verlusten im Vergleich zu identischen Gewinnen. Die Asymmetrie in Bezug auf den Referenzpunkt wird als Verlustaversion bezeichnet. So ist die motivationale Tendenz, einen Verlust von 50 EUR zu vermeiden, stärker, als einen Gewinn von 50 EUR zu erzielen (Kahneman, 2011; Kahneman & Tversky, 1979). Bewertungen der Verlustaversion liegen etwa bei einem Wert von 2,25. Ein Verlust wiegt mehr als doppelt so schwer wie ein im Absolutbetrag identischer Gewinn (Kahneman, Knetsch & Thaler, 1991; Tversky & Kahneman, 1991).

Der s-förmige Verlauf der Kurve gibt Aufschluss über die Risikoeinstellung des Individuums. Bewertungen von Gewinnen werden mittels einer konkaven und jene von Verlusten anhand einer konvexen Wertfunktion abgebildet. Liegen Entscheidungen unter Unsicherheit vor, zeigt sich im Gewinnbereich risikoaverses Verhalten und eine Präferenz für sichere Optionen. Wohingegen Verlustsituationen mit risikoaffinem Verhalten und Entscheidungen für unsichere Alternativen einhergehen (vgl. Abbildung 3.1; Kahneman & Tversky, 1979; Laux et al., 2012). Als Resultat ergibt sich eine insgesamt s-förmige Funktion, deren Spiegelpunkt durch den aktuellen Status quo der Entscheider repräsentiert wird (vgl. Abbildung 3.2; Stocké, 2002).

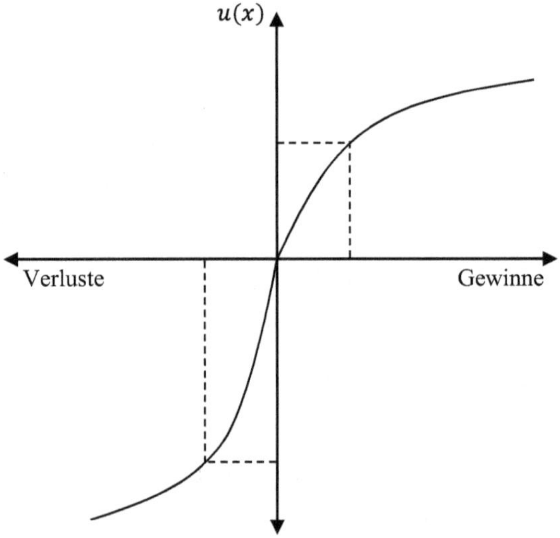

Abbildung 3.2 Wertfunktion der PT (in Anlehnung an Kahneman & Tversky, 1979, S. 279)

Die beschriebenen Eigenschaften der Referenzpunktabhängigkeit, dem abnehmenden Wertzuwachs und der Verlustaversion fließen bei der Diskrepanz zwischen Willingness-to-pay (WTP) und Willingness-to-accept (WTA) erklärend ein (De Borger & Fosgerau, 2008; Georgantzís & Navarro-Martínez, 2010; Horowitz & McConnell, 2002; Masiero & Maggi, 2011). Laut klassischer ökonomischer Theorie sollten sich bei marginalen Einkommenseffekten die maximale Zahlungsbereitschaft für den Erwerb eines Gutes und die minimale Kompensationszahlung für die Aufgabe des identischen Gutes entsprechen. Zahlreiche Studien wie die von Kahneman, Knetsch und Thaler (1990; 1991) bei Geld-Gut-Geschäften widerlegen diese Annahme bezüglich von Kaufs- und Verkaufspreisen. Es lässt sich eine subjektive Wertsteigerung eines Gutes feststellen, sobald sich dieses im eigenen Besitz befindet. Die WTA zeigt signifikant höhere Werte auf als die WTP, wobei der Quotient aus Verkaufs- und Kaufpreis Wertigkeiten über zwei annimmt (Kahneman et al., 1990). Diese ungleiche Verteilung äußert sich im sogenannten Endowment-Effekt und wird primär mit Verlustaversion und der unterschiedlichen subjektiven Bewertung von identischen Gewinnen und Verlusten begründet (Kahneman et al., 1990; Thaler, 1980).[4] Die ebengenannten Anomalien, die auch im verkehrspolitischen Kontext auftreten, werden in Abschnitt 3.3 näher betrachtet (vgl. De Borger & Fosgerau, 2008; Masiero & Hensher, 2011; Masiero & Maggi, 2011).

Gewichtungsfunktion

Laut den Annahmen der Prospect Theory spiegeln sich objektiv dargestellte Wahrscheinlichkeiten nicht in linearer Art und Weise in den subjektiven Erfolgserwartungen der Entscheider wider (Kahneman & Tversky, 1979). Vielmehr werden die objektiven Realisierungswahrscheinlichkeiten verschiedener Größen in subjektive Grade der Erfolgserwartung transformiert (Jungermann et al., 2005; Stocké, 2002). Hierbei haben kleine Wahrscheinlichkeiten ein großes Gewicht, was auf der Urteilsebene zu einer Überschätzung führt. Eine Unterschätzung von großen und mittleren Wahrscheinlichkeiten wird hingegen durch eine geringere Gewichtung abgebildet. Lediglich bei sicheren und unmöglichen Ereignissen wird von einer Übereinstimmung zwischen der präsentierten objektiven Realität und deren subjektiver Bewertung ausgegangen. Die jeweils resultierenden Wahrscheinlichkeitsgewichte $\pi(p)$ lassen sich anhand der Gewichtungsfunktion der PT abbilden (vgl. Abbildung 3.3).

[4]Die Verwendung des Begriffs ist eng mit der des Status quo Bias verbunden. Bei diesem liegt – vordergründig ebenso durch Verlustaversion begründet – eine Präferenz des aktuellen Status vor (Samuelsen & Zeckhauser, 1988).

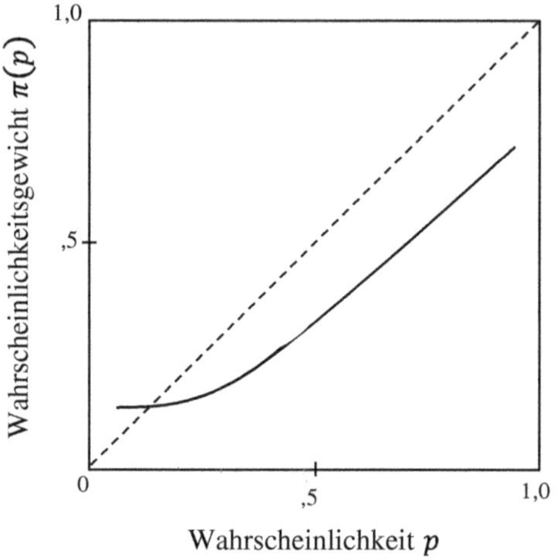

Abbildung 3.3 Verlauf der Wahrscheinlichkeitsgewichtungsfunktion (in Anlehnung an Kahneman & Tversky, 1979, S. 283)

Folgende Eigenschaften der Wahrscheinlichkeitsgewichtungsfunktion lassen sich zusammenfassen (Kahneman & Tversky, 1979, S. 280 ff.; Laux et al., 2012, S. 174 f.):

- die Funktion verläuft monoton steigend in p mit $\pi(0) = 0$ sowie $\pi(1) = 1$;
- die Funktion ist für sehr kleine $p > 0$ und für sehr große $p > 0$ nicht eindeutig definiert;
- für kleine Wahrscheinlichkeiten sind die Gewichte subadditiv im Sinne von $\pi(p) + \pi(p) > \pi(p + p)$;
- die Komplementärwerte der Wahrscheinlichkeitsgewichte addieren sich nicht unter allen Umständen zu 1;
- Übergewichtung geringer Wahrscheinlichkeiten ($\pi(p) > p$) und Untergewichtung mittlerer und hoher Wahrscheinlichkeiten ($\pi(p) < p$);
- Alternativen mit $p = 1$ (sicher) oder $p = 0$ (unmöglich) werden als sicher bezeichnet und mit $0 < p < 1$ als risikobehaftet.

Die wesentlichen Schwächen der PT greifen Tversky und Kahneman in ihrem Ansatz im Jahr 1992 auf Basis „Rangplatzabhängiger Erwartungsnutzentheorien“ mit der Kumulativen PT auf (Tversky & Kahneman, 1992, S. 299 f.). So können durch die Erweiterung des klassischen Ansatzes sowohl sichere als auch unsichere Entscheidungsprobleme berücksichtigt werden. Zudem erfolgen die Betrachtung kumulierter Wahrscheinlichkeitsgewichte und die Abbildung von Entscheidungsproblemen mit mehreren Konsequenzen. Diese Folgen werden unter Berücksichtigung aller möglichen Eintrittswahrscheinlichkeiten beurteilt (Laux et al., 2012). Die Gewichtungsfunktion für Gewinne und Verluste wird mittels zweier separater, rangabhängiger Funktionen abgebildet (Tversky & Kahneman, 1992, S. 303). Hinsichtlich der Form der Wahrscheinlichkeitsgewichtung unterstellt die Kumulative PT einen umgekehrt s-förmigen Verlauf, d. h., dass sich die Funktionen konkav für kleine und konvex für große Wahrscheinlichkeiten zeigt. Extrem niedrige Wahrscheinlichkeiten werden übergewichtet und sehr hohen Wahrscheinlichkeiten wird ein sehr kleines Gewicht beigemessen. Die Wertfunktion wird aus der PT unverändert übernommen (Laux et al., 2012).[5]

3.1.3.2 Anwendbarkeit der Prospect Theory bei Routenwahlentscheidungen

Routenwahlentscheidungen

In den vergangenen Jahrzehnten wurde eine Vielzahl von Methoden entwickelt, um das Verhalten verschiedener Akteure im Verkehrssektor besser zu verstehen (König, Axhausen & Abay, 2004). Die angewendeten Verfahren versuchen, die Gesamtheit des komplexen Entscheidungsraumes von Individuen möglichst präzise abzubilden, indem „Wie würden Sie entscheiden, wenn…"-Situationen in die Modellierung einfließen. Als größte Herausforderung gilt die selten vollständige Prognostizierbarkeit von Konsequenzen bei Routenwahlentscheidungen. Zur Modellierung von Verkehrsverhalten und der Erklärung von Mobilitätsentscheidungen wird häufig die EUT herangezogen, da sich Präferenzen sowie die Risikoeinstellung der Akteure mittels der Erwartungsnutzenfunktion einfach abbilden und erklären lassen (De Palma & Picard, 2005). Verkehrsteilnehmer streben die Maximierung ihres Nutzens beispielsweise über Minimierung der Reisekosten oder -zeit an (Katsikopoulos et al., 2000; Soriguera, 2014, S. 294). Allerdings kommen auch hier die bereits angesprochenen beschränkten kognitiven Ressourcen oder motivationalen Faktoren zum Tragen. Zudem sind Unsicherheiten, die sich in Bezug auf die erwartete Reisezeit, die Ankunftszeit, die Gesamtheit der zur Verfügung stehenden Routen und die entstehenden Kosten bei einer Fahrt zu berücksichtigen. Darüber hinaus resultiert unsicheres Verhalten aus den Eigenschaften

[5] In der vorliegenden Arbeit erfolgt die Erklärung von Framing-Effekten anhand der ursprünglichen Prospect Theory.

des Netzwerkes, in denen sich die Verkehrsteilnehmer bewegen, und deren Erfahrungen damit. Hierzu zählen beispielsweise Schnittstellen einzelner Verkehrsträger oder Wetterbedingungen. In diesem Zusammenhang wird die Prospect Theory als dominantes Paradigma zur Erklärung für menschliches Verhalten im Straßenverkehr herangezogen (Avineri, 2006; Avineri & Bovy, 2008; Katsikopoulos et al., 2000; Van Wee, 2010; Xu, Zhou & Xu, 2011).

Xu und Kollegen (2011) visualisieren in einer Veröffentlichung auf Grundlage der Phasen der (kumulativen) Prospect Theory die Abläufe eines Routenwahlentscheidungsprozesses (vgl. Abbildung 3.4). In der Editierungsphase erfolgen zunächst die Festlegung eines individuellen Referenzpunktes, die Wahrnehmung von Reisekosten und Routenalternativen inklusive ihrer spezifischen Eigenschaften sowie unter Berücksichtigung der Risikoeinstellung des Entscheiders die Abbildung der Gewichtungs- und Wertfunktion. Die Entscheidungskonsequenzen werden hierbei relativ zum gesetzten Referenzwert als Gewinn oder Verlust kodiert. Als persuasive Faktoren wirken individuelle Eigenschaften des Reisenden sowie dessen Erfahrungen, Reisemotive und -gewohnheiten oder das Bedürfnis nach Zuverlässigkeit. Laut Bovy und Stern (1990) lassen sich entscheidungsrelevante Faktoren im Verkehrskontext in zwei Kategorien einteilen: der Verkehrsteilnehmer an sich mit individuellen Erfahrungen und Präferenzen und die physische Umgebung mit ihren objektiven Eigenschaften und Gegebenheiten wie die verfügbaren Routen und ihre Charakteristika, die erwarteten Reisezeiten und -kosten. Die beiden letzteren erhalten bei der Routen- und Verkehrsmittelwahl eine gesonderte Bedeutung bzw. stellen sogar die entscheidenden Wahldeterminanten im Sinne der Konsumententheorie dar (Chin, 2007).

Das Vorhandensein dieser zahlreichen Variablen, die das Routenwahlverhalten beeinflussen, lässt die beschränkte Rationalität auch im Verkehrskontext deutlich werden (Schlag, 2006; Katsikopoulos et al., 2000; Xu et al., 2011). Nach diesem Editierungsprozess werden in der Evaluationsphase alle Alternativen bewertet und diejenige mit dem höchsten individuellen Nutzen ausgewählt.

Diverse Veröffentlichungen widmeten sich der Anwendbarkeit der Annahmen der (kumulativen) PT bei der Modellierung von Routenwahlentscheidungen, Abfahrtszeiten oder Verkehrsmittelwahl. Auf Basis tatsächlicher und experimentell erhobener Verhaltensweisen bestätigen die Befunde mehrheitlich risikoaverses Verhalten bei positiv kommunizierten Sachverhalten. Bei Verlustdarstellungen zeichnen sich vielmehr risikoaffine Entscheidungen ab (vgl. Avineri, 2006; Avineri & Bovy, 2008; Katsikopoulos et al., 2000; Van Wee, 2010; Xu et al., 2011). Hingegen stellen Leclerc und Kollegen (1995) bei Zeitverlusten fest, dass diese entgegen den Annahmen der PT vordergründig risikoaverses Verhalten hervorrufen und Individuen signifikant risikoscheuer bei Entscheidungen im Zusammenhang mit

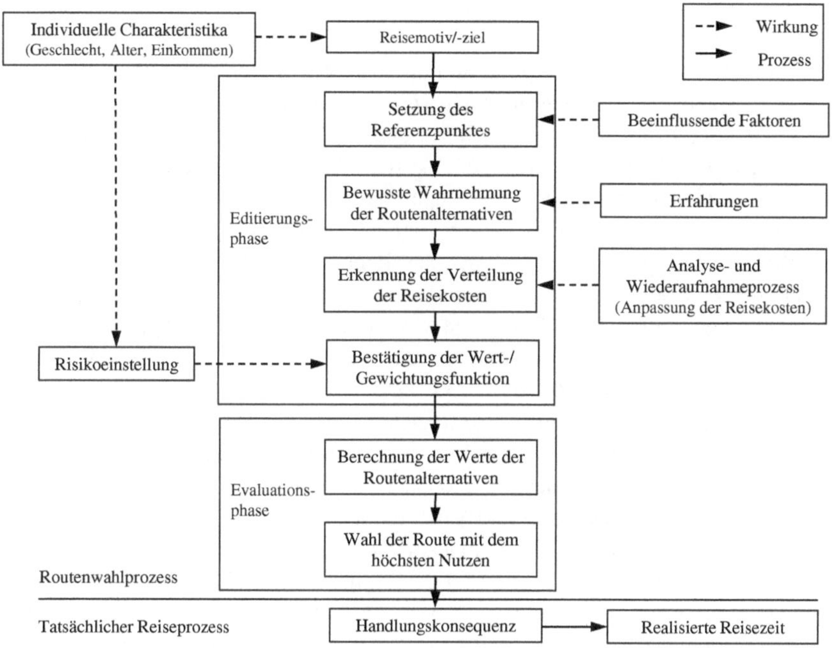

Abbildung 3.4 Routenwahlmodell auf Grundlage der PT (in Anlehnung an Xu et al., 2011, S. 221)

Zeit im Vergleich zu Geld sind (vgl. De Borger & Fosgerau, 2008). In verschiedenen Studien ist eine Entscheidung zwischen Routen mit sicheren oder unsicheren Zeitabweichungen zu treffen, die sich in ihren Erwartungswerten entsprechen. Es wird ein Konflikt zwischen einem sicheren und einem unsicheren Zeitverlust provoziert. Letztere riskante Wahloption stellt zu gleichen Wahrscheinlichkeiten eine geringere sowie auch höhere Zeiteinbuße in Aussicht. Die Befunde zeigen, dass hohe, jedoch sichere Zeitverluste gegenüber unsicheren präferiert wurden. Die Autoren nehmen an, dass bei Entscheidungen im Zusammenhang mit Zeit generell das Bedürfnis zur Vermeidung von Unsicherheiten besteht. Zudem werden Wartezeiten nicht als Verluste, sondern vielmehr als Kosten verstanden. Ähnlich wie beim Mental Accounting (Thaler, 1985) erfolgt die „Verbuchung" bei routinierten Handlungen auf mentalen Konten und die Wahrnehmung von Zeitverlusten erfolgt erst, wenn sie eine erwartete Wartezeit überschreiten. Von den Probanden wurde als Grund für die erhöhte Risikoaversion bei Zeitverlusten eine bessere Planbarkeit genannt. Die von Gunn

(2001) berichteten Ergebnisse lassen ebenso die Auswirkungen der PT in Form von unterschiedlichen Bewertungen von zeitlichen Änderungen erkennen. Ein Anstieg der zu erwartenden Reisezeit geht mit höheren Wertigkeiten einher als eine Verringerung in gleicher Höhe. Begründet wird dies erneut mit Verlustaversion im Kontext von Zeit. Eine Untersuchung von Hjorth und Fosgerau (2012) zeigt die Angst vor Verlusten sowohl für Reisezeit als auch -kosten. Die Wertfunktion für die Abbildung der Kosten zeigt dabei abnehmende Sensitivität sowohl im Gewinn- als auch im Verlustbereich. Hinsichtlich der Reisezeit konnte kein Wertverlust festgestellt werden. Bei Leclerc und Kollegen (1995) blieb die abnehmende Wertigkeit bei zusätzlichen Zeiteinheiten ebenso aus.

Da wie auch in anderen Bereichen kein Konsens bezüglich der optimalen Setzung des Referenzpunktes vorliegt, weist dessen Lage bei Reisezeiten eine starke Variabilität auf (Avineri & Bovy, 2008; De Palma et al., 2008; Stathopoulos & Hess, 2012). Im Vergleich zu Glücksspielen, deren Ausgangswert meist auf 0 EUR gesetzt ist und Veränderungen im Vermögen wahrgenommen werden, nimmt im Bereich von Mobilitätsentscheidungen der Referenzpunkt eine Art individuelle Schwelle zwischen Gewinnen und Verlusten an (Avineri & Bovy, 2008). So können die Reisezeit ohne Staubedingungen und freiem Verkehrsfluss, die gewöhnliche Reisezeit unter Berücksichtigung von Erfahrungswerten oder die erwartete Reisezeit angesetzt werden (Gao et al., 2010, S. 729). Des Weiteren beeinflussen neben intrapersonalen Faktoren auch äußerliche Gegebenheiten wie Wetterverhältnisse die Referenzpunktlage (Gao et al., 2010; Xu et al., 2011). Unter der Annahme, dass Reisende nutzenmaximierend handeln, beschreiben Avineri und Bovi (2008, S. 8 ff.) drei Ansätze, um dessen Lage zu definieren: „(i) setting a value to the reference point based on mean/median travel time; (ii) a direct way to set a value to the reference point; (iii) deriving the parameter value from stated/revealed preferences“. Aufgrund der begrenzten Anzahl empirischer Untersuchungen und der Tatsache, dass alle drei Vorgehensweisen auch Nachteile aufweisen, schlagen die Autoren einen methodischen Mix der Ansätze vor.

Die Starrheit des Referenzpunktes kann sich auch im Verkehrskontext über das Phänomen des Status quo Bias in unelastischen Reaktionen äußern – sei es bei Routenwahlentscheidungen oder bei der Verkehrsmittelwahl (Chin, 2007). Verkehrsteilnehmer zeigen eine hohe Zahlungsbereitschaft zum Erhalt ihrer präferierten Ankunftszeit im Vergleich zur Anpassung ihrer Fahrtgewohnheiten. Die Erhöhung von Reisekosten schlagen sich nicht entsprechend im Gesamtvermögen nieder; vielmehr bewerten sie die zusätzlichen Kosten für staureduziertes Fahren geringer als den Reisezeitverlust zu Hauptverkehrszeiten. Die Referenzpunktabhängigkeit und die daraus resultierende Diskrepanz zwischen WTP und WTA werden auch bei der Wahl des Verkehrsmittels sichtbar. Befindet sich ein Auto im Besitz, fällt der erfragte Verkaufspreis deutlich höher aus als die geäußerte Zahlungsbereitschaft für ein gleichwertiges Fahrzeug. Zudem lassen *Sunk Costs*[6] die wahren Kosten des Autobesitzes undeutlich werden. Selbst wenn sich der Autobesitz beispielsweise infolge steigender Kraftstoffpreise oder anfallender Mautkosten als ineffizient oder zu kostenintensiv herausstellt, ist die Hürde des Umstiegs auf ein anderes Transportmittel aufgrund der ursprünglich getätigten Kaufinvestition oft schwer überwindbar (Arkes & Blumer, 1985).

Zeit & Kosten als Entscheidungsparameter

In vielen Studien hat sich Zeit als dominanter Einflussfaktor bei Routenwahlentscheidungen herausgestellt (Avineri & Prashker, 2005; Calfee & Winston, 1998; Lam & Small, 2001). Auch im Verkehrsbereich wird die besondere Eigenschaft von Zeit als knappe Ressource deutlich – sie ist nicht ersetzbar, transferabel oder kann gespeichert werden (Leclerc et al., 1995). Monetäre Verluste sind zwar unangenehm, können aber gegebenenfalls gemindert oder beseitigt werden. Hingegen müssen Zeitverluste als irreversibel akzeptiert werden. Doch speziell diese sowie unsichere Reisezeiten werden von Verkehrsteilnehmern als unangenehm und stressfördernd empfunden (Puls, 2008, S. 12). Wird angenommen, dass Fahrten zum Zweck einer Ortsveränderung stattfinden, ergibt sich eine hohe Wertigkeit von kurzen Reisezeiten und pünktlichem Ankommen. Es stellt sich die Frage, wie Zeitverluste monetarisiert und eine planbare Ankunft am Ziel ökonomisch bewertbar gemacht werden können. Grundlage hierfür ist die dem Individuum zur Verfügung stehende Zeit, die in Arbeitszeit und Freizeit unterteilt wird (Becker, 1965). Der Preis für eine Zeiteinheit bzw. frei verfügbare Zeit entspricht dem individuellen Lohnsatz. Dieser spiegelt die Opportunitätskosten der Freizeit wieder, die sich mit steigendem Einkommen erhöhen (Varian, 2007). Im Verkehrsbereich lässt die Monetarisierung der Zeit die Wertigkeit von Reisezeit sowie Wartezeit sichtbar werden und wird unter dem Begriff Zeitwert als die Zahlungsbereitschaft von Reisenden für Reisezeitersparnisse bzw. Kompensationsbereitschaft für Reisezeitverluste verstanden (König, Axhausen & Abay, 2004, S. 1).

Die Ermittlung des Reisezeitwertes (*Value of Travel Time*, VTT) erfolgt vorwiegend anhand von *Discrete Choice*-Modellen. Bei diesem diskreten Entscheidungsansatz werden hauptsächlich in *Stated Preference*-Experimenten binäre Routenwahlentscheidungen simuliert, wobei unter Variation entscheidungsrelevanter Komponenten Präferenzen in Form von vorgegebenen Wegealternativen

---

[6] Je größer das getragene finanzielle und ideelle Engagement für den Status quo ist, desto länger wird ex post daran festgehalten (Arkes & Blumer, 1985; Thaler, 1980).

abgegriffen werden (Ben-Akiva & Lerman, 1985; Hjorth & Fosgerau, 2012; Obermeyer, Evangelinos & Besherz, 2013; Van Wee, 2010). Die Höhe des VTT ist stark kontextabhängig und wird vor allem vom verwendeten Verkehrsmittel, dem Reisezweck, der Reisezeit, den gesamten Reisekosten sowie dem zur Verfügung stehenden Einkommen beeinflusst (Calfee & Winston, 1998; Lam & Small, 2001; Shires & De Jong, 2009; Vrtic et al., 2010). Die Wertigkeit weist in den zahlreichen Untersuchungen eine starke Varianz auf. So identifizieren Shires und De Jong (2009) in einer Meta-Analyse länderspezifische Werte von 5,60 EUR/h (Litauen) bis 15,85 EUR/h (Luxemburg) für Pendlerfahrten mit dem Auto oder dem Zug. Der für Deutschland ermittelte Wert von 9,91 EUR/h entspricht etwa den von Obermeyer und Kollegen (2013) berichteten Reisezeitwerten des motorisierten Verkehrs zwischen 9,00 EUR/h und 13,00 EUR/h.[7] Diese zeigen ebenso, dass der VTT mit steigender Reisezeit abnimmt, weisen jedoch auf die Inhomogenität des Erkenntnisstandes in der Literatur hin. Die Bedeutung der Motive der Fahrt wird anhand einer in den Niederlanden durchgeführten Studie sichtbar. Die berichteten Zeitwerte reichen von 12,70 EUR pro Stunde für berufliche Fahrten bis hin zu 5,20 EUR pro Stunde für sonstige Fahrtzwecke. Es lässt sich ebenso erkennen, dass mit steigendem zur Verfügung stehenden Einkommen ein höherer Reisezeitwert einhergeht (Gunn, 2001, S. 177; König et al., 2004).[8] Bei den Ergebnissen von Shires und De Jong (2009) wird eine Zunahme mit fortschreitender Distanz sowie bei kurzer Wartezeit eine höhere Wertigkeit der Zeit deutlich. Es zeigt sich außerdem, dass Zeitverluste in Form von Wartezeiten weniger negativ bewertet werden, wenn die Darstellung aggregiert erfolgt (Leclerc et al., 1995). Krishnamurthy und Kumar (2002) fanden zudem heraus, dass Wartezeit risikoaverses Verhalten hervorruft. Verstärkt wird diese Risikoaversion bei selbstbestimmten Entscheidungen. Gründe werden in der höheren Unsicherheit bei Wartezeiten und deren Auswirkung auf die Zufriedenheit gesehen.

In einer Untersuchung von Calfee und Winston (1998) stellte sich im Kontext von Straßenbenutzungsgebühren die von Pendlern angegebene Zahlungsbereitschaft für Reisezeiteinsparungen als relativ gering und unbeeinflusst von Reiseumständen oder der Verwendung der eingenommenen Gebühren heraus. Diese liegt im Durchschnitt bei 19 % des Bruttostundenlohnes (3,88 USD). Auch hier ist eine Einkommensabhängigkeit zu beobachten, wonach die Zahlungsbereitschaft für Zeiteinsparungen mit steigendem Einkommen zunimmt. Sie berichten hingegen von anderen Studien,

---

[7]Unter Berücksichtigung von Inflation und Lohnsteigerungen sind im Laufe der Zeit höhere VTT zu erwarten.

[8]In den Studien wird vom VTTS (*Value of Travel Time Savings)* als Wert für Reisezeiteinsparungen berichtet. Dieser wird in der Literatur weitestgehend als Synonym zum VTT oder VOT (*value of time*) angesehen (vgl. Hjorth & Fosgerau, 2012; Lam & Small, 2001).

in denen sich weitaus höhere Werte im Bereich von 50 % bis 60 % des Stundenlohnes herausgestellt haben. Die Autoren folgern, dass selbst Pendler mit einem relativ hohen Zeitwert nur in geringem Umfang von Zeiteinsparungen infolge von Straßenbenutzungsgebühren profitieren. Darüber hinaus scheinen sich Pendler mit hohem Einkommen mittels der Wahl ihres Wohn- und Arbeitsortes oder ihrer Abfahrtszeiten an Stausituationen angepasst zu haben, sodass Reisezeiteinsparungen und der Nutzen von Gebühren eine geringe Wertigkeit annehmen. Hinzu kommt der Zweifel an der Effektivität eines solchen Verkehrsleitinstrumentes. Die Bedeutung der Reisezeit und deren Auswirkung auf die Bewertung von Straßenbenutzungsgebühren werden bei den Ergebnissen einer in Schweden durchgeführten Studie sichtbar. Eine zehnprozentige Verringerung der Pendelzeit geht mit einem Anstieg der Befürwortung eines Gebührensystems um zwei Prozentpunkte einher. Ein Anstieg der Pendelkosten um zehn Prozent zieht hingegen einen Rückgang der Zustimmungsrate von vier Prozentpunkten nach sich. Wenn die Auswirkungen des Systems in Form von Staureduzierung und Umweltverbesserung persönlich spürbar werden, steigt die Zahlungsbereitschaft für Zeiteinsparungen (Hårsman & Quigley, 2010, S. 871).

Aufgrund der hohen Wertigkeit des Faktors Zeit kann seitens der Verkehrsteilnehmer von einem Streben nach minimalen Reisezeiten und der Reduzierung von Unsicherheiten sowie Reisezeitschwankungen ausgegangen werden (Katsikopolus, 2000; Xu et al., 2011). Um dies zu erreichen, wird vor und während der Fahrt, insbesondere für nicht gewohnheitsmäßige Wege, zunehmend auf Informationen zur Beschaffenheit der aktuellen Verkehrssituation wie Routen- und Zeitinformationen zurückgegriffen (Ben-Elia & Shiftan, 2010, S. 249 f.; Ettema & Timmermans, 2006, S. 336). Über die Jahre hat sich mit dem Ziel eines effizienteren Verkehrssystems durch Lenkung der Verkehrsströme eine Vielzahl von Technologien entwickelt. Mit deren Hilfe werden den Verkehrsteilnehmern Echtzeit-Informationen über verfügbare Routen, Reisezeiten, Stausituationen und Gebührenhöhe für die Benutzung von kostenpflichtigen Routenabschnitten übermittelt (Ben Elia & Shiftan, 2010; Pronello, Ramalho Veiga Simão & Rappazzo, 2017). Die Nutzung von intelligenten Informationssystemen via GPS-Geräten oder Apps auf Computern sowie Smartphones strebt eine Reduzierung von Unsicherheiten hinsichtlich erwarteter Reisezeiten, eine verbesserte Mobilität und somit eine Optimierung des Verkehrsflusses an (Ben Akiva, De Palma & Kaysi, 1991; Ben-Elia & Shiftan, 2010; Dia, 2002, S. 332). Zur Gewährleistung einer effizienten Bewältigung der Fahraufgabe sowie einer angemessenen Handlungsplanung und -ausführung sollte dabei eine Übereinstimmung der zur Verfügung gestellten Informationen und ihrer mentalen Repräsentation beim Verkehrsteilnehmer sichergestellt sein (Endsley, 1999). Das damit einhergehende Situationsbewusstsein beinhaltet

„the perception of the elements in the environment within a volume of time and space, the comprehension of their meaning and the projection of their status in the near future“ (Endsley, 1988, S. 97). Avineri und Bovy (2008, S. 3) weisen darauf hin, dass auch bei einer detaillierten Informationsbereitstellung hinsichtlich erwarteter Unsicherheiten diese infolge kognitiver Beschränkungen oder motivationalen Faktoren nicht adäquat und im Sinne von rationalem Verhalten verarbeitet werden. Vielmehr erfolgt eine Verarbeitung gemäß der Motivation und der Fähigkeit im Umgang mit der Fülle an Reiseinformationen. Ein aufgrund der getätigten Entscheidungen zufriedenstellendes Ergebnis des Reiseverlaufes führt zu wiederholten Fahrten (Dia, 2002).

Neben den bereits angedeuteten Unsicherheiten spielt die Zuverlässigkeit von Informationen über die Beschaffenheit der Verkehrssituation eine zentrale Rolle bei Routenwahlentscheidungen (De Palmer & Picard, 2005; Li, Hensher & Rose, 2010). So geben Lam und Small (2001) an, dass im Transportbereich der Wert der Zuverlässigkeit (*Value of Reliability*)[9] höher ausfällt als der Reisezeitwert. Ähnliches zeigt sich auch in einem Überblick von Studien von Li und Kollegen (2010). Die Anpassung der Abfahrtszeit gilt als einfachste Reaktion auf Reisezeitabweichungen. Der Umstieg auf ein Verkehrsmittel mit einer geringeren Variabilität wird von risikoaversen Verkehrsteilnehmern forciert. Zudem zeigen Pendler eine höhere Zahlungsbereitschaft für höhere Reliabilität und für die Vermeidung von Verspätungen.

Es stellt sich die Frage, ob Reisezeitabweichungen kommuniziert als Zeitgewinne oder -verluste im Kontext von Straßenbenutzungsgebühren gleiche Entscheidungsmuster hervorrufen, wie im Rahmen der Prospect Theory postuliert. Aufgrund der geringen Befundlage besteht enormer Forschungsbedarf hinsichtlich der Erklärung von Routenwahlentscheidungen und der Wirkung verschiedenartiger Darstellung von Sachverhalten im Verkehrsbereich. Nach einer Einführung in die Framing-Theorie im folgenden Kapitel soll dieser Forderung im empirischen Teil der Arbeit nachgegangen werden.

[9]Zur Ermittlung dieser, erfolgt die Messung der „variability in travel times over repeated journeys“ (Li et al., 2010, S. 384).

3.2 Begrifflichkeiten in der Framing-Forschung

Individuen verfügen selten über ausreichend Informationen, Aufmerksamkeit und Informationsverarbeitungsfähigkeiten, die für eine optimale und vollständig nutzenmaximierende Art der Entscheidungsfindung notwendig wären. Simon (1982, zit. nach Fiori, 2005) begründet mit dem Konzept der *Bounded Rationality* und der Knappheit von (kognitiven) Ressourcen, dass vielmehr solche Entscheidungen bevorzugt und getroffen werden, die bedingt rational, aber für den Entscheidungsträger zufriedenstellender sind. Vor allem systematische Verstöße gegen das Invarianzprinzip und die Tatsache, dass Entscheidungen anfällig für kognitive Verzerrungen und gegebene Rahmenbedingungen sind, ließen die Erforschung von Framing-Effekten in den letzten Jahrzehnten voranschreiten und eine differenzierte Sichtweise auf menschliche Entscheidungsmuster annehmen (vgl. Abschnitt 3.1.3). Im Folgenden werden unter Berücksichtigung einiger weniger, jedoch zentraler Veröffentlichungen zum Thema Framing die in der vorliegenden Arbeit verwendeten Begrifflichkeiten erläutert.

Framing wird als ein Selektierungsprozess beschrieben, wobei gezielt Informationen aufgenommen, ausgeschlossen und im Speziellen betont werden (Mayerl, 2009; Traub, 1999). Shmueli (2008, S. 2048) sieht Framing als "a cognitive process whereby individuals and groups filter their perceptions, interpretations and understandings of complex situations in ways consistent with their own socio-political, economic and cultural world views and experiences". Es wird ein Rahmen konstruiert, der sich auf die wesentlichen, oft vereinfachenden Elemente der Nachricht konzentriert und dem Entscheider eine Art Orientierungshilfe gibt (Mayerl, 2009). Diese Vereinfachung schafft infolge einer gefilterten, individuellen Wahrnehmung ein selektives Blickfeld, welches zu divergierenden Interpretationen des präsentierten Sachverhaltes führen kann.

Der Frame gibt vor, ob etwas als Gewinn oder als Verlust wahrgenommen wird, und ist „largely determined by the objective status quo, but it is also affected by expectations and social comparisons“ (Kahneman & Tversky 1984, S. 349). Tversky und Kahneman (1981, S. 453) definieren den Term *Decision Frame* im Allgemeinen als "decision maker's perception of the acts, outcomes, and contingencies associated with a particular choice". Der gesetzte Bezugsrahmen kann dabei mittels gezielter Formulierung des Szenarios und durch Normen, Gewohnheiten und personenbezogene Eigenschaften des Entscheidungsträgers beeinflusst werden. Für McCaffery und Baron (2003, S. 5) stellt der Frame eine rhetorische Charakterisierung der Realität dar. Traub (1999, S 25) beschreibt diesen als individuelle Repräsentation einer Situation, eines Geschehens oder einer Handlung, die auf vergangenen Erfahrungen und Lernprozessen basieren. Mayerl

(2009, S. 180) charakterisiert einen Frame als mentales Modell der Situation. Der Einfluss von Frames für oder gegen bestimmte Handlungsalternativen wird hier als verzerrender Störeffekt bzw. als komplette Situationsdefinition in Form eines Framing-Effektes bezeichnet. Kuhn (1997, S. 58) beschreibt Ähnliches, wobei „changes in the surface representation of a problem can systematically affect judgments and decisions, even though the underlying structure remains invariant". Laut Levin und Kollegen (1998, S. 150) treten Framing-Effekte auf, wenn „decision makers respond differently to different but objectively equivalent descriptions of the same problem". Myers (2014, S. 377) beschreibt den Framing-Effekt kurz als „Auswirkung der Darstellungsweise eines Gegenstandes oder Themas". Für Traub (1999, S. 26) wird von einem solchen Effekt gesprochen, wenn „harte" beschreibende Fakten aufgrund von verschiedenartiger Darstellung und entsprechendem Interpretationsspielraum unterschiedlichen Referenzsystemen unterliegen und zu unterschiedlichen Entscheidungen führen. Stocké (2002, S. 20 ff.) zeigt in seiner Arbeit zahlreiche Definitionsversuche auf, die er grundlegend in vier Typen kategorisiert. Bei Typ eins liegt der Fokus auf dem objektiven Ergebnispotential der Handlungsalternativen der unterschiedlichen Framing-Bedingungen (Gewinn vs. Verlust). In einer zweiten Gruppe stehen Komplexitätsdifferenzen des kommunizierten Sachverhaltes zwischen den einzelnen Bedingungen im Mittelpunkt. Bei der dritten Art der Definition erfolgt eine selektive Darstellung des Entscheidungsproblems und Typ vier bezieht sich auf selektive Aktivierung von Handlungszielen sowie Hintergrundwissen.

Hinsichtlich der Unterschiede bei der Problemformulierung wird zwischen strikten und weniger strikten Effekt differenziert (Keren, 2011; Kühberger, 1998). Ein strikter, klassischer Formulierungseffekt liegt bei unterschiedlicher Formulierung eines identischen Sachverhaltes und somit gezielter Beeinflussung der Erwartung vor.[10] Der weniger strikte Effekt resultiert aus situativen oder individuellen Gegebenheiten, die aus Sicht der ökonomischen Theorie zu vernachlässigen sind und nicht vordergründig aus der semantischen Variation der Problemdarstellung.

Anhand der Begrifflichkeiten sowie der in den folgenden Kapiteln beschriebenen Einflussfaktoren (vgl. Abschnitt 3.4) und der herangezogenen Operationalisierungen (vgl. Abschnitt 3.3) wird die beachtliche Vielfältigkeit und Inhomogenität im Bereich der Framing-Forschung deutlich, die eine Allgemeingültigkeit schwierig macht. Aus den aufgeführten Kernaussagen abgeleitet,

[10]So wirkt sich beispielsweise bereits die Art der Präsentation der Körpergröße einer Person auf die von anderen subjektiv wahrgenommene Größe aus, indem diese als „klein" oder „groß" beschrieben wird (Harris, 1973).

werden in der vorliegenden Arbeit folgende Terminologien und Definitionen verwendet:

- *Framing* wird als Methode oder Werkzeug verstanden, um die Darstellung von Entscheidungssituationen systematisch zu verändern.
- Ein *Frame* ist der präsentierte Bezugsrahmen, der mögliche Umweltzustände oder Handlungsalternativen und deren Konsequenzen abbildet.
- Rufen minimale Veränderungen der Oberflächenstruktur eines Entscheidungsproblems in Form von verschiedenartigen Formulierungen eines objektiv identischen Sachverhalts unterschiedliche Entscheidungen hervor, liegt ein *Framing-Effekt* vor.[11]

Enorme Unterschiede bei den Definitionsversuchen werden bei den jeweiligen Einflussfaktoren und damit Entstehungsprozessen deutlich (vgl. Abschnitt 3.4). Im Folgenden soll auf drei Framing-Typen eingegangen werden, die sich in der Art der Problemdarstellung unterscheiden.

3.3 Framing-Kategorisierung

Aus den verschiedenen Ansätzen zur Klassifizierung von Framing-Effekten (vgl. Avineri & Waygood, 2012; Levin et al., 1998; Mayerl, 2009; Stocké, 2002; Tversky & Kahneman, 1981) wird in der vorliegenden Arbeit die in der Literatur hauptsächlich verwendete Variante von Levin, Schneider und Gaeth (1998) herangezogen. Diese legen drei Unterkategorien des übergreifenden Valenz-Framing-Konzeptes fest. Hierbei erfolgt die Darstellung eines Sachverhaltes auf positive und negative Weise, um letztlich die Effektivität der Information zu steigern:

- Attribute Framing,
- Goal Framing und
- Risky Choice Framing.

Jede dieser formalen Beeinflussungsmöglichkeiten birgt ein spezifisches experimentelles Setting und wirkt sich auf unterschiedliche Art, in differenzierter Intensität auf den präsentierten Sachverhalt aus. Zahlreiche Studien belegen bei allen drei Framing-Typen eindeutige Wirkungen, die zu einer Präferenzumkehrung (*Choice Reversal*) führten oder einer Präferenzverschiebung (*Choice Shift*)

[11]In der vorliegenden Arbeit wird bei einer Veränderung des Entscheidungsverhaltens in Abhängigkeit einer semantischen Manipulation synonym der Begriff Formulierungseffekt verwendet.

hervorriefen (vgl. u. a. Kühberger, 1998; Levin et al., 1998). Beide Änderungen zeichnen sich durch unterschiedlich stark ausgeprägte Präferenzen in Abhängigkeit des verwendeten Frames aus. Ein *Choice Reversal* liegt bei einer Umkehrung der Wahl der präsentierten Optionen zwischen den vorgelegten Frames vor. Werden hingegen lediglich Abweichungen beim Entscheidungsverhalten beobachtet, d. h., bei der positiven Darstellung neigen mehr Personen zur Alternative A als bei Option B, wird von einer Präferenzverschiebung gesprochen (Levin et al., 1998).

Tabelle 3.1 fasst die drei Framing-Kategorien hinsichtlich der wesentlichen methodischen Unterschiede zusammen.

Tabelle 3.1 Methodische Unterschiede der Framing-Typen (in Anlehnung an Levin et al., 1998)

Framing-Typ	Frame-Inhalt	Ziel der Beeinflussung & Operationalisierung	Auswirkungen des Frames
Attribute Framing	Sachverhalte/ Ereignisse, Eigenschaften oder Merkmale	Bewertung	positiver Frame: positive Assoziationen/erwünschtes Ergebnis negativer Frame: negative Assoziationen/ unerwünschtes Ergebnis
Goal Framing	Konsequenzen oder Ziele einer Handlung	Bewertung, Auswahl der Alternative/ Verhaltensintention	positiver Frame: Wunsch, positives Ergebnis zu erzielen negativer Frame: Wunsch, negatives Ergebnis zu verhindern
Risky Choice Framing	Wahloptionen mit unterschiedlichen Risikostufen	Risikowahrnehmung, Auswahl der Alternative	positiver Frame: risikoaverses Verhalten negativer Frame: risikoaffines Verhalten

Im empirischen Teil der Arbeit wird diese in der Literatur weit verbreitete Klassifizierung herangezogen, um die Wirkung unterschiedlicher formaler Beeinflussungsmöglichkeiten im Kontext der Bewertung von Straßenbenutzungsgebühren zu untersuchen. Neben den von Levin und Kollegen (1998) kategorisierten Framing-Typen soll mit dem Metric-Effekt (McCaffery & Baron, 2004) ein weiterer Formulierungseffekt betrachtet werden. Die im Anschluss beschriebenen semantischen Manipulationsmöglichkeiten erscheinen mit der jeweiligen Art der Darstellung und der Anwendung im Verkehrsbereich sinnvoll.

3.3.1 Attribute Framing

3.3.1.1 Grundlagen

Attribute Framing wird häufig als „einfachste" Framing-Kategorie zum grundlegenden Verständnis der Wirkungsweise von Framing bezeichnet. Der Effekt zeigt sich, wenn die Beurteilung der Entscheider als Funktion dargestellter Objekteigenschaften variiert (Chen & Wu, 2010). Hierbei wird ein Objekt oder Ereignis präferiert, weil dessen Schlüsselmerkmal positiv dargestellt ist. Der Formulierungseffekt spiegelt sich demnach in einem höheren Anteil einer positiven Bewertung bei positiver Beschreibung anders als bei negativer Beschreibung wider (vgl. u. a. Donovan & Jalleh, 1998; Levin et al., 1998; Kuvaas & Selart, 2003; Seta, McCormick, Gallagher, McElroy & Seta, 2010; Stocké, 2002).

Die Messung der Wirkung erfolgt nicht über eine Entscheidung für eine Option, sondern über die Bewertung des Sachverhaltes (vgl. Abbildung 3.5). Diese wird überwiegend mittels Ratingskalen zum Grad der Zufriedenheit, der Zustimmung etc. oder über ja/nein-Beurteilungen vorgenommen (Levin et al., 1998). Levin und Gaeth (1988) schreiben, dass Informationen anhand ihrer deskriptiven Wertigkeit kodiert werden. So ruft die positive Darstellung eines Sachverhaltes positive Assoziationen im Gedächtnis hervor, wohingegen die negative Präsentation mit entsprechenden Gedanken einhergeht. Diese gezielte Beeinflussung der Repräsentation der Informationen im assoziativen Gedächtnis bewirkt eine Änderung der Reaktion gemäß der Valenz (Levin et al., 1998).

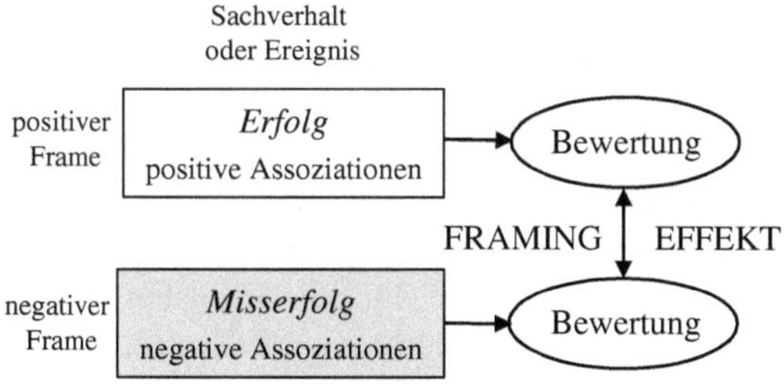

Abbildung 3.5 Wirkungsmodell Attribute Framing (in Anlehnung an Levin et al., 1998)

Schneider (1992) beschreibt eine stärkere Wirkung von negativen Frames und sieht die Ursache in einem schwerer zu erreichenden Anspruchsniveau und der intensiveren Wahrnehmung dieser Art der Darstellung gegenüber der positiven. Levin und Kollegen (1998) beziehen sich vielmehr auf die Negativitätsverzerrung (engl. *Negativity Bias*), wonach negative Informationen stärker gewichtet werden, bedeutsamer sind und aufwändiger verarbeitet werden (vgl. Bolderdijk, 2011; Rozin & Royzman, 2001). Schneider (1992) argumentiert weiter, dass Verlust-Frames innere Konflikte hervorrufen und so den Akteur in seiner Entscheidungsfindung verunsichern. Daraus folgt wiederum eine kritischere Betrachtung des Sachverhaltes, um Fehlverhalten zu vermeiden (Dunegan, 1993). Smith und Petty (1996) begründen die tiefere Verarbeitung negativ dargestellter Informationen mit der Tatsache, dass diese mehr Aufmerksamkeit auf sich ziehen, skeptischer beurteilt werden und häufiger entgegen menschlichen Erwartungen sind. Dies geht mit den Annahmen des Elaboration-Likelihood-Modells einher (Petty & Cacioppo, 1986). Bei der zentralen, systematischen Verarbeitung, die bei negativen Informationen vornehmlich stattfindet, erfolgt eine tiefgründige Auseinandersetzung. Die Informationen werden vom Empfänger aktiv mit bereits vorhandenem Wissen zu dem jeweiligen Thema verglichen, abgewogen und eingeschätzt (Littlejohn, 2002). Die Fähigkeit und die Motivation zur intensiven Auseinandersetzung gelten bei dem hier vorliegenden vergleichsweise hohen Aufwand der Informationsverarbeitung als vorausgesetzt. Im Folgenden wird anhand ausgewählter Untersuchungen die Wirkungsweise des Attribute Framings erläutert.

3.3.1.2 Darstellung der Wirkungsweise anhand ausgewählter Beispiele

Levin (1987a) zeigt in einer Studie die Abhängigkeit der wahrgenommenen Qualität von der Präsentation des Produktes. Bei dem klassischen Attribute Framing-Beispiel wurde das zu beurteilende Rinderhack bei positiver Darstellung mit „75 % Fleischanteil“ geschmacklich besser und weniger fettig bewertet als bei der negativen Beschreibung mit einem Fettanteil von 25 %. Auch bei Donovan und Jalleh (1998) bewirkt die positive Präsentation eines Produktes bessere Beurteilungen und höhere Kaufintentionen. Im gesundheitsbezogenen Kontext erzielt ein negativer Rahmen mit einer zehnprozentigen Chance, an einer Krankheit zu leiden, eine andere Wirkung als die 90-prozentige Wahrscheinlichkeit, gesund zu sein. Der Frame bewirkt aufgrund der unterschiedlichen Risikodarstellung eine differenzierte Beurteilung des Gesundheitszustandes. Bei sinngemäß äquivalenten Beschreibungen verdeutlicht Attribute Framing die Antivalenz von Informationen – durch Betonung von einzelnen Attributen können gezielt Meinungen beeinflusst werden (Kühberger & Tanner, 2010). Ähnliches zeigen die Befunde von Seta und Kollegen (2010), indem der positive Frame bessere Bewertungen hervorrief als die negative Darstellung. Darüber hinaus wurde der Einfluss unterschiedlich hoher Sprachfrequenzen auf die Stärke des Rahmungseffektes sowie deren Wirkung auf die Hemisphären untersucht. Gemäß der Annahme verstärkte sich der Wirkungsgrad bei Wiedergabe der Information in einer sehr niedrigen Frequenz, die eine ganzheitliche, kontextabhängige Verarbeitung der rechten Gehirnhälfte hervorruft (Friedman & Förster, 2005; Seta et al., 2010, S. 1089). Die schlussfolgernde analytische Verarbeitung der linken Hemisphäre hatte wiederum keinen Einfluss auf die Wirkung des Frames. Diese Art der Verarbeitung dient vielmehr der Neutralisierung der assoziativen Implikationen, die Frames hervorrufen. Lauriola, Russo, Lucidi, Violani und Levin (2005) berichten, dass die Angabe des Cholesterinspiegels je nach Art der Darstellung eine differenzierte Wirkung hervorrufen kann. Unter positiven Framing-Bedingungen lag der aktuelle Wert einer untersuchten Person 60 mg/dl unter dem „hohes-Risiko-Bereich“ von 300 mg/dl. Im negativen Frame wurde ein Wert von 40 mg/dl über dem „geringes-Risiko-Bereich“ von 200 mg/dl beschrieben. Die Befunde zeigen unter der letzten Bedingung eine tendenziell schlechtere Bewertung des Gesundheitszustandes.

Dunegan (1993) zeigt mit der Darstellung von Erfolgs- und Misserfolgsraten ein weiteres Wirkungsbeispiel für Attribute Framing. Eine Befragung unter Wirtschaftsstudenten brachte hervor, dass die Zustimmung für zusätzliches Kapital für ein laufendes Projekt von der Art der Präsentation abhängt. Im positiven Frame und der Kommunizierung einer Erfolgsrate der vergangenen Projekte von 60 % erfolgte die Zuteilung zusätzlicher finanzieller Mittel häufiger als im negativen Frame mit einer Misserfolgsquote von 40 %. Zu einer ähnlich angelegten Studie berichten Kuvaas und Selart (2003), dass die Verwendung positiver Frames eine bessere Bewertung bei den Entscheidungsträgern hervorruft. Andere Studien berichten, dass tiefgründiges Verarbeiten die Anfälligkeit für kognitive Bias herabsetzt (McElroy & Seta, 2003; Sieck & Yates, 1997; Tversky & Kahneman, 1974). Bei einer Untersuchung im sportlichen Bereich fiel die von den Probanden zu bewertende Performance von Basketballspielern im positiven Frame und der Darstellung der Trefferquote besser aus als bei der negativen Präsentation in Form der verfehlten Körbe (Levin, 1987b). Cacioppo und Kollegen (1996) weisen darauf hin, dass die Wirkung von Frames ebenso von der Komplexität der Aufgabe sowie der Fähigkeit und Motivation zur Informationsverarbeitung beeinflusst wird (Cacioppo, Petty, Feinstein & Jarvis, 1996; vgl. Abschnitt 3.4).

Die unterschiedliche Wirkung zweier Versicherungspakete mit identischer Endsumme weisen Johnson, Hershey, Meszaros und Kunreuther (1993) in ihren Untersuchungen nach. Variante eins beinhaltet eine höhere Versicherungssumme und einen Rabatt bei Unfallfreiheit. In der Modifikation wird eine geringere Prämie mit Selbstbeteiligung im Schadensfall offeriert. Es zeigt sich, dass die

Mehrheit der Befragten Schadensfreiheitsrabatte gegenüber Selbstbeteiligungen bevorzugen. Die ablehnende Haltung gegenüber der Selbstbeteiligung wird mit der Verlustaversion des Versicherungsnehmers begründet, wobei die Versicherungsprämie und die Selbstbeteiligung im Schadensfall als segregierte Verluste wahrgenommen werden (Thaler, 1985). Somit scheint diese trotz anfänglich geringerem Beitrag weniger attraktiv als das Rabattsystem. In Abbildung 3.6 sind vereinfacht die beschriebenen Mechanismen anhand der Wertfunktion der Prospect Theory zu entnehmen. Rabatte haben einen geringeren Einfluss auf das Nutzenniveau als gleich hohe Selbstbeteiligungen. Es ist zu beachten, dass der Schadensfreiheitsrabatt die marginal ungünstigere Alternative darstellt, da die Rückvergütung aufgrund der höheren Prämie vorfinanziert wird und anfallende Zinsgewinne bei entsprechender Geldanlage wegfallen.

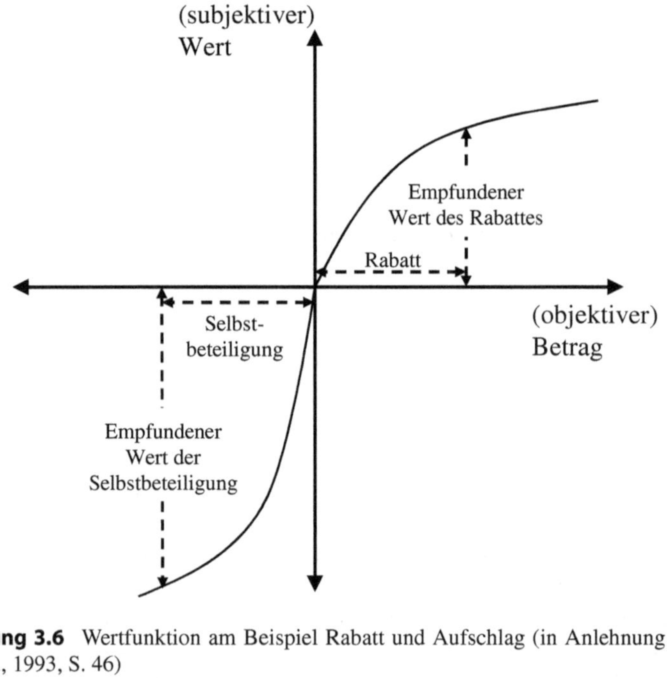

Abbildung 3.6 Wertfunktion am Beispiel Rabatt und Aufschlag (in Anlehnung an Johnson et al., 1993, S. 46)

Ein ähnliches Bild zur persuasiven Wirkung von Frames zeigte sich bei dem Versuch, Anreize zur Benutzung von Kreditkarten zu setzen. In den 70er Jahren war die Zahlung mit Kreditkarte gewöhnlich mit einer Gebühr belegt, welche die

Benutzung unattraktiv gegenüber Barzahlung erscheinen ließ. Die Kostenfreiheit bei Barzahlung wird als Status quo mit einem Aufschlag für Kreditkartenzahlung wahrgenommen. Als Konsequenz setzten Unternehmen den Kreditkartenpreis als Referenzpunkt und gewährten einen Rabatt bei Barzahlung. Folglich erschien die Nutzung weniger negativ (Thaler & Sunstein, 2009).

McCaffery und Baron (2003, 2004) widmeten sich in mehreren Studien dem Thema „Framing und Steuern“ und beobachteten Antwortmuster der Probanden. Es wurden beispielsweise Vergünstigungen für Familien mit Kindern Zuschlägen für Kinderlose vorgezogen, obwohl die Steuerbelastung beider Konzepte identisch ist. Die positive Darstellung der Variante mit einem Kinderfreibetrag gilt als Bonus für Familien mit Kind, wohingegen die negative Formulierung mit Aufschlägen für Familien ohne Kind als eine Strafe für Kinderlose angesehen wird (McCaffery & Baron, 2004, S. 682). Auch wenn ein objektiv identischer Sachverhalt vorliegt, werden Belohnungen gegenüber Strafen präferiert und besser bewertet. Auch das deutsche Steuersystem bedient sich mit Kinderfreibeträgen dieser Wahrnehmungsverzerrung. Ähnliches lässt sich bei folgendem Beispiel eines Steuerkonzeptes für Verheiratete bzw. Unverheiratete mit einem Einkommen von 25.000 USD erkennen (vgl. Tabelle 3.2). Lediglich durch eine Verschiebung des Referenzpunktes entsteht ein scheinbar anderes Steuerbelastungsbild. In beiden Situationen liegt eine Belastung von 3.000 USD für Verheiratete und 5.000 USD für nicht verheiratete Paare vor. Dennoch war eine hohe Sensitivität bei dieser Thematik zu beobachten, indem die beurteilte Fairness von Steuerbegünstigungen höher ausfiel (ebd., S. 688 FF.). Auch Traub (1999) konnte in seinen Untersuchungen zeigen, dass (steuerliche) Vergünstigungen gegenüber identischen Aufschlägen bevorzugt werden.

Tabelle 3.2 Steuerbelastung bei einem Einkommen von 25.000 USD unter Framing-Einfluss (eigene Darstellung auf Grundlage von McCaffery & Baron, 2004, S. 688)

	positiver Frame	negativer Frame
Verheiratete Paare	−2.000 USD Bonus	*3.000 USD**
Unverheiratete Paare	*5.000 USD**	+2.000 USD Aufschlag

* *Referenzpunkt*

Aus den Ergebnissen ihrer Studien schließen McCaffery und Baron (2004), dass die Art der Darstellung eine entscheidende Rolle für Akzeptanz und Compliance eines Steuersystems spielt. Insbesondere die wahrgenommene Fairness ist wichtig für die Zustimmung. Darüber hinaus weisen die Autoren auf die Verwendung unterschiedlicher Begrifflichkeiten und deren Wirkung hin. So ruft der Begriff der Steuer bereits negative Assoziationen hervor (McCaffery & Baron, 2003, S. 14). In einer Studie von Hasseldine und Hite (2004) zum amerikanischen Einkommenssteuersystem des Jahres 2001 stimmten im negativen Frame 51 % der Befragten der Aussage zu, das System sei unfair und komplex. Bei positiver Darstellung – das derzeitige Steuersystem sei fair und weniger komplex – verneinten dies lediglich 40 %.

Avineri (2011) hebt die Wichtigkeit der richtigen Formulierung auch im Straßenverkehrskontext und der Verkehrsmittelwahl bei Pendlern hervor. Abbildung 3.7 zeigt eine Gegenüberstellung der Fahrzeiten bei der Benutzung des Autos von 20 Minuten und der des Fahrrades mit 15 Minuten in drei Darstellungsvarianten. Diese sind in ihren Kernaussagen identisch, lediglich der Rahmen unterscheidet sich. Alternative A als neutrale Variante steht einem Gewinn-Frame in B und einem Verlust-Frame in C gegenüber. Um die Attraktivität des Fahrradfahrens zu steigern, wird Variante C empfohlen. Bei der Darstellung des Arbeitsweges per Fahrrad als Referenzpunkt (Variante C) ruft die längere Fahrzeit von fünf Minuten bei Autonutzung negative Assoziationen und Verlustängste hervor. Es folgt eine verstärkte Radnutzung im Vergleich zu Variante B (Weg per Auto als Referenzpunkt).

A	Der Weg zur Arbeit mit dem Auto dauert 20 Minuten. Der Weg zur Arbeit mit dem Fahrrad dauert 15 Minuten.
B	Der Weg zur Arbeit mit dem Auto dauert 20 Minuten. Der Weg zur Arbeit mit dem Fahrrad ist 5 Minuten *kürzer*.
C	Der Weg zur Arbeit mit dem Fahrrad dauert 15 Minuten. Der Weg zur Arbeit mit dem Auto dauert 5 Minuten *länger*.

Abbildung 3.7 Attribute Framing bei der Verkehrsmittelwahl (in Anlehnung an Avineri, 2011, S. 5)

Das I-394 MnPASS *Express Lane*-Projekt in Minnesota – eingeführt zur Optimierung von Nutzungskapazitäten der Expressspuren – bietet Fahrern durch Zahlen einer Gebühr die Möglichkeit der Nutzung von *HOT Lanes*. Eine Untersuchung differenziert dargestellter Zeitinformationen in Form von Zeiteinsparungen auf kostenpflichtigen Spuren im Vergleich zu Zeitverlusten auf gebührenfreien Spuren zeigt, dass letztere zu stärkeren Nutzungsabsichten führen (Douma et al., 2005, S. 10). Die aufkommende Verlustaversion lässt die hohe Wertigkeit von Zeit speziell im Verkehrskontext und bei Pendelfahrten erkennen. Es wird das Streben nach einer Minimierung von Reisezeiten und Reduzierung von Unsicherheiten sowie Reisezeitschwankungen deutlich (Katsikopolus, 2000; Xu et al., 2011).

Die hier aufgezeigten Ansätze zum Thema differenziert dargestellter Objekteigenschaften werden im empirischen Teil der Arbeit aufgegriffen. Es wird der Frage nachgegangen, ob sich die Nutzungswahrscheinlichkeit kostenpflichtiger Straßen und die Bewertung von Straßenbenutzungsgebühren mittels unterschiedlich dargestellter Attribute der Maßnahme beeinflussen lassen (vgl. Kapitel 5).

3.3.2 Goal Framing

3.3.2.1 Grundlagen

Goal Framing fokussiert als weiterer valenz-basierter Effekt zur Steigerung der Überzeugungskraft eines Sachverhaltes die Ziele einer Handlung. Der Effekt entsteht bei Hervorhebung der positiven Konsequenzen bei Handlungsdurchführung oder der negativen Folgen bei Nicht-Realisierung (Levin et al., 1998). Es werden in beiden Formulierungsvarianten identische Ziele angestrebt. Die Entscheider können jedoch entweder positive Ergebnisse herbeiführen oder negative abwenden (vgl. Abbildung 3.8). Sowohl der Gewinn- als auch der Verlust-Frame sollen grundlegend die Bewertung des beschriebenen Objektes verbessern – entweder durch „Stupsen“ in Richtung der attraktiven Option bei Handlungseintritt oder durch „Wegziehen“ vom unerwünschten Ergebnis bei Handlungsvermeidung (Avineri & Waygood, 2012).

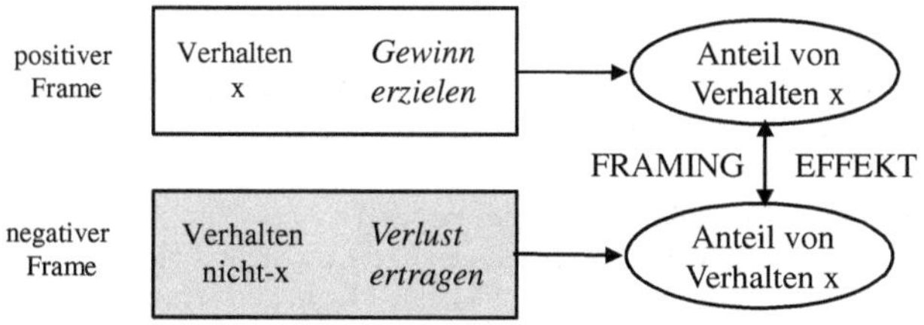

Abbildung 3.8 Wirkungsmodell Goal Framing (in Anlehnung an Levin et al., 1998)

Zahlreiche Studien belegen die unterschiedliche Überzeugungskraft dieser Art der Formulierung (vgl. u. a. Avineri & Waygood, 2012; Meyerowitz & Chaiken, 1987). Verlust-Frames haben hierbei einen stärkeren Einfluss auf die abhängige Variable in Form einer Verhaltensbereitschaft oder Bewertung. Beim Vorliegen negativer Informationen konzentrieren sich die Akteure aufgrund ihrer Verlustaversion auf die Verhinderung unerwünschter Konsequenzen und handeln entsprechend.

3.3.2.2 Darstellung der Wirkungsweise anhand ausgewählter Beispiele

Meyerowitz und Chaiken (1987) liefern mit ihren Studien zum Thema Selbstuntersuchung zur Brustkrebs-Früherkennung ein sehr bekanntes Beispiel für Goal Framing aus dem medizinischen Bereich. Ziel der Studie war die Sensibilisierung der untersuchten Frauen für dieses Thema, um letztlich die Selbstabtastrate zur rechtzeitigen Entdeckung und zur Behandlung von Brustkrebs zu erhöhen. Zunächst wird unterstellt, dass das Abtasten der Brust sowohl im positiven als auch negativen Frame eine gute Maßnahme ist.[12] Bei der positiven Informationsdarstellung erhöht das Abtasten der Brust die Wahrscheinlichkeit, Brustkrebs frühzeitig zu entdecken. Dies wird ausgehend von einem neutralen Referenzpunkt als Gewinn bewertet – der Glaube, derzeit keinen Krebs zu haben. Da in diesem Szenario Risikoaversion angenommen wird, sollte die Bereitschaft der Früherkennung durch Abtasten geringer ausfallen (Meyerowitz & Chaiken, 1987; Rothman & Salovey, 1997).[13] Die negative Darstellung beschreibt eine verminderte Wahrscheinlichkeit der Frühentdeckung, bei Unterlassen des Abtastens. Es erfolgt eine Verschiebung des Referenzpunktes vom Optimismus, keinen Krebs zu haben, hin zu Pessimismus und Zweifel, dass bei fehlender Kontrolle Knoten in der Brust nicht entdeckt werden. Die Probandinnen sollten eher dazu geneigt sein, Unsicherheiten über ihren Gesundheitszustand zu beseitigen und folglich die Selbstuntersuchung vornehmen. Hypothesenkonform wirkt die Fokussierung

[12] Im Vergleich erfolgt die Bewertung beim Attribute Framing ausschließlich durch die Versuchsperson. Hier würde beispielsweise die Entdeckungsrate im positiven Frame der Quote des Nicht-Entdeckens von Brustkrebs im negativen Frame gegenübergestellt werden.

[13] Bezüglich der Risikoeinstellung in diesem Beispiel sei erwähnt, dass sich diese nicht wie bei den klassischen Framing-Entscheidungen erklärt. Das Nicht-Abtasten der Brust geht mit einer sicheren Konsequenz einher – es besteht keine Möglichkeit einen Knoten zu entdecken. Beim Abtasten wird hingegen Unsicherheit erzeugt – die Wahrscheinlichkeit einen vs. keinen Knoten zu ertasten. Darüber hinaus bringen Entscheidungen im Kontext vom menschlichen Gesundheitszustand keine langfristigen Konsequenzen hervor (z. B. lebenslange Sicherheit, nicht an Krebs erkrankt zu sein) wie dies beispielsweise beim Glücksspiel der Fall ist (z. B. ein sicherer Lottogewinn) (Meyerowitz & Chaiken, 1987; Rothman & Salovey, 1997).

der negativen Konsequenzen stärker (verhaltens-) beeinflussend als die Darstellung der positiven. Die befragten Frauen zeigten unter der Verlust-Bedingung eine positivere Einstellung gegenüber dem Selbstabtasten sowie stärkere Verhaltensintentionen und tatsächliches Verhalten. Negative Nachrichten scheinen in einer primär positiv fokussierten Welt auffälliger. Dies geht mit den Annahmen der Prospect Theory einher, wonach Individuen in Gewinnsituationen zu risikoaversem Verhalten tendieren und versuchen in Verlustsituationen, diese durch riskante Verhaltensweisen abzuwenden. Zudem zeigt sich die individuelle Wertfunktion im Verlustbereich steiler, wonach eine Verhaltensabsicht in dieser Domäne wahrscheinlicher ist (vgl. Abschnitt 3.1.3.1).

Hingegen zeigen Studien zu gesundheitserhaltenden Maßnahmen, dass Gewinn-Framing stärkere Nutzungsabsichten hervorruft als Verlustformulierungen. In einer Untersuchung zur Beeinflussung des Gebrauchs von Sonnencreme rief das Kommunizieren der Vorteile bei Nutzung stärkere Reaktionen hervor als die der Nachteile bei Nicht-Gebrauch (Detweiler, Bedell, Salovey, Pronin & Rothman, 1999). Hier liegt im Gegensatz zu Maßnahmen der Brustkrebsfrüherkennung bei Unterlassen der Handlung ein höheres Risiko vor und die positive Formulierung ruft mehrheitlich das intendierte Verhalten hervor. Nach Rothman und Salovey (1997, S. 1) hängt die Wirksamkeit von Gewinn- und Verlust-Frames im Kontext der Gesundheit davon ab, „on whether a behavior serves an illness-detecting or a health-affirming function.“ Bei Präventionsmaßnahmen werden für den gewünschten Erhalt des IST-Zustandes aufgrund der stärkeren Überzeugungskraft positive Formulierungen empfohlen. Bei Maßnahmen zur Erkennung von Krankheiten, die mit dem Risiko der Feststellung assoziiert sind, gelten negative Frames als effektiver (O'Keefe, 2011; Rothman & Salovey, 1997). Auf eine ähnliche Differenzierung bei der Wirksamkeit der Frames weisen Tu, Kao und Tu (2013) hin. Im Konsumbereich existieren einerseits Produkte zur Verbesserung des aktuellen Status quo und zur Erzielung von Gewinnen, die durch positives Framing bessere Beurteilungen erhalten. Darüber hinaus werden mittels dieser Art der Darstellung positivere Bewertungen hinsichtlich der Werbewirksamkeit, Glaubwürdigkeit und Markeneinstellung hervorgerufen. Andererseits bewirken bei Produkten zum Erhalt des aktuellen Status quo und der Vermeidung von Verlusten negative Frames stärkere Effekte.

Eine Untersuchung im Kontext einer Unternehmenssteuerreform von Heinemann und Kollegen (2008) zeigte, dass ein Verlust-Frame („Verluste begrenzen“) eine tendenziell positivere Einstellung gegenüber einer präsentierten Reform hervorrief als eine positive Darstellung mit dem Ziel „Gewinne ermöglichen“. Ganzach und Karsahi (1995) stellen in einer Studie zur Beeinflussung des Nutzungsverhaltens von Kreditkarten ebenfalls fest, dass negatives Framing, welches die Nachteile des Nicht-Gebrauchs der Kreditkarte hervorhebt, einen stärkeren Einfluss auf die weitere Kreditkartenverwendung hat als positives Framing. Letzteres fokussiert die Vorteile der Benutzung. Der negative Frame führte zu mehr als doppelt so hohen Nutzungszahlen der Kreditkarte als der positive Frame. Die Langzeitwirkung dieses Effektes konnte sechs Monate später in einem Posttest bestätigt werden. Avineri und Waygood (2012) untersuchten in einer Studie den Einfluss von Goal Framing auf die Wahrnehmung von CO_2-Emissionen verschiedener Verkehrsmodi. Die Untersuchung beinhaltet die differenzierte Wirkung des Potentials, einen „environmental benefit" herbeizuführen (Gewinn-Frame) oder einen „environmental loss" zu reduzieren (Verlust-Frame). Es zeigte sich, dass bei negativer Darstellung die Unterschiede des CO_2-Ausstoßes von zwei Verkehrsmodi signifikant größer bewertet wurden als im positiven Frame. Dieser wahrgenommene Unterschied nimmt mit ansteigendem CO_2-Ausstoß zu. Es wird festgehalten, dass die Wahrscheinlichkeit der Verhaltensbeeinflussung zugunsten der Nachhaltigkeit bei negativem Framing größer ist. Aufgrund der in ihrer Studie nachgewiesenen persuasiven Wirkung von Framing unterstützen sie den Ansatz verschiedener Verhaltensökonomen, die durch die Verwendung von Nudges[14] Entscheidungsträgern die Konzeption verhaltenslenkender Maßnahmen ermöglichen, „that help people make better decisions" (ebd., S. 17). Die Autoren schlagen vor, mit Fahrerassistenzsystemen gewünschtes Verhalten zu forcieren, indem die negativen Konsequenzen von unerwünschtem Verhalten bei der Verkehrsmittelwahl hervorgehoben werden.

Bezüglich der Goal Framing Studien soll auf den unklaren Einfluss der (veränderten) Wortwahl hingewiesen werden (Kühberger, 1998; Levin et al., 1998). So hat die einfache Negation (fahren vs. nicht fahren) eine andere Wirkung als das Heranziehen eines anderen Wortes (fahren vs. bleiben). Demnach ist es möglich, über die emotionale Einordnung einzelner Begriffe Entscheidungen zu steuern (Schulze, 2013). Gleichzeitig hat der Inhalt der Nachricht bzw. die Stärke der kommunizierten Konsequenzen einen nicht unerheblichen Einfluss. So ruft ein Gewinn-Frame mit der Aussage *„If you get a mammogram, you are likely to find out that your breasts are healthy"* andere Assoziationen hervor als *„If you get a mammogram, you decrease the risk of an undetected, potentially life-threatening tumor"* (Rothman & Salovey, 1997, S. 6).[15] Eine positiv gerahmte Nachricht,

---

[14]Eine Art des Framing-Konzeptes im weiteren Sinne, wobei Menschen Anregungen für "richtige" Entscheidungen gegeben werden (Thaler & Sunstein, 2009). Beispiele sind die gezielte Positionierung von gesunden Nahrungsmitteln im Verkaufsregal zur Verbesserung der Ernährungsweise oder Voreinstellungen beim Drucken zur Papiereinsparung.

[15]Die korrespondierenden Verlust-Frames lauten „If you do not get a mammogram, you will not know whether your breasts are healthy" und „If you do not get a mammogram, you

die das gewünschte Ergebnis bei Ausführung der Handlung betont, unterscheidet sich von einer, die das Fehlen einer ungewünschten Konsequenz kommuniziert. Im Verlust-Frame wird bei Nicht-Realisierung das unerwünschte Ergebnis oder das Fehlen der gewünschten Konsequenz beschrieben. Ein eindeutiger Vergleich ist lediglich bei Durchführung und Nichtdurchführung einer Handlung mit den entsprechend angepassten Konsequenzen möglich.

Da mit preispolitischen Verkehrsregulierungsmaßnahmen vordergründig eine Bestrafung infolge zusätzlicher Kosten bzw. der Aufgabe des Status quo assoziiert wird, statt die positiven Effekte zu sehen, stellt sich die Frage, wie diese Verlustperspektive vermieden werden kann (Schade, 2005). Im sogenannten *Backcasting*-Ansatz zur Ermittlung von Zukunftsbildern mit den dazugehörigen Nachhaltigkeitsstrategien wird sich den Mechanismen des Goal Framings bedient, um ebendies zu erreichen. Hierbei gilt es, unterschiedliche Szenarien zu entwickeln und einander gegenüberzustellen (vgl. OECD, 2002).

- Positiver Fokus: Beschreibung des angestrebten Zielzustandes mit einer geringeren Umweltbelastung (Environmentally Sustainable Transport – EST), um gegenwärtige Probleme zu minimieren und konkrete nachhaltige Zukunftsbilder zu erzeugen.
- Negativer Fokus: Beschreibung des Verkehrssystems unter Weiterführung der derzeitigen Bedingungen (Business As Usual – BAU).

Das zentrale Ziel der nachhaltigen Verkehrsentwicklung soll mittels differenzierter Darstellung und Fokussierung auf positiven – Herbeiführung des EST-Szenarios – oder negativen Aspekten – Vermeidung des BAU-Szenarios – erreicht werden. Auch hier werden Möglichkeiten der Einstellungsbeeinflussung zur Thematik der Straßenbenutzungsgebühren gesehen. Die in Kapitel 6 berichtete Studie hinterfragt die Wirksamkeit des angewendeten Goal Framings hinsichtlich der Konsequenzen bei Implementierung bzw. bei Ausbleiben der Einführung einer Gebührenmaßnahme.

increase the risk of an undetected, potentially life-threatening tumor“ (Rothman & Salovey, 1997, S. 6).

3.3.3 Risky Choice Framing

3.3.3.1 Grundlagen

Das Risky Choice Framing vervollständigt mit seiner Wirkung die Gruppe der Rahmungseffekte der Kategorisierung nach Levin und Kollegen (1998). Hierbei werden die Ergebnisse von sicheren und risikobehafteten Handlungsoptionen in differenzierter Art und Weise dargestellt. Trotz identischer Erwartungswerte der angebotenen Alternativen folgen Unterschiede in der Risikowahrnehmung der Akteure. Die vorliegenden diskreten Wahlentscheidungen führen bei positiver Darstellung des Sachverhaltes zu risikoaversem und bei negativer Beschreibung zu risikoaffinem Verhalten (Kahneman & Tversky, 1979; Kühberger, 1998). Erklärt wird dieser Verstoß gegen die Annahmen des *Rational Choice*-Ansatzes vordergründig anhand der Eigenschaften der Wertfunktion der Prospect Theory (vgl. Abschnitt 3.1.3.1). Individuen neigen tendenziell zu risikoaffinem Verhalten, wenn die Möglichkeit zur Vermeidung eines Verlustes im Vergleich zur Herbeiführung eines Gewinnes besteht. Die Messung des Effektes erfolgt über die von den Probanden getroffenen Entscheidungen.

3.3.3.2 Darstellung der Wirkungsweise anhand des ADP

Das wohl bekannteste Beispiel für eine systematische Präferenzumkehrung durch Risky Choice Framing bzw. im Allgemeinen das Paradebeispiel für Framing-Effekte ist das *Asian Disease Problem* (ADP, vgl. Tversky & Kahneman, 1981, S. 453). Eine experimentelle Untersuchung von Wahlsituationen bezüglich Leben und Tod zeigte, dass eine diskrete Entscheidung zwischen einer riskanten und nicht riskanten Option mit gleichen Erwartungswerten davon abhängt, ob der Sachverhalt im positiven oder negativen Kontext dargestellt wird (Levin et al., 1998). Die befragten Personen sollten eine Wahl zwischen zwei Vorsorgeprogrammen gegen eine fiktive Krankheitsepidemie treffen. Nach Vorlage eines identischen Eingangstextes wurde unter Anwendung eines *Between Subjects-Designs* die Problemstellung in einer positiven („retten") oder einer negativen („sterben") Formulierungsversion präsentiert. Die Situationsbeschreibung stellt sich folgendermaßen dar:[16]

[16] Die eckigen Klammern geben die Antwortverteilungen der Probanden wider.

Bitte stellen Sie sich folgende Situation vor. Die Vereinigten Staaten bereiten sich auf den Ausbruch einer seltenen Krankheitsepidemie vor, die voraussichtlich 600 Menschen das Leben kosten wird. Zwei unterschiedliche Programme zur Bekämpfung dieser Krankheit wurden vorgeschlagen. Dabei sind die exakten wissenschaftlichen Schätzungen der Folgen der beiden Programme wie folgt formuliert:

Positive Ergebnisdarstellung

A. Bei Anwendung des Programms A werden 200 Personen gerettet [72 %].
B. Bei Anwendung des Programms B gibt es eine Wahrscheinlichkeit von 1/3, dass 600 Personen gerettet werden, und eine Wahrscheinlichkeit von 2/3, dass keine Person gerettet wird [28 %].

Negative Ergebnisdarstellung

C. Bei Anwendung des Programms A werden 400 Personen sterben [22 %].
D. Bei Anwendung des Programms B gibt es eine Wahrscheinlichkeit von 1/3, dass niemand sterben wird, und eine Wahrscheinlichkeit von 2/3, dass 600 Personen sterben werden [78 %].

Abbildung 3.9 zeigt vereinfacht das beschriebene Risky Choice-Paradigma mit einer Gegenüberstellung der verwendeten Frames. Diese beinhalten jeweils zwei Wahlmöglichkeiten mit einer sicheren bzw. risikolosen Option und einer risikobehafteten – meist unter Angabe von Wahrscheinlichkeiten – Wahlmöglichkeit. Letztere wird häufig als „alles oder nichts"-Prospect kommuniziert (Levin et al., 1998).

Die inhaltlich identischen Konsequenzen mit gleichem zu erwartendem Nutzen der präsentierten Alternativen sollten ein indifferentes Entscheidungsverhalten der befragten Personen hervorrufen. Sowohl im klassischen ADP als auch in zahlreichen Replikationen wurde jedoch ein signifikanter Einfluss der sprachlichen Informationsdarstellung auf die getroffenen Entscheidungen und somit auf das Risikoverhalten der Befragten deutlich (vgl. Kühberger, 1998; Levin et al., 1998). Es zeigt sich eine mehrheitliche Wahl der sicheren Option A bei einer positiven Darstellung des Sachverhaltes (72 %). Bei negativer Formulierung fällt bei dem Großteil der Befragten (78 %) die Entscheidung auf die riskante Option (Tversky & Kahneman, 1981). Die aufgetretene Präferenzumkehrung und die

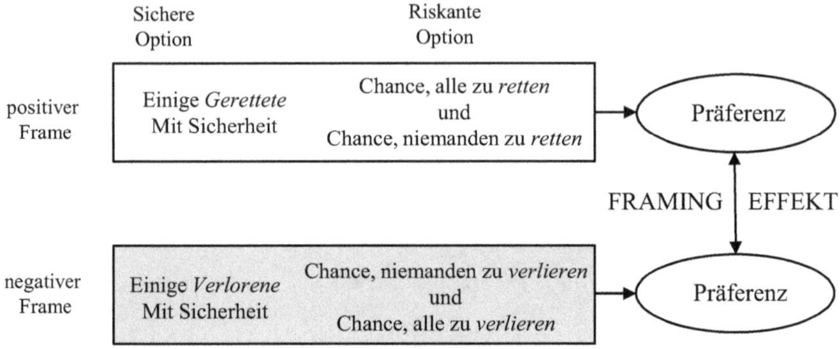

Abbildung 3.9 Risky Choice Framing am Beispiel des ADP (in Anlehnung an Levin et al., 1998)

damit einhergehende Verletzung des Invarianzprinzips werden im Rahmen der PT mit einer unterschiedlichen Wirkung der Formulierungen auf die mentale Repräsentation des Problems bei den Entscheidern erklärt. Die Bewertungsgrundlage für die Entscheidungsfindung der zwei Experimentalgruppen stellt die unterschiedliche Referenzpunktlage dar. Im Verlust-Frame wird diese in dem Zustand mit 600 bedrohten, jedoch lebenden Personen gesehen, und die Ergebnisse beider Rettungsprogramme stellen Verluste in Aussicht. Im Gewinn-Frame wird hingegen auf die Anzahl geretteter Personen Bezug genommen. Der Referenzpunkt liegt bei 600 bereits verlorenen Menschenleben und die Anwendung der Programme ermöglicht eine Verbesserung der Situation (Stocké, 2002).

In den vorliegenden hypothetischen Situationen liegen Entscheidungen unter Risiko vor, wobei das jeweilige Ergebnis mit einer bestimmten Wahrscheinlichkeit belegt ist. Da die präsentierten Alternativen einen identischen Erwartungsnutzen aufweisen, ist der Unterschied lediglich im relativen, subjektiv wahrgenommenen Risiko zu sehen (Rothman & Salovey, 1997). Der subjektive Erwartungsnutzen SEU_{PT} stellt sich folgendermaßen dar:

Gewinn-Frame
$$SEU_{PT}(A) = \pi(1.0) * u(200)$$
$$SEU_{PT}(B) = \pi\left(\tfrac{1}{3}\right) * u(600) + \pi\left(\tfrac{2}{3}\right) * u(0)$$

Verlust-Frame
$$SEU_{PT}(C) = \pi(1.0) * u(-400)$$
$$SEU_{PT}(D) = \pi\left(\tfrac{1}{3}\right) * u(0) + \pi\left(\tfrac{2}{3}\right) * u(-600)$$

Gemäß der EUT und der Gewichtung des Nutzens anhand der dazugehörigen Wahrscheinlichkeiten entsprechen sich Programm A und C sowie B und D. Wenn Option A Variante B vorgezogen wird, müsste auch C gegenüber D präferiert werden. Erfolgt ein Vergleich des subjektiven Erwartungsnutzens der jeweiligen Alternative, lassen sich im Gewinn- und Verlust-Frame unterschiedliche Präferenzen erkennen. Bei der positiven Darstellung des Problems lässt sich mit der Wahl der sicheren Alternative A risikoaverses Verhalten der Entscheider beobachten. Die zwar mit potentiell mehr geretteten Menschenleben belegte Option B wird aufgrund des abnehmenden Wertzuwachses bei zusätzlichen Gewinneinheiten und der riskanten Ergebnisaussicht eher vernachlässigt.

$$\pi(1.0) * u(200) > \pi\left(\frac{1}{3}\right) * \mathrm{v}(600)$$

Es folgt:

$$SEU_{PT}(A) > SEU_{PT}(B)$$

Unter Verlustbedingungen stellt Option C lediglich Verluste in Form von Todesopfern in Aussicht und verzichtet (bewusst) auf eine Nennung der Überlebenden. Bei Alternative D besteht eine 33 %ige Wahrscheinlichkeit, dass niemand sterben wird. Zudem werden die subjektiven Kosten im Worst-Case-Szenario mit 600 Todesopfern nicht viel höher gewichtet als bei 400 (Rothman & Salovey, 1997). Die Wahl fällt somit mehrheitlich auf die riskante Alternative D, die als weniger negativ angesehen wird.

$$\pi(1.0) * u(-400) < \pi\left(\frac{2}{3}\right) * u(-600)$$

Es folgt:

$$SEU_{PT}(C) < SEU_{PT}(D)$$

Einem anderen Erklärungsansatz zum Wahlverhalten folgt die Fuzzy Trace Theory. Hiernach kodieren die Entscheider (quantitative) Informationen, insbesondere numerischer Natur, so grob (fuzzy) wie möglich und reduzieren diese auf eine wesentliche qualitative Kernaussage (Reyna & Brainerd, 1991). Es werden die vereinfachten Oberflächenmerkmale der Handlungsoptionen als

Entscheidungskriterien herangezogen. Angewendet auf das ADP werden alle Zahlenangaben eliminiert und das Entscheidungsverhalten basiert auf einer stark vereinfachten Informationsbasis. Bei positiver Formulierung stehen sich die Aussagen „einige Menschen werden gerettet" und „einige Menschen werden gerettet oder niemand wird gerettet" gegenüber. Die risikolose Version wird präferiert, da die riskante Option einen negativen Aspekt einschließt. Begünstigt wird dies durch den geringeren kognitiven Aufwand bei der Auswahl des sicheren Gewinns gegenüber der Wahl des unsicheren (Gonzales, Dana, Koshino & Just, 2005). Unter Verlustbedingungen („einige Menschen werden sterben" vs. „einige Menschen werden sterben oder niemand stirbt") kommt es zur Präferenzumkehrung. Der positive Aspekt der risikobehafteten Alternative, dass „niemand stirbt", lässt diese attraktiver erscheinen (vgl. Pfister et al., 2017, S. 203; Stocké, 2002). So können trotz inhaltlicher Übereinstimmung bei einer positiven Ergebnisdarstellung risikoaverses und bei negativem Fokus mehrheitlich risikoaffines Verhalten beobachtet werden.

Es existieren zahlreiche Studien, die die Wirkung des Risky Choice Framings in unterschiedlichen Domänen im Sinne der PT verifizieren können (vgl. Kühberger, 1998; Levin et al., 1998; Piñon & Gambara, 2005). In einigen Untersuchungen lassen sich die Ergebnisse lediglich im Kontext von positivem Framing bestätigen, wohingegen bei negativer Darstellung die Resultate deutlich heterogener ausfallen. Demnach präferiert die Mehrzahl der Befragten im Gewinn-Frame theoriekonform die sichere Wahloption. Allerdings wird diese auch im Verlustframe von einem Großteil bevorzugt (Schneider, 1992). Des Weiteren zeigt sich diese Art des Formulierungseffektes umso stärker, je ähnlicher die Szenarien dem ursprünglichen *Asian Disease Problem* von Kahneman und Tversky sind (Kühberger, 1998).[17]

Es wird abschließend auf einige in der Literatur aufgezeigte Kritikpunkte zur Wirkung des ADPs hingewiesen (vgl. Levin et al., 1998; Mayerl, 2009; Schneider, 1992; Stocké, 2002). Schneider (1992) stellt die enorme Dominanz der Thematik Menschenleben in Frage und hebt die Schwierigkeit der Übertragbarkeit derart starker Effekte in anderen Domänen hervor. Inhaltlich schließt die präsentierte Framing-Situation sowohl eine Entscheidung und darüber hinaus das Vorhandensein von Risiko ein. Eine Messung der Wirkung des Frames sollte separat vorgenommen werden (Levin et al., 1998). Des Weiteren wird die unvollständige Ausführung der Wahloptionen kritisiert. Während bei den riskanten Alternativen die Erfolgs- und Misserfolgskomponenten explizit formuliert sind, ist bei den sicheren Optionen A und C möglicherweise bewusst auf Informationen

[17] Weitere Einflussfaktoren werden in Abschnitt 3.4 erläutert.

zur übrigen Personenanzahl verzichtet worden. Auch hier lassen sich die Annahmen zum homo oeconomicus in Frage stellen, indem Menschen nicht in der Lage sind – wo theoretisch möglich – fehlende Informationen zu schlussfolgern (Kühberger & Tanner, 2010). Die Nennung sowohl der Zahl der Überlebenden als auch der der Sterbenden spiegelt eine identische Optionsbeschreibung wider und der Framing-Effekt sollte reduziert werden oder ausbleiben (Kühberger, 1998; Schulze, 2013; Stocké, 2002). Darüber hinaus zeigt sich erneut die Problematik der Lage des Referenzpunktes. Dieser ist stark kontextabhängig und individuell spezifisch (vgl. Abschnitt 3.1.3).[18]

In der Literatur sind neben der PT als vorherrschendes Paradigma weitere Erklärungsansätze für Framing-Effekte aufzufinden (vgl. Mayerl, 2009; Stocké, 2002). Diese ähneln sich zum Teil in ihren Grundzügen oder weisen in ihren Entstehungsbedingungen beachtliche Differenzen auf. Stocké (2002) unterscheidet beispielsweise auf Grundlage verschiedener Ansätze drei Gruppen, die die Existenz von Framing-Effekten folgendermaßen begründen:

- der Mangel an Information und daraus resultierende Ambiguität,
- die Nutzung von Heuristiken und die fehlende Motivation und/oder Gelegenheit für tiefgründige Informationsverarbeitung sowie
- die häufig automatisierte Auslösung von Wissens-, Bewertungs- und Handlungsschemata.

Diese oder andere Unterteilungen finden im Rahmen der vorliegenden Arbeit keine Beachtung bzw. sind lediglich auszugsweise bei den beschriebenen Framing-Typen aufgegriffen worden.

Zusammenfassend lässt sich festhalten, dass zahlreiche Belege für die Existenz der drei vorgestellten Formulierungseffekte vorliegen und unterschiedliche Darstellungsvarianten inhaltlich identischer Informationen differenzierte Wirkungen hervorrufen. Allerdings weisen auch einige Studien inkonsistente Ergebnisse auf, wonach die Beeinflussung mittels einer semantischen Manipulation nicht möglich war oder diese vereinzelte Wirkung entgegen der postulierten Richtung zeigte. Dabei stellen sich in den verschiedenen experimentellen Settings und Szenariengestaltungen die Wirkungsweise und Effektivität unterschiedlich heraus. Aufgrund der zahlreichen Wirkungsbefunde sind einstellungs- und verhaltensrelevante Auswirkungen im Kontext von Straßenbenutzungsgebühren durchaus denkbar. Im empirischen Teil der Arbeit soll geprüft werden, ob sich die in

[18]Weitere Kritikpunkte bzw. Einflussmöglichkeiten auf die Wirkung von Frames sind Abschnitt 3.4 zu entnehmen.

den unterschiedlichen Forschungsbereichen gezeigten Effekte – hervorgerufen durch Veränderungen der Oberflächenstruktur eines Entscheidungsproblems – im Verkehrsbereich wiederfinden.

3.3.4 Metric-Effekt

Bei der Recherche nach Strategien zur Beeinflussung der Bewertung von Gebühren für die Straßeninfrastruktur fand sich der Metric-Effekt als weitere interessante Anomalie beim menschlichen Entscheidungsverhalten. Dieser Effekt, der sich im Kontext von Steuern herausstellte, bezieht sich auf die unterschiedliche Wirkung von betragsmäßigen Änderungen in absoluten Werten und Prozentangaben. Letztere werden im Vergleich zur Angabe in absoluten Zahlen als geringer wahrgenommen (Hsu et al., 2007, S. 12; McCaffery & Baron, 2004). In einer Studie zur Einstellung gegenüber Steuerpolitiken präsentierten McCaffery und Baron (2004) den Probanden unterschiedliche Familien- und Haushaltstypen, denen jeweils ein angemessener Steuersatz zuzuordnen war. Es zeigten sich signifikant höhere Steuerbeträge, wenn diese in Prozentangaben im Vergleich zu absoluten Werten getätigt wurden. Zudem ließ sich bei prozentualen Steuerangaben eine stärkere Progression erkennen. Die Autoren geben als Erklärungen für dieses Phänomen eine Unterschätzung von Prozentwerten, die Problematik im Umgang mit Prozentzahlen im Allgemeinen sowie die der unkorrekten oder fehlenden Umrechnung in absolute Werte an. Ähnlich zum Framing von Wahrscheinlichkeiten werden bei Prozentangaben die Motivation und die kognitiven Fähigkeiten der Entscheider als Voraussetzungen für eine korrekte Handhabung relevant. Sind diese nicht vorhanden oder wenig ausgeprägt, kommen Heuristiken zur Anwendung, die zu Fehlentscheidungen führen können (Stocké, 2002). Eine weitere Studie von McCaffery und Baron (2005) verdeutlicht die unterschiedliche Wirkung von Prozentangaben und absoluten Werten anhand der Progressionsillusion. Bei einer konstanten Steuerrate von 20 % zahlt ein Haushalt mit einem Einkommen von 100.000 USD 20.000 USD Steuern. Bei einem Verdienst von 20.000 USD beträgt der Steueranteil 4.000 USD. Obwohl es sich um eine identische Rate von 20 % handelt, wurde die in absoluten Werten ausgedrückte Angabe von den Probanden progressiv wahrgenommen. Bei der Beurteilung des vorgelegten Sachverhaltes greifen Heuristiken, indem saliente Informationen fokussiert und aufgrund der Normvorstellung für Steuerzahlungen in Form von Progressivität bewertet werden. Bei einer Untersuchung zur Einstellung gegenüber der Benzinsteuer fanden Hsu und Kollegen (2007) heraus, dass Änderungen des

Budgets zugunsten der Befragten in absoluten Werten präferiert werden. Einkommenssteuersenkungen als Gegenleistung für eine Erhöhung der Kraftstoffsteuer sind in Prozentangaben weniger bevorzugt und der resultierende Nutzen geringer eingestuft worden.

Auch außerhalb des Steuerkontextes wird die differenzierte Wirkung von Absolut- versus Prozentangaben sichtbar. Bei der Präsentation der auftretenden Todesfälle aufgrund von Zigarettenkonsum hat die Information, dass beim Rauchen durch den Kontakt von bestimmten chemischen Substanzen zehn von 10 Millionen Menschen zu Tode kommen, einen anderen Effekt als ein Sterberisiko von 0,000001 % (Kraus, Malmfors & Slovic, 1992). Folglich werden zur wirkungsvolleren Abschreckung vor gesundheitsgefährdenden Maßnahmen Risiken in absoluten Zahlen empfohlen. Im Bereich der Konsumforschung zeigt sich die Wirkung von Prozentzahlen und absoluten Werten heterogen. Preisänderungen bei Produkten im Hoch- und Niedrigpreissegment sollten beispielsweise differenziert betrachtet werden. DelVecchio, Krishnan und Smith (2007) halten fest, dass der Referenzwert und die Höhe des gewährten Rabattes entscheidend für die Preiswahrnehmung sind. Sie stellten bei hochpreisigen Produkten und hohen Preisermäßigungen fest, dass Rabatte in Prozentangaben geringer wahrgenommen wurden als Rabatte in absoluten Werten. Die angegebenen absoluten Preiserwartungen zu den Produkten fielen bei letzteren geringer aus. Erneut wird die Begründung der Unterschätzung von Werten in prozentualen Angaben herangezogen (vgl. DelVecchio, Lakshmanan & Krishnan, 2009). Ähnliches beobachteten González und Kollegen in ihren Untersuchungen zum Kaufverhalten bei unterschiedlich gestalteten Rabattierungen (González, Eduardo, Roggeveen & Grewal, 2016). Im Hochpreissegment sind Rabatte in Absolutbeträgen höher wahrgenommen und Kaufintentionen stärker geäußert worden als in Prozentangaben. In niedrigeren Preisbereichen werden hingegen Preisnachlässe in Prozent empfohlen, da diese Angabe einen scheinbar höheren Wert ausdrückt.[19] Letzteres konnte jedoch nicht mit Signifikanzen bestätigt werden (vgl. auch Gendall, Hoek, Pope & Young, 2006). Chen, Monroe und Lou (1998) konnten die statistische Bedeutsamkeit belegen, indem Preisreduzierungen in Prozentangaben bei einem preiswerten Produkt höher empfunden wurden als gleichwertige absolute Rabatte. Im Hochpreissegment traten die bereits beschriebenen umgekehrten Effekte auf.

---

[19]Bei einem Referenzwert von 10.000 EUR hat ein Rabatt von 1.000 EUR eine stärkere Wirkung als gewährte 10 %. Hingegen wirkt eine Preisreduzierung von 0,20 EUR bei einem Referenzwert von 2 EUR geringer als ein zehnprozentiger Rabatt (vgl. Chen, Monroe & Lou, 1998).

Die bei einer differenzierten Gebührenstruktur vorzufindenden Preisänderungen und die Möglichkeit ihrer unterschiedlichen Darstellung fließen in die Untersuchungen im empirischen Teil der Arbeit ein (vgl. Kapitel 5).

3.4 Beeinflussende Faktoren auf die Wirkung von Frames

Es liegen zahlreiche Befunde vor, dass die Wirksamkeit semantischer Manipulationen beeinflussbar ist, sodass die erwarteten Effekte abgeschwächt oder sogar eliminiert werden. Im Folgenden sollen einige sowohl situative als auch dispositionale Unterschiede zwischen den Entscheidern aufgegriffen werden.

3.4.1 Referenzpunktlage

Aus den zahlreich existierenden Wahlmöglichkeiten, denen der Mensch tagtäglich gegenübersteht, wird häufig die Alternative zum Erhalt des Status quo präferiert (Kahneman, Knetsch & Thaler, 1991; Samuelson & Zeckhauser, 1988). Im Entscheidungsfall definiert der Status quo oder Referenzpunkt die Wahrnehmung der gegebenen Alternativen als Gewinn oder Verlust. Die Nachteile bzw. potentiellen Verluste bei Abweichung vom Status quo wiegen schwerer als die zu erwartenden Gewinne, weshalb eine Präferenz der aktuellen Situation vorliegt.[20] Aus dieser Abneigung gegenüber Veränderungen ergibt sich die Schwierigkeit, selbst begründete Reformen durchzusetzen. Kommt es jedoch zu einer Realisierung und der neue Zustand erlangt Akzeptanz, verschiebt sich der Referenzwert und der Wunsch nach Rückkehr zu alten Verhältnissen schwindet (Heinemann et al., 2008). Als Ursachen für diesen Bias wird neben der Verlustaversion auf die Phänomene *Sunk Costs, Regret Avoidance*[21] und die Vermeidung kognitiver Dissonanzen hingewiesen (Samuelson & Zeckhauser, 1988).

Ferner ist das Ausgangsniveau ausschlaggebend für Bewertungen eines Sachverhaltes. Traub (1999) verdeutlicht, wie dieses die Form der Wertfunktion beeinflusst, indem niedrige Referenzlevel stärker von Abweichungen in Form von

[20] Eine ähnliche Verzerrung zeigt Thaler (1980) beim Endowment-Effekt (vgl. Abschnitt 3.1.3.1).

[21] Das Streben nach Erhaltung des Status quo, um mögliche Enttäuschungen über getätigte Fehlentscheidungen zu vermeiden (Samuelson & Zeckhauser, 1988).

Gewinnen und Verlusten beeinflusst werden als hohe. Beispielhaft seien Gehaltsänderungen bei unterschiedlichen Einkommensklassen genannt. Eine Erhöhung von 100 EUR hat bei einem Referenzgehalt von 1.000 EUR eine andere Wirkung als bei einem Ausgangswert von 10.000 EUR. Der Referenzpunkt und der abnehmende Wertezuwachs rufen bei letzterem eine geminderte Freude hervor. Ähnlich erscheint eine Einsparung von 5 EUR bei einem Ausgangswert von 125 EUR weniger attraktiv als bei 15 EUR. Bei identischen Differenzbeträgen ist der Bezugsrahmen jeweils ein anderer (Tversky & Kahneman, 1981). Als weiteres Beispiel soll das verspätete Erscheinen zu terminlichen Verpflichtungen bei unterschiedlichem Ausgangsniveau genannt werden. Bei Geschäftstreffen hat dieses eine andere Wertigkeit und wird weitaus schlimmer erachtet als bei privaten Terminen. Die Bewertung ist wiederum personenabhängig und individuell spezifisch (Gao et al., 2010; Van Wee, 2010). Bolderdijk (2011) schreibt zur Wahrnehmungsbeeinflussung in Abhängigkeit vom Status quo, dass im Falle eines Lottogewinns ein Strafzettel separat als finanzieller Verlust oder lediglich als reduzierter Gewinn wahrgenommen werden kann. Hinsichtlich in Aussicht gestellter Gewinn- und Verlustchancen bei Gewinnspielen erscheint eine Änderung der Wahrscheinlichkeit eines angekündigten Gewinns von 5 % auf 10 % größer als die in gleicher Höhe sinkende Wahrscheinlichkeit eines Verlustes von 95 % auf 90 % (Levin et al., 1986). Levin und Kollegen (1986) weisen bezüglich der Verwendung von Extrema darauf hin, dass sich diese negativ auf die Wirkung von Framing-Effekten auswirken. Vielmehr waren signifikante Einflüsse bei mittleren Wahrscheinlichkeiten zu beobachten. Darüber hinaus ist oft unklar, wie sich die Lage des Referenzpunktes bei Folgeentscheidungen und erlangten Erfahrungen verändert (De Palma et al., 2008).[22]

3.4.2 Problemdomäne und persönliches Involvement

Es wird postuliert, dass zunächst ein gewisses Maß an Aufmerksamkeit vorhanden sein muss, damit die mentale Repräsentation eines Problems und darauf aufbauend eine Beeinflussung erfolgen können (Rothman & Salovey, 1997). Bezüglich der Thematik und deren persönliche Relevanz wird davon ausgegangen, dass der

[22]Die möglichen Auswirkungen der (Neu-) Setzung des Referenzpunktes zeigt Traub (1999, S. 51) im Zusammenhang mit Glücksspielverhalten. Da im Verlustbereich von risikoaffinem Verhalten auszugehen ist, besteht bei verlorenem Wetteinsatz das Risiko des immerwährenden Weiterspiels bis hin zur vollständigen Zahlungsunfähigkeit. Im Falle der Referenzpunktanpassung nach jedem Spiel wird das sinkendes Budget realisiert und die Risikoaversion sowie die Wahrscheinlichkeit des Spielabbruchs steigt.

Inhalt der Entscheidungsprobleme an sich zur differenzierten mentalen Repräsentation der Szenarien führt, was sich letztlich in der Stärke der Framing-Effekte niederschlägt (Kahneman, 2011; Stocké, 2002). Stocké (2002) vermutet, dass die Entscheider in unterschiedlichen Themenbereichen auf ein anderes Maß an Hintergrundwissen zugreifen und fehlende Informationen ergänzen können. Zahlreiche Studien zeigen, dass bei Menschenleben als Entscheidungsgegenstand Verlust-Frames besonders effektiv sind. Auch im Kontext von Geldgeschäften ließen sich verstärkt Effekte – allerdings in geringerer Intensität – nachweisen (Fagley & Miller, 1997; Schneider, 1992; Tversky & Kahneman, 1991; Zickar & Highhouse, 1998). Kowert und Hermann (1997) beobachteten bei Untersuchungen von wirtschaftlichen, politischen und medizinischen Entscheidungen Umkehrungen der Präferenzen für die letzten beiden Domänen und Präferenzverschiebungen für Entscheidungen im ökonomischen Kontext. Es wird die Besonderheit eines Menschenlebens deutlich, welches im Verlustfall unwiederbringlich verlorengeht. In anderen Entscheidungsdomänen können gegebenenfalls durch spätere Korrekturen Verbesserungen herbeigeführt werden. Levin und Kollegen (1998) schreiben, dass Themen mit einem starken persönlichen Bezug weniger anfällig für Frames sind. Die gerahmten Informationen erhalten kein oder nur sehr geringes Gewicht und können ihre Wirkung nicht entfalten. Dies geht mit den Ergebnissen der Studien von Lecheler, Vreese und Slothuus (2009) einher. Bei bedeutenden und präsenten Themen traten keine Framing-Effekte auf. Diese führen zur intensiveren Informationssuche sowie -auswertung und die elaborierte Informationsverarbeitung lässt den Effekt der Frames verschwinden. Bei einem weniger relevanten Sachverhalt waren hingegen deutliche Formulierungseffekte zu beobachten. Die Wichtigkeit kann dabei sowohl die individuelle als auch die von den Medien oder der Öffentlichkeit beigemessene Bedeutung betreffen. Darüber hinaus werden Entscheidungen, die im Zusammenhang mit der eigenen Person stehen, stärker gewichtet als gesellschaftsbezogene Situationen (Kahneman, 2011). Hinzu kommt, dass Einstellungen zu persönlich relevanten Informationen schneller in Erinnerung gerufen werden können, leichter zugänglich und resistenter gegenüber beeinflussenden Faktoren sind (Jacks & Devine, 2000). Dies wird durch eine hohe Bereitschaft zur umfangreichen Informationssammlung und einer systematisch und intensiven Informationserarbeitung bei hohem persönlichem Involvement begünstigt (Hoffman et al., 2006; Levin et al., 1998). Des Weiteren wird argumentiert, dass bei bedeutsamen Themen bereits im Vorfeld feste Meinungen existieren bzw. gebildet werden und die Informationen der Frames kaum bis keine persuasive Wirkung haben (Jacks & Devine, 2000; Lecheler et al., 2009; Levin et al., 1998).

Ein geringes Maß an Aufmerksamkeit und eine oberflächliche Betrachtung des Sachverhaltes lassen irrelevante Informationen bedeutsamer werden und verstärkt die Wirksamkeit der Problemformulierung (Sieck & Yates, 1997). Bei unwichtigen Themen sind meist wenige Vorinformationen vorhanden oder greifbar, weshalb vielmehr die zur Verfügung gestellten Informationen der Frames für die Entscheidungsfindung herangezogen werden. Cheng und Wu (2010) bestätigen die stärkere Anfälligkeit von Personen mit einem geringen persönlichen Involvement. Diese betreiben weniger kognitiven Aufwand zur Informationsverarbeitung und lassen sich von unterschiedlich gerahmten Informationen beeinflussen. Maheswaran und Meyers-Levy (1990) berichten, dass bei geringem persönlichem Involvement lediglich positive Frames Wirkung zeigen. Es wird vermutet, dass bei negativer Formulierung zur Abwehr von negativen Konsequenzen diese Art der Informationen ignoriert wird (Levin et al., 1998). In einer von Freling, Vincent und Henard (2014) durchgeführten Metaanalyse stellte sich Attribute Framing als besonders effektiv heraus, wenn eine Kongruenz zwischen der durch den Frame hervorgerufenen mentalen Abstraktionsebene und der psychologischen Distanz des Betrachters zum beschriebenen Sachverhalt besteht. Entsprechend sollte das Ausmaß der abstrakten, schematischen Repräsentation mit der Entfernung eines Objektes auf einer zeitlichen, räumlichen, sozialen oder hypothetischen Dimension übereinstimmen (vgl. Trope & Liberman, 2010). Je weiter die Distanz zu einem Sachverhalt wahrgenommen wird, d. h. je unwahrscheinlicher oder unreal dieser scheint, und je abstrakter dieser repräsentiert wird, umso mehr kommt die Wirkung von Frames zum Tragen. Freling und Kollegen (2014, S. 105) empfehlen zur Erhöhung der Effektivität des eingesetzten Bezugsrahmens, positive Informationen abstrakt abzubilden und die Distanz zwischen dem dargestellten Sachverhalt und dem Empfänger hervorzuheben.

3.4.3 Informationsverarbeitung und Wissen

Das zuvor Beschriebene geht mit den Erkenntnissen zur persuasiven Wirkung der *Need for Cognition*-Ausprägung als „individual differences in people's tendency to engage in and enjoy thinking" einher (Cacioppo & Petty, 1982, S. 130). Covey (2012) fand heraus, dass Menschen, die Freude am Nachdenken haben und Informationen systematisch verarbeiten, vornehmlich von Verlust-Frames beeinflussbar sind. Bei geringen *Need for Cognition*-Werten und damit verbundener oberflächlicherer Informationsverarbeitung riefen positiv gerahmte Informationen stärkere Reaktionen hervor. Hier wird zur Entscheidungsfindung auf periphere Informationen wie die positive Wortwahl zurückgegriffen. In eine andere Richtung gehen die Befunde von Cheng und Wu (2010), McElroy und Seta (2003) sowie Sieck und Yates (1997), wobei Menschen mit analytischem, systematischem und elaboriertem Verarbeitungsstil weniger anfällig für Formulierungseffekte sind. Informationen werden hierbei gründlicher abgewogen und verarbeitet und den Frames können alternative Argumente und Überlegungen entgegengestellt werden, wodurch die Wirksamkeit reduziert wird. Auch Stocké (2002, S. 83) schreibt, dass Framing-Effekte „als Ergebnis einfacher Daumenregeln nur dann zu erwarten [sind], wenn die Akteure zur Verwendung wenig analytischer Informationsmodi neig[t]en". Des Weiteren verhindern Kenntnisse über statistische Regeln des Schlussfolgerns das Wirken von heuristischen Hinweisreizen (Schoemaker, 1979; Stocké, 2002). Die Fülle der präsentierten Informationen, die verwendeten Wahrscheinlichkeitsangaben und die Wortwahl beim Entscheidungsproblem sowie den dargebotenen Antwortalternativen gelten als weitere persuasive Faktoren im Zusammenhang mit den kognitiven Fähigkeiten der Entscheider (Levin et al., 1998).

Die Befunde einiger Studien lassen die Bedeutung des Vorwissens im Zusammenhang mit Framing-Effekten erkennen. Grundlegend gilt Wissen als Ergebnis der Verarbeitung von Informationen in Form von Kenntnissen und Fähigkeiten zur Problemlösung. Es wird als eine notwendige, aber nicht hinreichende Voraussetzung für das Handeln und Entscheiden gesehen (Gerstenmaier & Mandl, 2000). Speziell im Hinblick auf neue oder unbekannte Technologien kann eine adäquate Beurteilung erst erfolgen, wenn ein ausreichendes Maß an Wissen in Form von Nutzen, Ziele und Risiken der innovativen Errungenschaften vorhanden ist (Dinse, 2000). Chebat, Limoges und Gélinas-Chebat (1998) fanden heraus, dass bei einem hohen Maß an Vorwissen Framing-Effekte ausbleiben und ein geringes Maß diese verstärken. Bei der Abwägung von Entscheidungen und einem ausreichenden Kenntnisstand zur Thematik können den Informationen des Frames Argumente entgegengebracht werden, sodass eine geringere Wirksamkeit der Präsentation zu erwarten ist. Ähnliches zeigen die Befunde einer Studie von Wu und Cheng (2011), laut der Online-Einkäufer vor allem bei geringem Vorwissen zum Produkt anfällig für die Wirkung von Frames waren. Es wird angenommen, dass Personen mit wenigen Kenntnissen und einem geringen Bezug zum Produkt Informationen oberflächlicher verarbeiten, stärker auf präsentierte Inhalte zurückgreifen und entsprechend von den Frames beeinflusst werden. Auch Stocké (2002) führt die unterschiedliche Wirkung von Formulierungseffekten unter anderem auf ein unterschiedliches Ausmaß an Wissen zum Sachverhalt zurück. Nimmt dieses beispielsweise aufgrund der Konfrontation mit Themen des Alltages zu, gehen die Effekte zurück. Im Umkehrschluss stellt „die Existenz von Informationsmangel und die daraus resultierende Ambiguität über die Ausprägung entscheidungsrelevanter Merkmale der Handlungsalternativen sowie des Entscheidungskontextes" einen Erklärungsansatz für das Auftreten von Framing-Effekten dar (Stocké, 2002, S. 32).

3.4.4 Soziodemographische Faktoren

Die Studien zur Untersuchung des Einflusses soziodemographischer Faktoren lassen vordergründig heterogene Befunde erkennen. Van de Velde und Kollegen stellten fest, dass Menschen mit einem höheren Bildungsabschluss weniger anfällig für Framing-Effekte sind (Van de Velde, Verbeke, Popp & Van Huylenbroeck, 2010). Diese wägen Entscheidungen gründlicher ab und ziehen zur Entscheidungsfindung mehr Informationen heran. Ähnliches ließ sich bei den Untersuchungen von Armstrong und Kollegen beobachten, indem unterschiedlich gerahmte Informationen bei Personen mit einem niedrigeren Bildungsabschluss stärkere Wirkungen zeigten und schlechter verstanden wurden als von Höhergebildeten (Armstrong, Schwartz, Fitzgerald, Putt & Ubel, 2002). Zu berücksichtigen ist die unterschiedliche individuelle Aufnahmefähigkeit, die determinierend auf den Effekt der Frames wirkt (Rothman & Salovey, 1997).

Hinsichtlich des Alters zeigen sich ältere Personen unter anderem aufgrund begrenzter kognitiver Kapazitäten und der Tendenz zur heuristischen Informationsverarbeitung anfälliger für gerahmte Informationen (Kim, Goldstein, Hasher & Zacks, 2005). Zudem gehen diese tendenziell sparsam mit ihren mentalen Ressourcen um und setzen sie bewusst für bedeutsame Aufgaben ein. Werden ihnen diese vorgelegt, sind ebenso Ansätze zur systematischen, tiefen Informationsverarbeitung zu beobachten. In einer Studie von Kim und Kollegen (2005) zeigte sich die Wirkungsrichtung der eingesetzten Frames klassisch, wobei bei älteren Personen im negativen Kontext stärker risikoaffines Verhalten hervorgerufen wurde als bei jüngeren.[23] Bei positiver Darstellung des Sachverhaltes war auch die Risikoaversion bei den älteren Befragten intensiver ausgeprägt. Ein Grund wird in der Thematik – hier Krebs und tödliche Krankheit – und der entgegengebrachten Emotionalität gesehen. Fragen zur Begründung ihrer getroffenen Entscheidungen setzten in beiden Altersgruppen die entscheidungsbeeinflussende Wirkung der Frames herab (vgl. Sieck & Yates, 1997). Bei Van de Velde und Kollegen (2010) blieben Personen mittleren Alters unbeeindruckt von Formulierungseffekten.

[23] Die Gruppe der Älteren beinhaltet Personen im Alter von 58 bis 78 Jahren, die der jüngeren im Alter zwischen 17 und 28 Jahren.

Bei Untersuchungen zum Einfluss des Geschlechts ließen sich in einigen Studien ausschließlich Effekte bei Frauen feststellen (Fagley & Miller, 1997; Stocké, 2002; Van de Velde et al., 2010). Auch bei der Meta-Analyse zur Wirkung von Framing-Effekten von Piñon und Gambara (2005) nahm die Effektstärke unter anderem mit steigendem Frauenanteil zu. In einer Untersuchung von Fagley und Miller (1997) tendierten Frauen konsistent mit den Annahmen der Prospect Theory unter negativen Frame-Bedingungen zu risikobehafteten Alternativen. Männer hingegen zeigten im positiven Frame eine Neigung zum Risiko.[24] In der Studie von Braun, Gaeth und Levin (1997) führte das angewendete Attribute Framing unter positiven Bedingungen bei Frauen zu einer besseren Bewertung des Produktes im Vergleich zur negativen Darstellung. Bei der Untersuchung von Fujimoto und Park (2010) zeigten Frauen unter negativen Framing-Bedingungen häufiger als Männer das intendierte Verhalten, wohingegen bei positiver Darstellung keine Unterschiede hinsichtlich des Geschlechts zu erkennen waren. Bei den berichteten Befunden sei auf den Einfluss der Problemdomäne hingewiesen. Tendenziell fielen bei Männern die Reaktionen auf negative Frames bei Szenarien mit finanziellem Hintergrund stärker aus. Bei Frauen war dies vielmehr bei Leben-Tod-Szenarien bzw. im Allgemeinen im gesundheitsbezogenen Kontext zu beobachten (vgl. Huang & Wang, 2010; Rothman, Salovey, Antone, Keough & Martin, 1993). Die insbesondere bei Frauen stark ausgeprägten Emotionen gelten auch hier als wirkungsbeeinflussend.

Cassotti und Kollegen (2012) konnten zeigen, dass Probanden, welche im Vorfeld mit emotional angenehmen Bildern konfrontiert wurden, von Frames unbeeindruckt blieben. Als möglicher Grund wird die Reduzierung der Verlustaversion durch einen positiven, emotionalen Kontext benannt. Die Ergebnisse einer Studie von Gerend und Maner (2011) bestätigen die Rolle von Emotionen. Eine erzeugte Grundstimmung von Angst führte bei einem Verlust-Frame öfter zu Verhaltensabsichten als bei einem Gewinn-Frame. Eine von Ärger geprägte Stimmung erzielte unter Gewinn-Bedingungen das intendierte Verhalten. Covey (2012) deckte in einer Übersichtsarbeit zum Einfluss von persönlichen Dispositionen auf Framing-Effekte konsistente Befunde für die Ambivalenz auf, die eine Person hinsichtlich einer kommunizierten Handlung empfindet. Wenig ambivalente Personen wurden mehrheitlich von positiv formulierten Inhalten beeinflusst. Bei hoher Ambivalenz bewirkten hingegen negativ gerahmte Informationen eine Verhaltensänderung. Letzteres wird mit der generell negativ verzerrten Tendenz von Ambivalenz erklärt (Broemer, 2002).

[24]Es ist zu berücksichtigen, dass Männer unabhängig von verwendeten Frames zu risikoaffinem Verhalten tendieren (Kowert & Hermann, 1997).

Werden die zahlreich durchgeführten Framing-Studien und deren Erfolgspotential betrachtet, liegt eine mögliche Anwendbarkeit im Verkehrsbereich bei Routenwahlentscheidungen und der damit verbundenen Bewertungsproblematik bezüglich Straßenbenutzungsgebühren nahe. Die Erforschung des Mobilitätsverhaltens unter Berücksichtigung der Prospect Theory ist in den letzten Jahrzehnten weit vorangeschritten, bleibt jedoch stark beschränkt im Zusammenhang mit Straßenbenutzungsgebühren und der Frage, ob die Beurteilung dieser infolge gezielter Formulierung der Informationen beeinflussbar ist. Diesem Versäumnis soll im empirischen Teil der Arbeit in drei Studien nachgekommen werden. Darüber hinaus ist zu prüfen, welche Faktoren das Auftreten von Framing-Effekten beeinflussen. Die konkreten Fragestellungen werden im folgenden Kapitel aufgeführt.

Fragestellungen und Hypothesen 4

Auf Grundlage des in den vorherigen Kapiteln dargestellten theoretischen Hintergrundes werden Fragestellungen formuliert und, soweit es die Literatur zulässt, Hypothesen als vorläufige Antwortentwürfe abgeleitet.[1] Es wird der zentralen Forschungsfrage nachgegangen, inwieweit sich bei der Anwendung von Frames bei der Präsentation von Straßenbenutzungsgebühren Verzerrungen bei deren Bewertung und der Nutzungsabsicht kostenpflichtiger Straßeninfrastruktur zeigen. Zu prüfen ist, ob sich menschliche Entscheidungen aufgrund unterschiedlicher Formulierungen verschiedener Gebühreninformationen im Sinne von umweltbewusstem Verkehrsverhalten beeinflussen lassen.

Die Wirkung von Attribute Framing – Studie I

Fragestellung 1: Welche Auswirkung hat die unterschiedliche Darstellung systemseitiger Eigenschaften auf die Beurteilung eines Straßenbenutzungsgebührenkonzeptes?

Hypothese 1: Gebühren für die Nutzung der Straßeninfrastruktur werden in Verbindung mit Ermäßigungen als akzeptabler, gerechter, effektiver und insgesamt positiver bewertet als mit Aufschlägen.

Hypothese 2: Marginale Gebührenänderungen in Form von Rabatten werden als akzeptabler, gerechter, effektiver und insgesamt positiver bewertet, wenn diese in Prozentangaben erfolgen. Aufschläge erhalten in absoluten Werten bessere Beurteilungen.

[1] Auf eine Herleitung wird mit dem Verweis auf die Darstellung in den Kapiteln 2 und 3 verzichtet.

D. Kaniok, *Framing im Kontext von Straßenbenutzungsgebühren*, Verkehrspsychologie, https://doi.org/10.1007/978-3-658-33302-7_4

Fragestellung 2: Welchen Einfluss haben Drittvariablen auf die Wirkung von Attribute Framing?

Die Wirkung von Goal Framing – Studie II

Fragestellung 3: Inwieweit beeinflusst die verschiedenartige Darstellung der Handlungskonsequenzen in Folge der Einführung von Straßenbenutzungsgebühren deren Beurteilung?

Hypothese 3: Die negative Darstellung der Konsequenzen führt zu höheren Akzeptanzwerten in Form von stärkerer Zustimmung zu einer Implementierung als eine positive Formulierung.

Fragestellung 4: Welchen Einfluss haben unterschiedlich präsentierte Ziele von Straßenbenutzungsgebühren auf deren Bewertung?

Hypothese 4: Die Beurteilung unterschiedlich dargestellter Umweltziele lässt sich stärker von Frames beeinflussen als die von Stauzielen.

Fragestellung 5: Welchen Einfluss haben Drittvariablen auf die Wirkung von Goal Framing?

Die Wirkung von Risky Choice Framing
Studie III.I

Fragestellung 6: Welchen Einfluss haben unterschiedlich dargestellte Zeitinformationen in Form von Reisezeitgewinnen und -verlusten auf Routenwahlentscheidungen?

Hypothese 5: Bei Routenwahlentscheidungen führen Zeitverluste zu stärkeren Verhaltenseffekten im Vergleich zu Zeitgewinnen. Letztere gehen mit risikoaversen Entscheidungen einher. Bei Zeitverlusten ist mehrheitlich risikoaffines Verhalten zu erwarten.

Hypothese 6: Framing-Effekte zeigen sich primär bei ausreichend langen Reisezeiten sowie Zeitabweichungen.

Hypothese 7: Die Anwendung von Frames im Zusammenhang mit Routenwahlentscheidungen zeigt bei intuitiven Entscheidern stärkere Verhaltenseffekte. Personen mit einer Präferenz für Deliberation bleiben von Frames unbeeinflusst.

Hypothese 8: Positiv dargestellte Informationen in Form von Erfolgsaussichten führen zu höheren Zufriedenheitswerten im Vergleich zur Präsentation von Misserfolgsraten.

Studie III.II

Fragestellung 7: Welchen Einfluss haben unterschiedlich dargestellte Zeitinformationen auf die Beurteilung und die Nutzungsabsicht von kostenpflichtigen Fahrspuren?

Hypothese 9: Die Möglichkeit der sicheren Vermeidung von Zeitverlusten durch das Befahren einer kostenpflichtigen Fahrspur erzielt stärkere Nutzungsabsichten als die der sicheren Erzielung von Zeitgewinnen.

Hypothese 10: Die Möglichkeit der sicheren Vermeidung von Zeitverlusten durch die Nutzung einer kostenpflichtigen Fahrspur wird besser bewertet als die der sicheren Erzielung von Zeitgewinnen.

Fragestellung 8: Welchen Einfluss haben die Parameter Reisezeit, Zeitabweichung und Gebührenhöhe auf Routenwahlentscheidungen? Unterscheidet sich deren Wirkung unter verschiedenen Framing-Bedingungen?

Hypothese 11: Die Nutzungswahrscheinlichkeit kostenpflichtiger Fahrspuren steigt mit zunehmender Reisezeit sowie Reisezeitabweichung und nimmt mit steigender Gebührenhöhe ab. Diese Zusammenhänge sollten im negativen Frame stärker ausgeprägt sein.

Fragestellung 9: Wirken weitere intervenierende Variablen auf die Routenwahl bei Existenz einer kostenpflichtigen Fahrspur?

Die aufgeführten Fragestellungen und Hypothesen bilden die Grundlage der in den folgenden Kapiteln beschriebenen vier Studien zur Untersuchung des Auftretens von Framing-Effekten im Verkehrskontext. Die Konzeption der Erhebungsinstrumente sowie die Durchführung der Befragungen erfolgten eigenständig.[2] Die Erhebung der Daten ist dabei in erster Linie von quantitativen Methoden der Sozialforschung bestimmt, welche mittels umfangreicher Stichproben eine Erlangung repräsentativer Ergebnisse ermöglichen (Berger, 2010). Es folgt zu den jeweiligen

[2]Die Durchführung der Studien III.I und III.II erfolgte in Kooperation mit zwei Diplomandinnen (Geyer, 2013; Winkler, 2014).

Studien eine Beschreibung der Untersuchungsdurchführung, des entwickelten Erhebungsinstrumentes, der entsprechenden Analyseverfahren und eine Darstellung der zugrundeliegenden Stichprobe. Abschließend werden die Ergebnisse aufgezeigt und vor dem theoretischen Hintergrund diskutiert.[3]

[3]Nicht alle Fragen und erhobenen Daten der durchgeführten Studien sind für die Beantwortung der in dieser Arbeit aufgestellten Hypothesen und Forschungsfragen relevant. Sie dienen weiteren Forschungszwecken.

Studie I – Attribute Framing

5

Im Fokus der ersten Studie stehen die persuasive Wirkung des Attribute Framings auf die Bewertung von Straßenbenutzungsgebühren und das Auftreten des Metric-Effektes. Die bezüglich der Darstellung von Straßenbenutzungsgebühren zu variierende Eigenschaft stellt die Gebühr dar. Diese Art der Beeinflussung wurde gewählt, da hinsichtlich potentieller Veränderungen der individuellen finanziellen Situation sowie des Autogebrauchs eine hohe Sensitivität vorherrscht. Darüber hinaus postuliert die Prospect Theory unterschiedliche Wirkungen von betragsmäßig identischen Bestrafungen und Belohnungen. Auch die differenzierte Darstellung von Gebührenänderungen in Form von absoluten Werten und Prozentangaben gibt Untersuchungspotential. Es wird angenommen, dass Straßenbenutzungsgebühren positiver im Zusammenhang mit Preisermäßigungen als mit Aufschlägen bewertet werden. Dieser Effekt sollte sich bei marginalen Gebührenänderungen in Form von Rabatten verstärken, wenn diese in Prozentangaben erfolgen.[1]

---

[1] Vgl. Kaniok & Francke, 2011.

Elektronisches Zusatzmaterial Die elektronische Version dieses Kapitels enthält Zusatzmaterial, das berechtigten Benutzern zur Verfügung steht https://doi.org/10.1007/978-3-658-33302-7_5.

D. Kaniok, *Framing im Kontext von Straßenbenutzungsgebühren*, Verkehrspsychologie, https://doi.org/10.1007/978-3-658-33302-7_5

5.1 Methodik

5.1.1 Untersuchungsdurchführung

Zur Prüfung der Hypothesen ist ein Fragenkatalog konzipiert und anhand einer Onlinebefragung umgesetzt worden. Die Programmierung des Erhebungsinstrumentes erfolgte selbstständig mittels des Fragebogen-Tools SoSci Survey.[2] Da für die Studienteilnahme keine finanziellen Mittel bereitgestellt werden konnten, fiel die Wahl auf eine Online-Befragung als effiziente Möglichkeit zur Erzielung einer möglichst großen Stichprobe mit einem angemessenen Zeit- und Ressourcenaufwand. Durch das kontinuierliche Wachstum des Nutzerkreises des Internets ist eine heterogene und somit auch repräsentative Stichprobe möglich (Gosling, Vazire, Srivastava & John, 2004; Murray & Fisher, 2002; Thielsch & Weltzin, 2009). Murray und Fisher (2002) berichten mit Zahlen von ca. 60 % bei Online-Befragungen ähnliche Rücklaufraten wie bei Telefoninterviews oder E-Mail-Befragungen. Barak und English (2002) heben hervor, dass Fragen zu sensiblen Themen – wie im vorliegenden Fall der Straßenbenutzungsgebühren – unter der hohen empfundenen Anonymität des Internets als weniger sozial erwünscht beantwortet werden. Qualitativ sind die Ergebnisse mit denen von Paper-Pencil-Verfahren zu vergleichen (Luce et al., 2007; Murray & Fisher, 2002).[3]

Im Rahmen eines Pre-Tests galt es, Probleme und Auffälligkeiten beim Ausfüllen des Bogens aufzudecken und zentrale Fragen wie Zeitaufwand, Verständlichkeit und Eindeutigkeit der Fragestellungen, Existenz von Kontexteffekten oder auch die Ergiebigkeit einzelner Fragen für den Forschungszweck zu beantworten. Die Anmerkungen der Testpersonen sind in der endgültigen Version des Fragebogens berücksichtigt worden. Aufgrund von hohen Abbruchraten bei langen Bearbeitungszeiten bei Online-Studien wurde die Menge der Fragen für eine Durchführungsdauer von etwa zehn Minuten angepasst.[4] Um möglichst viele Probanden und diese mit unterschiedlichen soziodemographischen Hintergründen zu akquirieren, sind zur Ankündigung der Studie verschiedene Kommunikationskanäle wie Zeitungsanzeigen, Aushänge, E-Mail-Verteiler und Online-Aufrufe genutzt worden. Zur Vermeidung von Voreingenommenheit zum Thema Straßenbenutzungsgebühren wurde lediglich eine Untersuchung zur Bewertung und zum Verständnis von ausgewählten verkehrspolitischen Maßnahmen angekündigt. Die Befragung fand von Mitte Juni bis Mitte Juli 2010 statt.

[2] https://www.soscisurvey.de

[3] Einige Nachteile von Online-Befragungen werden in Abschnitt 5.3.2 genannt.

[4] Zur Beantwortung des Fragebogens sind keine besonderen Computerkenntnisse erforderlich, was einen problemlosen und schnellen Durchlauf des Experimentes ermöglicht.

5.1.2 Erhebungsinstrument

Bei der Ausarbeitung des Erhebungsinstrumentes sind die allgemeinen psychologischen Standards – beispielsweise hinsichtlich des Versuchsaufbaus, der Formulierung der Fragen, der Anonymität – berücksichtigt worden (Berger, 2010; Bortz & Döring, 2006; Hager, Spies & Heise, 2001; Sarris & Reis, 2005). Zur Messung der verschiedenen Items findet die in der Sozialwissenschaft häufig angewandte Methode der fünf- bzw. siebenstufigen Rating-Skalen mit einer neutralen Antwortkategorie Verwendung (Bortz & Döring, 2006). Der vollständige Fragebogen ist Anhang A.1 zu entnehmen.

Der Fragenkomplex ist im Wesentlichen dreigeteilt. Im ersten Abschnitt erfolgt zunächst die Erhebung des Problembewusstseins der Befragten unter anderem hinsichtlich Stau und durch Kraftfahrzeuge verursachte Umweltverschmutzung (1 – „gar kein Problem" bis 5 – „schwerwiegendes Problem"). Parallel wird die persönliche Betroffenheit der Personen von den einzelnen Problemfeldern erfragt.[5] Daraufhin werden Straßenbenutzungsgebühren als Maßnahme zur Lösung von innerstädtischen Verkehrsproblemen wie Stau und Umweltbelastungen präsentiert. Es folgen Fragen zur Bekanntheit eines solchen Instrumentes (1 – „sehr viel" bis 7 – „gar nicht") und zur Bewertung (1 – „schlecht" bis 7 – „gut").

Im zweiten Fragebogenabschnitt als Kern der Untersuchung wird die Einführung eines City-Maut-Konzeptes in der von den Probanden bewohnten Stadt kommuniziert. Für die folgenden Fragen sind auf Grundlage existierender Framing-Studien aus anderen Themenbereichen vier Sets konzipiert worden, die in ihren Einführungstexten zum Thema City-Maut variieren (Hsu et al., 2007; Kahneman & Tversky, 1979; Kragt & Bennett, 2011; McCaffery & Baron, 2004; Tversky & Kahneman, 1986). Die verschiedenen Formulierungsversionen werden anhand der Faktoren *Frame* und *Abweichung* erzeugt.

- *Frame* (Faktor A [R]; 2 Faktorstufungen)
- *Abweichung* (Faktor B [R]; 2 Faktorstufungen)

Es wird eine Art zeitdifferenziertes *Cordon Pricing*-System vorgestellt, bei dem für die Einfahrt in die Innenstadt eine Gebühr zu zahlen ist. Deren Höhe hängt vom Zeitpunkt der Einfahrt ab. Die unterschiedlichen Framing-Bedingungen werden durch eine Verschiebung des Referenzpunktes erzeugt, woraus eine Gewinn-

[5] Zur Neutralisierung von Störeinflüssen wird die Frage zum Problembewusstsein entweder zu Beginn des Fragebogens oder nach Präsentation der Gebührenmaßnahme und den dazugehörigen Fragen gezeigt (randomisierte Zuordnung). Eine statistische Prüfung ergab keinen Reihenfolgeeffekt.

und eine Verlustsituation in Form von gewährten Rabatten und Aufschlägen resultieren. Darüber hinaus werden die Gebührenänderungen in Prozentangaben bzw. absoluten Werten dargestellt (vgl. Tabelle 5.1).

Tabelle 5.1 Vereinfachte Darstellung des Untersuchungsdesigns – Studie I

		Faktor A (R)	
		A_1 (Gewinn)	A_2 (Verlust)
Faktor B (R)	B_1 (%)	*Hauptverkehrszeit 2 EUR ** Nebenverkehrszeit – 50 %	*Nebenverkehrszeit 1 EUR ** Hauptverkehrszeit + 100 %
	B_2 (EUR)	*Hauptverkehrszeit 2 EUR ** Nebenverkehrszeit – 1 EUR	*Nebenverkehrszeit 1 EUR ** Hauptverkehrszeit + 1 EUR

* *Referenzpunkt*

Im Gewinn-Frame bildet die Hauptverkehrszeit mit einer Gebühr von 2 EUR den Referenzpunkt. In der Nebenverkehrszeit wird ein Rabatt von 50 % bzw. 1 EUR gewährt. In der Verlustbedingung verschiebt sich der Referenzpunkt auf die Nebenverkehrszeit mit einer Gebühr von 1 EUR. Es wird ein Aufschlag von 100 % bzw. 1 EUR für Fahrten zu Hauptverkehrszeiten verlangt (vgl. Tabelle 5.2).

Tabelle 5.2 Wortlaut der Framing-Bedingungen – Studie I

Frame	Wortlaut
Gewinn Prozent	Zu den Hauptverkehrszeiten von 7:00 Uhr bis 9:00 Uhr sowie von 16:00 Uhr bis 18:00 Uhr müssen Kraftfahrzeuge für die Einfahrt ins Stadtzentrum eine Gebühr von 2 € bezahlen. In den übrigen Zeiten gilt ein *Rabatt von 50 %.*
Verlust Prozent	Für die Einfahrt in das Stadtzentrum müssen Kraftfahrzeuge eine Gebühr von 1 € bezahlen. Zu den Hauptverkehrszeiten von 7:00 Uhr bis 9:00 Uhr sowie von 16:00 Uhr bis 18:00 Uhr gilt ein *Zuschlag von 100 %.*
Gewinn Betrag	Zu den Hauptverkehrszeiten von 7:00 Uhr bis 9:00 Uhr sowie von 16:00 Uhr bis 18:00 Uhr müssen Kraftfahrzeuge für die Einfahrt ins Stadtzentrum eine Gebühr von 2 € bezahlen. In den übrigen Zeiten gilt ein *Rabatt von 1 €.*
Verlust Betrag	Für die Einfahrt in das Stadtzentrum müssen Kraftfahrzeuge eine Gebühr von 1 € bezahlen. Zu den Hauptverkehrszeiten von 7:00 Uhr bis 9:00 Uhr sowie von 16:00 Uhr bis 18:00 Uhr gilt ein *Zuschlag von 1 €.*

Die Zuordnung der Probanden zu einer der vier Untersuchungsbedingungen erfolgt randomisiert, wobei die zufällige Aufteilung personenbezogene Störvariablen neutralisieren und die interne Validität des Versuches garantieren soll (Bortz & Döring, 2006). Es wird ein *Between-Design* herangezogen, da die Durchschaubarkeit bei Konfrontation mit allen Framing-Bedingungen befürchtet wurde (Levin et al. 1986). Auch Jungermann und Kollegen (2005) unterstützen dieses Vorgehen aufgrund der Gefahr der ausbleibenden Framing-Wirkung.

Nach der Präsentation des Gebührenkonzeptes sollen die Probanden dieses anhand einer siebenstufigen Skala hinsichtlich Akzeptanz, genereller Bewertung, wahrgenommener Effektivität und Gerechtigkeit beurteilen. Um Antworttendenzen zu vermeiden, variieren die positiven und negativen Merkmalsausprägungen der Pole (Bortz & Döring, 2006). Zudem wird erfragt, inwieweit sie sich im Falle der Einführung eines solchen Preissystems hinsichtlich ihres Mobilitätsverhaltens beeinflussen lassen würden. Die Präsentation der Antworten erfolgt in Form einer Fünf-Punkte-Likert-Skala (1 – „stimme gar nicht zu" bis 5 – „stimme voll zu") zu folgenden Aussagen:

- „(weiterhin) mit dem Kraftfahrzeug in die Innenstadt fahren und die Gebühr bezahlen";
- „Kosten sparen und Fahrten zu Hauptverkehrszeiten vermeiden";
- „Kosten sparen und (öfter) Fahrgemeinschaften bilden";
- „die Gebühr vermeiden und (öfter) die öffentlichen Verkehrsmittel nutzen" und
- „die Gebühr vermeiden und (öfter) mit dem Fahrrad fahren oder laufen".

Darüber hinaus wird der erwartete Nutzen nach der Implementierung einer solchen Maßnahme anhand einer fünfstufigen bipolaren Skala erfragt:

- „Zeitverlust" bis „Zeitgewinn";
- „höhere Ausgaben für Mobilität (für mich)" bis „geringere Ausgaben für Mobilität (für mich)";
- „mehr Umweltbelastung" bis „weniger Umweltbelastung";
- „geringere Lebensqualität" bis „höhere Lebensqualität";
- „mehr Aufwand, Fahrten zu planen" bis „weniger Aufwand, Fahrten zu planen";
- „höhere finanzielle Belastung, verglichen mit anderen Personen" bis „geringere finanzielle Belastung, verglichen mit anderen Personen" und
- „Benachteiligung für Pkw-Fahrer" bis „Bevorteilung für Pkw-Fahrer".

Niedrige Werte gehen hierbei mit negativen Konsequenzen einher. Die subjektiv wahrgenommene Verhaltenskontrolle als Einschätzung, wie leicht bzw. schwer die Ausführung eines bestimmten Verhaltens fällt (Schade, 2005), wird mit der Frage "Wie schwierig wäre es für Sie, Ihre Autofahrten zu reduzieren?" erhoben (1 – „sehr schwer" bis 7 – „sehr leicht"). Zur Erhebung der von der vorgestellten Maßnahme persönlichen Betroffenheit sollen die Versuchsteilnehmer angeben, ob sie während der Hauptverkehrszeiten (von 7:00 Uhr bis 9:00 Uhr und von 16:00 Uhr bis 18:00 Uhr) mit dem Auto in das Stadtzentrum fahren bzw. dieses verlassen.

Der Fragebogen schließt mit der Erhebung soziodemographischer Eigenschaften wie Geschlecht, Alter, Beruf, höchster Ausbildungsabschluss, verfügbares Nettohaushaltseinkommen pro Monat und Führerscheinbesitz sowie situative Gegebenheiten wie allgemeines Mobilitätsverhalten. Die hier verwendeten Items orientieren sich vor allem an dem Fragebogeninstrument zur „Mobilität in Deutschland" (Follmer et al., 2008).

5.1.3 Verwendete statistische Verfahren

Die Untersuchungsergebnisse werden auf Grundlage der Struktur der aufgestellten Forschungsfragen präsentiert. Zur Feststellung erster Tendenzen erfolgt zunächst eine Abbildung der deskriptiven Statistik. Daraufhin werden im Rahmen der induktiven Statistik inferenzstatistische Verfahren herangezogen, um die Korrektheit der formulierten Hypothesen zu verifizieren. Die Hypothesenprüfung erfolgt über Signifikanztests, wobei die Wahrscheinlichkeit ermittelt wird, mit der das gefundene Ergebnis auftreten kann, wenn die Populationsverhältnisse der Nullhypothese entsprechen (Bortz & Döhring, 2006). In der vorliegenden Arbeit gilt ein Signifikanzniveau von 5 %.[6] Die Auswertung der erhobenen Daten erfolgt mit dem Analyseprogramm SPSS.[7] Die hier anzuwendende Methodik wird auf Grundlage der Daten und nach Prüfung der Anwendungsvoraussetzungen vertieft. Die wissenschaftliche Fragestellung, das daraus resultierende Skalenniveau und die Verteilungsform stellen die wohl wichtigsten Kriterien zur Auswahl des korrekten Auswertungsverfahrens dar (Bortz, 2005; Bühl & Zöfel, 2000).

---

[6] p >,05 (> 5 %) .... nicht signifikant; p = ,01 bis,05 (1 % bis 5 %) ... signifikant; p = ,001 bis,01 (,1 bis 1 %) ...hoch signifikant, $p \leq$,001 ($\leq$,1 %) ... höchst signifikant (schlüssig).

[7] Alle in der vorliegenden Arbeit erhobenen Daten sind mehrfach geprüft worden. Aufgrund des langen Untersuchungszeitraumes kamen unterschiedliche SPSS-Versionen zum Einsatz.

Die Überprüfung von Mittelwertsunterschieden erfolgt je nach Voraussetzung anhand von Varianzanalysen bzw. parameterfreien Verfahren. Die Klassifizierung der Varianzanalyse resultiert aus der Anzahl der unabhängigen beeinflussenden Variablen (Bühl & Zöfel, 2000). Wenn abhängige Variablen in theoretischer Beziehung zueinanderstehen und signifikante Korrelationen nachgewiesen werden, kommt die zweifaktorielle multivariate Analyse (MANOVA) zur Anwendung. Werden stattdessen mehrere Varianzanalysen durchgeführt, besteht die Gefahr der Kumulierung der Alpha-Fehlerwahrscheinlichkeit und der irrtümlichen Verwerfung der Nullhypothese. Bei der zweifaktoriellen Varianzanalyse wird neben der additiven Wirkung der beiden Faktoren ein Wechselwirkungseffekt berücksichtigt. Als Anwendungsvoraussetzungen werden normalverteilte Fehlerkomponenten, homogene Varianzen und unabhängige Stichproben genannt (Bortz, 2005). Es ist in der vorliegenden Arbeit nicht davon auszugehen, dass die erhobenen Daten stets diese Voraussetzungen erfüllen. Bortz (2005, S. 287) merkt hierzu an, „... dass die Varianzanalyse bei gleich großen Stichproben gegenüber Verletzungen ihrer Voraussetzungen relativ robust ist". Bei Stichproben $n > 10$ gilt dies auch für unterschiedlich große Stichproben. Zur Prüfung der Normalverteilung kommt der Kolmogorov-Smirnov-Test zur Anwendung. Der Levene-Test gibt Auskunft über die Varianzhomogenität. Zur Überprüfung des Einflusses von Drittvariablen als Störfaktoren auf die abhängige Variable werden diese als Kovariaten in die Varianzanalysen einbezogen, was darüber hinaus zur Steigerung der Genauigkeit und Validität des Modells führt. Es werden die Haupteffekte sowie deren Interaktion geprüft.

Beim Vergleich zweier verbundener Stichproben bezüglich eines normalverteilten, stetigen Merkmals wird der t-Test eingesetzt. Im Fall eines nichtparametrischen Vergleichs wird der Wilcoxon-Test herangezogen, der auf Rangreihen der absoluten Wertepaardifferenzen basiert (Bühl, 2014, S. 366).

5.1.4 Stichprobe

An der Befragung nahmen 237 Personen teil (41 % weiblich; 59 % männlich).[8] Das Durchschnittsalter der Probanden beträgt 32,7 Jahre. Das Stichprobenprofil weist Tendenzen zu Angestellten und Selbstständigen (62 %), Personen mit einem hohen Bildungsniveau und einem Nettohaushaltseinkommen von mehr als 2000 EUR pro Monat (54 %) auf. Bis auf zwei Personen sind alle im Besitz

[8] Der erfolgreiche Abschluss des Programms setzt eine vollständige Beantwortung aller Fragen voraus. Es sind alle Teilnehmer der Studie in die Stichprobe aufgenommen worden.

eines gültigen Führerscheins. Von den Befragten steht 88 % ein Pkw zur Nutzung in ihrem Haushalt zur Verfügung (vgl. Tabelle 5.3). Da die Stichprobe die Gesamtpopulation lediglich eingeschränkt repräsentiert, handelt es sich um eine nicht-repräsentative Gelegenheitsstichprobe.

Tabelle 5.3 Stichprobencharakteristik – Studie I

Merkmal	Anzahl (N)	Häufigkeit in %
Geschlecht		
weiblich	141	59,5
männlich	96	40,5
Alter (in Jahren)		
unter 25	46	19,4
25–29	81	34,2
30–39	63	26,6
40–49	23	9,7
50–59	15	6,3
über 59	9	3,8
Beruf		
Angestellte(r)/ Selbstständige(r)	115	48,5
Beamte(r)	32	13,5
Schüler(in)/ Student(in)/ Auszubildende(r)	79	33,3
Rentner(in)	5	2,1
Arbeitssuchende(r)/ Arbeitslose(r)	6	2,6
Bildungsstand		
Mittlere Reife/ Realschulabschluss (10. Klasse)	15	6,3
(Fach-)Abitur	123	51,9
(Fach-)Hochschulabschluss	99	41,8
Einkommen (EUR/ Monat)		
Unter 900	41	17,3
900 bis unter 2.000	60	25,3
2.000 bis unter 3.000	50	21,1
3.000 bis unter 4.000	39	16,5
Über 4.000	28	11,8
keine Angabe	19	8,0
Gesamtstichprobe	237	100,0

5.2 Ergebnisse

5.2.1 Allgemeine Angaben

Die Angaben zum Bewusstsein über vorherrschende Verkehrsprobleme zeigen, dass die Befragten vor allem Parkplatzmangel, Verkehrslärm, durch Kraftfahrzeuge verursachte Umweltverschmutzung und Stau als problematisch beurteilen. Letzteres wird von 38 % mindestens als Problem eingestuft. Die Verschmutzung der Umwelt sehen 40 % als problematisch an. Die Angaben zur Betroffenheit von den angegebenen Verkehrsproblemen lassen erkennen, dass rund die Hälfte der befragten Personen persönlich Berührung haben. Abbildung 5.1 zeigt zusammengefasst die Mittelwerte der wahrgenommenen Verkehrsprobleme und das jeweilige persönliche Involvement.

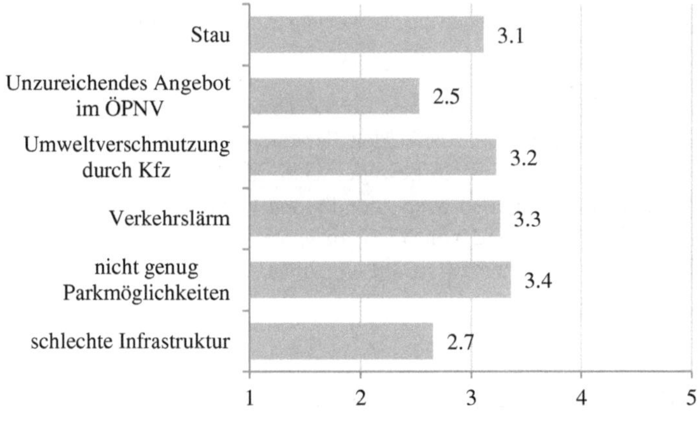

Abbildung 5.1 Problembewusstsein (M) – Studie I

Bezüglich des Kenntnisstandes zu Straßenbenutzungsgebühren als Instrument zur Lösung von durch Kraftfahrzeuge verursachten Verkehrsproblemen wie Stau und Umweltverschmutzung wird ersichtlich, dass der Großteil der Befragten bereits etwas von einer solchen Maßnahme gehört hat (M = 3,92; SD = 1,85). Eine Betrachtung der allgemeinen Bewertung zeigt mit Werten von 29 % im positiven und 54 % im negativen Bereich eine leichte Tendenz zur negativen Einstellung gegenüber Gebühren für die Nutzung der Straßeninfrastruktur (M = 3,46; SD = 1,80; vgl. Abbildung 5.2).

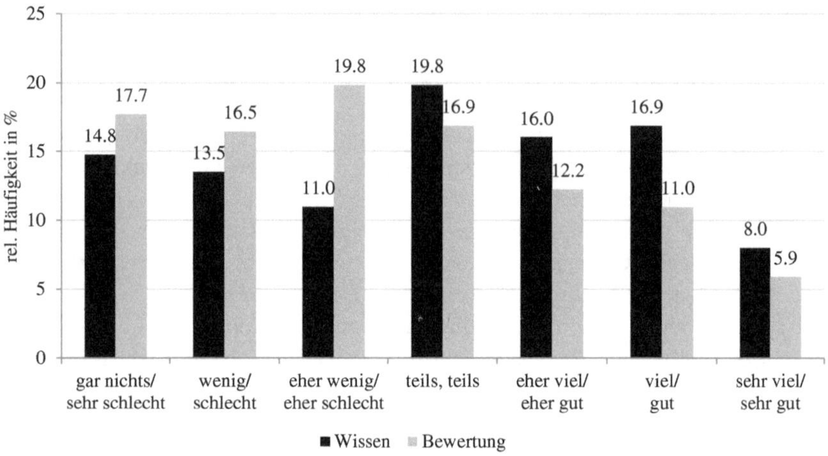

Abbildung 5.2 Wissen und allgemeine Bewertung (prozentuale Verteilung) – Studie I

Hinsichtlich der Betroffenheit von der beschriebenen Maßnahme wird festgestellt, dass über die Hälfte der befragten Personen an mindestens fünf Tagen pro Woche den Pkw nutzen. Zudem bewegen sich 34 % bzw. 29 % fünfmal in der Woche zu den morgendlichen bzw. abendlichen Hauptverkehrszeiten motorisiert im Stadtzentrum. Ein Anteil von 37 % bzw. 25 % vermeidet es, zu den Zeiten von 7.00 Uhr bis 9.00 Uhr bzw. 16.00 Uhr bis 18.00 Uhr mit dem Kraftfahrzeug im Zentrum zu fahren.

5.2.2 Attribute Framing und der Metric-Effekt

Die Beurteilung des Gebührensystems hinsichtlich der Akzeptanz, der wahrgenommenen Effektivität und Gerechtigkeit sowie der generellen Bewertung fällt bei der „Gewinn-Prozent-Gebühr“ am positivsten aus (vgl. Abbildung 5.3).[9] Demnach wird ein Gebührenkonzept, welches den Verkehrsteilnehmern bei Befahren der Innenstadt während der Nebenverkehrszeit einen Rabatt in Prozentangaben offeriert, am besten bewertet. Zudem ist zu erkennen, dass Änderungen in den

[9]Der Referenzpunkt liegt hier auf der Hauptverkehrszeit und in der weniger frequentierten Nebenverkehrszeit wird ein Rabatt in Prozentangaben gewährt.

Gewinnbedingungen hinsichtlich fast aller erhobenen Bewertungskriterien positiver bewertet werden als in den Verlustbedingungen. Im Gewinn-Frame erzielen zudem Preisänderungen in Prozentangaben bessere Wertungen als Änderungen in absoluten Werten. Im Verlust-Frame erhalten mit Ausnahme der Akzeptanz die absoluten Beträge bessere Bewertungen.[10]

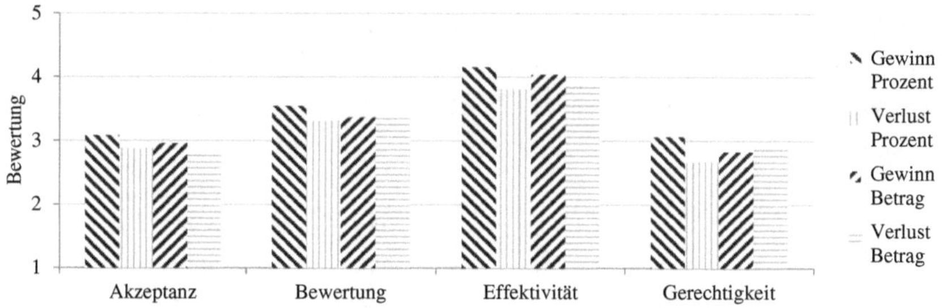

Abbildung 5.3 Wirkung der Frames auf die Bewertung (M) – Studie I

Da die vier abhängigen Variablen theoretischen Bezug zueinander haben und dieser durch signifikante Korrelationen nachgewiesen wurde (vgl. Anhang A.3), erfolgt die Auswertung über die zwei Framing-Bedingungen mittels der zweifaktoriellen multivariaten Varianzanalyse. Bei der Überprüfung der Anwendungsvoraussetzungen ergibt der Kolmogorov-Smirnov-Test (KS-Test) bei allen vier AVs eine statistisch bedeutsame Abweichung von der Normalverteilung. Da der Levene-Test nicht signifikante (n. s.) Ergebnisse ausgibt, sodass von Varianzhomogenität ausgegangen werden kann, und die untersuchten Stichproben jeweils größer als zehn sind, kann die Abweichung von der Normalverteilung vernachlässigt werden. Zur Prüfung des Gesamtmodells sind die Ergebnisse des „Pillai-Spur" als starker und robuster Test heranzuziehen. Es wird ein nicht signifikanter Einfluss des Faktors *Frame*, $F(1, 233) = 0{,}448$, $p = {,}774$, und des Faktors *Abweichung*, $F(1, 233) = 0{,}072$, $p = {,}990$, festgestellt. Ferner liegen keine Interaktionseffekte vor, $F(1, 233) = 0{,}675$, $p = {,}610$. Die Einzelanalysen lassen entsprechend keine Haupteffekte der Faktoren auf die Akzeptanz, die wahrgenommene Gerechtigkeit und wahrgenommene Effektivität sowie die allgemeine Bewertung erkennen (vgl. Tabelle 5.4). Darüber hinaus liegen keine Wechselwirkungen zwischen den Faktoren *Frame* und *Abweichung* und den Beurteilungen

[10]Die statistischen Kennwerte sind Anhang A2 zu entnehmen.

vor. Zusammenfassend lassen sich die deskriptiven Tendenzen nicht anhand von inferenzstatistischen Tests bestätigen.

Tabelle 5.4 Statistische Kennwerte zur Beurteilung des Gebührensystems – Studie I

Quelle	df	F	Signifikanz	Partielles Eta-Quadrat
Akzeptanz				
GewinnVerlust	1	,447	,504	,002
ProzentBetrag	1	,133	,715	,001
GewinnVerlust * ProzentBetrag	1	,023	,879	<,001
Fehler	233			
Effektivität				
GewinnVerlust	1	1,477	,225	,006
ProzentBetrag	1	,019	,889	<,001
GewinnVerlust * ProzentBetrag	1	,206	,650	,001
Fehler	233			
Gerechtigkeit				
GewinnVerlust	1	,630	,428	,003
ProzentBetrag	1	,000	,997	<,001
GewinnVerlust * ProzentBetrag	1	1,477	,225	,006
Fehler	233			
Bewertung				
GewinnVerlust	1	,222	,638	,001
ProzentBetrag	1	,047	,829	<,001
GewinnVerlust * ProzentBetrag	1	,348	,556	,001
Fehler	233			

Der Vergleich der Bewertungsangaben vor und nach der Konfrontation mit den Frames macht deutlich, dass die vorgestellte Maßnahme nach der Präsentation im Gewinn-Frame besser bewertet wird; im Verlust-Frame tendenziell schlechter. Da der KS-Test eine signifikante Abweichung von der Normalverteilung angibt, wird der Wilcoxon-Vorzeichenrangtest für abhängige Stichproben herangezogen. Dieser zeigt nicht signifikante Unterschiede zwischen den Bewertungen ($z = -{,}548$; $p = {,}584$).

Die Angaben zum intendierten Mobilitätsverhalten lassen eine geringe Bereitschaft zur Zahlung einer Gebühr für das Befahren der Innenstadt erkennen.

Es wird eher versucht, durch Vermeidung von kostenpflichtigen Zeiten, einen Umstieg auf die öffentlichen Verkehrsmittel oder das Fahrrad sowie Laufen, die Gebühr zu umgehen. Bei Betrachtung der Faktoren *Frame* und *Abweichung* lässt sich kein einheitliches Bild zum Einfluss auf die Verhaltensintentionen erkennen (vgl. Tabelle 5.5).

Tabelle 5.5 Verhaltensintentionen unter Framing-Bedingungen – Studie I

	Gewinn Prozent		Verlust Prozent		Gewinn Betrag		Verlust Betrag	
	M	*SD*	*M*	*SD*	*M*	*SD*	*M*	*SD*
N	52		58		63		64	
(weiterhin) mit dem Kfz in die Innenstadt fahren & die Gebühr bezahlen	2,62	1,11	2,97	1,17	2,56	,98	2,52	1,17
Kosten sparen & Hauptverkehrszeiten vermeiden	3,33	1,29	3,19	1,44	3,37	1,30	3,31	1,19
Kosten sparen & (öfter) Fahrgemeinschaften bilden	2,73	1,32	2,67	1,36	2,89	1,42	2,53	1,25
die Gebühr vermeiden & (öfter) ÖPNV nutzen	3,29	1,47	3,10	1,36	3,22	1,33	3,22	1,42
die Gebühr vermeiden & (öfter) Fahrrad fahren oder laufen	3,12	1,63	3,26	1,53	3,70	1,42	3,34	1,45

*Skalen von 1 – „stimme gar nicht zu" bis 5 – „stimme voll zu"

Da mehr als zwei abhängige Variablen vorliegen, muss zur statistischen Prüfung dieser deskriptiven Tendenzen die multivariate Varianzanalyse herangezogen werden. Der Kolmogorov-Smirnov-Test gibt signifikante Abweichungen von der Normalverteilung der Verhaltensintentionen an. Homogenität der Varianzen zwischen den Gruppen ist gemäß dem Levene-Test für alle Variablen gegeben. Aufgrund der Robustheit der MANOVA bei Verstößen gegen die Anwendungsvoraussetzungen wird diese erneut zur Auswertung herangezogen. Die Analyse des Gesamtmodells zeigt einen nicht signifikanten Einfluss der Faktoren *Frame,* $F(1, 233) = 0{,}432$, $p = {,}826$, und *Abweichung,* $F(1, 233) = 1{,}195$, $p = {,}313$, auf die

Verhaltensintentionen. Auch der Interaktionseffekt stellt sich als statistisch nicht bedeutsam heraus, $F(1, 233) = 1{,}404$, $p = {,}224$.[11]

Die Angaben zur Nutzenerwartung lassen erkennen, dass nach der Implementierung der vorgestellten Maßnahme am stärksten individuelle Mehrkosten (M = 1,84; SD = ,920) und eine Benachteiligung von Pkw-Fahrern (M = 1,93; SD = ,892) befürchtet werden. Mit negativen Effekten wie Zeitverlusten (M = 3,36; SD = ,954) und mehr Umweltbelastung (M = 3,61; SD = ,889) wird weniger gerechnet. Unter Berücksichtigung beider Faktoren werden unter Verlustbedingungen stärker zusätzliche monetäre Kosten, Zeitverluste, eine stärkere finanzielle Belastung im Vergleich zu anderen und generell mehr Nachteile für Pkw-Fahrer im Vergleich zur Gewinnbedingung vermutet (vgl. Abbildung 5.4).

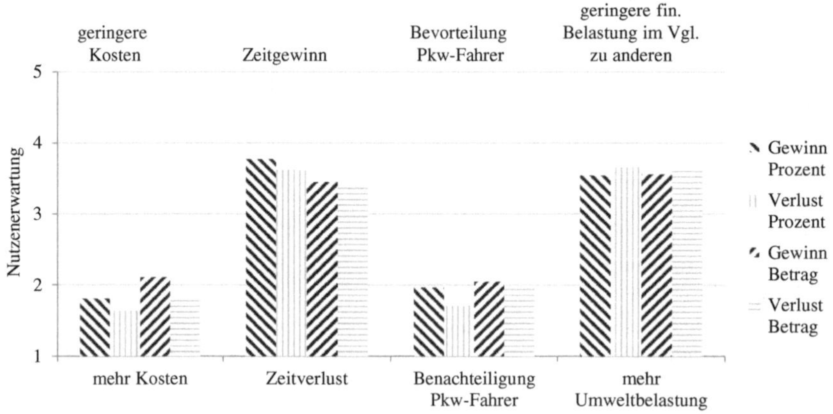

Abbildung 5.4 Persönliche Nutzenerwartung unter Framing-Bedingungen – Studie I

Bei statistischer Prüfung der deskriptiven Tendenzen zeigt der Leve-Test Varianzhomogenität hinsichtlich der einzelnen Items der Nutzenwahrnehmung. Der durchgeführte Kolmogorov-Smirnov-Test gibt für alle Gruppen Signifikanzen an, wodurch auf eine Abweichung von der Normalverteilung geschlossen wird. Die Anwendung der zweifaktoriellen multivariaten Varianzanalyse bringt bei Betrachtung des Gesamtmodells einen signifikanten Effekt des Faktors *Abweichung* auf die Nutzenerwartung hervor, $F(1, 233) = 2{,}335$, $p = {,}024$. Der Einfluss des Faktors *Frame* zeigt lediglich eine Tendenz zur Signifikanz, $F(1, 233) = 1{,}669$,

[11] Die Werte der Einzelanalysen können Anhang A.4 entnommen werden.

$p = ,118$. Die Interaktion stellt sich als nicht signifikant heraus $F(1, 233) = 0{,}571$, $p = ,779$. Die Werte der Einzelanalysen lassen einen bedeutsamen Einfluss des Faktors *Abweichung* auf die erwarteten zeitlichen Konsequenzen erkennen (vgl. Tabelle 5.6). Bei Preisänderungen in absoluten Beträgen wird im Vergleich zu prozentualen Abweichungen häufiger mit Zeitverlusten gerechnet. Wenn diese im Verlust-Frame dargestellt werden, verstärkt sich der Effekt im negativen Sinn (n. s. Mit $p = ,379$). Darüber hinaus ergibt sich ein signifikanter Einfluss des Faktors *Frame* auf die erwarteten Kosten. Unter Verlustbedingungen werden häufiger Mehrkosten infolge der Einführung des präsentierten Gebührensystems erwartet als unter der Gewinnbedingung. Die Angabe der Aufschläge in Prozentwerten verstärkt diesen Effekt ($p = ,061$). Ferner ruft ein negativer Frame tendenziell häufiger die Erwartung der finanziellen Benachteiligung gegenüber anderen hervor ($p = ,071$).[12]

Im Hinblick auf die Verhaltenskontrolle ist zu erkennen, dass zwei Dritteln der Befragten eine Reduzierung ihres Autogebrauchs schwerfallen würde ($M = 2{,}84$; $SD = 1{,}727$). In der Verlust-Prozent-Bedingung zeigt sich diese Einschätzung am stärksten ($M = 2{,}68$; $SD = 1{,}733$) und in der Verlust-Betrag-Bedingung am wenigsten ausgeprägt ($M = 3{,}00$; $SD = 1{,}512$). Die statistische Überprüfung der Daten gibt eine Abweichung der Normalverteilung und homogene Varianzen an. Die trotz Verstoß gegen die Anwendungsvoraussetzungen herangezogene zweifaktorielle Varianzanalyse zeigt keine signifikanten Einflüsse der Faktoren *Frame,* $F(1, 162) = 0{,}018$, $p = ,892$, und *Abweichung* $F(1, 162) = 0{,}070$, $p = ,791$. Ferner stellt sich die Wechselwirkung als statistisch unbedeutend heraus, $F(1, 162) = 0{,}792$; $p = ,375$ (vgl. Anhang A.6).

Da vermutet wird, dass die allgemeine Bewertung einen Einfluss auf die Wirkung der Faktoren *Frame* und *Abweichung* hat, soll diese als Kovariate in die Analyse einbezogen werden. Es kann ein genereller Einfluss der Bewertung auf die Akzeptanz beobachtet werden ($F(1, 232) = 365{,}919$; $p < ,001$). Eine positive Beurteilung der präsentierten Maßnahme geht mit höheren Akzeptanzwerten einher. Die Verwendung der Bewertung als Kovariate zeigt, dass diese weder die Wirkung des Faktors *Frame,* $F(1, 232) = 1{,}689$; $p = ,195$, noch die des Faktors *Abweichung,* $F(1, 232) < 0{,}001$; $p = ,996$, signifikant beeinflusst. Auch liegen keine Wechselwirkungen vor, $F(1, 232) = 1{,}378$; $p = ,242$.

Bei der Betrachtung weiterer intervenierender Variablen ist Folgendes festgestellt worden: Betroffenheit früh, $F(1, 203) = 19{,}173$; $p < ,001$, Betroffenheit spät ($F(1, 203) = 29{,}869$; $p < ,001$), Wissen ($F(1, 232) = 21{,}186$; $p < ,001$) und Bildung $F(1, 232) = 12{,}748$; $p < ,001$ haben einen statistisch bedeutsamen

[12]Weitere statistische Kennwerte sind Anhang A.5 zu entnehmen.

Tabelle 5.6 Statistische Kennwerte zur persönlichen Nutzenerwartung – Studie I

AV	Faktor	Quadratsumme vom Typ III	df	Mittel der Quadrate	F	Signifikanz	Partielles Eta-Quadrat
Zeitverlust /Zeitgewinn	Abweichung	4,788	1	4,788	5,327	,022*	,022
mehr/ weniger individuelle Kosten	Frame	3,673	1	3,673	4,442	,036*	,019
	Abweichung	2,936	1	2,936	3,551	,061	,015
höhere/geringere finanzielle Belastung als andere	Frame	3,871	1	3,871	3,298	,071	0,14

*p<.05

Einfluss auf die Akzeptanz. So sind bei Probanden, die stärker von der präsentierten Maßnahme betroffen sind, geringere Akzeptanzwerte zu beobachten. Personen, die über mehr Kenntnisse über Straßenbenutzungsgebühren verfügen und ein höheres Bildungsniveau vorweisen, bewerten diese positiver. Allerdings bleibt die Wirkung der Frames unter Berücksichtigung der genannten Kovariaten unbeeinflusst.[13]

5.3 Diskussion

Unter Anwendung eines 2×2-Designs ist mittels einer Online-Studie die Wirkung des Attribute Framings bei der Darstellung von Straßenbenutzungsgebühren als wirksamer Lösungsansatz städtischer Verkehrsprobleme untersucht worden. Zudem war zu prüfen, ob sich in diesem Kontext auch der Metric-Effekt zeigt. Es wurde angenommen, dass trotz identischem Endbetrag Gebührenermäßigungen eine bessere Beurteilung erhalten werden als Gebührenaufschläge. Zudem galt es zu untersuchen, ob monetäre Änderungen – gewährt als Rabatte bei Darstellung in absoluten Werten – positiver bewertet werden. Bei Gebührenaufschlägen erfolgt dies bei prozentualen Angaben. Des Weiteren galt es, verschiedene Verhaltensintentionen, die Nutzenerwartung und die wahrgenommene Verhaltenskontrolle genauer zu betrachten.

Es erfolgt zunächst die Darstellung der allgemeinen Angaben der Probanden ohne Berücksichtigung der beeinflussenden Faktoren. Anschließend werden die Wirkung der Formulierungseffekte vor dem Forschungskontext diskutiert und Schlussfolgerungen für weitere Studien gezogen.

5.3.1 Allgemeine Angaben

Wie auch in anderen Studien werden vom Straßenverkehr verursachte *Probleme* wie Stauungen, Umweltverschmutzung und Verkehrslärm von der Bevölkerung durchaus wahrgenommen. Dies resultiert nicht zuletzt aus der andauernden Aktualität des Themas, speziell in mittleren und großen städtischen Ballungszentren (Jones, 2003; Schade, 1999; 2005). Mit der Wahrnehmung von Umweltproblemen und deren Konsequenzen ist laut Prose (1994) die Voraussetzung zur Veränderung individuellen umweltrelevanten Verhaltens gegeben. Daneben müssen die

[13]Die statistischen Kennwerte dieser und weiterer Analysen aller Studien liegen vor und können bei der Autorin angefragt werden.

Handlungsoptionen für die Problembewältigung, die persönliche Betroffenheit durch die Konsequenzen und genügend Informationen vorliegen. Unabhängig von der Wirkung der Frames kann festgestellt werden, dass ein positiver, statistisch bedeutsamer Zusammenhang zwischen der Akzeptanz von Straßenbenutzungsgebühren und dem Problembewusstsein für durch Kraftfahrzeuge verursachte Umweltverschmutzung und Lärm besteht.

Die subjektive Einschätzung des vorhandenen eigenen *Wissens*, ausgedrückt durch den Informationsstand bezüglich der vorgestellten Maßnahme zur Lösung vorhandener Verkehrsprobleme, ist moderat. So gab über die Mehrheit der Befragten an, dass ihnen das vorgestellte Konzept bekannt sei. Kiell und Müller-Peters (1999) schreiben, dass das subjektive Wissen über eine Innovation eine wichtige Voraussetzung für deren Akzeptanz darstellt. Gut informierte Personen empfinden weniger Unsicherheit und mehr Selbstbewusstsein im Umgang mit neuen Technologien. So ist ein ausreichender Informationsstand über eine neu zu implementierende Maßnahme eine notwendige, wenn auch nicht hinreichende Bedingung für deren (objektive) Beurteilung. Trotz leicht heterogenem Forschungsstand zum Zusammenhang des Wissens und der Akzeptanz wird sichtbar, dass je höher der Kenntnisstand über Straßenbenutzungsgebühren eingeschätzt wird, desto mehr werden die positiven Konsequenzen wahrgenommen und entsprechend höher fällt die Akzeptanz dieser Maßnahme aus (Kramer, 2018; Schade, 2005). Auch in den vorliegenden Befunden bewerten Personen mit einem ausgeprägten Wissensstand zum Thema Straßenbenutzungsgebühren und darüber hinaus mit einem höheren Bildungsniveau diese Maßnahme positiver.

Die Daten lassen weiterhin erkennen, dass ein großer Teil der Befragten zu den angegebenen Hauptverkehrszeiten mit dem Kraftfahrzeug im Stadtzentrum fährt. Somit kann von einer durchaus hohen Betroffenheit von dem präsentierten Preissystem und dessen Eigenschaften ausgegangen werden. Der Zusammenhang zur Akzeptanz stellt sich als signifikant negativ heraus. Personen, die aufgrund häufigeren Fahrens zu hoch frequentierten Verkehrszeiten stärker von der präsentierten Maßnahme betroffen sind, lehnen eine Einführung eher ab. Hier wird ein Bezug zur interpersonalen Gerechtigkeit vermutet, wobei stärker Betroffene im Vergleich zu anderen mehr Nachteile erwarten und dies von ihnen als ungerecht empfunden wird.

Die Ergebnisse der *allgemeinen Bewertung* der präsentierten Maßnahme lassen sich mit Befunden früherer Untersuchungen zur Akzeptanz von Preisinstrumenten im Straßenverkehr belegen, in denen der Großteil der befragten Personen diese negativ beurteilt. Oft gehen objektiv effektive Konzepte wie restriktive TDM-Maßnahmen mit einer allgemein schlechten, subjektiven Beurteilung einher (Rietveld & Verhoef, 1998). Gründe werden unter anderem im hohen Stellenwert des Autos sowie der starken Abhängigkeit und der gewohnheitsmäßigen Nutzung gesehen (Bamberg & Rölle, 2003; Burris & Pendyala, 2002; Evans et al., 2003; O'Mahony, 2001; Schade, 2005). Dies bestätigt sich anhand der Angaben zur subjektiven Verhaltenskontrolle. Der Mehrheit der Befragten würde eine Einschränkung ihres Autogebrauchs schwerfallen. Da keine Angaben über die Ursachen gemacht wurden, bleiben die Gründe offen. Denkbar sind Bequemlichkeit, Komfort oder tatsächliche Angewiesenheit infolge von fehlenden Alternativen. Schade (2005) nennt in seiner Arbeit einige Ursachen für die negative Beurteilung von Straßenbenutzungsgebühren: empfundene Ungerechtigkeit, mangelnde Effektivität, fehlendes Wissen, Freiheitseinschränkung, Datenschutzprobleme und mangelnde Transparenz hinsichtlich der Einnahmenverwendung. Er weist aber gleichzeitig auf die inkonsistenten Untersuchungsergebnisse der herangezogenen Akzeptanzstudien und die Schwierigkeit der Vergleichbarkeit aufgrund unterschiedlicher Modellansätze hin. Hinsichtlich des Zusammenhangs der Bewertung und der Akzeptanz der vorgestellten Preismaßnahme ist zu erkennen, dass Personen, die Straßenbenutzungsgebühren im Allgemeinen positiv bewerten, diese auch mehr akzeptieren. Somit sei auch die in der vorliegenden Arbeit angewandte Definition der Akzeptanz als positiv bejahende Einstellung bestätigt.

Nach der Präsentation der unterschiedlich formulierten Gebührenkonzepte erfolgte die Erhebung der Beurteilungsvariablen, der Verhaltensabsichten und der Nutzenerwartungen. Unabhängig von den angewendeten Frames lassen sich die Werte der erhobenen *interpersonalen Gerechtigkeit* durch die in der Literatur auffindbaren Tendenzen bestätigen, wonach Straßenbenutzungsgebühren von einem Großteil der Befragten als ungerecht empfunden werden (Rothengatter, 1994; Teubel, 2001). Begründet wird dies vordergründig mit der Benachteiligung von einkommensschwachen Gruppen sowie von Pendlern mit einer hohen Autoabhängigkeit und entsprechender Nutzungshäufigkeit. Bezüglich der Akzeptanz ist ein positiver, starker Zusammenhang zu erkennen. So fiel die Zustimmung für Gebühren für die Nutzung der Straßeninfrastruktur umso größer aus, je gerechter die vorgestellte Maßnahme wahrgenommen wurde (vgl. Jakobsson et al., 1999; Schade, 1999; Schade & Schlag, 2000).

Die *beurteilte Wirksamkeit* von Straßenbenutzungsgebühren zur Lösung von innerstädtischen Verkehrsproblemen fällt moderat bis tendenziell positiv aus. Unabhängig von der Wirkung der Frames ist eine positive Korrelation mittlerer Stärke zur Akzeptanz zu erkennen. Je wirksamer der präsentierte Lösungsansatz von Verkehrsproblemen wahrgenommen wird, desto positiver ist die Beurteilung. Wie in zahlreichen Untersuchungen nachgewiesen, geht eine Maßnahme, die als effektiv zur Verbesserung der Umwelt- und Verkehrsprobleme eingeschätzt wird, mit besseren Bewertungen einher (Jaensirisak, 2002; Luk & Chung, 1997;

Schade, 1999). Schade (2005) gibt an, dass der positive Zusammenhang zwischen der wahrgenommenen Effektivität und der Akzeptanz mit der geringen Bewertung beider Faktoren begründet werden kann. Hinsichtlich der Beziehungen zwischen der Akzeptanz und der Effektivität sowie der Gerechtigkeit sollte beachtet werden, dass diese von anderen Variablen wie der Nutzenwahrnehmung moderiert werden (Schade, 2005). Die isolierten Effekte fallen möglicherweise geringer aus. Zudem berichten Bamberg und Rölle (2003), dass sowohl die Akzeptanz als auch die empfundene Gerechtigkeit von der Effektivität konfundiert sind.

Handlungsoptionen werden, wenn nicht persönlich gebildet, mittels der angebotenen *Verhaltensabsichten* kommuniziert. Es ist eine geringe Bereitschaft erkennbar, eine Gebühr für die Fahrt in die Innenstadt zu zahlen. Vielmehr zeigt sich eine Verhaltensadaptation im Sinne einer Vermeidung kostenpflichtiger Zeiten und Umstieg auf die öffentlichen Verkehrsmittel oder das Fahrrad bzw. der Möglichkeit zu Fuß zu gehen. Die Ergebnisse werden durch die der TransPrice- und AFFORD-Studie bestärkt. Die Mehrheit der Befragten beabsichtigt eine Anpassung ihres Verhaltens an die neue Situation, indem weniger gefahren bzw. kostenpflichtige Strecken und Zeiten vermieden sowie öffentliche Verkehrsmittel genutzt werden würden (Schade, 2005). Das sichtbare Muster rationaler Entscheider forciert durch einen reduzierten Autogebrauch eine Minimierung der Mobilitätskosten. Die gezielte Umgehung der Gebühr lässt die hohe Wirksamkeit von Straßenbenutzungsgebühren deutlich werden. Lediglich 21 % der Befragten äußern die Intention, ihr Fahrverhalten beizubehalten und die Gebühr zu zahlen. Die Vorteile der Autonutzung scheinen hierbei so hoch, dass eine Verhaltensänderung entweder als nicht wünschenswert, nicht (mehr) möglich oder nur unter erheblichen Einschränkungen angesehen wird (Schade, 2005; Schlag & Schade, 2007). Ben-Elia und Ettema (2009) stellten fest, dass flexible Arbeitszeiten und die Bereitschaft zum Umstieg auf ein anderes Verkehrsmittel wichtige Voraussetzungen für Verhaltensanpassung sind.

Die vorliegenden Ergebnisse deuten darauf hin, infolge der positiven Einstellung gegenüber Straßenbenutzungsgebühren eine Adaptation des Verhaltens in Form von reduziertem Autogebrauch oder Umstieg auf andere Verkehrsmittel vorzunehmen (Bamberg & Rölle, 2003; Schade, 2005). Neben den offensichtlichen Gründen für Änderungen des Verhaltens wie der Umgehung von Kosten sollte auch die Vermeidung erwarteter Risiken und Unsicherheiten beispielsweise über die Höhe der anfallenden Gebühren berücksichtigt werden (Bonsall & Shires, 2005; Hofstede, 1997). Es ist zu bedenken, dass die geäußerten Verhaltensintentionen als Tendenzen zu betrachten sind. So werden diese Absichten unter anderem von situationsbezogenen Aspekten wie zur Verfügung stehenden Alternativen abhängen (Schade, 2005). Von einigen Probanden wurde beispielsweise angemerkt, dass speziell in ländlichen Gebieten aufgrund von fehlenden alternativen Verkehrsmitteln eine Verhaltensänderung kaum oder gar nicht möglich ist. Andere nannten zu hohe Kosten für die öffentlichen Verkehrsmittel, die einen oft mit Komfortverlust in Verbindung stehenden Umstieg wenig attraktiv machen.

Hinsichtlich *zu erwartender Konsequenzen* in Form von Vor- und Nachteilen infolge der Einführung von Straßenbenutzungsgebühren zeigt sich, dass vor allem erhöhte Kosten und eine generelle Benachteiligung von Pkw-Fahrern befürchtet werden. Gründe für die negativen Assoziationen liegen unter anderem an den individualisierten und unmittelbar spürbaren Kosten nach der Implementierung. Der Nutzen wird hingegen vordergründig sozialisiert in Form einer Verbesserung der Umweltsituation erst in nicht absehbarer Zukunft sichtbar. Trotz der tendenziell schlechten Bewertungen der vorgestellten Preismaßnahmen erwarteten die Befragten nicht nur Nachteile. Es wird auch mit positiven Folgen wie Zeitgewinnen, weniger Umweltbelastung und einer Verbesserung der Lebensqualität gerechnet. Schade (2005) schreibt, dass die subjektive Nutzenerwartung als persönliche Kosten- und Nutzenabschätzung im Falle der Einführung von Straßenbenutzungsgebühren die wichtigste Determinante für die Akzeptanz darstellt. So zeigen sich auch hier starke positive Zusammenhänge hinsichtlich aller Erwartungen. Je mehr Vorteile beispielsweise in Form von Zeiteinsparungen und Aufwand erwartet werden, desto positiver wird die Maßnahme bewertet (vgl. Eliasson, 2016; Hårsman & Quigley, 2010). Zu berücksichtigen ist allerdings der marginale direkte Einfluss der Nutzenwahrnehmung sowie die Konfundierung anderer Einflussvariablen wie die beurteilte Gerechtigkeit und Effektivität durch den erwarteten Nutzen (Schade, 2005).

5.3.2 Auswirkungen des Attribute Framings und Auftreten des Metric-Effektes

Bewertung und Verhaltensintention

Die Untersuchung zur Wirksamkeit der angewendeten Frames lässt anhand der deskriptiven Befunde erkennen, dass Gebühren unter Gewinnbedingungen in Form von prozentual angegebenen Rabatten bei Nutzung der Nebenverkehrszeiten besser bewertet werden als unter Verlustbedingungen. Aufschläge, wahrgenommen als finanzielle Verluste, werden mit schlechteren Bewertungen versehen. Trotz identischem Erwartungswert erscheint eine Ermäßigung um 50 % bezogen auf einen Referenzwert von 2 EUR attraktiver als ein Aufschlag von 100 % auf 1 EUR. Die positive Darstellung der Gebührenerhebung erzielt höhere Werte hinsichtlich der Akzeptanz, Bewertung, wahrgenommenen Gerechtigkeit und Effektivität.

Beim Kommunizieren von Aufschlägen erlangen mit Ausnahme der Akzeptanz die absoluten Beträge bessere Bewertungen. Diese Tendenzen finden sich in anderen Bereichen in den Ergebnissen der Studien von González (2016), DelVecchio (2009) sowie Chen und ihren Kollegen (1998) für Preisänderungen im Niedrigpreissektor bestätigt. In diesem Preissegment werden prozentuale Rabatte präferiert, da diese anscheinend höhere Wertigkeiten im Vergleich zu absoluten Zahlen annehmen. Bei hochpreisigen Produkten gelten Ermäßigungen in absoluten Werten als wertiger. Es werden 100 USD als Schwelle zwischen den Wirkungsrichtungen angegeben. Die aufgezeigten Tendenzen der vorliegenden Studie konnten nicht mit statistischen Signifikanzen verifiziert werden. Die verwendeten Frames hatten keine bedeutsame Auswirkung auf die Beurteilung des präsentierten Inhaltes. Die Daten zu den Verhaltensintentionen und zur Verhaltenskontrolle lassen kein eindeutiges Bild erkennen. Auch hier bringt die statistische Auswertung keine signifikanten Unterschiede zwischen den Framing-Bedingungen hervor.

Nutzenerwartung

Die Tendenzen der Beurteilungswerte zu dem vorgestellten Gebührenkonzept werden anhand der Resultate hinsichtlich des antizipierten Nutzens gestützt. Es stellt sich ein subjektiv wahrgenommener Nutzenunterschied zwischen kommunizierten Rabatten und Aufschlägen heraus. Trotz identischer Änderungen des Budgets werden bei letzteren häufiger Mehrkosten für Mobilität antizipiert als bei gewährten Rabatten. Obwohl unter beiden Bedingungen steigende Mobilitätskosten erwartet werden, rufen die Gewinnbedingungen weniger starke negative Assoziationen hervor. Gleiches ist bei den Angaben zum interpersonalen Vergleich bezüglich der finanziellen Betroffenheit zu beobachten. Auch wenn die Befunde knapp nicht signifikant sind, wird bei kommunizierten Aufschlägen mit einer stärkeren finanziellen Belastung im Vergleich zu anderen gerechnet als bei präsentierten Rabatten. Es bestätigt sich die von der Prospect Theory postulierte unterschiedliche Evaluation von identischen Gewinnen und Verlusten. Die unter Verlustbedingungen anzusetzende Negativitätsverzerrung bewirkt, dass negative Informationen stärker gewichtet und skeptischer beurteilt werden (Levin et al., 1998; Rozin & Royzman, 2001). Gleichzeitig erfolgt eine kritischere Betrachtung des Sachverhaltes, um Fehlverhalten zu vermeiden (Dunegan, 1993). Letztlich geht die gezielte Beeinflussung der Repräsentation der Informationen im assoziativen Gedächtnis mit einer veränderten Wahrnehmung der dargestellten Kosten einher. Verstärkt wird die Negativerwartung durch die Angabe der Aufschläge in Prozentwerten.

Da die Gebühren sehr tief angesetzt wurden, können hier Parallelen zu Produkten im Niedrigpreissegment gezogen werden (vgl. vorheriger Abschnitt). Aufschläge in Prozentangaben speziell in extremen Wertigkeiten wie 100 % werden tendenziell überschätzt, woraus eine Antizipation höherer Kosten und eine benachteiligende Bewertung resultieren können. Interessanterweise fallen bei Rabatten in absoluten Angaben die Erwartungen bezüglich der Mehrkosten marginal weniger negativ im Vergleich zu Prozentangaben aus. Die Befunde in der Literatur zeigen sich vielmehr gegensätzlich oder ohne statistische Bedeutsamkeit (Chen et al., 1998; DelVecchio et al., 2009; González et al., 2016). Bei Gebührenerhebungen werden andere Bewertungsmechanismen als bei Preisen für Konsumgüter vermutet, sodass sich der angegebene Euro anscheinend weniger stark auf das Nutzenniveau in Form von erwarteten Mehrkosten auswirkt als ein Rabatt von 50 %. Hsu (2009) schreibt zum Umgang mit variierenden monetären Größen, dass Menschen lediglich grobe Kalkulationen darüber durchführen, wie hoch die zu erwartenden Kosten bei Konfrontation mit Preisänderungen in Prozentsätzen sind. Im Gegensatz dazu sind Änderungen in absoluten Beträgen sofort evident. Eine prozentuale Veränderung eines Betrages ist in zweierlei Hinsicht schwer zu verarbeiten. Zum einen wird diese separat von dem regulären Preis wahrgenommen, da sie Preisinformationen in einer anderen Maßeinheit angibt. Darüber hinaus erschwert die mathematische Operation der Multiplikation, die mit einer prozentualen Änderung verbunden ist, die Berechnung des resultierenden Betrages. Hier sei auf die Fähigkeit und Motivation im Umgang mit Prozentangaben oder im Allgemeinen mit mathematischen Rechenoperationen verwiesen. Möglicherweise werden die Probanden auch aufgrund der Präsentation von sehr hohen Wertigkeiten wie 100 % beeinflusst. González und Kollegen (2016) schreiben in diesem Zusammenhang von der *Absolute Number Heuristic* bei Preisreduzierungen, wobei unabhängig von der Maßeinheit die Größe der Zahl ausschlaggebend für Bewertungen ist.[14]

Hinsichtlich der zu erwartenden zeitlichen Konsequenzen aufgrund der Einführung von Straßenbenutzungsgebühren ergibt sich ein bedeutsamer Einfluss des Faktors *Abweichung*. Bei Preisänderungen in absoluten Beträgen wird im Vergleich zur Angabe von Prozentwerten eher mit Zeitverlusten gerechnet. Ungeachtet der Art der Darstellung antizipieren die Befragten langsameres Vorankommen in der Innenstadt. Möglicherweise resultiert dies aus der insgesamt besseren Bewertung von prozentualen Änderungen. Obwohl statistisch nicht von Bedeutung, verstärkt sich der Effekt im negativen Sinn im Verlust-Frame. Somit ist bei der Gewinn-Prozent-Gebühr die Erwartung eines Zeitgewinnes am stärksten ausgeprägt. Bei der Verlust-Betrag-Gebühr werden am ehesten Zeitverluste antizipiert. Bei dargestellten Aufschlägen in absoluten Werten ist die Erwartung von Zeitverlusten am stärksten ausgeprägt.

[14]Bei einem Referenzwert von 50 EUR scheint ein Rabatt in Höhe von 10 % größer als eine Reduzierung von 5 EUR obwohl der Betrag identisch ist.

Die Befunde zur Nutzenerwartung lassen insgesamt erkennen, dass die Wahrnehmung persönlicher Konsequenzen stärker beeinflussbar ist als die von kollektiven, die Allgemeinheit betreffende wie Auswirkungen auf die Umwelt. Dies ist konform mit den Ergebnissen von Kim (2013), wonach eher bei persönlicher Betroffenheit Verhaltensbeeinflussung mittels Framing möglich ist. Die Präsentation negativ dargestellter Informationen zeigte sich hier effektiver.

Mögliche Ursachen für die schwachen Effekte und daraus folgende Implikationen

Im Folgenden sollen Gründe für die schwachen bis ausbleibenden Effekte der verwendeten Formulierungsversionen analysiert werden. Zunächst wird auf das vorhandene *Wissen* zum thematisierten Objekt verwiesen, welches im positiven Zusammenhang zu dessen Bewertung steht. Von Personen mit einem ausgeprägten Wissensstand zur Thematik kann die Wirkung der Informationsdarstellung aufgrund fehlender Sensitivität gegenüber dieser ausbleiben (Chebat et al., 1998). Entscheidungen werden mehr auf Grundlage von Erfahrungen als auf der Präsentation der Informationen zum Sachverhalt getroffen. Da in der vorliegenden Studie die Hälfte der Befragten laut eigener Angabe über einen ausreichenden Wissensstand verfügt, kann darin eine Ursache für den ausbleibenden Effekt gesehen werden. Insbesondere bei der Konfrontation mit Themen, die das gewohnte Verhalten – wie im vorliegenden Fall die individuelle Mobilität – betreffen, bleiben Framing-Effekte aus (Stocké, 2002). Entsprechend würden sich Verkehrsteilnehmer, die sich aufgrund intensiver Informationsrecherche mit einer geplanten Gebührenmaßnahme beschäftigen, kaum mittels der Oberflächenstruktur der Informationsdarstellung beeinflussen lassen.

Ähnliches gilt für den *persönlichen Bezug* zum Thema. Die Wichtigkeit des zu beurteilenden Sachverhaltes wird dabei individuell oder von der Öffentlichkeit bemessen. Bei bedeutenden und präsenten Themen erhalten gerahmte Informationen kein oder nur sehr geringes Gewicht und können ihre Wirkung nicht entfalten (Lecheler et al., 2009). Ursache hierfür wird in vorher häufig gefestigten Meinungen gesehen, bei denen eine Resistenz gegenüber beeinflussenden Faktoren vorliegt (Jacks & Devine, 2000; Levin et al., 1998). Da Mobilität zu den wesentlichen Themenbereichen des Alltags gehört, wird auch zur Einführung von Straßenbenutzungsgebühren ein starres Meinungsbild vermutet, welches die Wirkung der eingesetzten Frames herabsetzt. Laut eigenen Angaben ist dieses bei dem überwiegenden Anteil der Befragten ein eher negatives. Aus diesem Grund sollte die derzeitige Situation ohne Mautgebühren präferiert und jegliche Reform detailliert hinterfragt werden (Traub, 1999). Zudem erschwert das generelle Streben nach Aufrechterhalten des Status quo und die Abneigung gegenüber Veränderungen, selbst begründete Reformen durchzusetzen, unabhängig davon, in welcher Form diese kommuniziert werden (Kahneman et al., 1991; Samuelson & Zeckhauser, 1988).

Darüber hinaus hat sich in verschiedenen Studien gezeigt, dass bei starker individueller Betroffenheit Informationen primär systematisch und mit hohem kognitivem Aufwand verarbeitet werden (McElroy & Seta, 2003; Sieck & Yates, 1997). Äußere Gegebenheiten wie die Art der Darstellung kommen hierbei wenig bis gar nicht zum Tragen (vgl. Cheng & Wu, 2010; Levin et al., 1998). Die Angaben zur persönlichen Betroffenheit vom vorgestellten Preissystem legen nahe, dass sich der Großteil der Befragten mindestens einmal in der Woche zu den Hauptverkehrszeiten motorisiert im Stadtzentrum bewegt. Es liegt zwar ein bedeutsamer Zusammenhang zwischen der zeitlichen und örtlichen Betroffenheit und der Akzeptanz der Maßnahme vor, wobei durch häufigeres Fahren zu den Hauptverkehrszeiten stärker von der präsentierten Maßnahme Betroffene geringere Akzeptanzwerte vorweisen. Der Effekt des Involvements auf die Wirksamkeit der Faktoren *Frame* und *Abweichung* lässt sich jedoch nicht mit statistischen Signifikanzen bestätigen. Aufgrund der insgesamt hohen Betroffenheit kann allerdings ein Bodeneffekt antizipiert werden, der die Ergebnisse infolge von überproportionalen Anteilen verzerrt. Wird zudem der Argumentation gefolgt, dass negative Informationen – wozu die Erhebung einer Straßenbenutzungsgebühr auch nach den Erkenntnissen der vorliegenden Studie tendenziell zählt – stark gewichtet und aufwändig verarbeitet werden, kommt der angestrebte Effekt eines Frames nicht zum Tragen.

Möglicherweise verursachte auch das insgesamt hohe *Bildungsniveau* die stark reduzierte Wirkung der eingesetzten Rahmungen. Studien belegen, dass sich Formulierungseffekte lediglich bei Personen mit geringer Bildung einstellen (Armstrong et al., 2002; Van de Velde et al., 2010). Wird davon ausgegangen, dass hierzu Personen ohne schulischen Abschluss und mit Hauptschulabschluss zählen, sind diese in der vorliegenden Untersuchung nicht vertreten. Mit einem Anteil von 94 % an Abiturienten und Hochschulabsolventen liegt ein hohes Ausbildungsniveau vor. Ein Vergleich der Wirkung der Frames bei unterschiedlichen Bildungsschichten ist somit nicht möglich. Darüber hinaus ist die Verzerrung beim Alter zu berücksichtigen, wobei insbesondere Personen jüngeren und mittleren Alters überrepräsentiert sind. Bei Van de Velde und Kollegen (2010) blieb letztere Gruppe unbeeindruckt von Formulierungseffekten.

Der Bias bezüglich des Alters und des Bildungsniveaus könnte auf die Art der Probandenakquisition und der Datenerhebung in Form einer Online-Studie zurückzuführen sein. Trotz der zunehmenden Verbreitung des (schnellen) Internets ist der Zugang zu dieser Ressource bislang weder allgemein gegeben noch gleichmäßig auf verschiedene Gruppen in der Bevölkerung verteilt. Allerdings sind laut Murray und Fisher (2002) die über diesen Kanal erhobenen Daten wertvoller als bei studentischen Samples. Neben Verzerrungen bei der Stichprobe wird bei Online-Befragungen die mangelnde Kontrollierbarkeit der Erhebungssituation beispielsweise hinsichtlich einer störungsfreien Umgebung oder möglicher falscher Antworten kritisiert. Eine weitere Gefahr stellen „Repeat Responders" dar, die durch mehrfaches Teilnehmen versuchen, Ergebnisse von Studien zu verfälschen (Gosling et al., 2004; Murray & Fisher, 2002; Thielsch & Weltzin, 2009). Auch wenn dieses Problem nicht stark ausgeprägt ist, wird speziell bei Meinungsumfragen zu heiklen Themen darauf hingewiesen. Darüber hinaus hat die Akquise über die beschriebenen Kanäle anscheinend in erster Linie Personen mit einem höheren Bildungsniveau erreicht oder angesprochen. Hier sollte in weiterführenden Studien angesetzt werden.

Bezüglich des vorliegenden *Gebührenlevels* ist vorstellbar, dass die Referenzwerte von 2 EUR und 1 EUR zu gering angesetzt worden sind, als dass sich Auswirkungen der verwendeten Frames zeigen. Ben-Elia und Ettema (2009) stellen in einer Studie zur Reaktion auf ein Belohnungssystem zur Vermeidung von Hauptverkehrszeiten fest, dass moderat angesetzte finanzielle Belohnungen ausschlaggebend für eine effektive Verhaltensbeeinflussung sind. Gleichzeitig schreiben sie, dass diese Fokussierung auf positive Aspekte wirksamer zur Verhaltensbeeinflussung ist und Langzeiteffekte hervorruft im Vergleich zur Betonung von negativen Aspekten, wie sie bei Straßenbenutzungsgebühren vorliegen. Traub (1999) berichtet, dass bei einem unterschiedlich dargestellten Steuersystem der Unterschied zwischen einem anzugebenden steuerlichen Rabatt und einem Aufschlag mit steigendem Referenzlevel zunimmt. Somit wäre bei einem niedrig wahrgenommenen Gebührenlevel der Unterschied zwischen den Framing-Bedingungen kaum merklich. Infolge der hypothetischen Situation und der mangelnden persönlichen Konsequenzen ist bei der tatsächlichen Konfrontation mit einem gerahmten Gebührensystem eine Beeinflussung der Einstellung zum Thema und letztlich der Mobilitätsentscheidungen, die je nach Nutzungsverhalten auch größere finanzielle Dimensionen einnehmen können, durchaus vorstellbar. So machen verschiedene Studien im steuerlichen Bereich signifikante Framing-Effekte deutlich. Die hier präsentierten Inhalte haben aufgrund der gesetzlichen Steuerpflicht starken persönlichen Bezug und liegen wertemäßig in einem Bereich, die das private Vermögen spürbar beeinflussen (vgl. McCaffery & Baron, 2004; Traub 1999). McCaffery und Baron (2004, S. 700) weisen beim Kommunizieren von Kinderfreibeträgen auf den Einfluss von Normen wie „Kindern helfen" hin, die neben dem positiven Frame möglicherweise Wirkung zeigen. Im Hinblick auf Straßenbenutzungsgebühren kann dies möglicherweise durch „nachhaltiges, umweltgerechtes Verkehrsverhalten" erreicht werden. Verhaltensrelevant werden derartige Normen allerdings erst, wenn ein Bewusstsein über die Konsequenzen des eigenen Handelns für andere sowie eine Eigenverantwortlichkeit vorliegen (vgl. Schade, 2005). Darüber hinaus zeigen Studien zur zeitlichen Nähe der Entscheidungskonsequenzen, dass größere Effektstärken bei zeitnahen Folgen zu beobachten sind (Gerend & Cullen, 2008). Auch dies wäre in Folge einer tatsächlichen Implementierung denkbar.

Trotz der nahezu ausbleibenden Wirkung des Attribute Framings ist im Falle von nicht signifikanten Ergebnissen nicht auf eine Bestätigung der Nullhypothese zu schließen (Bortz & Döhring, 2006, S. 27). Vielmehr soll gefolgert werden, dass das Untersuchungsinstrument zur Gültigkeitsprüfung der aufgestellten Hypothesen begrenzt geeignet war. Es ist möglich, dass die Bewertung der Preissysteme allgemein auf Straßenbenutzungsgebühren und nicht direkt auf das präsentierte System bezogen wurde. Somit kamen die Frames nicht zum Tragen und die Frage nach Beeinflussungsmöglichkeiten mittels Attribute Framing kann streng genommen nicht beantwortet werden. Der direkte Bezug zum präsentierten System ist in weiterführenden Experimenten herzustellen, indem beispielsweise Berechnungen der anfallenden Gebühren durchzuführen sind. Die daraufhin erhobene Beurteilung sollte sich mehr auf den präsentierten Inhalt beziehen. Hierbei ist das bereits angesprochene, zu niedrig angesetzte Gebührenniveau zu berücksichtigen. Dies ist höher anzusetzen bzw. sollte eine Varianz aufweisen, um Unterschiede in der Wirkungsweise feststellen zu können. Zudem ist zu beachten, dass es sich um hypothetische Situationen im Rahmen einer Studie handelt, deren Realitätsbezug zumindest zur Zeit der Erhebung in Frage zu stellen ist. Laut Druckman (2001) treten Framing-Effekte lediglich dann auf, wenn die Quelle der Information als glaubwürdig eingestuft wird. So nimmt die Glaubwürdigkeit – beeinflusst durch die Vertrauenswürdigkeit und Expertise – eine entscheidende Rolle bei der Bewertung ein (Buda, 2003). Positive und über einen Experten präsentierte Informationen sind in ihrer Wirkung am stärksten. Wenn davon ausgegangen wird, dass die Glaubwürdigkeit im Sinne von mangelndem Glauben an die tatsächliche Einführung einer solchen Gebührenmaßnahme in Frage gestellt wird, ist gegebenenfalls bei der tatsächlichen Implementierung die Art der Darstellung nicht unerheblich.

Zusammenfassend lassen sich die aus der Literatur abgeleiteten Hypothesen zur Wirkung des herangezogenen Attribute Framing-Ansatzes in Form von unterschiedlicher Darstellung der Gebührenstruktur von Straßenbenutzungsgebühren und deren Beeinflussungspotential auf die Bewertung nur eingeschränkt verifizieren. Auf Basis der vorliegenden Untersuchung erweisen sich lediglich die antizipierten Konsequenzen im Sinne von zu erwartenden Mehrkosten sowie die zeitlichen Folgen mittels eines Frames als beeinflussbar.

Es ließ sich eine Sensitivität hinsichtlich der Faktoren Zeit und Kosten beobachten (vgl. Avineri & Prashker, 2005; Calfee & Winston, 1998; Lam & Small, 2001). Die Bedeutung der individuellen Nutzenwahrnehmung stellt Schade (2005) anhand der Ergebnisse seiner Akzeptanzstudien heraus, indem diese als der zentrale Prädiktor der Akzeptanz hervortritt. Auf dieser Grundlage und den vorliegenden Befunden bezüglich der Wirkung unterschiedlich dargestellter Informationen auf den persönlich antizipierten Nutzen werden Ansatzpunkte für Beeinflussungsmöglichkeiten gesehen. Es stellt sich die Frage, ob die im negativen Kontext angedeutete Verlustaversion auch bei anderen Formulierungsvarianten von Straßenbenutzungsgebühren beobachtbar ist. Neben den monetären Auswirkungen, die eine Bepreisung der Straßeninfrastruktur mit sich bringt, bieten die angestrebten Ziele und deren Zweck weitere Gestaltungsmöglichkeiten. Entsprechend soll im nächsten Abschnitt der Einfluss unterschiedlich dargestellter Umwelt- und Stauziele auf die Bewertung betrachtet werden.

6 Studie II – Goal Framing

Die Erwartung von Vor- und Nachteilen aus der Einführung von Straßenbenutzungsgebühren stellt eine entscheidende Determinante für deren Akzeptanz dar (Kramer, 2018; Schade, 2005). Vordergründig werden durch preispolitische Verkehrsregulierungsmaßnahmen negative Assoziationen wie Bestrafung infolge zusätzlicher Kosten oder erzwungener Verhaltensänderungen hervorgerufen statt die positiven Effekte in Form des resultierenden Nutzens deutlich werden zu lassen. Es ist zu hinterfragen, wie diese Verlustperspektive vermieden werden kann. Der gesellschaftliche Nutzen lässt sich anhand der Verbesserung der Stau- und Umweltsituation abbilden. Zu prüfen ist, ob eine differenzierte Darstellung der von Straßenbenutzungsgebühren angestrebten Ziele zu positiveren Beurteilungen führt. Zudem wird untersucht, ob im Kontext von Umwelt- und Stauproblemen unterschiedliche Wirkungen hervorgerufen werden können. Es gilt die Vermutung, dass negativ kommunizierte Konsequenzen einen stärkeren Einfluss auf Bewertungen von Gebühren für die Straßennutzung haben. Zudem ist anzunehmen, dass sich dieser Effekt im Zusammenhang mit Umweltproblemen verstärkt.

Elektronisches Zusatzmaterial Die elektronische Version dieses Kapitels enthält Zusatzmaterial, das berechtigten Benutzern zur Verfügung steht https://doi.org/10.1007/978-3-658-33302-7_6.

D. Kaniok, *Framing im Kontext von Straßenbenutzungsgebühren*, Verkehrspsychologie, https://doi.org/10.1007/978-3-658-33302-7_6

6.1 Methodik

6.1.1 Untersuchungsdurchführung

Die im Anschluss erläuterten Fragen sind Teil einer umfangreichen Untersuchung im Zusammenhang mit differenzierten Preisen für die Benutzung der Straßeninfrastruktur (Francke & Kaniok, 2013).[1] Zur Prüfung der aufgestellten Hypothesen ist ein Fragebogen entworfen und mit der Datenerhebungssoftware SoSci-Survey realisiert worden. Die Akquirierung von Versuchspersonen erfolgte über verschiedene Distributionskanäle (vgl. Abschnitt 5.1.1). Nach erfolgter Vorbefragung und Optimierung des Erhebungsinstrumentes fand die Laborstudie zwischen Mai und September 2011 in Räumlichkeiten des Institutes für Verkehrsplanung und Straßenverkehr der Technischen Universität Dresden statt.[2]

6.1.2 Erhebungsinstrument

Der erste Teil der Studie erhebt allgemeine Angaben wie die Nutzungshäufigkeit verschiedener Verkehrsmittel, die Wahrnehmung von Verkehrsproblemen und die geschätzten Mobilitätskosten. Die Operationalisierung für das Befragungsinstrument basiert in Teilen auf verschiedenen Akzeptanzbefragungen sowie eigenen Untersuchungen (vgl. Abschnitt 5.1.2). Nachdem Straßenbenutzungsgebühren als Lösungsmöglichkeit einiger existierender Verkehrsprobleme vorgestellt worden sind, folgen Fragen hinsichtlich Bekanntheit (1 – „gar nichts“ bis 5 – „sehr viel“), Erfahrung mit einer solchen Maßnahme (1 – „gar keine“ bis 5 – „sehr viel“) und deren allgemeiner Bewertung (1 – „negativ“ bis 5 – „positiv“).

Analog zur ersten Studie wird ein 2 (*Frame*) × 2 (*Domäne*) *Between Subjects-Design* herangezogen. Der Faktor *Frame* wird mittels einer positiven und einer negativen Formulierungsversion des Themas „Einführung von Straßenbenutzungsgebühren“ operationalisiert. Dieser wird mit dem Faktor *Domäne* in Form von Folgen für die Umwelt- und Stausituation gekreuzt:

- *Frame* (Faktor A [R]; 2 Faktorstufungen)
- *Domäne* (Faktor B [R]; 2 Faktorstufungen)

[1] Es werden lediglich die Aspekte erläutert, welche für die Klärung der in der vorliegenden Arbeit aufgeworfenen Forschungsfragen relevant sind.

[2] Durch die Bereitstellung finanzieller Mittel konnte den Probanden eine Aufwandsentschädigung für die Teilnahme gezahlt werden.

Die entwickelten Texte unterscheiden sich in ihren Konsequenzen für die aktuelle Umwelt- und Stauproblematik im Falle der (Nicht-) Einführung von Straßenbenutzungsgebühren. Da für die Beurteilung der folgenden Framing-Bedingungen ein gewisses Problembewusstsein für die jeweilige Domäne existent sein sollte, wurden lediglich Personen in die Stichprobe aufgenommen, die die Bereiche Umwelt und Stau in Städten mindestens als etwas problematisch eingestuft haben. Tabelle 6.1 gibt vereinfacht das Untersuchungsdesign und den Inhalt der Studie II wieder.

Tabelle 6.1 Vereinfachte Darstellung des Untersuchungsdesigns – Studie II

		Faktor A (R)	
		A 1 (Gewinn)	A 2 (Verlust)
Faktor B (R)	B 1 (Umweltbelastung)	Rückgang	Kein Rückgang
	B 2 (Stausituation)	Verbesserung	Keine Verbesserung

Im Umwelt-Gewinn-Frame wird beschrieben, dass im Falle einer Einführung von Straßenbenutzungsgebühren, Umweltprobleme wie Luftverschmutzung verursacht durch Kraftfahrzeuge zurückgehen werden. Die Umwelt-Verlust-Bedingung beinhaltet, dass Umweltprobleme ohne eine Einführung von Straßenbenutzungsgebühren nicht zurückgehen werden. Der Stau-Gewinn-Frame stellt eine Verringerung des Stauaufkommens in Aussicht, wohingegen sich in der Verlust-Bedingung das Stauaufkommen nicht verringern wird.[3]

Bei der Verwendung von Goal Framing ist die Übereinstimmung der linguistischen Komplexität des positiven und negativen Frames von großer Bedeutung, um die Ergebnisse nicht einem differenzierten Wortgebrauch zuzuschreiben (Chebat et al., 1998). Die Sätze der Verlust-Frames sind marginal länger als die der Gewinnbedingungen (Umwelt: 19 vs. 18 Wörter; Stau: 18 vs. 16 Wörter), was jedoch die Lesbarkeit und das Verständnis nicht beeinflussen sollte. Die Zuordnung der Texte zu den Probanden erfolgt randomisiert.

Nach der Präsentation der Framing-Texte erfolgt die Erhebung der Akzeptanzwerte mit der Frage, ob die Einführung einer solchen Preismaßnahme befürwortet werden würde (1 – „absolut nicht einverstanden" bis 5 – „absolut einverstanden"). Die Glaubwürdigkeit der aufgestellten Einführungskonsequenzen wird anhand eines stufenlosen Reglers mit der Frage, ob sich infolge der Einführung einer Innenstadt-Maut eine Verbesserung der Problemsituation einstellen wird, erhoben

[3]Der genaue Wortlaut der Untersuchungsbedingungen ist Anhang B.1 zu entnehmen.

(1 – „Nein, die Situation wird sich nicht verbessern“ bis 100 – „Ja, die Situation wird sich verbessern“). Der abschließende soziodemografische Fragenteil soll Einblicke in die Charakteristik der Stichprobe sowie Aufklärung zu intervenierenden Variablen bei der Wirkung der Frames erlauben.[4]

Da das Untersuchungsdesign starke Parallelen zu dem von Studie I aufweist, wird auf eine nochmalige Beschreibung der verwendeten statistischen Verfahren und deren Anwendungsvoraussetzungen verzichtet (vgl. Abschnitt 5.1.3).

6.1.3 Stichprobe

Die Stichprobe umfasst 92 Personen, von denen 48 % weiblich und 52 % männlich sind. Das Durchschnittsalter der Befragten beträgt 37,6 Jahre. Mit einem Anteil von 42 % an Hochschulabsolventen liegt ein hohes Bildungsniveau vor. Von den Probanden sind 37 % Angestellte bzw. selbstständig tätig. Es gaben 66 % der Befragten an, ein monatliches Nettohaushaltseinkommen von weniger als 2000 EUR zur Verfügung zu haben. Zum Befragungszeitpunkt befanden sich 92 % der Probanden im Besitz eines gültigen Führerscheins. Eine detaillierte Beschreibung der Stichprobe ist Tabelle 6.2 zu entnehmen.

Tabelle 6.2 Stichprobencharakteristik – Studie II

Merkmal	Anzahl (N)	Häufigkeit in %
Geschlecht		
weiblich	44	47,8
männlich	48	52,2
Alter (in Jahren)		
unter 25	27	29,3
25–29	9	9,8
30–39	24	26,1
40–49	9	9,8
50–59	11	12,0
über 59	12	13,0
Beruf		

(Fortsetzung)

[4]Die für die Arbeit relevanten Teile des Fragebogens sind Anhang B.2 zu entnehmen.

Tabelle 6.2 (Fortsetzung)

Merkmal	Anzahl (N)	Häufigkeit in %
Angestellte(r)/Selbstständige(r)	34	37,0
Schüler(in)/Student(in)/Auszubildende(r)	38	39,1
Rentner(in)	10	10,9
Arbeitssuchende(r)/Arbeitslose(r)	5	5,4
Sonstiges	7	7,6
Bildungsstand		
Hauptschule/POS (8.Klasse)	2	2,2
Mittlere Reife/Realschulabschluss (10. Klasse)	11	12,0
(Fach-)Abitur	40	43,5
(Fach-)Hochschulabschluss	39	42,4
Einkommen (EUR/Monat)		
Unter 900	35	38,1
900 bis unter 2.000	26	28,3
2.000 bis unter 2.600	11	12,0
2.600 bis unter 3.600	7	7,6
Über 3.600	5	5,4
keine Angabe	8	8,6
Gesamtstichprobe	92	100,0

6.2 Ergebnisse

6.2.1 Allgemeine Angaben

Beim Betrachten der erhobenen Daten zum Problembewusstsein wird deutlich, dass vor allem Umweltverschmutzung durch Kraftfahrzeuge, Verkehrslärm und Stau als problematisch eingestuft werden. So beurteilen 78 % der Befragten Umweltverschmutzung und 67 % Lärm zumindest „eher als Problem". Daneben wird Stau von 62 % der Befragten als bedenklich eingeschätzt (vgl. Abbildung 6.1). Von den genannten Problemen fühlen sich 71 %, 69 % bzw. 33 % der Probanden persönlich betroffen. Die Bewertung der Verkehrsinfrastruktur fällt moderat aus. Lediglich das Angebot im öffentlichen Personennahverkehr wird als eher unproblematisch beurteilt.

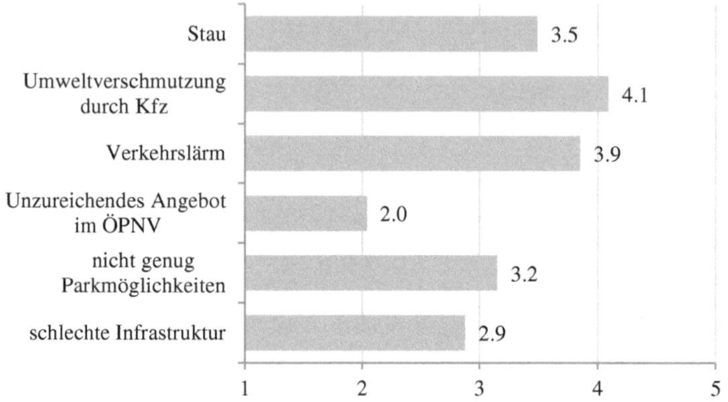

Abbildung 6.1 Problembewusstsein (M) – Studie II

Die Befunde zur Bekanntheit von Straßenbenutzungsgebühren als Lösungsmöglichkeit innerstädtischer Verkehrsprobleme zeigen, dass 82 % schon etwas darüber gehört haben ($M = 3{,}23$; $SD = 1{,}392$). Von den Versuchspersonen geben knapp 60 % an, noch keine persönlichen Erfahrungen mit einer solchen Maßnahme gemacht zu haben ($M = 1{,}95$; $SD = 1{,}370$). Bei 22 % bzw. 42 % der Befragten wird eine neutrale bis leicht positive Bewertung sichtbar ($M = 3{,}03$; $SD = 1{,}394$). Die Beurteilungen der Personen im Alter zwischen 40 und 49 Jahren fallen am negativsten aus. Diese Altersgruppe hat darüber hinaus die wenigsten Erfahrungen mit Straßenbenutzungsgebühren sowie den geringsten Wissensstand zum Thema.[5]

Bezüglich der Pkw-Nutzung zeigt sich, dass 70 % der Befragten an mindestens einem Tag der Woche den Pkw nutzen. Im Mittel liegen die monatlichen variablen Kosten für den Pkw bei 150,66 EUR ($SD = 114{,}37$). Die jährlich anfallenden fixen Kosten werden auf durchschnittlich 1059,49 EUR ($SD = 879{,}96$) geschätzt.

6.2.2 Goal Framing

Die Auswirkungen der vier Untersuchungsbedingungen auf die Akzeptanz der vorgestellten Maßnahmen werden in Abbildung 6.2 anhand der Mittelwerte dargestellt. Generell wird ersichtlich, dass bei kommunizierten Umweltzielen

[5]Der Unterschied zwischen den Altersgruppen erweist sich hinsichtlich Wissen, $F(5{,}86) = 6{,}097$; $p = {,}005$ und Bewertung, $F(5{,}86) = 6{,}484$; $p = {,}003$ als signifikant.

der Einführung von Gebühren für die Straßennutzung eher zugestimmt wird als bei angestrebten Stauzielen. Die höchsten Zustimmungsraten erhält die Maßnahme zur Verbesserung der Umweltsituation infolge einer Implementierung. Darüber hinaus ist zu erkennen, dass in der Umweltbedingung ein Gewinn-Frame zu höheren Akzeptanzwerten im Vergleich zum Verlust-Frame führt. In der Staubedingung zeigen sich höhere Akzeptanzwerte bei negativer Darstellung.

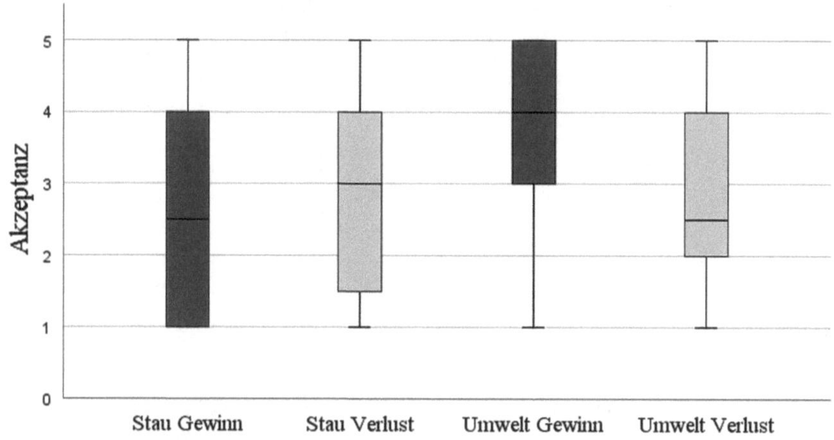

Abbildung 6.2 Wirkung der Frames auf die Akzeptanz (Boxplot) – Studie II

Zur Prüfung der aufgestellten Hypothesen werden je nach Anwendungsvoraussetzung die entsprechenden inferenzstatistischen Verfahren herangezogen. Die Abweichung von der Normalverteilung, die der Kolmogorov-Smirnov-Test angibt, kann aufgrund der Robustheit der Varianzanalyse vernachlässigt werden (vgl. Abschnitt 5.1.3). Der Levene-Test lässt Varianzhomogenität erkennen, weshalb eine zweifaktorielle Varianzanalyse zur Anwendung kommt. Es zeigt sich ein nicht signifikanter Haupteffekt des Faktors *Frame* auf die Akzeptanz, $F(1, 188) = 0{,}505$; $p = {,}479$. Ein ähnliches Bild wird für den Faktor *Domäne* erkennbar, $F(1, 188) = 0{,}965$; $p = {,}329$. Darüber hinaus ist kein Interaktionseffekt festzustellen, $F(1, 188) = 2{,}581$, $p = {,}112$ (vgl. Anhang B.3).

Die deskriptiven Ergebnisse hinsichtlich der Glaubwürdigkeit bestätigen die zur Akzeptanz (vgl. Abbildung 6.3). In der Umweltbedingung glauben die Probanden eher bei Konfrontation mit dem positiven Frame, dass sich die Situation verbessern wird. In der Staubedingung ruft der negativ dargestellte Sachverhalt eine höhere Glaubwürdigkeit hervor.

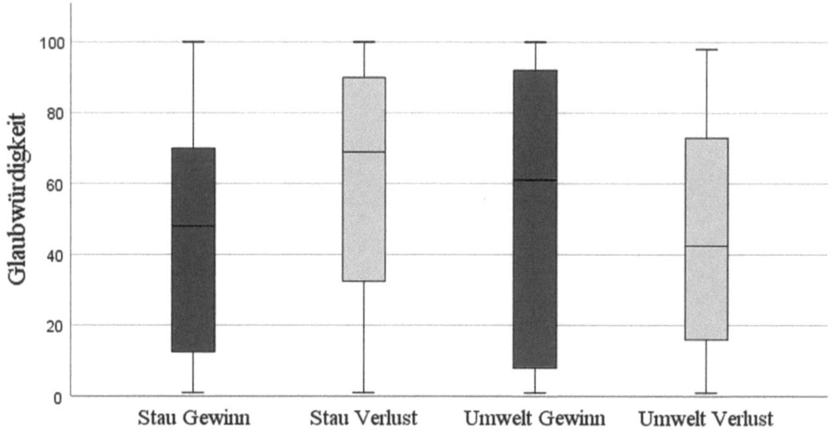

Abbildung 6.3 Wirkung der Frames auf die Glaubwürdigkeit (Boxplot) – Studie II

Bei der Untersuchung der Glaubwürdigkeit weist der Kolmogorov-Smirnov-Test nicht-normalverteilte Daten aus, was erneut zu vernachlässigen ist. Der Levene-Test gibt homogene Varianzen an. Somit kommt die zweifaktorielle Varianzanalyse zur Anwendung, die sowohl für den Faktor *Frame*, $F(1, 68) = 0{,}195$; $p = {,}660$, als auch für den Faktor *Domäne*, $F(1, 68) = 0{,}231$; $p = {,}632$, nicht signifikante Haupteffekte feststellt. Es liegt kein Interaktionseffekt vor, $F(1, 68) = 1{,}664$; $p = {,}204$ (vgl. Anhang B.4).

Um den potentiell störenden Einfluss der allgemeinen Bewertung zu kontrollieren, wird diese als Kovariate in die Analyse einbezogen. Deskriptiv ist zu erkennen, dass Personen mit einer negativen Einstellung gegenüber Straßenbenutzungsgebühren von den Frames nahezu unbeeindruckt bleiben. Bei Probanden mit positiven Bewertungswerten ruft ein Gewinn-Frame bessere Akzeptanzwerte hervor im Vergleich zur negativen Darstellung des Sachverhaltes (vgl. Abbildung 6.4).[6]

[6]Zur grafischen Verdeutlichung werden unter Zuhilfenahme des Medians Extremgruppen gebildet ($x_{Med} = 3$). Es finden ausschließlich Probanden Berücksichtigung, die bezüglich der unabhängigen Variable „allgemeine Bewertung" hohe bzw. niedrige Ausprägungen vorweisen. Personen, die eine Bewertung von weniger als drei angegeben haben, werden der Gruppe

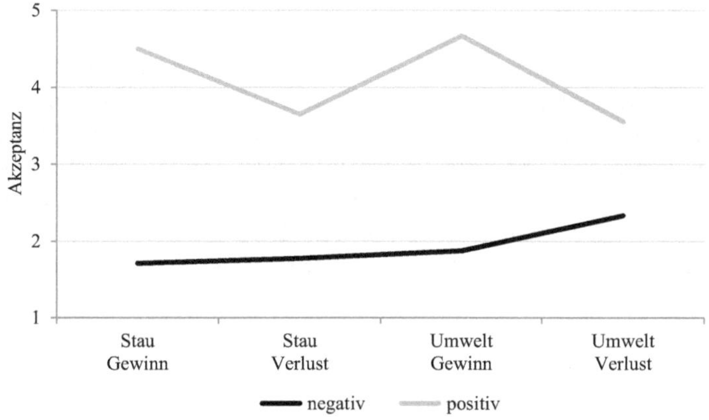

Abbildung 6.4 Wirkung der Bewertung auf die Akzeptanz unter Frame-Bedingungen (M) – Studie II

Die Varianzanalyse ergibt einen generellen Einfluss der Bewertung auf die Akzeptanz, $F(1, 87) = 82{,}560$; $p <{,}001$. Je positiver eine Maßnahme bewertet wird, desto häufiger sind Probanden mit einer Einführung einverstanden. Die Analyse der Akzeptanzwerte unter Verwendung der Bewertung als Kovariate bringt hervor, dass diese weder die Wirkung des Faktors *Frame*, $F(1, 87) = 2{,}454$; $p = {,}121$, noch die des Faktors *Abweichung*, $F(1, 87) = 2{,}062$; $p = {,}155$, bedeutsam beeinflusst. Auch Wechselwirkungen liegen keine vor, $F(1, 87) = 1{,}445$; $p = {,}233$ (vgl. Anhang B.5).

Die Prüfung des Einflusses weiterer intervenierender Variablen führt zu dem Ergebnis, dass Wissen, $F(1; 87) = 4{,}335$; $p = {,}040$, und Alter, $F(1; 87) = 6{,}238$; $p = {,}014$, einen statistisch bedeutsamen Einfluss auf die Akzeptanz haben. Personen, die über mehr Wissen über Straßenbenutzungsgebühren verfügen, bewerten diese positiver. Darüber hinaus befürworten jüngere Menschen eine Einführung dieser Gebührenmaßnahme eher als ältere. Die Wirkung der Frames unter Berücksichtigung der Kovariaten bleibt unbeeinflusst. Weitere Variablen wie Geschlecht, Bildung und Betroffenheit wurden geprüft, erbrachten jedoch keine bedeutsamen Ergebnisse.

---

negativ (36 %), und diejenigen, mit einem Wert größer als drei, der Gruppe positiv (42 %) zugeordnet.

6.3 Diskussion

Zentrales Ziel der durchgeführten Laborstudie war die Wirkungsanalyse verschiedenartig dargestellter Handlungskonsequenzen in Folge der Einführung von Straßenbenutzungsgebühren hinsichtlich ihrer Beurteilung. Zudem wurde geprüft, ob Goal Framing im Kontext von Umwelt- und Stauproblemen unterschiedlich starke Effekte hervorruft. Es war anzunehmen, dass negativ kommunizierte Konsequenzen einen stärkeren Einfluss auf die Bewertung von Gebühren für die Straßennutzung haben und dass sich dieser Effekt im Zusammenhang mit Umweltproblemen verstärkt.

6.3.1 Allgemeine Angaben

Auch in dieser Untersuchung bestätigt sich das starke *Bewusstsein für verschiedene verkehrs- und umweltbezogene Probleme.* Während in Studie I eine unzureichende Anzahl an Parkplätzen als schwerwiegendstes Problem eingestuft worden ist, können hier durch Kraftfahrzeuge verursachte Umweltverschmutzung gefolgt von Verkehrslärm und Stau als zentrale Probleme bezeichnet werden. In Industriestaaten weist ein Großteil der Menschen ein mehr oder weniger stark ausgeprägtes Umweltbewusstsein auf und strebt an, sich umweltfreundlich zu verhalten. Die Ursachen für dieses Verhalten reichen von vorgegebenen gesellschaftlichen Normen bis hin zu eigenen Moralvorstellungen (Bolderdijk, 2011). Vordergründig werden altruistische Motive hinter umweltbewusstem Handeln gesehen (Tu, Kao & Tu, 2013). Auch in Deutschland ist die Thematik des Umweltschutzes zunehmend von Bedeutung. Für jeden fünften Bundesbürger zählen Umwelt- und Klimaschutz zu den wichtigsten Problemfeldern des Landes. Die Umweltbewusstseinsstudie 2016 (UBA, 2017) zeigt, dass umweltfördernde Konzepte in der Bevölkerung auf eine breite Akzeptanz stoßen und diese insbesondere von der Politik zur Bewältigung von Umweltproblemen erwartet werden. Allerdings weist Schade (2005) darauf hin, dass die auftretenden Verkehrs- und Umweltprobleme vom Großteil der in mittleren und größeren europäischen Städten lebenden Menschen zwar wahrgenommen werden, dies jedoch keine Garantie für eine positive Bewertung restriktiver Lösungsmaßnahmen sei. Vielmehr trägt das subjektive Wissen zur Maßnahme via der Nutzenerwartung positiv zur Akzeptanz bei. Je höher dieses ist, desto eher werden zu erwartende Vorteile erkannt. Der positive Zusammenhang des Problembewusstseins mit der allgemeinen Beurteilung der Maßnahme lässt sich lediglich bezüglich des Verkehrslärms bestätigen. Personen, die diesen als problematisch einstufen, bewerten Straßenbenutzungsgebühren als Instrument zur Bewältigung von Verkehrsproblemen besser.

Die *allgemeinen Beurteilungen* fallen moderat mit einer leicht positiven Tendenz aus, was sich konträr zu den in der Literatur auffindbaren Befunden darstellt (vgl. Abschnitt 2.6.3; Kramer, 2018; Schade, 2005). Möglicherweise bildet sich zunehmend das Bedürfnis nach Veränderung der Verkehrs- und Umweltsituation heraus, indem selbst preispolitischen Maßnahmen zugestimmt wird. Ob den Befragten die Tragweite einer solchen Maßnahme bewusst ist, bleibt offen. Zu berücksichtigen ist die aufgrund der Untersuchungsdurchführung selektive Stichprobe. Möglicherweise nehmen an Verkehrsbefragungen im universitären Kontext vermehrt Befürworter von Maßnahmen zur Förderung von umweltgerechtem Verkehrsverhalten teil.

Der Großteil der Versuchsteilnehmer in der vorliegenden Studie gibt an, von Straßenbenutzungsgebühren als effektive Maßnahme zur Lösung von Verkehrsproblemen schon etwas gehört zu haben. Somit ist eine wichtige Voraussetzung für umweltfreundliches Handeln und die Akzeptanz von umweltfördernden Maßnahmen gegeben (Kiell & Müller-Peters, 1999; Prose, 1994; Tu, Kao & Tu, 2013). Der positive und hoch signifikante Zusammenhang zwischen der Beurteilung und dem Wissen sowie der Bildung kann hier bestätigt werden.

6.3.2 Auswirkungen des Goal Framings

Generell führt die Präsentation von Umweltzielen zu höheren Akzeptanzwerten bezüglich der Einführung von Gebühren für die Straßennutzung als die von Stauzielen. Möglicherweise geht dies mit der stärkeren Wahrnehmung von Umweltproblemen im Vergleich zu Stau einher. Nicht zuletzt zeigt die aktuelle Umweltbewusstseinsstudie (UBA, 2016), dass in der deutschen Bevölkerung ein starkes Bedürfnis nach einer Bewältigung von Problemen in diesem Bereich herrscht.

Bewertung und Glaubwürdigkeit

Eine Betrachtung der deskriptiven Befunde zur Wirkung des Faktors *Frame* legt nahe, dass positiv dargestellte Informationen unter der *Umweltbedingung* zu einer höheren Akzeptanz im Vergleich zum Negativfokus führen. Gestützt wird dies durch eine höhere Glaubwürdigkeit, indem Probanden unter dieser Bedingung stärker davon überzeugt sind, dass sich im Falle der Einführung von Straßenbenutzungsgebühren in Städten durch Kraftfahrzeuge verursachte Umweltprobleme wie Luftverschmutzung und Lärm verringern. Diese Tendenzen können mit den Befunden zahlreicher Studien belegt werden, in denen positiv gerahmte Sachverhalte bessere Bewertungen induzieren (vgl. Levin et al., 1998). Tu, Kao und Tu (2013) schreiben, dass im Konsumbereich mittels positiver Frames Emotionen hervorgerufen werden, die mit besseren Bewertungen hinsichtlich der Werbewirksamkeit, Glaubwürdigkeit und Markeneinstellung einhergehen. Bei Detweiler und Kollegen (1999) führen die Vorteile bei Nutzung einer Sonnenbrille zu stärkeren Gebrauchsabsichten als die Präsentation der Nachteile bei Nicht-Gebrauch. Auch im medizinischen Bereich werden bei Präventionsmaßnahmen aufgrund der größeren Überzeugungskraft positive Formulierungen empfohlen (O'Keefe, 2011; Updegraff, Rothman & Salovey, 2012). Es soll der Erhalt des Status quo im Sinne des positiven Gesundheitszustandes angestrebt werden. Übertragen auf den vorliegenden Sachverhalt würden Straßenbenutzungsgebühren in Bezug auf Umweltwirkungen als eine Art vorbeugende Maßnahme gesehen werden. Als Referenzpunkt gilt die Situation ohne Umweltbelastung und die positive Formulierung forciert das Aufrechterhalten dieses Zustandes. Wird allerdings das von den Befragten wahrgenommene umweltbezogene Problembewusstsein herangezogen, ist der Zustand eher als problematisch zu bewerten und diese Analogie hinfällig. Vielmehr soll mittels Anwendung von positiven Frames eine Verbesserung des Status quo forciert werden. Bessere Bewertungen von umweltfreundlichen Produkten infolge der Konfrontation mit positiven Frames ließen sich beispielsweise bei den Untersuchungen von Tu, Kao und Tu (2013) nachweisen. Diese Art der Darstellung legt den Fokus auf Gewinne und ist für den Betrachter einfacher zugänglich. Bei gegebenem Sachverhalt soll sich die als kritisch beurteilte Umweltsituation verbessern und ist nicht mit Situationen im medizinischen Bereich zu vergleichen, die Verlustvermeidung anstreben (vgl. Meyerowitz & Chaiken, 1987; Rothman & Salovey, 1997). Die tendenziell bessere Wirksamkeit des positiven Frames kann anhand einer einfacheren Vorstellbarkeit positiver Konsequenzen im Falle der Einführung von Straßenbenutzungsgebühren erklärt werden (Chang, 2008). Speziell bei Innovationen oder neuen Technologien sind negative Folgen bei Nicht-Durchsetzung schwer vorstellbar.

Im Kontext von *Stau* zeigen sich interessanterweise konträre Tendenzen. Hier ließen sich im Verlust-Frame höhere Akzeptanzwerte beobachten und es wurde glaubhafter eingeschätzt, dass sich ohne die Einführung von Straßenbenutzungsgebühren in Städten die Verkehrssituation nicht verbessern und das Stauaufkommen nicht verringern wird. Dies entspricht den Ergebnissen von Meyerowitz und Chaiken im medizinischen Bereich (1987). Wird deren Argumentation gefolgt, liegt im negativen Frame der Referenzpunkt auf der Stausituation. Da eine Verbesserung angestrebt wird, folgen hier stärker Handlungsabsichten bzw. wie im vorliegenden Fall höhere Akzeptanzwerte als im Gewinn-Frame. Zudem wird erneut auf die Negativitätsverzerrung verwiesen, wonach negative Nachrichten eine stärkere (verhaltens-) beeinflussende Wirkung im Vergleich zu positiven Informationen haben (Levin et al., 1998; Rozin & Royzman, 2001).

Die beschriebenen Tendenzen lassen sich nicht anhand von Signifikanzen belegen. Zum einen bleiben die postulierten Effekte hinsichtlich der Verwendung des Faktors *Frame* aus. Die angedeuteten Differenzen in den Bewertungen zwischen den Framing-Bedingungen variieren nicht bedeutsam. Ferner liegen keine signifikanten Unterschiede zwischen den Problemdomänen vor, womit die aufgestellten Hypothesen abzulehnen sind. Die Tatsache, dass Goal Framing in der Literatur in seiner Wirkung eher schwach eingestuft wird und somit häufig Effekte ausbleiben, bestätigt sich in den vorliegenden Befunden (vgl. Lauriola et al., 2005; Levin et al., 1998). Im Kontext von Straßenbenutzungsgebühren und zur Mobilitätsbeeinflussung ist der verwendete Frame möglicherweise nicht dominant genug, um bei differenzierter Darstellung einstellungs- oder verhaltensbeeinflussend zu wirken.[7]

Mögliche Ursachen für die ausbleibenden Effekte

Bei der Ursachenforschung für die ausbleibenden Effekte wurde ersichtlich, dass ein großer Anteil der Goal Framing-Studien thematisch im medizinischen Bereich zu finden ist. Forciert wird hierbei, die Einstellung von schützenden, präventiven und gesundheitserhaltenden Maßnahmen zu verbessern, um letztlich deren Nutzungsabsicht zu erhöhen. Bei der Verwendung von Sonnencreme oder dem Abtasten der Brust liegt ein starker Bezug zur eigenen Gesundheit in Form von Hautkrebsprävention oder Früherkennung von Brustkrebs vor. Im Vergleich dazu ist die positive Auswirkung auf die Umwelt- oder Stausituation, die eine verhaltensbeeinflussende Maßnahme wie Straßenbenutzungsgebühren induziert, stark gesellschaftsbezogen. So wird beispielsweise der Klimawandel als soziales Dilemma angesehen und die Absicht, Umweltschäden durch individuelle Verhaltensänderungen im Sinne von reduziertem Autogebrauch zu verringern, ist tendenziell schwach ausgeprägt (Avineri & Waygood, 2012, S. 6; Lindenberg & Steg, 2007). Darüber hinaus liegen im Zusammenhang mit der Umwelt intertemporale Entscheidungen vor und Handlungen erfolgen losgelöst von Konsequenzen (vgl. Pfister et al., 2017, S. 64 f.). Umweltwirkungen sind im Vorfeld schwer greif- und abschätzbar sowie kaum langfristig im Sinne der Zuschreibung messbar. Zwar lässt sich mit der

[7]Eine weiterführende Studie zum Nutzungsverhalten des öffentlichen Personennahverkehrs brachte zwar hinsichtlich der Wirkung von Goal Framing bei positiven Konsequenzen für die Umwelt, die eine häufigere Benutzung des öffentlichen Personennahverkehrs mit sich bringen, stärkere Nutzungsabsichten hervor (weitestgehend identisch gestaltetes Umweltszenario wie in Studie II). Die Befunde konnten jedoch nicht anhand von statistischen Signifikanzen bestätigt werden.

Thematik des Klimawandels mit all seinen Facetten in der Öffentlichkeit Aufmerksamkeit erregen und überwiegend Unterstützung hervorrufen, allerdings liegt oft Unkenntnis über die Ursachen und Wirkungsmechanismen vor. So wird häufig das Mitwirken von Kraftfahrzeugen am Klimawandel hinterfragt oder auch abgelehnt (Morris & Bird, 2006, S. 47). Aufgrund der mangelnden Zuschreibung der Umweltprobleme zum Straßenverkehr ist die effektive Anwendung von Frames in diesem Kontext zu hinterfragen (vgl. Abschnitt 5.3.2). Des Weiteren kann die Wirkung von Goal Framing abgeschwächt oder eliminiert werden, wenn dem beschriebenen Sachverhalt ein geringes Gefahrenpotential oder eine niedrige Eintrittswahrscheinlichkeit beigemessen wird (Levin et al., 1998; Rothman & Salovey, 1997). Zwar liegt ein durchaus hohes Bewusstsein für Verkehrsprobleme wie Umwelt- und Lärmbelastung durch Kraftfahrzeuge sowie Stau vor, aber die Notwendigkeit der Lösung mittels einer restriktiven Maßnahme scheint nicht gegeben. Aus der Verhaltensforschung ist bekannt, dass erst eine Verhaltensveränderung in Betracht gezogen wird, wenn die negativen Konsequenzen beim Erhalt des Status quo als schwerwiegend erachtet werden (Prose, 1994; Rogers, 1983). Wie auch in Studie I kann argumentiert werden, dass Themen mit starkem persönlichem Bezug weniger anfällig für Frames sind. Die gerahmten Informationen erhalten kein oder ein sehr geringes Gewicht und können ihre Wirkung nicht entfalten. Des Weiteren existieren bei bedeutsamen Themen häufig im Vorfeld gefestigte Meinungen und die Informationen der Frames haben keine persuasive Wirkung (Jacks & Devine, 2000; Lecheler et al., 2009; Levin et al., 1998). Zudem sind Einstellungen zu persönlich relevanten Informationen resistenter gegenüber beeinflussenden Faktoren (Jacks & Devine, 2000).

Es wird weiter angemerkt, dass die semantische Beeinflussung in ihrer Wirkungsweise teilweise schwer nachvollziehbar ist, da bei der Darstellung verschiedene Aspekte variiert werden. So kann das zu bewertende Verhalten bzw. Nicht-Verhalten im Sinne der (Nicht-) Nutzung oder die damit einhergehenden positiven oder negativen Konsequenzen ausschlaggebend für die Beurteilung sein. Levin und Kollegen (1998) machen deutlich, dass bereits einfache linguistische Variationen die Wirksamkeit und Stärke der Goal Framing-Effekte beeinflussen. So ist möglicherweise eine alternative Terminologie statt der verwendeten einfachen Negation effektiver. Denkbar ist ein Ersetzen im negativen Umwelt-Frame von „Umweltprobleme werden sich nicht verringern“ durch „Umweltprobleme werden weiterhin bestehen“. Es ist weiterhin zu berücksichtigen, dass im Vergleich zu den anderen Framing-Kategorien beim Goal Framing die unterschiedlich dargestellten Inhalte anders zu bewerten sind. Der präsentierte Inhalt erhält bereits eine Wertigkeit und der Frame strebt eine Verstärkung der Überzeugungskraft an.[8] Im medizinischen Bereich rufen die propagierten Präventionsmaßnahmen grundsätzlich positive Assoziationen hervor bzw. werden positive Konsequenzen erwartet (O'Keefe, 2011; Updegraff, Rothman & Salovey, 2012). Übertragen bedeutet dies, dass eine Implementierung von Straßenbenutzungsgebühren ebendiese positiven Gedanken in Form von Verbesserungen der Umwelt- und Stausituation hervorrufen sollte. Die Angaben zur Bewertung sowie zur Glaubwürdigkeit stellen dies in Frage und die Grundlage für die Effektivität der unterschiedlichen Formulierungen ist nicht gegeben. Des Weiteren ist zu berücksichtigen, dass die Operationalisierung der Wirkung der Frames bei einem großen Anteil der Goal Framing-Studien durch konkretes Verhalten oder Verhaltensintentionen erfolgt ist (vgl. Levin et al., 1998; Meyerowitz & Chaiken, 1987). In der vorliegenden Studie wurde die Akzeptanz im Sinne der Zustimmung zur Implementierung erhoben. Zwar impliziert der Akzeptanzbegriff die Äußerung der Bereitschaft, sich „im Sinne von road pricing" zu verhalten, aber es liegt dennoch eine Einstellung vor. Möglicherweise erzielt das Erheben von Verhaltensintentionen andere Resultate.

Letztlich ist zu bedenken, dass es sich bei der durchgeführten Studie um ein Laborexperiment handelt. Dem Vorteil der hohen internen Validität stehen die Unnatürlichkeit der Untersuchungsbedingungen und die Schwierigkeit der Übertragbarkeit der Ergebnisse auf die Realität gegenüber (Bortz & Döring, 2006). Analog zu Studie I kann bei einem stärkeren Realitätsbezug im Falle der tatsächlichen Einführung von Straßenbenutzungsgebühren mit einer verhaltensbeeinflussenden Wirkung von Frames gerechnet werden. Weitere mögliche Ursachen für das Ausbleiben des Framing-Effektes können Abschnitt 5.3.2 entnommen werden.

Die im Folgenden beschriebenen Studien untersuchen die Wirkungsweise des dritten Framing-Typs der Kategorisierung von Levin und Kollegen (1998). Aufgrund der Effektstärke des Risky Choice Framings und der zahlreichen Studien in anderen Bereichen mit positiven Befunden sind Beeinflussungsmöglichkeiten im Umgang mit Straßenbenutzungsgebühren zu erwarten.

[8]Beispielsweise erfolgt die Bewertung beim Attribute Framing ausschließlich durch den Betrachter.

7 Studien III.I & III.II – Risky Choice Framing

Dieses Kapitel widmet sich der Wirkung des Risky Choice Framings im Kontext von Routenwahlentscheidungen unter Berücksichtigung von Zeit- und Kosteninformationen. Obwohl sich der „klassische" Framing-Effekt in zahlreichen Studien in Form von intendierter Einstellungs- und Verhaltensbeeinflussung gezeigt hat, blieben Untersuchungen im Verkehrsbereich bisher verhalten (vgl. Kühberger, 1998; Levin et al., 1998). Der hierbei zentrale Aspekt der Unsicherheit spielt auch beim Entscheidungsverhalten hinsichtlich der zu erwartenden Reise- oder Ankunftszeit sowie anfallenden Kosten eine wesentliche Rolle. Ebendiese Faktoren sind in Form von Kosten- und Nutzenerwartungen entscheidende Determinanten der Akzeptanz von Straßenbenutzungsgebühren (vgl. Kramer, 2018; Schade, 2005). Es ist anzunehmen, dass bei der Verwendung von Frames im Kontext entscheidungsrelevanter Zeit- und Kosteninformationen verhaltenswirksame Prozesse angeregt werden, die unterschiedliche Routenwahlentscheidungen hervorrufen. Aufgrund der Komplexität des Themas erfolgt in einer ersten Studie lediglich die Berücksichtigung des Zeitaspektes. Der Fokus dieses reduzierten Ansatzes liegt auf der Darstellung der Informationen als Zeitverlusten und -gewinnen, die sich in ihrer Unsicherheitsausprägung unterscheiden. Bei der Präsentation von drohenden Zeiteinbußen ist infolge von Verlustangst vielmehr von Verhaltensänderungen auszugehen als bei positiver Darstellung des Sachverhaltes in Form von in Aussicht gestellten Zeiteinsparungen.

Elektronisches Zusatzmaterial Die elektronische Version dieses Kapitels enthält Zusatzmaterial, das berechtigten Benutzern zur Verfügung steht https://doi.org/10.1007/978-3-658-33302-7_7.

D. Kaniok, *Framing im Kontext von Straßenbenutzungsgebühren*, Verkehrspsychologie, https://doi.org/10.1007/978-3-658-33302-7_7

Auf den Resultaten aufbauend, wird eine zweite Untersuchung dokumentiert, die zusätzlich kostenrelevante Faktoren einer Fahrt berücksichtigt. Es ist zu prüfen, ob die unterschiedliche Formulierung eines der Ziele von Straßenbenutzungsgebühren – Zeiteinsparung durch gezielte Nachfragesteuerung – beeinflussend auf die Beurteilung und die Nutzungsabsicht von bepreisten Streckenabschnitten wirkt. Erwartete Vorteile in Form von reduzierten Reisezeiten sollten Straßenbenutzungsgebühren auf allen Bewertungsdimensionen positiver erscheinen lassen. Wird dieser individuelle Nutzen in differenzierter Art und Weise dargestellt, gilt die Vermutung, dass positive Beurteilungen und Nutzungsabsichten kostenpflichtiger Spuren eher mit der Vermeidung von Zeitverlusten als mit der Erzielung von Zeitgewinnen einhergehen.

7.1 Studie III.I

7.1.1 Methodik

7.1.1.1 Untersuchungsdurchführung

Der Ansatz der folgenden Studie entstand aus dem DFG-Projekt *Aufwandsschwellen und Aufwandsbewertungen in der Verkehrsnachfragemodellierung des Personenverkehrs.*[1] Die interdiziplinäre Zusammenarbeit verschiedener Fachrichtungen fokussiert die Wahrnehmung von auftretenden marginalen Aufwänden und Aufwandsunterschieden bei Reisezeiten und -kosten, denen Verkehrsteilnehmer bei Wahlentscheidungen gegenüberstehen. Die gewonnenen Erkenntnisse bezüglich der Perzeption und Bewertung von Routeninformationen sollen unter anderem bei technologischen Weiterentwicklungen von Navigationssystemen und Routenplanern Berücksichtigung finden. Die vorliegende Studie untersucht die Wirkung unterschiedlich dargestellter Reiseinformationen, um mittels gezielter Verhaltenssteuerung zur Verbesserung der Reiseeffizienz und Mobilität beizutragen. Im Speziellen wird geprüft, ob sich die Befunde hinsichtlich der Wirkung des Risky Choice Framings beim Umgang mit Zeitinformationen auf Routenwahlentscheidungen übertragen lassen. Darüber hinaus ist die Wirksamkeit eines herangezogenen Attribute Frames zu prüfen.

Um Routenwahlentscheidungen zu simulieren, kommt in der vorliegenden Studie ein *Stated Preference*-Experiment mit hypothetischen, jedoch möglichst realistischen Entscheidungsszenarien zur Anwendung. Es werden in erster Linie

[1]Das beschriebene Befragungsinstrument ist eigenständig in Zusammenarbeit mit einer Diplomandin entwickelt worden (Geyer, 2013).

situative Routenwahlen dargestellt, um verschiedene Entscheidungsmomente an einzelnen Wegpunkten im Fahrverlauf abbilden zu können, die vom Fahrer infolge veränderter Verkehrslagen Verhaltensanpassungen erfordern. Zur Spezifizierung des Untersuchungsdesigns galt es, die Wahlmöglichkeiten zu identifizieren, die relevanten Eigenschaften auszuwählen, die Anzahl der Ausprägungen und der Ausprägungsniveaus zu bestimmen sowie den Versuchsplan zu erstellen. Analog zu den vorherigen Studien ist zur Überprüfung der Verständlichkeit und Eindeutigkeit der Fragestellungen ein Pre-Test durchgeführt worden. Die Erhebung der Daten erfolgte zur Erzielung einer möglichst großen Stichprobe online.[2] Probanden wurden über verschiedene Kanäle wie dem E-Mail-Verteiler der Technischen Universität Dresden oder eine persönliche Ansprache akquiriert, wobei eine Untersuchung zum Thema Routenwahlentscheidungen und alltäglichen Situationen im Straßenverkehr angekündigt worden ist.[3]

7.1.1.2 Erhebungsinstrument

Ausgangspunkt für die Entwicklung des Erhebungsinstrumentes sind insbesondere Forschungsergebnisse zu Routenwahlentscheidungen, Entscheidungen unter Risiko und Unsicherheit sowie der Wirkung des Risky Choice Framings (vgl. Avineri & Bovy, 2008; Douma et al., 2005; Gao et al., 2010; Katsikopoulos et al., 2000, 2002; Lam & Small, 2001; Levin et al., 1998; Tversky & Kahneman, 1981; Xu et al., 2011). Der Fragebogen setzt sich im Wesentlichen aus drei Teilen zusammen. Nach einer einleitenden Situationsbeschreibung erfolgt als Kern der Befragung die Konfrontation mit sechs Routenwahlentscheidungen.[4] Die anschließenden Abschnitte sind für jeden Versuchsteilnehmer identisch. Die Probanden erhalten Fragen zur gezielten Reflexion der getroffenen Entscheidungen. Zudem wird das Fragebogenmaß nach Betsch (2004, 2005) „Präferenz für Intuition und Deliberation“ herangezogen. Der Fragebogen schließt mit der Erhebung soziodemografischer Daten.

Die Bearbeitungsdauer beträgt in etwa 15 Minuten. Die detaillierte Vorgehensweise bei der Konzeption, insbesondere der Entscheidungsszenarien, wird im Folgenden beschrieben. Eine Fragebogenvariante befindet sich in exemplarischer Form in Anhang C.1.

---

[2] https://www.soscisurvey.de

[3] Die Befragung fand im April 2013 statt.

[4] Es sind aufgrund der Befürchtung von habituierten Entscheidungen im zeitlichen Verlauf lediglich sechs Entscheidungssituationen gewählt worden.

Erster Abschnitt – Routenwahlentscheidungen

Zunächst werden die Teilnehmer in eine hypothetische Situation im Straßenverkehr – eine Autofahrt mit eingeschaltetem Navigationssystem zu einem Zielort B – versetzt. Das System zeigt an verschiedenen Wegpunkten an die Verkehrssituation angepasste verbleibende Reisezeiten. Die Probanden werden jeweils mit zwei Routenoptionen konfrontiert, die eine Entscheidung mit dem Ziel der Reisezeitminimierung erfordern. Zum besseren Verständnis und stärkerem Realitätsbezug ist ein Navigationsgerät abgebildet, welches die Entscheidungsoptionen visualisiert (vgl. Abbildung 7.1). Die konstruierten Szenarien verlangen von den Probanden individuelle, in Bezug auf die eigene Person bezogene Entscheidungen, deren Konsequenzen selbst zu tragen sind. Es ist eine Wahl zwischen einer Referenzroute und einer Alternativroute mit sicheren oder unsicheren Zeitabweichungen zu treffen, die sich in ihren Erwartungswerten entsprechen.[5] Es wird ein Konflikt zwischen einer sicheren mittleren Zeitabweichung und einer unsicheren gegebenenfalls größeren bzw. kleineren zeitlichen Abweichung provoziert. Die mit Unsicherheit belegte Alternative ermöglicht somit eine höhere Zeiteinsparung oder aber keine Einsparung bzw. keinen Zeitverlust oder aber eine höhere Zeiteinbuße.

Ihre Reisezeit beträgt 120 min. Ihr Navigationsgerät reagiert auf die aktuelle Verkehrssituation, da die angekündigte Vollsperrung auf Ihrer Strecke komplett aufgehoben wurde. Es berechnet die verbleibende Reisezeit neu und schlägt Ihnen eine Alternative vor.

Vor dem Hintergrund, Ihre Reisezeit minimieren zu wollen – welche Option wählen Sie?

- o Bleiben Sie auf der bisherigen Strecke, verringert sich Ihre Fahrzeit unter günstigen Umständen um bis zu 80 min, unter ungünstigen Umständen verkürzt sie sich nicht.
- o Wechseln Sie die Route, verkürzt sich Ihre Fahrzeit um 40 min.

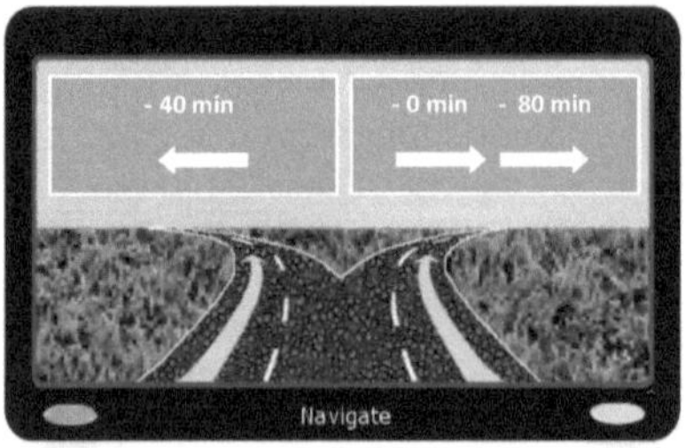

Abbildung 7.1 Visualisierung der Routenwahlentscheidung A1B1C1 – Studie III.I

[5]Die Reihenfolge der zwei Routenalternativen erfolgt randomisiert.

Um eine breite Datenvielfalt und hohe Validität der Ergebnisse zu gewährleisten, wird die Höhe der erwarteten Reisezeiten sowie der Zeitabweichungen, ob es sich um Zeitgewinne oder -verluste handelt und ob die bisher genutzte oder die alternative Strecke mit unsicheren Konsequenzen verbunden ist, variiert. Der Versuchsplan in Tabelle 7.1 definiert die Kombinationen der Ausprägungen der Entscheidungsvariablen über alle Entscheidungssituationen. Obwohl ein partieller Versuchsplan die Orthogonalität herabsetzt, konzentriert sich die Studie zur Erhöhung des Realitätsgehaltes auf die für die Entscheidungsmodellierung und Parameterschätzung vorher festgelegten sinnvollen Kombinationen.

Bei der Konzeption der Entscheidungsszenarien werden folgende vier Faktoren einbezogen:

- *Reisezeit* (Faktor A [W]; 6 Faktorstufungen)
- *Zeitabweichung* (Faktor B [R]; 3 Faktorstufungen)
- Frame (Faktor C [R]; 2 Faktorstufungen)
- Route (Faktor D [R]; 2 Faktorstufungen)

Daraus ergibt sich ein Versuchsplan mit 72 Variablen (vgl. Tabelle 7.1), welche sich auf sechs verschiedene Fragebogenkonstruktionen verteilen.

Tabelle 7.1 Versuchsplan – Studie III.I

		Faktor A — Reisezeit (W)																							
		A1 groß				A2				A3				A4				A5				A6 klein			
		Faktor C — Frame (R)																							
		C1 Gewinn		C2 Verlust		C1 Gewinn		C2 Verlust		C1 Gewinn		C2 Verlust		C1 Gewinn		C2 Verlust		C1 Gewinn		C2 Verlust		C1 Gewinn		C2 Verlust	
		Faktor D — Route (R)																							
		D1 Bleiben	D2 Abfahren	D1 Bleiben	D2 Abfahren	D1 Bleiben	D2 Abfahren	D1 Bleiben	D2 Abfahren	D1 Bleiben	D2 Abfahren	D1 Bleiben	D2 Abfahren	D1 Bleiben	D2 Abfahren	D1 Bleiben	D2 Abfahren	D1 Bleiben	D2 Abfahren	D1 Bleiben	D2 Abfahren	D1 Bleiben	D2 Abfahren	D1 Bleiben	D2 Abfahren
Faktor B (R)	B1 gr.	Y_{1111}	Y_{1112}	Y_{1121}	Y_{1122}	Y_{2111}	Y_{2112}	Y_{2121}	Y_{2122}	Y_{3111}	Y_{3112}	Y_{3121}	Y_{3122}	Y_{4111}	Y_{4112}	Y_{4121}	Y_{4122}	Y_{5111}	Y_{5112}	Y_{5121}	Y_{5122}	Y_{6111}	Y_{6112}	Y_{6121}	Y_{6122}
Abwei-	B2 mi.	Y_{1211}	Y_{1212}	Y_{1221}	Y_{1222}	Y_{2211}	Y_{2212}	Y_{2221}	Y_{2222}	Y_{3211}	Y_{3212}	Y_{3221}	Y_{3222}	Y_{4211}	Y_{4212}	Y_{4221}	Y_{4222}	Y_{5211}	Y_{5212}	Y_{5221}	Y_{5222}	Y_{6211}	Y_{6212}	Y_{6221}	Y_{6222}
chung	B3 kl.	Y_{1311}	Y_{1312}	Y_{1321}	Y_{1322}	Y_{2311}	Y_{2312}	Y_{2321}	Y_{2322}	Y_{3311}	Y_{3312}	Y_{3321}	Y_{3322}	Y_{4311}	Y_{4312}	Y_{4321}	Y_{4322}	Y_{5311}	Y_{5312}	Y_{5321}	Y_{5322}	Y_{6311}	Y_{6312}	Y_{6321}	Y_{6322}

Reisezeit

Bei der Modellierung von Reiseverhalten wird davon ausgegangen, dass Verkehrsteilnehmer ihre Entscheidungen hinsichtlich Route oder Verkehrsmittel primär auf Grundlage von Kosten- und/oder Zeitabwägungen treffen (vgl. Abschnitt 3.1.3.2). Der Fokus wird zunächst auf den Faktor Zeit gelegt. Die Kosten für die Fahrt werden konstant gesetzt.[6]

Auch im Verkehrsbereich besteht die Schwierigkeit der Festlegung der Lage des Referenzpunktes. Bei Mobilitätsentscheidungen wird dieser als individuelle Schwelle zwischen wahrgenommenen Verlusten und Gewinnen definiert, wobei implizite, explizite oder sogar irrelevante Informationen entscheidungsrelevant sein können (Avineri & Bovy, 2008; Stathopoulos & Hess, 2012). Aus diesem Grund wird den Probanden eine präzise Situationsbeschreibung für möglichst konstante Rahmenbedingungen vorgelegt (vgl. De Borger & Fosgerau, 2008). Ausgangspunkt für die Setzung der folgenden Referenzzeiten sind die entwickelten Gewinnszenarien, die den Probanden als verbleibende – folglich abnehmende – Reisezeit an den einzelnen Entscheidungspunkten präsentiert werden: 120 min, 90 min, 60 min, 45 min, 30 min und 15 min. Bei der Wahl dieser Werte war die einfache Handhabung der Zeiten durch die Versuchsteilnehmer von zentraler Bedeutung. Weitere Referenzzeiten ergeben sich aus der Verschiebung des Referenzpunktes in den jeweiligen Verlustszenarien (vgl. Tabelle 7.2, Tabelle 7.3 und Tabelle 7.4).

Tabelle 7.2 Referenzpunkte und große Zeitabweichungen in Minuten (B1) – Studie III.I

Referenzpunkte	Gewinn-Frame	120	90	60	45	30	15
	Verlust-Frame	40	30	20	15	10	5
Zeitabweichungen	Sicher 1/3	40	30	20	15	10	5
	Unsicher 0–2/3	0–80	0–60	0–40	0–30	0–20	0–10

Tabelle 7.3 Referenzpunkte und mittlere Zeitabweichungen in Minuten (B2) – Studie III.I

Referenzpunkte	Gewinn-Frame	120	90	60	45	30	15
	Verlust-Frame	80	60	40	30	20	10
Zeitabweichungen	Sicher 1/6	20	15	10	7,5	5	2,5
	Unsicher 0–2/6	0–40	0–30	0–20	0–15	0–10	0–5

[6]Die Einbeziehung von Kosten erfolgt in Studie III.II (vgl. Abschnitt 7.2).

Tabelle 7.4 Referenzpunkte und kleine Zeitabweichungen in Minuten (B3) – Studie III.I

Referenzpunkte	Gewinn-Frame	120	90	60	45	30	15
	Verlust-Frame	104	78	52	39	26	13
Zeit-abweichungen	Sicher 1/15	8	6	4	3	2	1
	Unsicher 0–2/15	0–16	0–12	0–8	0–6	0–4	0–2

Zeitabweichungen

Bei Routenwahlentscheidungen übernimmt die erwartete Reisezeit und deren individuelle Bewertung eine zentrale Rolle. Es können gemäß den persönlichen Zeitwerten der unterschiedlich hohen Zeitabweichungen verschiedene Wahlen folgen. Aus diesem Grund sind auf Basis der Referenzzeiten drei mögliche Settings konzipiert worden, welche in der Höhe der Abweichung differieren (vgl. Tabelle 7.2, Tabelle 7.3 und Tabelle 7.4). Die gewählten Abweichungen ergeben sich aus dem kleinst- bzw. größtmöglichen und sinnvoll darstellbaren Zeitwert relativ zur Referenzzeit der Gewinn-Frames.[7] Für die Konzipierung von Entscheidungssituationen nach den Annahmen der Prospect Theory galt es, den Faktor Unsicherheit in die Szenarien zu integrieren. Dies erfolgt mittels Angabe einer Zeitspanne für die Zeitabweichungen. Die „sichere Route" wird stets mit einer eindeutigen zeitlichen Konsequenz belegt. Die Abbildung der Unsicherheit der alternativen „unsicheren Route" geschieht anhand einer Spanne von der minimalen bis zur maximal möglichen Zeitabweichung. Zur Verbalisierung der Unsicherheit werden für das Eintreten der jeweiligen Abweichung die Formulierungen „unter günstigen Umständen" und „unter ungünstigen Umständen" verwendet (vgl. Jungermann et al., 2005, S. 158). Den folgenden Tabellen sind die absoluten Zeitabweichungen in Minuten bezogen auf die Referenzzeit des Gewinn-Frames zu entnehmen.

Framing-Effekt

Um die Wirkung des Risky Choice Framings im Kontext von Routenwahlentscheidungen zu prüfen, müssen die korrespondierenden Szenarien analog zum *Asian Disease Problem* trotz unterschiedlicher Formulierungsweisen den objektiv gleichen Sachverhalt abbilden (vgl. Levin et al., 1998; Stocké, 2002; Tversky & Kahneman, 1992). Infolgedessen werden im Gewinn-Frame eine mögliche Zeitersparnis und im Verlust-Frame ein Zeitverlust in Aussicht gestellt. Die Erwartungswerte hinsichtlich der zu erwartenden Reisezeit sind identisch. Da für die vorliegende

[7]Zeitwerte mit maximal einer Dezimalstelle von, 5 sind für die Probanden als gut vorstellbar erachtet worden.

Arbeit nicht die Bewertung der Zeitabweichung von einem bestimmten Referenzpunkt entscheidend ist, sondern vielmehr die aus den Abweichungen resultierende Reisezeit, wurde der Fokus auf den strikten Framing-Effekt gelegt. Um identische Entscheidungssituationen zu erhalten, müssen sich die objektiven Erwartungswerte hinsichtlich der zu erwartenden Reisezeit im Gewinn- und dem dazugehörigen Verlust-Frame entsprechen. Dies wird durch eine Verschiebung des Referenzpunktes erreicht (Levin et al., 1998; Xu et al., 2011). Darüber hinaus sollten pro Entscheidung zwei Alternativen mit differierenden Unsicherheitsanteilen vorliegen. Im Verlust-Frame liegt der Referenzpunkt in der Situation ohne zeitliche Verzögerungen. Die unsichere Option stellt die komplette Vermeidung eines Zeitverlustes, aber auch einen höheren Verlust als bei der Wahl der sicheren Option in Aussicht. Im Gewinn-Frame wird von zeitlichen Verzögerungen ausgegangen. Bei der unsicheren Alternative werden ein höherer Zeitgewinn als bei der sicheren Option und keine zeitliche Auswirkung kommuniziert (vgl. Tabelle 7.2, Tabelle 7.3 und Tabelle 7.4).

Als Bedingung für die korrekte Abbildung des Framing-Effektes wird eine annähernd identische Verteilung der Probanden zu den Untersuchungsbedingungen vorausgesetzt (Kühberger, 1998). Die Zuordnung der ersten Framing-Bedingung erfolgt randomisiert. Die darauf folgenden entsprechen einer vorher festgelegten Reihenfolge, sodass jedem Probanden jeweils drei Verlust- und drei Gewinn-Szenarien präsentiert werden (vgl. Tabelle 7.5). Es ergeben sich auf Grundlage der Referenzpunkte im jeweiligen Frame zwölf Situationen pro Zeitabweichungssetting, woraus 36 unterschiedliche Entscheidungsprobleme resultieren.

Tabelle 7.5 Reihenfolge der Gewinn- und Verlustbedingungen – Studie III.I

	B1		B2		B3	
Gewinn beginnend (Gruppe 1,3,5)	Gewinn	Verlust	Gewinn	Gewinn	Verlust	Verlust
Verlust beginnend (Gruppe 2,4,6)	Verlust	Gewinn	Verlust	Verlust	Gewinn	Gewinn

Referenz- und Alternativroute

Neben der zu erwartenden Reisezeit werden Routenwahlen durch Faktoren wie Erwartungen in Bezug auf alternative Routen oder Erfahrungen beeinflusst (Xu et al., 2011). So beschreiben Katsikopoulos und Kollegen (2000, 2002), wie sich die Referenz- und die Alternativstrecke hinsichtlich des Unsicherheitsfaktors voneinander unterscheiden. In der vorliegenden Studie wird zwischen einer sicheren Referenz- und einer dazugehörigen unsicheren Alternativroute oder einer mit Unsicherheit behafteten Referenz- und einer sicheren Alternativroute unterschieden.[8] Die Zuteilung der Probanden zu dieser Untersuchungsbedingung erfolgt randomisiert, wodurch personenbezogene Störvariablen neutralisiert und die interne Validität des Versuches garantiert werden sollen (Bortz & Döring, 2006; Sarris & Reiß, 2005).

Unter Verwendung aller Faktoren verdeutlicht Tabelle 7.6 beispielhaft die Gegenüberstellung zweier identischer Entscheidungssituationen, die sich lediglich in der Art der Präsentation als Zeitverlust und -gewinn unterscheiden.

Tabelle 7.6 Entscheidungsszenarien A1B1C1 und A1B1C2 – Studie III.I

Gewinnbedingung: Referenzzeit 120 min				Verlustbedingung: Referenzzeit 40 min		
	Zeitgewinn	Gesamtzeit	Erwartungswert	Zeitverlust	Gesamtzeit	Erwartungswert
sicher	40 min	80 min	80 min	40 min	80 min	80 min
unsicher	0–80 min	40–120 min	80 min	0–80 min	40–120 min	80 min

Im Folgenden wird für die Entscheidungsszenarien der subjektive Erwartungsnutzen der Prospect Theory SEU_{PT} der zwei Framing-Bedingungen vereinfacht abgebildet (vgl. Hjorth & Ramjerdi, 2011; Kahneman & Tversky, 1979; Lam & Small, 2001). Die mit Unsicherheit belegte Route impliziert eine Variabilität der Reisezeit $t_{x1} \ldots t_{xn}$ und eine Wahrscheinlichkeit $p_{x1} \ldots p_{xn}$ mit $\sum_i p_{xi} = 1$.[9] Es gilt die Annahme, dass Individuen den höchsten zu erwartenden subjektiven Nutzen $SEU_{PT}(t_{xi}, p_i)$ anstreben.

$$SEU_{PT}(t_{xi}, p_i) = \sum_{i=1}^{n} \pi(p_i)u(t_{xi})$$

Die Bewertungen der Handlungsoptionen werden anhand folgender Gleichungen präsentieren. Bei der Route mit einer sicheren Ergebnisaussicht entfällt die Variabilität bezüglich der Zeit.

$$SEU_{PT}(unsicher) = \sum_{i=1}^{n} \pi(p_i)u(t_{xi})$$

[8]Im Folgenden wird Route A als Synonym für die Referenzroute und Route B für die Alternativstrecke bezeichnet.

[9]Monetäre Kosten bleiben unberücksichtigt.

$$SEU_{PT}(sicher) = u_t(t_{xi})$$

Auf Grundlage der Annahmen der PT wird Folgendes vermutet:

Gewinn-Frame: $SEU_{PT+}(sicher) > SEU_{PT+}(unsicher)$

Trotz identischer Erwartungswerte sollte die sichere Alternative bei positiver Formulierung als wertvoller angesehen werden. Die Bewertung der Zeiteinsparungen erfolgt auf Grundlage einer konkaven Nutzenfunktion, wobei kleine, aber sichere Zeitgewinne präferiert werden und große, aber unsichere Ergebnisaussichten weniger attraktiv erscheinen.

Verlust-Frame: $SEU_{PT-}(sicher) < SEU_{PT-}(unsicher)$

Bei Verwendung der negativen Formulierung in Form von Zeitverlusten werden umgekehrte Präferenzen vermutet. Die Nutzenfunktion zeigt sich konvex. Da durch die Wahl der unsicheren Alternative die Möglichkeit zur Vermeidung eines Verlustes besteht, sollte diese als weniger negativ angesehen und bevorzugt werden.

Bewertung der Entscheidung

Nach Vorlage von sechs Entscheidungssituationen erfolgt anhand einer letzten Frage die Untersuchung der Wirksamkeit eines Attribute Frames im gegebenen Kontext. Hierfür gilt es, die Konsequenz der von den Probanden zuvor getätigten Entscheidungen auf unterschiedliche Art und Weise abzubilden. Die Gewinnbedingung gibt an, dass das Fahrzeug nach den sechs Routenwahlentscheidungen mit einer Wahrscheinlichkeit von 90 % in der kürzesten Zeit am Ziel ankommen wird. Das Verlustszenario kommuniziert, dass es mit einer zehnprozentigen Wahrscheinlichkeit nicht geschafft wird. Die hier verwendete „risk manipulation by outcome salience" (Kühberger, 1998, S. 27) spiegelt nicht das Risiko einer Entscheidung wider, sondern beschreibt eine Situation als solche aus verschiedenen Blickwinkeln. Die Zufriedenheit über die Entscheidung soll mittels einer fünfstufigen Ratingskala bewertet werden (1 = „sehr zufrieden" bis 5 = „gar nicht zufrieden"). Die Zuordnung der Gewinn- und Verlustbedingung erfolgt randomisiert.

Zweiter Abschnitt – Entscheidungsreflexion & Sonstiges

Der folgende Fragenkomplex ist für alle Probanden identisch.[10] Es kommt das Fragebogenmaß zur Erfassung individueller Unterschiede in der Präferenz für intuitive und deliberate Entscheidungsfindung zur Anwendung. Darüber hinaus werden soziodemografische Daten erhoben.

Präferenz für Intuition und Deliberation

Da Framing-Effekte primär während des Prozessierens im peripheren, affektbasierten Modus der Informationsverarbeitung auftreten, sollte dieser entscheidend für die Effektivität sein. Ob die Wirkung des Framings bei Routenwahlen und Entscheidungen unter Unsicherheit von bestimmten Entscheidungsstrategien beeinflusst wird, soll anhand eines Fragebogenmaßes überprüft werden, welches auf zwei unabhängigen Subskalen die Präferenz für Intuition und Deliberation misst (Betsch, 2004). Hierbei liegt der Fokus auf individuellen Entscheidungsstrategien und auf der Motivation, gemäß dieser zu entscheiden. Es folgt eine differenzierte Informationsverarbeitung sowie Ergebnisbeurteilung (Epstein, 1994). Die verwendeten Items des Fragebogens zur Erfassung interindividueller Differenzen hinsichtlich der Präferenzen für affekt- oder kongnitionsbasiertes Entscheiden können Tabelle 7.7 entnommen werden (Betsch, 2004). Die Übersicht der selektierten Items wurde nach Faktorzugehörigkeit zu PID-I (Skala für Intuition) oder PID-D (Skala für Deliberation) sortiert. Die Antworten werden mit einer fünfstufigen Likert-Skala hinsichtlich des Grades der Zustimmung erfasst (1 = „stimme völlig zu“ bis 5 = „stimme gar nicht zu“). Aus den resultierenden Werten werden drei Untergruppen ermittelt: Personen mit Intuitionswerten über und Deliberationswerten unter dem Median werden dem intuitiven Typen (Typ-I) und Personen mit hohen Deliberations- und niedrigen Intuitionswerten dem deliberaten Typen (Typ-D) zugeordnet. Personen, die auf beiden Skalen hoch bzw. niedrig punkten oder bei denen einer der Werte dem Median entspricht, sind als situationsabhängige Typen (Typ-S) einzustufen. Die von Betsch erarbeitete Skala mit ursprünglich 19 Items wurde innerhalb verschiedener Studien auf Konstruktion, Überprüfung der Zweidimensionalität und Validität überprüft (Betsch, 2005). Hierbei zeigten sich einerseits positive Korrelationen der Präferenz für Intuition mit Extraversion und schnellem Entscheiden sowie Deliberation mit Perfektionismus und Gewissenhaftigkeit andererseits. Letztlich liegt ein

[10] Es werden lediglich die Fragen beschrieben, die zur Beantwortung der aufgestellten Hypothesen von Bedeutung sind. Weitere erhobene Inhalte wie Fragen zur Reflexion der vorher getroffenen Entscheidungen oder das Erheben entscheidungsbeeinflussender Effekte (Hineinversetzen, Konzentration, Erfahrung) sind nicht Gegenstand der vorliegenden Arbeit.

Fragebogen mit 18 Items vor, wovon jeweils neun die Ausprägung Intuition (PID-I) und neun Deliberation (PID-D) abbilden.[11]

Tabelle 7.7 Items zur Erfassung der PID – Studie III.I

Skala für Intuition (PID-I)		Skala für Deliberation (PID-D)	
Item	Formulierung	Item	Formulierung
2	Ich beobachte sorgfältig meine innersten Gefühle.	1	Bevor ich Entscheidungen treffe, denke ich meistens erst mal gründlich nach.
4	Bei den meisten Entscheidungen ist es sinnvoll, sich ganz auf sein Gefühl zu verlassen.	3	Bevor ich Entscheidungen treffe, denke ich meistens erst mal über meine Ziele nach, die ich erreichen will.
5	Ich mag Situationen nicht, in denen ich mich auf meine Intuition verlassen muss.	6	Ich denke über mich nach.
8	Ich ziehe Schlussfolgerungen lieber aufgrund meiner Gefühle, Menschenkenntnis und Lebenserfahrung.	7	Ich schmiede lieber ausgefeilte Pläne, als etwas dem Zufall zu überlassen.
9	Bei meinen Entscheidungen spielen Gefühle eine große Rolle.	10	Ich bin perfektionistisch.
12	Wenn es darum geht, ob ich anderen vertrauen soll, entscheide ich aus dem Bauch heraus.	11	Wenn ich eine Entscheidung rechtfertigen muss, denke ich vorher besonders gründlich nach.
15	Ich mag lieber gefühlsbetonte Personen.	13	Ich nehme bei einem Problem erst mal die harten Fakten und Details auseinander, bevor ich mich entscheide.
17	Ich bin ein sehr intuitiver Mensch.	14	Ich denke erst nach, bevor ich handele.
18	Ich mag emotionale Situationen, Diskussionen und Filme.	16	Ich denke über meine Pläne und Ziele stärker nach als andere Menschen.

Soziodemografische Daten

Die abschließenden Fragen zur Person beziehen sich auf Alter, Geschlecht, Beruf, höchsten Bildungsabschluss, verfügbares monatliches Nettohaushaltseinkommen sowie Führerschein- und Fahrzeugbesitz.

7.1.1.3 Verwendete statistische Verfahren

Es soll festgestellt werden, ob zwischen der dichotomen abhängigen Variablen der Routenwahl und den verschiedenen Faktoren ein Zusammenhang besteht. Zur Prüfung von Zusammenhangshypothesen können zur Messung der Enge des Zusammenhangs zwischen zwei Variablen verschiedene Maßzahlen herangezogen werden. Zur Quantifizierung der Daten werden Häufigkeitsauszählungen in

[11] Item 5 wird umkodiert.

Form von Kreuztabellen vorgenommen. Mit Hilfe des Chi-Quadrat-Tests wird anschließend geprüft, ob sich die beobachteten von den erwarteten Häufigkeiten signifikant unterscheiden (Bortz, 2005, S. 168 ff.). Dieser Test kommt zur Anwendung, da die Häufigkeiten pro Zelle mindestens fünf betragen (Janssen & Laatz, 2003). Zur Prüfung der Unterschiedlichkeit der Mittelwerte zweier unabhängiger Stichproben werden der t-Test oder das parameterfreie Pendant verwendet. Als Anwendungsvoraussetzungen des t-Tests gelten das Vorliegen einer intervallskalierten abhängigen Variable, normalverteilte abhängige Daten und Varianzhomogenität. Der Mann-Whitney-Test stellt anhand einer erstellten Rangordnung fest, ob ein Unterschied zwischen den Lageparametern der zwei zu untersuchenden unverbundenen Stichproben vorliegt. Nach der Auswahl der geeigneten Testverfahren gilt es, die erhobenen Daten in angemessener Weise aufzubereiten und mit Hilfe des Datenanalyseprogramms SPSS auszuwerten.

7.1.1.4 Stichprobe

Insgesamt nahmen 835 Versuchspersonen an der Online-Studie teil. Fünf davon mussten von der Stichprobe ausgeschlossen werden, weil die Bearbeitung des Fragenkomplexes abgebrochen wurde oder weil sie zum Zeitpunkt der Erhebung keinen gültigen Führerschein besaßen. Somit werden 830 vollständig ausgefüllte Fragebögen in die Datenanalyse einbezogen.

Von den befragten Personen sind 391 weiblich und 439 männlich. Das Durchschnittsalter der Probanden beträgt 30,7 Jahre, wobei knapp die Hälfte im Alter zwischen 25 und 29 Jahren sind. Diese Stichprobe mit einem hohen Anteil an jungen Teilnehmern lässt sich durch die groß angelegte Probandenakquisition über die Universität Dresden und die damit einhergehende studentische Zielgruppe begründen. Dies zeigt sich auch an dem hohen Anteil der Gruppe „Schüler(innen)/Student(en/innen)/Auszubildende“ (56 %). In etwa 40 % der Befragten sind hauptsächlich berufstätig. Es ist erneut ein hohes Ausbildungsniveau festzustellen, wobei 51 % der befragten Personen einen (Fach-) Hochschulabschluss vorweisen können. Lediglich vier Befragte sind im Besitz eines Volks- oder Hauptschulabschlusses. Der verbleibende Anteil bezieht sich auf Absolventen mit einem Abschluss der mittleren Reife (6 %). Knapp die Hälfte der Befragten haben ein monatliches Nettohaushaltseinkommen von weniger als 2000 EUR. Die Versuchspersonen sind durchschnittlich 15.506 km pro Jahr mit einem Kraftfahrzeug unterwegs. Insgesamt steht 83 % der befragten Personen ein PKW und 13 % ein Motorrad in ihrem Haushalt zur Nutzung zur Verfügung. Bei Betrachtung der individuellen Entscheidungsstrategien zeigt sich, dass die knappe Mehrheit der Probanden situationsabhängig entscheidet.[12]

[12]Eine detaillierte Stichprobenbeschreibung ist Anhang C.2 zu entnehmen.

7.1.2 Ergebnisse

Es werden die Ergebnisse der Entscheidungssituationen in Abhängigkeit vom Unsicherheitsfaktor der Referenzstrecke dargestellt. Der Chi-Quadrat-Test soll Auskunft darüber geben, ob der Faktor *Frame* einen signifikanten Einfluss auf die Routenwahl hat. Es erfolgt ein Vergleich der gewählten Routenalternativen unter Gewinn- und Verlustbedingungen unter Berücksichtigung der Faktoren Reisezeit und Zeitabweichung. Anschließend wird die Wirkung des verwendeten Attribute Frames auf die Bewertung der zuvor getroffenen Entscheidungen analysiert. Nach einer Diskussion der Befunde in Abschnitt 7.1.3 werden diese kritisch betrachtet und Implikationen für die Folgestudie berichtet.

7.1.2.1 Auswirkungen des Risky Choice Framings auf das Routenwahlverhalten

Routenwahl bei sicherer Referenzroute

Es folgt eine Ergebnisdarstellung, bei der zwischen einer mit sicheren Konsequenzen verbundenen Referenzroute A und einer mit Unsicherheiten belegten Alternativroute B entschieden wird. Die Analyse zeigt zunächst unabhängig von den Zeitabweichungen im ersten, dritten und sechsten Szenario signifikante Zusammenhänge zwischen dem Faktor *Frame* und der Routenwahl (vgl. Tabelle 7.8).

Tabelle 7.8 Statistische Kennwerte bei sicherer Referenzroute (gesamt) – Studie III.I

	Szenario 1	Szenario 3	Szenario 6
	N = 400	N = 418	N = 405
χ^2-Wert	31,607	11,353	6,061
df	1	1	1
Signifikanz	>,001	>,001	,075

Abbildung 7.2 lässt anhand der dargestellten relativen Häufigkeiten der Entscheidungen unter Gewinn- und Verlustbedingungen erkennen, dass sich in den Szenarien 1, 3 und 6 im Verlust-Frame mehr Probanden entscheiden, die Route zu wechseln als im Gewinn-Frame. Im ersten Szenario wählen bei kommunizierten Zeitgewinnen 27 % die Alternativroute B. Bei Zeitverlusten sind es mit 55 % mehr als doppelt so viele Personen. Zudem zeigt sich im Gewinn-Frame eine mehrheitliche Wahl der sicheren Route A (73 %) und im Verlust-Frame der unsicheren Route B (55 %). Bei den folgenden Szenarien wird bei dargestellten Zeitverlusten wie in den Gewinnbedingungen vermehrt die Route mit sicheren Konsequenzen gewählt. Weiterhin ist

ersichtlich, dass mit zunehmender Anzahl der Entscheidungen bzw. fortschreitender Reisezeit der Unterschied der getroffenen Entscheidungen zwischen den Frames abnimmt und die Wahl seltener auf die unsichere Wechsel-Option fällt.

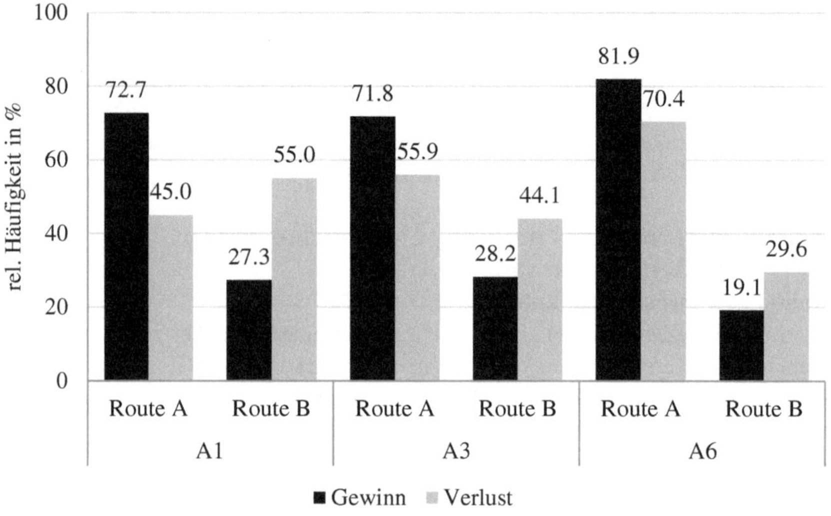

Abbildung 7.2 Routenwahlentscheidungen in Szenario 1, 3 und 6 (sichere Route A) – Studie III.I

Unter Berücksichtigung des Faktors *B* sind primär in der Gruppe der großen Zeitabweichungen (B1) signifikante Zusammenhänge festzustellen (vgl. Tabelle 7.9). Die Wahl der Route unterscheidet sich hier abhängig vom Frame in vier von sechs Szenarien bedeutend.[13]

[13]Unberücksichtigt des Faktors Reisezeit war unter Gewinnbedingungen zu erkennen, dass bei großen ZA mehr Probanden die sichere Referenzstrecke wählen (75 %) als bei kleinen ZA (67 %). Unter Verlustbedingungen wurde bei großen ZA öfter die Route gewechselt (62 %) als bei kleinen ZA (49 %). Diese Unterschiede sind weder Gewinn- (χ^2 (2, N = 198) = 1,784, p = ,410) noch unter Verlustbedingungen (χ^2 (2, N = 202) = 2,382, p = ,304) statistisch bedeutsam.

Tabelle 7.9 Statistische Kennwerte bei B1 (sichere Route A) – Studie III.I

	Szenario 1	Szenario 3	Szenario 5	Szenario 6
	N = 142	N = 150	N = 139	N = 162
χ^2-Wert	19,320	9,973	4,601	3,928
df	1	1	1	1
Signifikanz	>,001	,002	,032	,047

Aus Abbildung 7.3 geht hervor, dass bei großen Zeitabweichungen deutlich mehr Probanden bei präsentierten Zeitverlusten als bei Zeitgewinnen einen Routenwechsel vornehmen. Im ersten Szenario wechseln im Verlust-Frame 62 % der Befragten die Route und wählen die unsichere Alternative. Unter Gewinnbedingungen treffen lediglich 26 % diese Entscheidung. Mit abnehmender Zeitabweichung bzw. steigender Entscheidungsanzahl sinkt die Wahrscheinlichkeit des Routenwechsels.

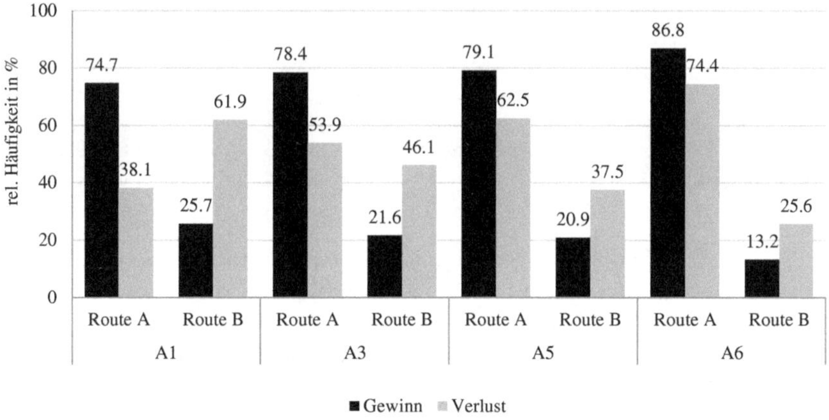

Abbildung 7.3 Routenwahlentscheidungen bei B1 in Szenario 1, 3, 5 und 6 (sichere Route A) – Studie III.I

Bei der Betrachtung der Settings mit mittleren und kleinen Zeitabweichungen ergeben sich lediglich bei der ersten (B2) und fünften (B3) Entscheidungssituation signifikante Unterschiede. In der Gruppe mit mittleren Zeitabweichungen wählen im ersten Szenario bei kommunizierten Verlusten mehr als die Hälfte der Befragten (55 %) die Alternativroute B. Im Gewinn-Frame wechseln lediglich 23 % die

Route (vgl. Abbildung 7.4). Somit geht auch hier die unterschiedliche Darstellung der Konsequenzen mit der Wahl der unsicheren Route im Verlustframe und der Entscheidung für die sichere Route im Gewinnframe einher. Die Unterschiede in den Zellen sind höchst signifikant, χ^2 (1, N = 125) = 12,989, p <,001.

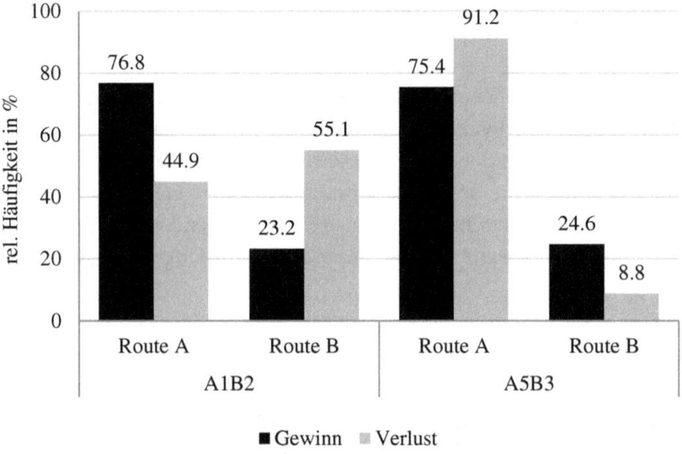

Abbildung 7.4 Routenwahlentscheidungen in Szenario 1 (B2) und 5 (B3) (sichere Route A) – Studie III.I

Bei kleinen Zeitabweichungen zeigt sich im fünften Szenario, dass sowohl unter Gewinn- als auch unter Verlustbedingungen (75 % bzw. 91 %) mehrheitlich die sichere Referenzstrecke gewählt wird, χ^2 (1, N = 133) = 16,003, p = ,019. Interessanterweise entscheiden sich im Gewinn-Frame mehr Personen für die unsichere Route als im Verlust-Frame.[14]

Routenwahl bei unsicherer Referenzroute

Im folgenden Abschnitt werden die Ergebnisse beschrieben, bei denen Route A mit unsicheren Konsequenzen in Form von Zeitgewinnen oder -verlusten belegt ist. Im ersten, dritten und sechsten Szenario sind signifikante Zusammenhänge zwischen der Routenwahl und dem verwendeten *Frame* erkennbar (vgl. Tabelle 7.10).

[14]Übersichten zu den getroffenen Entscheidungen bei sicherer Referenzstrecke sind Anhang C.3 und C.4 zu entnehmen.

Tabelle 7.10 Statistische Kennwerte bei unsicherer Referenzroute (gesamt) – Studie III.I

	Szenario 1	Szenario 3	Szenario 6
	N = 426	N = 407	N = 417
χ^2-Wert	7,515	4,070	20,217
df	1	1	1
Signifikanz	,006	,044	<,001

Es zeigt sich, dass im Gewinn-Frame mehrheitlich die unsichere Route A gewählt wird. Im Verlust-Frame fällt die Wahl im ersten und dritten Szenario auf die sichere Route B. In den restlichen Entscheidungen wird die unsichere Referenzroute A präferiert, wobei lediglich der Unterschied in Szenario 6 statistisch bedeutsam wird (vgl. Abbildung 7.5). Darüber hinaus entscheiden sich bei der Darstellung der Zeitinformationen als Verlust signifikant mehr Probanden für die sichere Alternativroute B als bei dargestellten Zeitgewinnen.

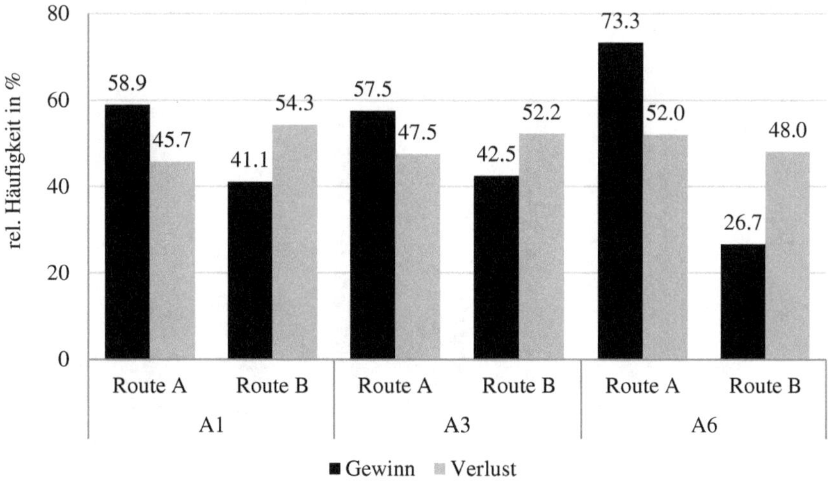

Abbildung 7.5 Routenwahlentscheidungen in Szenario 1, 3 und 6 (unsichere Route A) – Studie III.I

Bei Einbezug des Faktors *B* wird wie im Fall der sicheren Referenzroute die Mehrheit der signifikanten Ergebnisse bei großen Zeitabweichungen (B1) sichtbar (vgl. Tabelle 7.11). Präsentierte Zeitgewinne gehen mit einer überwiegenden Wahl der unsicheren Referenzstrecke A und Zeitverluste mit einer Entscheidungsmehrheit für die sichere Alternativroute B einher.

Tabelle 7.11 Statistische Kennwerte bei B1 (unsichere Route A) – Studie III.I

	Szenario 1	Szenario 4	Szenario 5	Szenario 6
	N = 154	N = 141	N = 158	N = 134
χ^2-Wert	14,974	9,846	7,859	5,444
df	1	1	1	1
Signifikanz	>,001	,002	,005	,020

Abbildung 7.6 ist zu entnehmen, dass in den vier Szenarien im Verlust-Frame eine Präferenz für die sichere Alternativroute vorliegt. Unter Gewinnbedingungen wird mehrheitlich die unsichere Bleiben-Variante gewählt. Im Verlust-Frame ist in Szenario 1 und 4 die Wahrscheinlichkeit für einen Routenwechsel in etwa doppelt so hoch wie im Gewinn-Frame. Der Unterschied verringert sich im Entscheidungsverlauf.

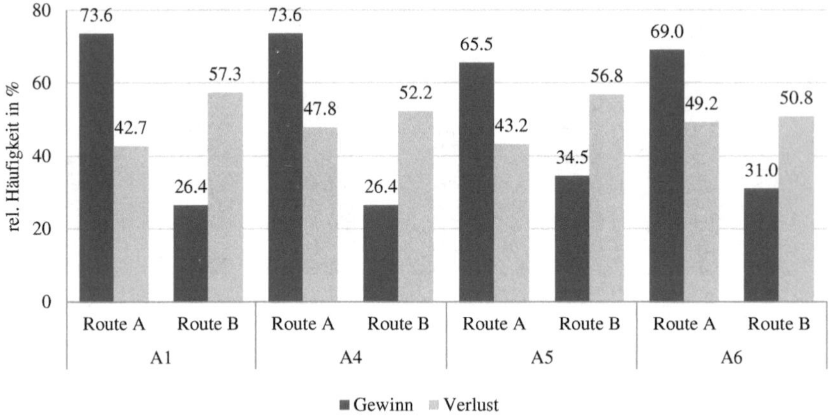

Abbildung 7.6 Routenwahlentscheidungen bei B1 in Szenario 1, 4, 5 und 6 (unsichere Route A) – Studie III.I

Werden die Routenwahlentscheidungen in B2 und B3 betrachtet, sind lediglich bei kleinen Zeitabweichungen Signifikanzen zu erkennen. Hier zeigen sich im dritten und sechsten Szenario ähnliche Entscheidungsmuster wie bei großen Abweichungen (B1). Im Verlust-Frame entscheiden sich mehr Befragte, auf die sichere Alternativroute B zu wechseln, als im Gewinn-Frame. Bei mittleren Zeitabweichungen lassen sich keine statistisch bedeutsamen Unterschiede in den Präferenzen bezüglich der Routenwahl beobachten. Ein Überblick der statistischen Kennwerte aller Szenarien unter Berücksichtigung der Zeitabweichungsgruppen ist den Anhängen C.5 und C.6 zu entnehmen.

Routenwahl unter Berücksichtigung der PID-Ausprägung

Um das Auftreten von Framing-Effekten bei Routenwahlentscheidungen unter Berücksichtigung individueller Entscheidungsstrategien zu analysieren, ist das Fragebogenkonstrukt „Präferenz für Intuition und Deliberation" nach Betsch (2005) herangezogen worden. Im Folgenden werden lediglich deliberative und intuitive Entscheider berücksichtigt.

Die Betrachtung der deskriptiven Befunde lässt erkennen, dass bei sicherer Referenzroute unter Gewinnbedingungen 81 % der deliberativen Entscheider auf dieser bleiben (vgl. Abbildung 7.7). Von den Probanden, die einen intuitiven Entscheidungsstil aufweisen, wählen 74 % die sichere Referenzroute A. Der Unterschied im Wahlverhalten erweist sich als statistisch bedeutsam, χ^2 (1, N = 601) = 4,783, p = ,029. Unter Verlust-Bedingungen entscheiden sich 69 % der deliberativen Entscheider für die sichere Referenzstrecke, wohingegen 60 % der intuitiv entscheidenden Personen dieses Wahlverhalten zeigen. Auch hier liegt ein statistisch signifikanter Unterschied vor, $\chi 2$ (1, N = 598) = 5,252, p = ,022 (vgl. Anhang C.7).

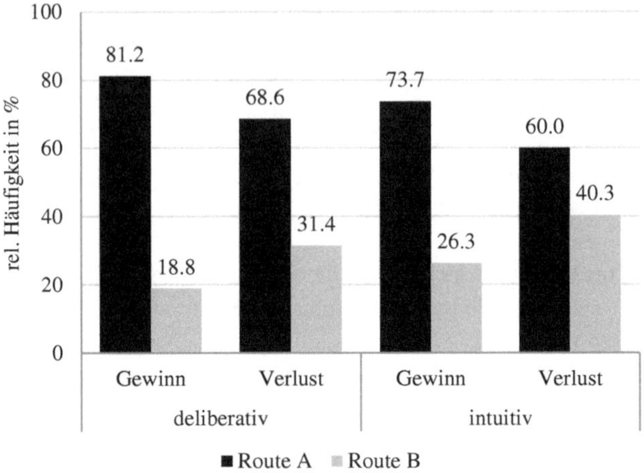

Abbildung 7.7 Routenwahlen deliberativer & intuitiver Entscheider (sichere Route A) – Studie III.I

Aus Abbildung 7.8 wird ersichtlich, dass bei unsicherer Referenzstrecke 60 % der deliberativen Entscheider diese unter Gewinnbedingungen präferieren. Der relative Anteil von Personen, die vordergründig intuitiv entscheiden, beträgt hier 68 %. Die Häufigkeiten in den Zellen unterscheiden sich signifikant voneinander, χ^2 (1, N = 655) = 4,472, p = ,034. Im Verlust-Frame stellt sich der Unterschied zwischen den Entscheidungsstilen mit Werten von 50 % bzw. 55 % für die Bleiben-Option als statistisch nicht bedeutsam heraus, $\chi 2$ (1, N = 658) = 1,479, p = ,224 (vgl. Anhang C.8).

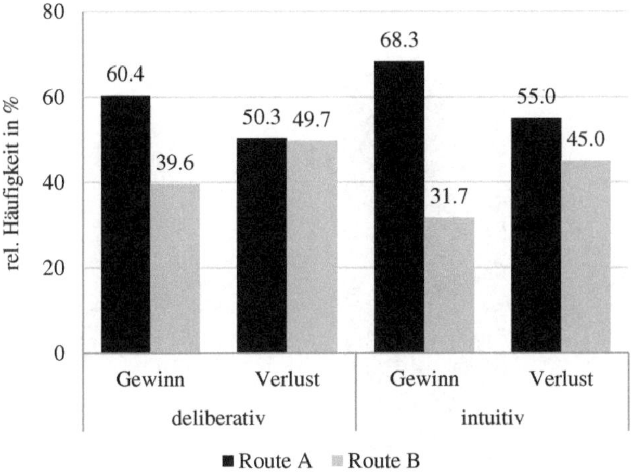

Abbildung 7.8 Routenwahlen deliberativer & intuitiver Entscheider (unsichere Route A) – Studie III.I

7.1.2.2 Auswirkungen des Attribute Framings

Es soll geprüft werden, ob die Beurteilung der Probanden hinsichtlich ihrer zuvor getätigten Entscheidungen als Funktion einer dargestellten Objekteigenschaft variiert. Diese nimmt im vorliegenden Fall die Konsequenz der Handlung ein. Bei der Prüfung der Anwendungsvoraussetzungen gibt der Kolmogorov-Smirnov-Test eine Abweichung von der Normalverteilung an. Aus diesem Grund kommt zum Vergleich zweier unabhängiger Stichproben der Mann-Whitney-Test zur Anwendung (vgl. Anhang C.9). Dieser bringt einen signifikanten Effekt des Frames auf die Bewertung hervor ($z = -5{,}450$; $p < {,}001$). Zur Beurteilung der Bedeutsamkeit des Ergebnisses wird der Korrelationskoeffizient r herangezogen.[15] Laut Cohen (1988) weist ein Koeffizient von $r = {,}189$ auf eine geringe Korrelation bzw. einen schwachen Effekt hin. Abbildung 7.9 zeigt, dass die Beurteilungen der Entscheidungen unter Verlustbedingungen ($M = 4{,}19$; $SD = 0{,}779$) schlechter ausfallen als unter Gewinnbedingungen ($M = 4{,}47$; $SD = 0{,}697$).

[15] $r = \left| \frac{z}{\sqrt{N}} \right|$

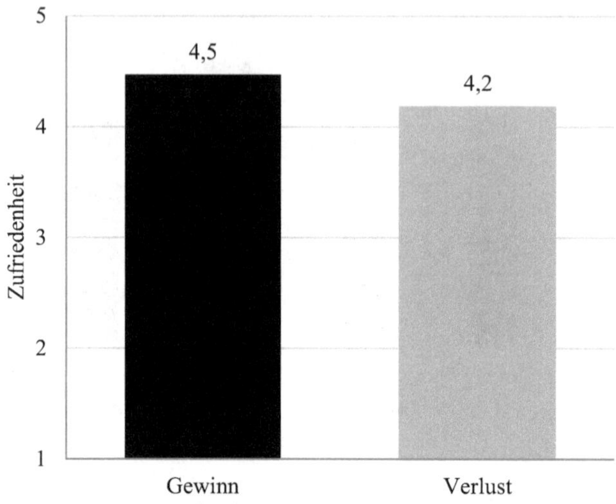

Abbildung 7.9 Bewertung der Entscheidung unter Gewinn- & Verlustbedingungen (M) – Studie III.I

Bei der Suche nach intervenierenden Variablen ist aufgrund der Robustheit bei Verstößen gegen die Anwendungsvoraussetzung die einfaktorielle Varianzanalyse unter Verwendung verschiedener Kovariaten herangezogen worden. Es galt zu prüfen, ob die Bewertung des gerahmten Sachverhaltes von Drittvariablen beeinflusst wird. Die Analyse zeigt hinsichtlich des Alters eine statistische Signifikanz, $F(1,\ 827) = 9{,}284$; $p = {,}002$. Alle Altersgruppen weisen unter Gewinnbedingungen höhere Zufriedenheitswerte bezüglich der von ihnen getroffenen Entscheidungen im Vergleich zum Verlust-Frame auf. Ein einheitliches Bild zu den Altersstufungen lässt sich nicht erkennen. Es wird lediglich ersichtlich, dass Personen zwischen 40 und 49 Jahren die besten Bewertungen aufweisen und eher geringe Unterschiede zwischen den Formulierungsversionen vorliegen. Bei Probanden über 59 Jahren sind die niedrigsten Zufriedenheitswerte und die größten Differenzen zwischen den Framing-Bedingungen zu beobachten. Eine Überprüfung des Einflusses des Geschlechts bringt ebenso ein signifikantes Ergebnis hervor, $F(1,\ 827) = 5{,}115$; $p = {,}024$.[16] Die Bewertung der Teilnehmerinnen fällt unter beiden Framing-Bedingungen im Vergleich zu Männern negativer

[16] Vgl. Anhang C.9 und C.10.

aus. Weitere Einflüsse ließen sich nicht feststellen. Die beschriebenen Resultate sind in Abbildung 7.10 visualisiert.

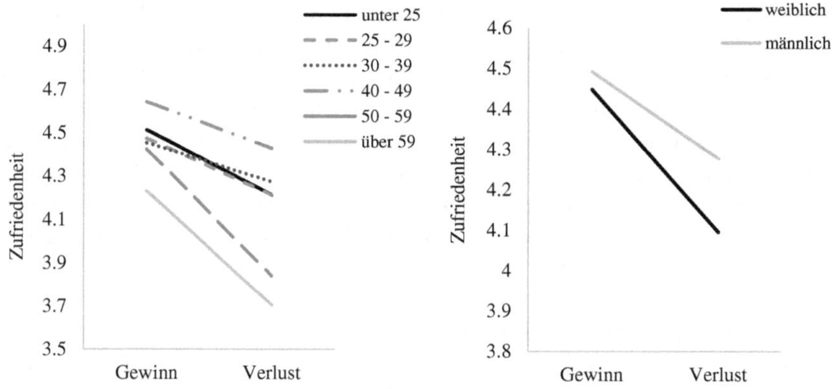

Abbildung 7.10 Bewertung der Entscheidung unter Gewinn- & Verlustbedingungen nach Altersgruppen und Geschlecht (M) – Studie III.I

7.1.3 Diskussion

Im Folgenden werden die Ergebnisse der ersten Untersuchung im Zusammenhang mit Risky Choice Framing diskutiert und Schlussfolgerungen für die Folgestudie gezogen. Zur Beantwortung der aufgeworfenen Forschungsfragen sind die in der Literatur zahlreich existenten Untersuchungsanordnungen dieses klassischen Framing-Typs repliziert und auf Routenwahlentscheidungen angewendet worden. Es galt ein Befragungsinstrument zu konzipieren, um die Annahmen der Prospect Theory bezüglich des Verhaltens unter Unsicherheit bei Routenwahlentscheidungen zu untersuchen. Im Speziellen hinterfragte dieses den Umgang mit unterschiedlich dargestellten Zeitinformationen während einer Fahrt und deren Auswirkungen auf das Entscheidungsverhalten. Unter Anwendung eines *Between Subjects-Designs* wurde in hypothetischen Verkehrssituationen ein Konflikt zwischen zwei mit unterschiedlichen Unsicherheiten belegten Handlungsmöglichkeiten hervorgerufen. Die Datenvariation bezieht sich auf die verbleibende Reisezeit als Referenzpunkt, die Höhe der relativen Zeitabweichungen, die Darstellung der Entscheidungskonsequenzen als Reisezeitgewinn oder -verlust sowie auf die Variation der Unsicherheit auf der Referenz- oder Alternativroute. Darüber hinaus widmet sich eine Frage der Wirkung eines Attribute Frames.

Auf Grundlage des theoretischen Hintergrundes wurden folgende Hypothesen als vorläufige Antwortentwürfe abgeleitet: Die Darstellung der Entscheidungskonsequenzen als Zeitverlust hat einen stärkeren Einfluss auf das wahrgenommene Nutzenniveau als die Präsentation eines Zeitgewinns und führt zu stärkeren Verhaltenseffekten. Gewinne führen vornehmlich zu risikoaversem Verhalten und Verluste rufen risikoaffine Handlungen hervor. Die Wirkung der angewendeten Frames sollte sich bei intuitiven Entscheidern stärker als bei deliberativen zeigen. Letztlich war zu vermuten, dass sich bei positiver Darstellung des Sachverhaltes höhere Zufriedenheitswerte im Vergleich zur negativen Präsentation herausstellen. Im Folgenden werden die Ergebnisse entsprechend dem Unsicherheitsfaktor der Referenzstrecke dargestellt.

7.1.3.1 Sichere Referenzroute

Bei sicherer Referenzroute lässt sich erkennen, dass die negative Darstellung der Konsequenzen eher mit einem Wechsel der Route einhergeht als die positive Darstellung. Ungeachtet der Höhe der Zeitabweichung wirken sich kommunizierte Verluste in drei von sechs Entscheidungssituationen deutlich stärker auf die Routenwahl aus als Gewinne. Obwohl identische Konsequenzen in Form von verbleibenden Reisezeiten formuliert sind, entscheiden sich bei drohenden Zeitverlusten tendenziell mehr Probanden für einen Routenwechsel. Unter Gewinnbedingungen ist theoriekonform eine eindeutige Präferenz für die sichere Referenzroute zu erkennen. Es kann vermutet werden, dass ein kleinerer, aber sicherer Gewinn in Kauf genommen wird, um den Status quo der ursprünglichen Route aufrecht zu erhalten (Samuelsen & Zeckhauser, 1988). Bezüglich dieses Verhaltens ist die Konfundierung mit der Aufrechterhaltung des Status Quo zu berücksichtigen (Kahneman et al., 1991; Samuelson & Zeckhauser, 1988). Die Nachteile bzw. potentiellen Verluste bei einer Abweichung von der Strecke wiegen schwerer als die zu erwartenden Gewinne, woraus eine Präferenz für den Erhalt der aktuellen Situation folgt. Gleichzeitig zeigt sich ein Bedürfnis nach Planungssicherheit und absehbaren Ankunftszeiten (Katsikopolus, 2000; Xu et al., 2011). Es wird eine Route mit einer mit Sicherheit belegten Zeitabweichung bevorzugt.

Darüber hinaus konnte bei langen Gesamtreisezeiten und entsprechend hohen Zeitabweichungen hypothesenkonform unter Verlustbedingungen öfter risikoaffines Verhalten beobachtet werden als bei dargestellten Zeitgewinnen. Gemäß den Annahmen der Prospect Theory wählen die Probanden bei anstehenden Verlusten häufiger die mit Unsicherheit belegte Alternativroute. Da sich die Wahl der präsentierten Optionen zwischen den vorgelegten Frames umkehrt, kann hier von einem *Choice Reversal* gesprochen werden (Levin et al., 1998). Leclerc und Kollegen (1997) schreiben, dass Zeitbewertungen nicht rational kontextunabhängig, sondern vielmehr bedingt durch die Wertigkeit der Wartezeiten vorgenommen werden. Der Nutzenverlust aus einer negativen Abweichung von einem Referenzpunkt scheint betragsmäßig größer als der Nutzenzuwachs aus einer gleich hohen positiven Abweichung. Möglicherweise werden die subjektiven Kosten im Worst-Case-Szenario mit einem hohen Zeitverlust nicht viel höher gewichtet als die bei einer mittleren Zeitabweichung auf der sicheren Route (vgl. Rothman & Salovey, 1997). Somit scheint die Wahl der mit Unsicherheit belegten Alternative weniger negativ. Da dies lediglich bei langen Referenzzeiten zu beobachten ist, wird geschlussfolgert, dass eine gewisse Reisezeit sowie ein entsprechend hoher Zeitverlust vorliegen müssen, damit der verwendete Frame Wirkung zeigt und zum Zweck der Verlustvermeidung die Route gewechselt wird.

Bei der ersten Entscheidungssituation wechseln bei kommunizierten Zeitverlusten mit 62 % der Befragten bei großen bzw. 55 % bei mittleren Zeitabweichungen auf die unsichere Alternative. Werden Zeitgewinne in Aussicht gestellt, treffen lediglich 25 % bzw. 23 % diese Wahl und risikoscheues Verhalten wird sichtbar. Diese Einstellung bildet sich über die streng konkave Form der Wertfunktion der PT oberhalb des Referenzpunktes und die konvexe Form unterhalb ab. Über die unter Verlustbedingungen gezeigte Risikoaffinität in der ersten Entscheidung der Gruppe der großen und mittleren Zeitabweichung hinaus ist bei den übrigen Routenwahlentscheidungen eine Präferenz für die sichere Bleiben-Option erkennbar. Oft nehmen die individuellen Anpassungskosten, die bei einer Verhaltensänderung anfallen, einen zu hohen Wert an und der Status quo wird präferiert (Heineman et al., 2008). Möglicherweise wird auch das Wechseln der Route doppelt negativ assoziiert: ein potentiell größerer Verlust bzw. eine kleinere Zeiteinsparung und der Aufwand des Wechselns an sich. In der Gruppe der großen Zeitabweichungen wird mit vier signifikanten Ergebnissen die unterschiedliche Wirkung der Frames am deutlichsten. Bei langen Fahrzeiten und großen sowie mittleren zeitlichen Änderungen der Reisezeit überwiegt anscheinend infolge von Verlustaversion das Bedürfnis der gänzlichen Vermeidung von Zeiteinbußen gegenüber dem Risiko, einen größeren Zeitverlust zu erleiden, und es folgt ein Routenwechsel auf die mit Unsicherheit belegte Alternativroute. Unter Gewinnbedingungen ist in den drei Zeitabweichungsgruppen theoriekonform eine eindeutige Präferenz für eine sichere Zeiteinsparung zu erkennen. Die Referenzroute wird unabhängig von der Referenzzeit und der Höhe der zeitlichen Abweichung stets gewählt.

In verschiedenen Studien zur Bewertung von Reisezeitänderungen wurde berichtet, dass kleine Zeiteinsparungen unterhalb einer bestimmten Wertschwelle nicht wahrgenommen werden oder unberücksichtigt bleiben (Gunn, 2001; Obermeyer et al., 2013). Übertragen auf die vorliegende Studie wird eine Veränderung der Oberflächenstruktur möglicherweise dadurch irrelevant. Obwohl in den einzelnen Entscheidungen identische relative Zeitabweichungen vorliegen, gleichen sich die Routenpräferenzen der zwei Framing-Bedingungen mit abnehmender Referenz- und Abweichungszeit bzw. fortschreitender Reisezeit an. Während im Entscheidungsverlauf bei präsentierten Zeitgewinnen ein marginaler Anstieg für die sichere Referenzroute zu erkennen ist, nimmt bei Zeitverlusten die Wahrscheinlichkeit für die Wahl der Referenzstrecke klar zu. Die Abnahme der Risikoaffinität lässt sich anhand der Befunde von Thaler und Johnson (1990) bestätigen, wonach sich bei einem vorangehenden Verlust bei Mehrfachentscheidungen die Wahrscheinlichkeit für risikoaverses Verhalten erhöht.

Möglicherweise spielt bei der zunehmenden Präferenz des Status quo und dem Verbleiben auf der Referenzstrecke auch die von Vohs und Kollegen (2005) beschriebene Entscheidungsermüdung eine Rolle. Mit wachsender Entscheidungsvielfalt und -fülle steigt der Grad der Ressourcenbeanspruchung und der Anstrengung. Somit sollte mit zunehmender Anzahl der Entscheidungen der Wille zum Routenwechsel abnehmen. Hinzu kommt die Vermutung, dass nach einem vorgenommenen Wechsel die Wahrscheinlichkeit für ein erneutes Abweichen von der gewählten Strecke sinkt. Sei es, weil die Probanden unter realen Bedingungen möglicherweise aus Trägheit die Referenzstrecke beibehalten oder im Entscheidungsverlauf konsistentes Verhalten gezeigt werden möchte. Ferner ist die unklare Lage des Referenzpunktes bei Mehrfachentscheidungen zu berücksichtigen (De Palma et al., 2008). Obwohl die Probanden nach jeder getroffenen Routenwahl eine Rückmeldung zur Unabhängigkeit der Entscheidungen erhalten haben, ist fraglich, ob die Angabe zur verbleibenden Reisezeit (unterbewusst) als Konsequenz der vorher getroffenen Entscheidung bewertet wurde und die folgende Wahl beeinflusst hat.[17] Nach der Wahl der unsicheren Alternative wurde möglicherweise bei der Folgeentscheidung von der vorgegebenen verbleibenden Fahrzeit auf den Ausgang der vorherigen Entscheidung geschlossen. Entsprach dieser nicht den Erwartungen, könnte bei den folgenden Entscheidungen die sichere Route vorgezogen worden sein. Bei Anpassung des Referenzpunktes nach jeder Entscheidung sollte die folgende neutral getätigt werden. Im vorliegenden Fall und dem von Entscheidungen im Zusammenhang mit Zeit ist vielmehr eine Tendenz zur Risikoaversion bei der nächsten Wahl zu beobachten.

[17] Fußnote im Fragebogen ab der zweiten Entscheidungssituation: „Die hier angegebene „verbleibende“ Reisezeit ist im Vorhinein bestimmt worden und erlaubt keine Rückschlüsse auf vorher getroffene Entscheidungen.“

In zahlreichen Studien konnte gezeigt werden, dass Verhalten im Verkehrskontext vordergründig mit Verlustaversion einhergeht und eine Präferenz für Alternativen zur Vermeidung von Verlusten vorliegt (Avineri & Prashker, 2005; Hjorth & Fosgerau, 2012; Rose & Masiero, 2010; Van de Kaa, 2010). Es wird auf die Besonderheit des Faktors Zeit verwiesen. Ein starkes Bedürfnis zur Vermeidung von Unsicherheit und Stress lässt Individuen zu risikoscheuen Entscheidungen neigen. Zudem ist Zeit restriktiv, nicht substituierbar und speicherbar, was sie im Vergleich zu Geld kostbarer macht (Becker, 1965). So nehmen Zeitverluste in Form von zu spätem Ankommen, begleitet von Ärgernis oder Bestrafung, besonders negative Wertigkeiten an (Puls, 2008). Hingegen sind Zeiteinsparungen aufgrund früherer als der zu erwartenden Ankunftszeit zwar erfreulich, aber können nicht für eine spätere Nutzung gelagert werden. Krishnamurthy und Kumar (2002) fanden heraus, dass Wartezeit risikoscheues Verhalten verursacht. Da Warten vordergründig als Verlust wahrgenommen wird, lassen sich die hier festgestellten Tendenzen bestätigen. Avineri und Waygood (2012, S. 6) schreiben, dass insbesondere bei Entscheidungen mit persönlichem Bezug risikoaverses Verhalten zu erwarten ist. Da in der vorliegenden Stichprobe ein hoher Autonutzungsgrad vorliegt, ist von einem starken persönlichen Involvement auszugehen. Auch Gunn (2001, S. 180) berichtet von Diskrepanzen bei den Bewertungen von identischen Zeitverlusten und -gewinnen, wobei letztere eine geringere Valenz aufweisen. Bei Verlusten ist entgegen den Annahmen der PT im Kontext von Zeit kein abnehmender Werteverlauf zu beobachten. Vielmehr wird bei steigenden Verlusten von einer erhöhten Risikoaversion ausgegangen. Übertragen auf die vorliegende Studie sind hiermit aufeinanderfolgende Zeitverluste angesprochen. Die Probanden gaben als Grund für die erhöhte Risikoscheu den Wunsch nach besserer Zeitplanung an. In einer von Leclerc und Kollegen (1995) berichteten Studie im Zusammenhang mit Geld ließ sich theoriekonform bei in Aussicht gestellten Verlusten Risikoaffinität beobachten. Die hier wenig ausgeprägte Risikoaversion wurde kaum mit besserer Planbarkeit in Verbindung gebracht. Die Befunde bezüglich der Zeit lassen hingegen erkennen, dass Verluste risikoablehnendes Verhalten hervorrufen und hohe, jedoch sicher planbare Verluste gegenüber unsicheren präferiert werden. Diese Aversion zeigte sich wie im vorliegenden Fall im Gewinn-Frame deutlicher als im Verlust-Frame. Die hohe Wertigkeit von wahrgenommenen Zeitkostendifferenzen zeigt sich auch deutlich bei der Verkehrsmittelwahl, wobei diese eher aufgrund von Zeit- als Kostenaspekten getroffen wird (Ben-Akiva & Lermann, 1985).

7.1.3.2 Unsichere Referenzroute

Im Folgenden werden die Ergebnisse bezüglich der mit unsicheren Konsequenzen belegten Referenzstrecke betrachtet. Im gesamten Entscheidungsverlauf werden auch hier Differenzen im Wahlverhalten zwischen den Frames sichtbar. Ohne Berücksichtigung der Höhe der Zeitabweichungen liegt trotz identischer Erwartungswerte der resultierenden Reisezeiten unter Gewinnbedingungen eher eine Präferenz für die unsichere Option vor als unter Verlustbedingungen. Ein möglicherweise ausbleibender Gewinn wird einem Wechsel der Strecke mit einer sicheren Zeiteinsparung vorgezogen. Alternativ ist eine höhere Risikobereitschaft bei Zeitgewinnen, um den Status quo aufrecht zu erhalten oder eine höhere Zeiteinsparung zu erreichen, denkbar. Interessanterweise neigen die Probanden unter Verlustbedingungen konträr zu der von der PT prognostizierten Einstellung in unsicheren Entscheidungssituationen in zwei Szenarien zu risikoaversem Verhalten und wählen die sichere Alternativstrecke. Es wird ein Wechsel in Kauf genommen, um dem Risiko eines noch höheren Zeitverlustes auf der Referenzstrecke zu entgehen und einen kalkulierbaren Verlust zu erzielen. Die Ergebnisse lassen sich erneut anhand der Befunde von Leclerc und Kollegen (1995) sowie De Borger und Fosgerau (2008) bestätigen, wonach bei Entscheidungen im Kontext von Zeit Risikoaversion und das Bedürfnis nach Planungssicherheit zu beobachten sind. Darüber hinaus wird auch hier der Nutzenunterschied zwischen einer erzielbaren Zeiteinsparung und einem vermeidbaren Zeitverlust sichtbar, indem sich Verluste stärker als verhaltenswirksam zeigen (Katsikopolus, 2000; Xu et al., 2011). In den Szenarien eins und drei wird dies in Form eines Präferenzwechsels sichtbar. Eine Erklärung für die Wahl der sicheren Alternative ist im beschriebenen Hindernis eines vorausfahrenden Schwerlasttransporters, der nicht überholt werden darf, zu sehen. Es wird für das Verlassen der Referenzstrecke und ein Umgehen der Behinderung ein sicherer mittlerer Zeitverlust akzeptiert. Unterstützend wirken Erfahrungswerte, indem diese Art von Hindernissen kaum Möglichkeit für zeitliche Verbesserungen bietet wie beispielsweise bei Stauungen aufgrund von erhöhtem Verkehrsaufkommen. In Anbetracht der sonstigen Entscheidungsmuster scheint hier die Dominanz der Wortwahl primärer Erklärungsansatz für das Routenwahlverhalten zu sein.

Wird die Höhe der Zeitabweichungen berücksichtigt, ist im Gewinn-Frame erneut die Dominanz der ursprünglich befahrenen Strecke spürbar. Bis auf eine Entscheidung wird stets die Bleiben-Variante mit unsicheren Zeiteinsparungen präferiert. Unter Verlustbedingungen überwiegt bei der Betrachtung der Szenarien mit signifikanten Unterschieden im Entscheidungsverhalten die Wahl der Alternativroute mit sicheren zeitlichen Konsequenzen. Analog zu den Ergebnissen der sicheren Referenzstrecke zeigen sich insbesondere bei großen Abweichungen bei vier von sechs Entscheidungsszenarien signifikante Unterschiede bei der Routenwahl in Abhängigkeit vom präsentierten Frame. Allerdings liegen hier nicht nur Präferenzverschiebungen, sondern Wechsel in den Präferenzen vor. Die negative Darstellung von Konsequenzen ruft mehrheitlich einen Routenwechsel hervor, wohingegen bei der Präsentation von Zeitgewinnen die ursprüngliche Strecke bevorzugt wird. Hervorzuheben ist das letzte Szenario mit dem größten Unterschied im Wahlverhalten zwischen den Framing-Bedingungen. Bei kommunizierten Verlusten und Unsicherheiten auf der Referenzstrecke scheinen selbst bei einer geringen Reisedauer kleine zeitliche Veränderungen zu einem Routenwechsel und so zu einem kalkulierbaren Verlust zu motivieren. Auch hier sollte der Einfluss des Hindernisses – ein Auffahrunfall – Berücksichtigung finden.

Der Vergleich des Wahlverhaltens zwischen den Unsicherheitsszenarien auf der Referenzroute lässt bei unsicherer Referenzroute unter Gewinnbedingungen eine stärkere Tendenz zum Routenwechsel erkennen. Die Unterschiede zwischen den Häufigkeiten der Routenwahlen sind nicht so eindeutig wie bei sicherer Route A. Während bei der Aussicht auf sichere Zeitgewinne auf der Referenzroute lediglich zwischen 27 % und 19 % (erste und letzte Entscheidung) der Befragten die Route wechseln, sind es bei unsicheren Zeiteinsparungen zwischen 41 % und 27 %. Der Faktor der Unsicherheit scheint hier einen erheblichen Einfluss zu nehmen. Unter Verlustbedingungen stehen sich Werte von 55 % bis 30 % bzw. 54 % und 48 % gegenüber. Es ist zu beobachten, dass bei unsicheren Konsequenzen auf der Route A im Entscheidungsverlauf relativ konstant etwa die Hälfte der Befragten einen Streckenwechsel vornimmt. Es lässt sich eine Aversion gegenüber Unsicherheiten bei Reisezeiten erkennen. Diese scheint dominanter als das Bedürfnis zum Erhalt des Status quo. Bei sicheren Zeitverlusten auf der Referenzstrecke sinkt die Wahrscheinlichkeit für die Wahl der Alternativroute. Auch hier steigt die Präferenz für die Strecke, die mehr Planungssicherheit offeriert. Wird die Stärke der Frames betrachtet, fällt die Differenz zwischen der Gewinn- und Verlustbedingung bei sicherer Route A im ersten Szenario bei langen Reisezeiten mit 28 % am deutlichsten aus und nimmt im Entscheidungsverlauf ab. Bei unsicherer Referenzroute ist der Unterschied zwischen den Framing-Bedingungen über alle Entscheidungen weniger stark ausgeprägt und tendenziell konstant.

7.1.3.3 Weitere Ergebnisse

Es galt die Annahme zu verifizieren, dass bestimmte *Entscheidungsstrategien* invasiv auf die Effektivität der herangezogenen Frames wirken. Aus diesem Grund wurde das Fragebogenmaß zur Messung der Präferenz für Intuition und Deliberation herangezogen (Betsch, 2005). Ausgangspunkt dieser Konstruktion ist die Tatsache, dass die Informationsverarbeitung, Ergebnisbeurteilung und Motivation, in einem bestimmten Modus zu entscheiden, auf zwei unterschiedliche Arten erfolgen können. Die Ausprägungen beziehen sich auf den affektiven und den kognitionsbasierten Modus.

Die Betrachtung der Routenwahlen zeigt, dass der überwiegende Teil sowohl der deliberativen als auch intuitiven Entscheider bei sicherer Referenzroute unter Gewinnbedingungen auf dieser bleibt. Allerdings wechselt letzterer Personenkreis marginal häufiger zur unsicheren Alternativroute als Personen, die einen vordergründig deliberativen Entscheidungsstil vorweisen. Ähnliches wird beim Routenwahlverhalten unter Verlustbedingungen deutlich, wobei beide Gruppen auch hier mehrheitlich die sichere Referenzroute wählen und als intuitiv klassifizierte Entscheider eine stärkere Tendenz zum Wechsel auf die alternative Route aufweisen. Insgesamt führt sowohl bei hoher als auch niedriger PID-Ausprägung ein kommunizierter Zeitverlust häufiger zum Routenwechsel als ein präsentierter Zeitgewinn. Darüber hinaus wird bei Verlustdarstellung eine höhere Risikobereitschaft der intuitiven Entscheider deutlich.

Bei unsicherer Referenzroute ist in beiden Gruppen eine stärker ausgeprägte Wechseltendenz zur sicheren Alternativroute im Vergleich zu den Szenarien mit sicherer Route A zu beobachten. Dieses Verhalten verstärkt sich bei negativer Darstellung der Konsequenzen. Darüber hinaus zeigt sich, dass primär intuitiv entscheidende Personen eher auf der ursprünglichen Strecke bleiben und die mit Unsicherheit belegte Option wählen als deliberative Entscheider. Somit liegt auch hier bei ersteren eine stärkere Tendenz zum Risiko vor als bei kognitionsbasierten Entscheidern. Personen, die intuitive Strategien heranziehen, greifen vielmehr auf Affekte und daraus resultierende Emotionen als primäre Informationsquelle zur Entscheidungsfindung zurück (Betsch, 2004). Möglicherweise wirken die angewendeten sprachlichen Formulierungen als Stimuli für die gezeigten Handlungen. Für eine realitätsnahe Beschreibung der Szenarien und Reisezeitveränderungen sind Verzögerungen aufgrund von Baustellen, vorausfahrenden Schwerlasttransportern oder Vollsperrungen herangezogen worden. Die infolge der Situationsbeschreibung ausgelösten, vordergründig negativen Affekte sollten bei intuitiven Entscheidern mehr Entscheidungsrelevanz aufweisen als bei deliberativen. Konkrete Aussagen zum tatsächlichen Einfluss können erst nach weiterführenden Untersuchungen getroffen werden.

Insgesamt tendieren Personen mit einem vordergründig systematischen Entscheidungsstil eher zu risikoaversem Verhalten als die mit einem affektbasierten Stil. Der von Betsch (2005) nachgewiesene Zusammenhang der Präferenz für Deliberation mit Rationalität, Perfektionismus und Gewissenhaftigkeit unterstützt dieses Wahlverhalten. Rational begründete Routenwahlen liegen vor, wenn der zu erwartende Nutzen maximal ist. Analog zum ADP entsprechen sich im vorliegenden Entscheidungsproblem die Erwartungswerte der gegenüberstehenden Wahloptionen. Lediglich der Einbezug der Unsicherheit anhand der Formulierungen „unter günstigen" und „unter ungünstigen Umständen" lässt individuelle

Differenzen aufkommen. Wird von einer Gleichverteilung der Eintrittswahrscheinlichkeiten ausgegangen, sollte eine Indifferenz zwischen den Wahloptionen vorliegen. Aus diesem Grund kann vermutet werden, dass auch deliberative Entscheider auf weitere Entscheidungsstrategien als die objektive Betrachtung des Erwartungswertes zurückgegriffen haben. Werden persuasive Faktoren wie die Charakteristika des Befragten und dessen Erfahrungen, Reisegewohnheiten oder das Bedürfnis nach Zuverlässigkeit berücksichtigt, sind individualisierte Wahrscheinlichkeitsgewichte zu vermuten (Xu et al., 2011). Auch wenn sich leichte Verzerrungen im Wahlverhalten, ausgelöst durch die Art der Problemdarstellung, beobachten ließen, kann abschließend keine eindeutige Aussage zur Gültigkeit der aufgestellten Hypothese getroffen werden. In weiteren Studien ist gezielt eine separate Betrachtung des Zusammenhangs des Bezugsrahmens und des Entscheidungsstils vorzunehmen. Es ist zu prüfen, ob sich diese Strategien auf die Verarbeitung von präsentierten Sachverhalten und die Beurteilung von Konsequenzen auswirken (Epstein, 1994; Petty & Cacioppo, 1986; Tversky & Kahneman, 1983).

Letztlich galt es, die Auswirkungen eines konzipierten *Attribute Frames auf die Bewertung* der zuvor getroffenen Entscheidungen zu prüfen. Die zu variierende Objekteigenschaft stellt die Erfolgs- bzw. Misserfolgsquote dar, das gesetzte Ziel der Reisezeitminimierung erreicht zu haben. Hypothesenkonform sind bei Vorlage eines Gewinn-Frames bedeutend bessere Beurteilungen abgegeben worden. Bei präsentierten Erfolgsquoten stellten sich bei den Befragten höhere Zufriedenheitswerte bezüglich ihrer Entscheidungen ein. Trotz identischem Inhalt bewirkte der negative Frame eine geringere Zufriedenheit. Bei der Misserfolgsrate werden negative Assoziationen hervorgerufen, die sich in einer geringeren Valenz und final in schlechteren Werturteilen äußern. Die Ergebnisse können durch die Resultate von Dunegan (1993) gestärkt werden. Verlustbedingungen und die Darstellung von Misserfolgsraten gehen mehrheitlich mit negativen Gedanken einher. Dies entspricht den Ergebnissen der Mehrheit der auffindbaren Attribute Framing-Studien (Kuvaas & Selart, 2003; Levin et al., 1998; Seta et al., 2010).

7.1.3.4 Zusammenfassung

Anhand der beobachteten Diskrepanz zwischen inhaltlich identischen, jedoch unterschiedlich dargestellten Änderungen von Reisezeiten bestätigen sich die *Abweichungen von rationalen Entscheidungsmustern.* Die aus der Theorie abgeleitete Hypothese fünf kann zwar nicht eindeutig belegt werden, jedoch liegt bei einem Großteil der signifikanten Szenarien mindestens eine Verschiebung der

Präferenzen je nach präsentiertem Frame vor.[18] Es bestätigt sich ein unterschiedliches Wahlverhalten entsprechend der Darstellungsweise, wobei *Zeitverluste stärkere Verhaltenseffekte* in Form von häufigeren Wechseltendenzen hervorrufen als Gewinne. Hypothese sechs lässt sich für Entscheidungen mit sicheren Konsequenzen auf der Referenzstrecke bestätigen, wobei *lediglich lange Reisezeiten und große Zeitabweichungen mit einem Präferenzwechsel einhergehen.* Ob dies tatsächlich dem Faktor Zeit zuzuschreiben ist und nicht einem Reihenfolgeeffekt oder dem beschriebenen Verkehrshindernis, bleibt offen. Bezüglich Hypothese sieben zeigen sich marginale Differenzen in den Entscheidungsmustern je nach präsentierter Formulierung. Die Anwendung von Frames im Zusammenhang mit Routenwahlentscheidungen rufen bei intuitiven Entscheidern stärkere Verhaltenseffekte und risikosuchendes Verhalten hervor als bei Personen mit einer Präferenz für Deliberation. Allerding liegen keine eindeutigen Beweise vor, dass der Entscheidungsstil die Effektivität von Frames beeinflusst. Bezüglich der Wirkung des Attribute Framings kann hypothesenkonform ein Einfluss auf die Bewertung festgestellt werden. Es bestätigt sich eine Rahmenabhängigkeit des zu beurteilenden Sachverhaltes, indem *positiv dargestellte Inhalte bessere Bewertungen erhalten.*

Es lässt sich eine Tendenz zur Verhaltensbeeinflussung mittels sprachlicher Formulierungen erkennen, wobei die Art der Darstellung einen Einfluss auf die Wahrnehmung von zeitlichen Veränderungen hat. Die Verknüpfung von sicheren bzw. planbaren Zeitabweichungen und die Fokussierung auf Verluste scheint starke Handlungsanreize zu setzen. Dies soll in Studie III.II im Kontext von Straßenbenutzungsgebühren geprüft werden. Es wird vermutet, dass die Möglichkeit der Vermeidung von Zeitverlusten stärkere Nutzungsabsichten kostenpflichtiger Spuren und positivere Beurteilungen hervorruft als die der Erzielung von Zeitgewinnen.

Anschließend werden zur Verbesserung des Instruments für Studie III.II mögliche Gründe für die schwachen Effekte des Framings erörtert und Kritik am Untersuchungsansatz geäußert.

7.1.4 Kritische Betrachtung und Schlussfolgerungen für die Hauptuntersuchung

Bei der Gestaltung der Frames lag das bereits häufig erfolgreich replizierte ADP zur Orientierung zugrunde. Die Grundstruktur des Problems mit der

[18] Die angewendeten Frames werden als wirkungsvoll angesehen, wenn es zu einer Präferenzverschiebung kommt, ungeachtet dessen, ob dieser in einer Präferenzumkehr besteht.

Gegenüberstellung zweier Alternativen mit unterschiedlichen Risikopotentialen unter Gewinn- und Verlustbedingungen ist übernommen worden. Ein bedeutender Unterschied liegt in der Betrachtung von Stausituationen im Vergleich zu Menschenleben. Dieser thematisch andere Hintergrund sollte unterschiedliche Auswirkungen auf die individuellen Bewertungen des Sachverhaltes haben, da die Evaluierung von Wahlsituationen bezüglich Leben und Tod einen stärkeren emotionalen Bezug aufweist als Reisezeitverzögerungen (Levin et al., 1998; Stocké, 2002). Darüber hinaus sind die Konsequenzen der getroffenen Entscheidungen im vorliegenden Fall in Form von veränderten Reisezeiten selbst zu tragen. Beim ADP betreffen die Folgen der gewählten Option unbekannte Personen, was zu einer gewissen Distanz zum Sachverhalt führt. Bei der daraus resultierenden geringen persönlichen Betroffenheit liegt eine höhere Anfälligkeit für unterschiedlich gerahmte Informationen vor, da tendenziell weniger kognitiver Aufwand zur Informationsverarbeitung betrieben wird (Jacks & Devine, 2000; Lecheler et al., 2009; Levin et al., 1998; Stocké, 2002). Im vorliegenden Fall ist durch den starken individuellen Bezug eine kritischere Auseinandersetzung und somit tiefere Verarbeitung der Thematik wahrscheinlicher, was wiederum die Wirkung der Frames herabsetzt (vgl. Abschnitt 3.4.2).

Des Weiteren ist in der vorliegenden Studie auf die Angabe von Wahrscheinlichkeiten verzichtet worden, wodurch im Vergleich zum klassischen ADP keine Entscheidungen unter Risiko vorliegen. Vielmehr galt es, möglichst realistische Situationen unter Berücksichtigung der im Straßenverkehr auftretenden Unsicherheiten in Form von Zeitspannen zu konzipieren. Zur Verbalisierung sind die Formulierungen „unter günstigen Umständen“ und „unter ungünstigen Umständen“ benutzt worden (vgl. Jungermann et al., 2005, S. 158). Gegebenenfalls werden die hervorgerufenen Unsicherheiten subjektiv unterschiedlich aufgenommen und gedeutet, was verzerrte Entscheidungen zur Folge hat (Hertwig & Gigerenzer, 1999; Tversky & Kahneman, 1974). Es kann eine gleichverteilte Wahrscheinlichkeit von jeweils 50 % für das Eintreten der zeitlichen Abweichungen angenommen werden oder aber infolge positiver Erfahrungswerte eine verzerrte Wahrnehmung in Form einer Überbewertung der günstigen Umstände erfolgen. Ebenso ist eine pessimistische Sichtweise auf den gegebenen Sachverhalt durch schlechte Erfahrungen in Stausituationen denkbar, die eine individuelle Beurteilung und entsprechendes Verhalten bewirkt.

Darüber hinaus sei auf die verwendete Wortwahl hingewiesen, deren Einfluss auf Entscheidungsverhalten in der Literatur nicht eindeutig belegt ist (vgl. Abschnitt 3.3.2). Während in der vorliegenden Studie zur Variation der Reisezeit die Ausdrücke „verkürzt“ und „verlängert“ zur Anwendung kamen, können Formulierungen wie „Zeit gewinnen“ und „verlieren“ oder „Zeitgewinne erzielen“

und „Zeitverluste erleiden“ eine differenzierte Wirkung herbeiführen. Darüber hinaus bleibt der Einfluss der in der Szenenbeschreibung verwendeten Ereignisse unklar. Es wird vermutet, dass die herangezogenen sprachlichen Formulierungen als Stimuli für vorrangig negative Affekte wirken oder Heuristiken für die Entscheidungsfindung zum Tragen kommen. Bezüglich der Hintergründe ihrer Entscheidungen gaben einige Probanden an, lediglich „bei Hindernissen (Unfall, Schwertransporter) die Route gewechselt“ zu haben. Besonders in Szenarien, in denen ein Schwerlasttransport und eine Vollsperrung angekündigt werden, ist der Wunsch nach einem Wechsel der Route stark ausgeprägt. Somit könnte die Routenwahl vordergründig infolge der individuellen Bewertung der Verkehrsbehinderungen hervorgerufen worden sein. Die unterschiedlich dargestellten zeitlichen Konsequenzen, die im Fokus der Untersuchung stehen, treten dabei in den Hintergrund. Zudem wird hinterfragt, ob im Hinblick auf die gewählten Formulierungen „bleiben“ und „wechseln“ der bereits erwähnte Status quo Bias entscheidungsrelevant ist und somit eine weitere Strategie zur Entscheidungsfindung herangezogen worden ist, die über die Darstellung der Konsequenzen hinausgeht.

Des Weiteren bleibt die Wirkung der Formulierungen in Anbetracht von persönlichen Erfahrungen mit derartigen Vorkommnissen offen. Speziell in Alltagssituationen wie etwa bei routinierten Routenwahlentscheidungen rufen Individuen automatisierte Mechanismen ab, sodass in der Vergangenheit getroffene Entscheidungen oder Verhaltensweisen einfließen. Es erfolgt die Aktivierung bestimmter Handlungsschemata, welche auf vorgefertigte Bewertungen zurückgreifen. Nach dem Modell der hierarchischen Handlungsregulation ist auf der Manöverebene zwar weniger von automatisierten als von kontrollierten Handlungen auszugehen, jedoch sollten bisherige Erfahrungen nicht vernachlässigt werden (Schlag, 1994, zit. nach Hacker, 1986, S. 63 ff.). So geben 61 % der Befragten an, ihre Entscheidungen von bisherigen Erfahrungen im Straßenverkehr abhängig getroffen zu haben.[19] Folglich kann angenommen werden, dass die gezeigten Routenwahlen zumindest teilweise erfahrungsbedingt und weniger von der Art der Präsentation beeinflusst getroffen wurden.

Auch wenn *Stated Preference*-Experimente insbesondere im Bereich Routenwahlentscheidungen als geeignete Ansätze zur Abbildung von wahren Präferenzen hervorgehoben werden (Wardman, 1988), soll erneut aufgrund der hypothetischen Wahlentscheidungen die externe Validität in Frage gestellt werden (vgl. Abschnitt 6.3.2). Möglicherweise fallen Entscheidungen, die im Straßenverkehr

[19]Dies betrifft Probanden, die ihre Erfahrungen „sehr“ bis „etwas“ haben einfließen lassen.

unter realen Bedingungen und unter Berücksichtigung weiterer Einflussfaktoren wie Zeitdruck und Reisezweck getätigt werden, anders aus. Des Weiteren sind Verzerrungen durch strategische Antwortmuster oder unüberlegte Antworten infolge von Monotonie im Entscheidungsverlauf denkbar. Obwohl die Mehrheit der Befragten angibt, sich „immer“ oder „oft“ in die präsentierten Situationen hineinversetzen zu können (70 %) und dass sie bei tatsächlichen Routenwahlentscheidungen „ganz sicher“ genauso handeln würden (86 %), ist dies zu hinterfragen. Um die Allgemeingültigkeit der vorliegenden Untersuchung zu gewährleisten, wurde auf die Festlegung eines Reisezwecks verzichtet.[20] Dies erschwert wiederum im Umkehrschluss die Übertragbarkeit der Ergebnisse auf tatsächliches Routenwahlverhalten, da jede Reise einem gewissen Zweck unterliegt. So werden geschäftlichen Fahrten andere Wertigkeiten beigemessen als privaten (vgl. Abschnitt 3.1.3.2). Darüber hinaus beeinflusst der Zweck einer Fahrt die Risikoeinstellung der Entscheider (Avineri & Bovy, 2008, S. 12). Folglich sind die Auswirkungen unterschiedlicher Reisegründe auf das Entscheidungsverhalten und die Effektivität von Frames nicht auszuschließen und in weiterführenden Studien zu prüfen.

Final wird angemerkt, dass die festgestellten Unterschiede in den Framing-Bedingungen auf den Ergebnissen von Chi-Quadrat-Tests basieren. Hierbei wird lediglich geprüft, ob sich die beobachteten von den erwarteten Häufigkeiten statistisch signifikant voneinander unterscheiden. Darüber hinaus sind die Prädiktoren und deren Wirkung auf die Routenwahl einzeln behandelt worden und ein Zusammenspiel bzw. Interaktionseffekte blieben unberücksichtigt. Es kann nur vermutet bzw. aus dem theoretischen Hintergrund abgeleitet werden, ob die Unterschiede nicht anderen als den untersuchten Variablen zuzuschreiben sind (Bortz & Döring, 2006). Die Vielzahl an untersuchten Faktoren und deren Wechselwirkungen rufen eine derartige Komplexität hervor, dass eine voneinander losgelöste Untersuchung des Einflusses einzelner Determinanten kaum möglich ist. In der folgenden Untersuchung sollen die Resultate des vorliegenden reduzierten Ansatzes aufgenommen und im Kontext von Straßenbenutzungsgebühren tiefergehend analysiert werden. Hierzu gilt es, unter Anwendung der verallgemeinerten Schätzgleichungen eine umfassende Betrachtungsweise verschiedener Einflussfaktoren herbeizuführen.

---

[20] Da kein Reisezweck die Anforderung an ein für alle Probanden gleichwertiges Motiv erfüllte, wurde auf eine Angabe verzichtet.

7.2 Studie III.II

7.2.1 Methodik

7.2.1.1 Untersuchungsdurchführung

In der folgenden Untersuchung wird auf den zuvor berichteten Erkenntnissen aufbauend die Wirkung des Risky Choice Framings im Kontext von Straßenbenutzungsgebühren betrachtet.[21] Der Fokus dieses erweiterten Ansatzes liegt auf dem Entscheidungsverhalten bei Existenz von gebührenpflichtigen Spuren unter Berücksichtigung von differenziert dargestellten Zeitinformationen.[22] Erneut wird die Wirkungsweise eines Attribute Frames analysiert und dokumentiert. Zur Vermeidung von Wiederholungen soll anschließend lediglich auf Änderungen in Form von zusätzlichen Aspekten bzw. Erweiterungen eingegangen werden. Die Untersuchung wurde analog zu den bereits berichteten Studien mit Hilfe eines Online-Fragebogens der Plattform SoSci-Survey durchgeführt. Der Befragungszeitraum erstreckte sich über zwei Monate im Frühjahr des Jahres 2014.

7.2.1.2 Erhebungsinstrument

In einem ersten Fragenblock – dem zentralen Gegenstand der Befragung – werden die Probanden mit Routenwahlszenarien konfrontiert, wobei unter Berücksichtigung einer Straßenbenutzungsgebühr und der erwarteten Reisezeit eine möglichst reisezeitminimierende und der persönlichen finanziellen Situation angepasste Wahl getroffen werden soll. Auch hier sind – im Gegensatz zum klassischen ADP – die Konsequenzen der Entscheidungen nicht von anderen Personen, sondern selbst zu tragen. In einem zweiten Teil werden Fragen bezüglich der Einstellung zu Straßenbenutzungsgebühren und zum gewohnheitsmäßigen Fahrverhalten mit einem Kraftfahrzeug gestellt und abschließend soziodemografische Daten erhoben. Eine exemplarische Version des Fragebogens befindet sich im Anhang D.1.

Erster Abschnitt – Routenwahlentscheidungen

Der Einleitungstext entspricht in seinen Grundzügen dem von Studie III.I. Als Erweiterung wird eine kostenpflichtige Express-Spur angeboten, welche nach Bezahlung einer vom Verkehrsaufkommen abhängigen Gebühr befahrbar ist. Die für den Probanden und die Routenwahl entscheidenden Informationen bezüglich der Zeitabweichung sowie der anfallenden Gebühr werden von einem Navigationsgerät

[21] Die Entwicklung des Fragebogens erfolgte in Eigenarbeit in Kooperation mit einer Diplomandin (Winkler, 2014).

[22] In Studie III.I. wurden zur Fokussierung des Umgangs mit Zeitinformationen die monetären Kosten konstant gehalten.

angezeigt (vgl. Abbildung 7.11). In verschiedenen Szenarien soll die Wahl zwischen einer kostenlosen, jedoch mit unsicheren Zeitabweichungen belegten Spur und einer gebührenpflichtigen Express-Spur mit einer zuverlässigen Fahrzeit getroffen werden. Letztere offeriert kürzere Reisezeiten, die unter Verwendung von Frames als Zeitgewinne oder vermiedene Zeitverluste präsentiert werden. Diese hypothetischen Situationen provozieren ein Abwägen von Kosten und Zeit bzw. Planungssicherheit. Im Unterschied zu Studie III.I gilt es, die einleitenden Szenarienbeschreibungen mit Verzicht auf Ursachen für die Reisezeitänderungen möglichst neutral zu halten. Darüber hinaus wird auf Formulierung „bleiben" und „wechseln" bei der Präsentation der Routenoptionen verzichtet.

Es herrscht dichter Verkehr und Ihr Navigationssystem hat Ihnen mitgeteilt, dass die verbleibende Reisezeit 120 Minuten beträgt. Als sich der Verkehr etwas auflockert, erreichen Sie eine Mautstation. Ab diesem Knotenpunkt haben Sie die Möglichkeit, eine kostenpflichtige Spur zu nutzen und dadurch Ihre Reisezeit mit Sicherheit zu verkürzen.

Folgende Möglichkeiten stehen zur Auswahl. **Welche Option wählen Sie?**

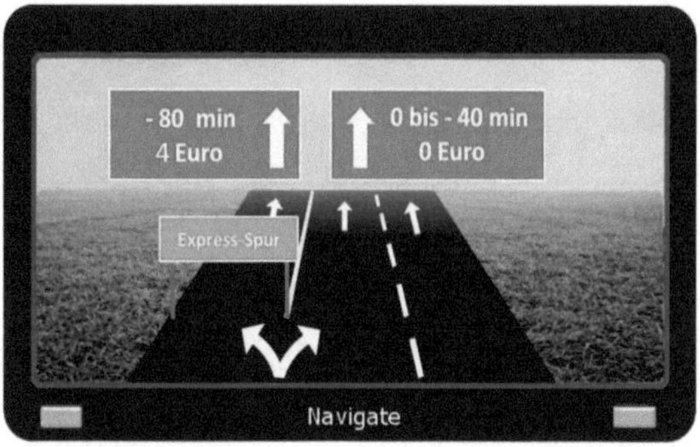

- o **Option A**: In Abhängigkeit vom weiteren Verkehrsaufkommen wird sich Ihre Fahrzeit um 0 bis 40 min verringern.
- o **Option B:** Gegen ein Entgelt von 4,00 € verkürzt sich Ihre Fahrzeit um 80 min.

Abbildung 7.11 Visualisierung der Routenwahlentscheidung A1B1C2D1 – Studie III.II

Es wird eine Fahrt mit acht Entscheidungen an verschiedenen Wegpunkten simuliert, deren Wahl möglichst unabhängig voneinander getroffen werden soll. Um eine hohe Datenvariation und valide Vorhersagen gewährleisten zu können, sind, resultierend aus den Befunden und Erfahrungen aus Studie III.I, mehrere, unterschiedlich gestufte, unabhängige Variablen in die Entscheidungsszenarien integriert worden. Zur Konzeption der Routenwahlsituationen werden folgende vier Faktoren herangezogen:

- *Reisezeit* (Faktor A [W]; 4 Faktorstufungen)
- *Zeitabweichung* (Faktor B [R]; 2 Faktorstufungen)
- *Frame* (Faktor C [R]; 2 Faktorstufungen)
- *Gebühr* (Faktor D [R]; 2 Faktorstufungen)

Unter Berücksichtigung der vier Faktoren ergeben sich 32 Entscheidungssituationen. Der Versuchsplan ist Tabelle 7.12 zu entnehmen. Jedem Probanden werden randomisiert acht verschiedene Fragebogenkonstruktionen präsentiert.

Tabelle 7.12 Versuchsplan – Studie III.II

		Faktor A – Reisezeit (W)															
		A1 groß				A2				A3				A4 klein			
		Faktor C – Frame (R)															
		C1 Verlust		C2 Gewinn		C1 Verlust		C2 Gewinn		C1 Verlust		C2 Gewinn		C1 Verlust		C2 Gewinn	
		Faktor D – Gebühr (R)															
		D1 niedrig	D2 hoch	D1 niedrig	D1 niedrig	D1 niedrig	D2 hoch	D1 niedrig	D2 hoch	D1 niedrig	D2 hoch	D1 niedrig	D2 hoch	D1 niedrig	D2 hoch	D1 niedrig	D2 hoch
Faktor B(R) - Abweichung	B1 gr.	*Y* *1111*	*Y* *11* *12*	*Y* *11* *21*	*Y* *11* *22*	*Y* *21* *11*	*Y* *21* *12*	*Y* *21* *21*	*Y* *21* *22*	*Y* *31* *11*	*Y* *31* *12*	*Y* *31* *21*	*Y* *31* *22*	*Y* *41* *11*	*Y* *41* *12*	*Y* *4121*	*Y* *41* *22*
	B2 kl.	*Y* *1211*	*Y* *12* *12*	*Y* *12* *21*	*Y* *12* *22*	*Y* *22* *11*	*Y* *22* *12*	*Y* *22* *21*	*Y* *22* *22*	*Y* *32* *11*	*Y* *32* *12*	*Y* *32* *21*	*Y* *32* *22*	*Y* *42* *11*	*Y* *42* *12*	*Y* *4221*	*Y* *42* *22*

Reisezeit

Im Vergleich zu Studie III.I werden zur Einschränkung des Entscheidungsfeldes lediglich vier Referenzwerte für die Gesamtreisezeiten definiert. In den Gewinnszenarien liegen diese Werte bei 120 min, 60 min, 30 min und 10 min (A1 bis A4). Zur Abbildung identischer Entscheidungssituationen erfolgt unter Verwendung des strikten Framing-Konzeptes für die Verlustszenarien eine Verschiebung der Referenzpunkte (vgl. Abschnitt 7.1.1.2). Die Zuordnung der Probanden zu den einzelnen Reisezeitstufen ist im Vorhinein festgelegt worden, um eine Untersuchung des Entscheidungsverhaltens für die unterschiedlichen Reiselängen sicherzustellen.

Zeitabweichung

Die Entscheidungskonsequenzen werden analog zu Studie III.I in Form von Reisezeitänderungen dargestellt. Der Fokus liegt jedoch lediglich auf der hohen (B1) und der niedrigen Abweichungsstufe (B2). Unter Einbezug des Unsicherheitsfaktors, der für die Benutzung der kostenlosen Spur aufkommt, ergeben sich folgende relative Werte für die Zeitabweichungen (vgl. Tabelle 7.13).[23]

Tabelle 7.13 Relative Zeitabweichungen – Studie III.II

	B1 (groß)		B2 (klein)	
	sichere Route	unsichere Route	sichere Route	unsichere Route
Gewinnbedingung	$\frac{2}{3}$	$0 - \frac{1}{3}$	$\frac{1}{3}$	$0 - \frac{1}{6}$
Verlustbedingung	0	$\frac{1}{3} - \frac{2}{3}$	0	$\frac{1}{6} - \frac{1}{3}$

Frame

Analog zu Studie III.I kommt erneut das Framing im strikten Sinne zur Anwendung. Zur Gewährleistung des identischen Inhalts der Entscheidungssituationen ist eine kontextabhängige Verschiebung des Referenzpunktes in den jeweiligen Framing-Bedingungen notwendig. Die Konsequenzen der Entscheidungen differieren infolge der Formulierung als Zeitgewinn (C2) oder -verlust (C1), entsprechen sich jedoch in ihren Erwartungswerten bezüglich der Zeit (vgl. Tabelle 7.16). Im Verlust-Frame wird der Referenzpunkt in dem Zustand ohne zeitliche Verzögerung gesehen, und die Routenwahloptionen kündigen gegebenenfalls vermeidbare

[23]Die in absolute Zahlen überführten Abweichungen in den zwei Stufungen unter Gewinn- und Verlustbedingungen können Anhang D.2 entnommen werden.

Zeitverluste an. Im Gewinn-Frame wird hingegen auf eine Situation mit Zeitverzögerung Bezug genommen und die Wahlalternativen ermöglichen eine Verbesserung der Situation.

Unter den Gewinnbedingungen ist durch die Wahl der kostenpflichtigen Route eine sichere Verkürzung der Reisezeit möglich, während im Verlust-Frame eine Entscheidung für diese Spur mit Sicherheit zu einer Vermeidung einer Reisezeitverlängerung führt.

Aufgrund der Zuteilung der Referenzzeiten und der Randomisierung der Framing-Bedingungen ist es nicht auszuschließen, dass Probanden ein und dieselbe Entscheidungssituation sowohl als Verlust als auch als Gewinn präsentiert bekommen. Die hohe Datenvariation lässt eine Zuordnung zweier identischer Entscheidungsfragen in direkter Folge jedoch unwahrscheinlich werden. Da sich zudem die präsentierten Referenzpunkte sowie die prognostizierten Zeitabweichungen in den zwei korrespondierenden Bedingungen unterscheiden, ist nicht von einer Identifizierung der inhaltlichen Übereinstimmung auszugehen. Das klassische *Within-Design* würde, wie in anderen Studien nachgewiesen, die Wirkung der Frames herabsetzen (Jungermann et al., 2005).

Gebühr

Das Konzept der für die vorliegende Studie entwickelten Infrastrukturbepreisungsmaßnahme entstammt in den Grundzügen der State Route 91 in Kalifornien (vgl. Abschnitt 2.5.4). Es wird alternativ zu einer hoch frequentierten, stauanfälligen aber kostenlosen Fahrbahn die Benutzung einer kostenpflichtigen Express-Spur zur Wahl gestellt, wodurch Zeiteinsparungen ermöglicht bzw. Zeitverluste vermieden werden können. Zur Bestimmung der optimalen Gebührenhöhen für eine derartige Spur liegen verschiedene Ansätze vor, wobei statische bis hoch differenzierte Werte angegeben werden (vgl. Abschnitt 2.4 und Abschnitt 2.5.4). In der vorliegenden Arbeit erfolgt die Festsetzung der Gebühr vereinfacht auf Grundlage des Reisezeitwertes. Die für Deutschland ermittelten Zahlen für den motorisierten Verkehr liegen in verschiedenen Studien zwischen 9,00 EUR/h und 13,00 EUR/h (vgl. Abschnitt 3.1.3.2). Aufgrund der tendenziell ablehnenden Haltung gegenüber Straßenbenutzungsgebühren wird mit 8,00 EUR/h ein Wert an der unteren Grenze gewählt (D2). Darüber hinaus stellt dieser in Abhängigkeit von den Zeitabweichungen einen gut handhabbaren Ausgangwert für die anfallenden Gebühren dar. Um das Routenwahlverhalten bei unterschiedlich hohen Gebühren untersuchen zu können, ist eine zweite, niedrigere Gebühr von 4,00 EUR pro 60 Minuten

Zeitersparnis angesetzt worden (D1).[24] Weitere anfallende Kosten der Fahrt bleiben unberücksichtigt.

Um gemäß den Annahmen der Prospect Theory bzw. im Rahmen des ADPs die Erwartungswerte der Antwortalternativen identisch zu gestalten, galt es, die Gebührenhöhen anzupassen. Sie sind anhand der Differenz der Erwartungswerte der Zeiteinsparungen für jede der Routenoptionen errechnet worden.[25] Es ergibt sich die in jeder Entscheidungssituation für das Befahren der kostenpflichtigen Spur zu zahlende Gebühr (Tabelle 7.14 und Tabelle 7.15).

Tabelle 7.14 Gebührenstufungen in Abhängigkeit der Zeitabweichungen B1 – Studie III.II

Referenzpunkte	Gewinn-Frame	120	60	30	15
	Verlust-Frame	40	20	10	5
Differenz der Erwartungswerte in min		60	30	15	7,5
Gebühr D1 in EUR		4,00	2,00	1,00	0,50
Gebühr D2 in EUR		8,00	4,00	2,00	1,00

Tabelle 7.15 Gebührenstufungen in Abhängigkeit der Zeitabweichungen B2 – Studie III.II

Referenzpunkte	Gewinn-Frame	120	60	30	15
	Verlust-Frame	80	40	20	10
Differenz der Erwartungswerte in min		30	15	7,5	3,75
Gebühr D1 in EUR		2,00	1,00	0,50	0,25
Gebühr D2 in EUR		4,00	2,00	1,00	0,50

In Tabelle 7.16 sind beispielhaft die Informationsstrukturen der Entscheidungsszenarien A1B1C2D1 und A1B1C1D1 gegenübergestellt. In der Gewinnbedingung wird bei einer Gesamtreisezeit von 120 Minuten auf der kostenfreien Route eine

[24]Es ist zu berücksichtigen, dass die Zeitabweichungen den Kategorien „hoch" und „niedrig" bzw. sinnverwandten Wörtern lediglich zugeordnet wurden. Ob diese von den Probanden als solche wahrgenommen wurden, bleibt offen.

[25]Im Falle der Festsetzung von 8.00 EUR/h würde infolge der Dominanz der kostenlosen Spur ein Ungleichgewicht vorliegen. Beispielhaft wird die Gebührenhöhe für A1B1D1 unter Gewinnbedingungen ermittelt: 80 min (EW_{sicher}) – 20 min ($EW_{unsicher}$) = 60 min. Monetarisiert anhand des Reisezeitwertes von 4 EUR/h (D1) ergibt sich eine Gebühr von 4 EUR für eine sichere 80minütige Zeiteinsparung bzw. für eine sichere Vermeidung eines Zeitverlustes (vgl. Beispiel Tabelle 7.16). Im Verlust-Frame fällt aufgrund derselben Differenz der Erwartungswerte eine identische Gebühr an.

Tabelle 7.16 Entscheidungsszenarien A1B1C2D1 und A1B1C1D1– Studie III.II

Gewinnbedingung: Referenzzeit 120 min				Verlustbedingung: Referenzzeit 40 min		
	Zeit-gewinn	Gesamt-zeit	Erwar-tungswert	Zeitverlust	Gesamt-zeit	Erwar-tungswert
sicher mit Gebühr	80 min	40 min	40 min 4 EUR	0 min	40 min	40 min 4 EUR
unsicher ohne Gebühr	0–40 min	80–120 min	100 min 0 EUR	40–80 min	80–120 min	100 min 0 EUR

Zeiteinsparung von 0 bis 40 Minuten kommuniziert. Alternativ ist gegen eine Gebühr von 4 EUR ein sicherer Gewinn von 80 Minuten möglich. Die korrespondierende Verlustbedingung bei einem angepassten Referenzwert von 40 Minuten stellt gebührenpflichtig eine sichere Vermeidung eines Zeitverlustes in Aussicht. Auf der kostenfreien Fahrspur ist mit einer Verlängerung der Fahrzeit zwischen 40 und 80 Minuten zu rechnen.

Es wird modellhaft der subjektiv erwartete Nutzen SEU_{PT} unter Berücksichtigung der Framing-Bedingungen abgebildet (Hjorth & Ramjerdi, 2011; Kahneman & Tversky, 1979; Lam & Small, 2001). Zur Modellierung des Nutzens für die gebührenpflichtige Fahrspur mit sicheren zeitlichen Konsequenzen werden die monetären Kosten c_x ergänzt. Unter Berücksichtigung des subjektiven Wahrscheinlichkeitsgewichtes π und der Wertfunktion u ergibt sich die Nutzenfunktion:

$$SEU_{PT}\left(c_x, \{t_{xi}, p_{xi}\}_{i=1}^{n}\right) = u_c(c_x) + \sum_{i=1}^{n} \pi(p_i) u_t(t_{xi})$$

Aufgrund der sicheren Ergebnisaussicht auf der gebührenpflichtigen Strecke entfällt die Variabilität bezüglich der Zeit. Angewendet auf die Routenalternativen werden folgende Funktionen festgehalten:

$$SEU_{PT}(ohne\ Gebühr) = \sum_{i=1}^{n} \pi_{xi} u_t(t_{xi})$$

$$SEU_{PT}(mit\ Gebühr) = u_c(c_x) + u_t(t_{xi})$$

Es gelten folgende Annahmen für die zwei Untersuchungsbedingungen:

Gewinn-Frame: $SEU_{PT+}(ohne\ Geb\ddot{u}hr)\ gt;\ SEU_{PT+}(mit\ Geb\ddot{u}hr)$

Bei positiver Formulierung wird trotz des größeren zeitlichen Einsparungspotentials auf der gebührenpflichtigen Strecke eine mehrheitliche Wahl der kostenlosen Alternative vermutet. Die entstehenden Kosten für das Befahren der Express-Spur sollten stärker negativ gewichtet werden als die damit verbundene sichere Zeiteinsparung. Eine zwar unsichere, aber kostenfreie Ergebnisaussicht scheint attraktiver.

Verlust-Frame: $SEU_{PT-}(ohne\ Geb\ddot{u}hr) < SEU_{PT-}(mit\ Geb\ddot{u}hr)$

Unter Verlustbedingungen wird eine Verschiebung der Präferenzen angenommen. Eine negative Formulierung der zeitlichen Konsequenzen in Form von Zeitverlusten sollte eher zur Wahl der mit Sicherheit belegten, kostenpflichtigen Fahrspur führen als die positive Darstellung als ein Zeitgewinn.

Zweiter Abschnitt – Einstellung & Fahrverhalten
Nach der Präsentation des ersten Szenarios werden zur Untersuchung der Wirkung der unterschiedlich dargestellten Attribute Fragen zur Bewertung dieser Maßnahme und zur Zahlungsbereitschaft für die Nutzung der kostenpflichtigen Spur gestellt.[26] Die Formulierung variiert gemäß der Darstellung des Szenarios als Gewinn oder Verlust.

Bewertung Frame: „Wie bewerten Sie die Möglichkeit, eine gebührenpflichtige Fahrspur zur Erzielung von Zeiteinsparungen/Vermeidung von Zeitverlusten nutzen zu können?“. Die Beantwortung erfolgt anhand eines stufenlosen Schiebereglers (1 – „Gefällt mir gar nicht“ bis 101 – „Gefällt mir gut“).

Zahlungsbereitschaft Frame: „Wie viel wären Sie bereit, bei der gegebenen Fahrt für eine sichere Zeiteinsparung/Vermeidung von Zeitverlusten zu zahlen?“. Die Beantwortung erfolgt über die händische Eingabe einer Zahlungsbereitschaft in EURO.[27]

Nach Vorlage der acht Entscheidungsszenarien folgen – angelehnt an das Akzeptanzmodell von Schade (2005) – Fragen zur Bewertung des Konzeptes der Straßenbenutzungsgebühren im Allgemeinen, die über siebenstufige Ratingskalen erfasst werden.

---

[26] Diese Fragen erscheinen lediglich nach dem ersten Szenario, um die Wirkung der Frames auf die Beurteilung –unbeeinflusst von Folgeentscheidungen – zu untersuchen.

[27] Diese Frage erscheint lediglich bei vorheriger Wahl der kostenlosen Spur.

Wissen: „Bitte geben Sie an, ob Sie von der Möglichkeit der Verkehrsentlastung durch eine zusätzliche, kostenpflichtige Express-Spur schon etwas gehört haben (1 – „Nein, gar nichts“ bis 7 – „Ja, sehr viel“).

Wahrgenommene Effektivität: „Wie wirksam ist Ihrer Meinung nach diese Maßnahme zur Verkehrsentlastung?“ (1 – „sehr unwirksam“ bis 7 – „sehr wirksam“).

Wahrgenommene Gerechtigkeit: „Durch ein solches Gebührensystem werden Personen unterschiedlich stark von Nutzen und Kosten betroffen sein. Wie gerecht bewerten Sie dieses System?“ (1 – „sehr ungerecht“ bis 7 – „sehr gerecht“).

Akzeptanz: „Bitte geben Sie an, inwieweit Sie mit der Einführung einer solchen Maßnahme einverstanden wären.“ (1 – „absolut nicht einverstanden“ bis 7 – „absolut einverstanden“).

Nutzungsabsicht: „Inwieweit stimmen Sie der folgenden Aussage zu? Ich würde eine zusätzliche kostenpflichtige Express-Spur zum schnelleren Vorankommen zu Zeiten starker Verkehrsbelastung nutzen.“ (1 – „stimme gar nicht zu“ bis 7 – „stimme voll und ganz zu“).

Der Fragebogen schließt mit Angaben zur Person hinsichtlich Alter, Geschlecht, Beruf, höchstem Bildungsabschluss, verfügbarem monatlichem Nettohaushaltseinkommen, Führerscheinbesitz sowie durchschnittlich mit dem Kraftfahrzeug gefahrenen Kilometer pro Jahr, Häufigkeit der Autobahnnutzung und Erleben von Stausituationen auf Autobahnen.[28]

7.2.1.3 Verwendete statistische Verfahren

Zur Beantwortung der aufgestellten Untersuchungsfragen erfolgt zunächst anhand deskriptiver Statistik eine übersichtliche Darstellung der erhobenen Daten. In einem zweiten Schritt wird mittels inferenzstatistischer Verfahren geprüft, ob von den Kennwerten der Stichprobenverteilung auf die Populationsgesamtheit geschlossen und Aussagen über die Richtigkeit der zu überprüfenden Hypothesen getroffen werden können. Die herangezogenen statistischen Auswertungsverfahren stehen in engem Zusammenhang mit den Designentscheidungen und werden anschließend beschrieben.

[28] Es sind weitere Items erhoben worden, die jedoch im Rahmen der vorliegenden Arbeit keine Beachtung finden (Risikoeinstellung, Gründe für die Entscheidung, Empfinden von Stau und Verspätung).

Routenwahlverhalten

Eine klassische Annahme der Statistik, die Unabhängigkeit von Daten, ist im Fall von Wiederholungsmessungen nicht erfüllt. Sobald für verschiedene Subjekte mehr als eine Beobachtung vorliegt, treten Abhängigkeitsstrukturen auf, die zu Verzerrungen im Sinne einer erhöhten Fehlerrate erster oder zweiter Art führen können (Sherman & Le Cessie, 1997). Die Methode der Verallgemeinerten Schätzgleichungen (*Generalized Estimating Equations*, GEE) versucht, dieser Anforderung als Erweiterung der klassischen Generalisierten Linearen Modelle (*Generalized Linear Models*, GLM) gerecht zu werden, und bietet die Möglichkeit der korrekten Analyse von Daten mit korrelierten Residuen. Die Besonderheit des GEE-Ansatzes als marginales Modell liegt in der Aussage seiner Resultate. Es werden durchschnittliche Reaktionen der abhängigen Variable bei Veränderung der Kovariaten abgebildet, um letztlich Aussagen über den Populationsdurchschnitt zu treffen.

In den ursprünglichen GLM-Modellierungen findet die Zeitdimension keinerlei Berücksichtigung, was die Untersuchung von Paneldaten aufgrund von korrelierten Störtermen unmöglich macht (Windhövel, 2008). Zur Lösung dieser Korrelationsproblematik kam es im Jahr 1986 durch Liang und Zeger (1986) zu einer notwendigen Erweiterung des Anwendungsgebietes von GLM auf Longitudinaldaten. Der seitdem mehrfach modifizierte und erweiterte GEE-Ansatz erlaubt unter der Flexibilität der GLM eine konsistente und effiziente Schätzung von Modellen, in denen die Beobachtungswerte der abhängigen Variable serielle Korrelationen aufweisen (Baltes-Götz, 2016).[29] Die Verteilungsform der Daten der abhängigen Variablen kann dabei dichotom, diskret oder stetig sein. Trotz der klaren Vorteile des GEE-Ansatzes ist dessen Anwendung eher verhalten. Aus diesem Grund soll das methodische Vorgehen kurz beschrieben werden.[30]

Die Anwendung der Verallgemeinerten Schätzgleichungen ist trotz der Robustheit des Verfahrens an bestimmte Voraussetzungen gebunden. Da die Möglichkeit einer fehlerhaften Varianzfunktion und der Arbeitskorrelationsmatrix besteht, sollten für valide Schätzungen für die Parameter und die Kovarianzmatrix sowie für eine adäquate Normalverteilungsapproximation folgende Voraussetzungen erfüllt sein (vgl. Baltes-Götz, 2016; Stokes, Davis & Koch, 2012):

[29] Es soll auf die Unterscheidung der ursprünglichen GEE1- und der modifizierten GEE2-Modelle hingewiesen werden. In der vorliegenden Arbeit kommt der erste Ansatz als Standardtechnik zur Anwendung (Baltes-Götz, 2016).

[30] Für weiterführende Informationen wird auf Baltes-Götz (2016), Hardin und Hilbe (2013) sowie Liang und Zeger (1986) verwiesen.

- Infolge der asymptotischen Eigenschaften der GEE-Methode muss eine ausreichend große Stichprobe in Form von einzelnen Befragungsobjekten vorliegen. Die Angaben liegen in Abhängigkeit der Anzahl der Prädiktoren zwischen 25 und 100 Clustern. Für sichere Schätzungen werden bei 5 bis 12 erklärenden Variablen 200 Objekte empfohlen (Stokes et al., 2012). Nach Halekoh (2008, S. 71, zit. nach Baltes-Götz, 2016, S. 33) ist bei Messwiederholungsstudien eine möglichst große Zahl an Befragungsobjekten mit jeweils wenigen Beobachtungen pro Cluster anzustreben.
- Die Cluster müssen untereinander unabhängig sein. Entsprechend darf keine weitere, hierarchisch höher liegende bedeutsame Gruppierung vorliegen.
- Fehlende Werte dürfen lediglich zufallsbedingt auftreten. Ein Vorteil des GEE-Verfahrens liegt in dessen Durchführbarkeit auch bei fehlenden Werten oder bei variierenden Beobachtungen in den Clustern. Voraussetzung hierfür ist die Erfüllung der MCAR-Bedingung (*missing completely at random*), d. h., die Zufälligkeit dieser Lücken muss gegeben sein.

Ist das Verfahren der GEE festgelegt, empfehlen Hardin und Hilbe (2013) schrittweise die Spezifikation der Modellstruktur auf Grundlage der vorliegenden Daten sowie der Verteilung der Datenstruktur der Responsevariable, die Festlegung der Linkfunktion und der Arbeitskorrelationsmatrix sowie final die Auswahl adäquater Testverfahren.

Da die Verallgemeinerten Schätzgleichungen eine Erweiterung der generalisierten linearen Modelle darstellen, scheint eine Annäherung über diese zielführend. Die GLM-Methode gilt als Oberbegriff für eine Reihe multivariater Verfahren wie das Logit-Modell zur Abbildung abhängiger diskreter Variablen. Generalisierte lineare Modelle bestehen im Allgemeinen aus den Komponenten des Linearprädiktors η_i und der Linkfunktion $g(\mu_i)$. Im Vergleich zu den linearen Ansätzen wird jedoch nicht der Erwartungswert μ_i anhand des linearen Prädiktors

$$\eta_i := x_i\beta$$

Beschrieben, sondern vielmehr das Ergebnis der Link-Funktion $g(\mu_i)$. Diese stellt eine Verknüpfung zwischen dem Erwartungswert der Zielgröße und dem linearen Prädiktor dar und nimmt folgende Form an (Baltes-Götz, 2016):

$$g(\mu_i) = x_i'\beta = \sum_k x_{ik}\beta_k$$

Um möglichst genaue Schätzungen zu erzielen, werden je nach Verteilung der Kriteriumsvariable eine adäquate Linkfunktion und die Residualverteilung gewählt. Die Linkfunktion modelliert den Zusammenhang zwischen dem Erwartungswert des Kriteriums und den Prädiktoren. Sie wird im Hinblick auf die postulierte Wahrscheinlichkeitsverteilung des Residuums ausgewählt. Im generalisierten linearen Modell erfolgt die Selektion der Residualverteilung aus der Kategorie der Exponentialverteilungen mitsamt der entsprechenden Varianzfunktion, die die Varianz der Verteilung als Funktion des Erwartungswerts abbildet. Ein Verstoß gegen die Annahme der Normalverteilung und die der Varianzhomogenität des linearen Modells kann aufgrund der Wahl einer geeigneten Residualverteilung vernachlässigt werden. Bei den Verteilungen aus der Exponentialfamilie ist die Varianz durch eine Funktion des Erwartungswerts und durch einen Skalenparameter festgelegt. Tabelle 7.17 zeigt eine Auswahl häufig verwendeter Verteilungsformen und die entsprechenden Linkfunktionen und Skalenparameter.

Tabelle 7.17 Verteilungstypen und ihre kanonischen Link- und Varianzfunktionen sowie die Skalenparameter – Studie III.II

Verteilung	kanonische Linkfunktion	Varianzfunktion	Skalenparameter ϕ
Normal	μ_i	$v(\mu_i) = 1$	σ^2
Binomial	$\log \frac{\mu_i}{1-\mu_i}$	$v(\mu_i) = \mu_i(1 - \mu_i)$	1
Poisson	$\log(\mu_i)$	$v(\mu_i) = \mu_i$	1

In einem nächsten Schritt werden die Koeffizienten der Regressionsgleichung ermittelt. Da der GEE-Ansatz nicht die vollständige Verteilungsfunktion berücksichtigt, erfolgt die Schätzung der Parameter auf iterativem Weg mit Hilfe von Quasi-Likelihood-Methoden (Baltes-Götz, 2016; Stokes et al., 2012). An dieser Stelle kommt es bei der zur GLM-Methodik analogen Vorgehensweise der GEE-Modellierungen zu einer Erweiterung, indem Zeitdimensionen bzw. Mehrfachmessungen berücksichtigt werden können. Zeger und Liang (1986) schlagen zur Lösung dieser Abhängigkeitsproblematik die Bildung einer Arbeitskorrelationsmatrix vor. Die Struktur korrelierender Daten besteht aus mehreren, voneinander unabhängigen Gruppen von Daten *(Cluster)*. Diese Cluster beinhalten wiederum eine oder mehrere abhängige Messungen. Die Methode der Verallgemeinerten Schätzgleichungen versucht durch Aufstellen einer geeigneten Korrelationsstruktur, die Korrelationen innerhalb der Cluster zu berücksichtigen. Die daraus resultierende Arbeitskorrelationsmatrix wird zur Schätzung der Kovarianzmatrix herangezogen. Die Korrelationen zwischen den Beobachtungen eines Clusters sind selten bekannt und werden folglich möglichst genau geschätzt

(Windhövel, 2008; Zeger & Liang, 1986). Die Wahl einer adäquaten Struktur sollte auf theoretischen Überlegungen bezüglich der vermuteten Abhängigkeit zwischen den Daten innerhalb eines Clusters basieren. Eine möglichst nah an der wahren Korrelation liegende Struktur erhöht dabei die Effizienz der Schätzung (Stokes et al., 2012). In der Literatur wird zwischen folgenden Strukturen der Arbeitskorrelationsmatrix unterschieden (Baltes-Götz, 2016):

- unabhängig,
- unstrukturiert,
- austauschbar,
- autoregressiv und
- m-abhängig.

Bei der Konstruktion eines geeigneten Modells sind jedoch inhaltliche Überlegungen oft nicht ausreichend, um zwischen konkurrierenden Alternativmodellen zu entscheiden. Zur Orientierung werden zusätzliche Informationskriterien herangezogen, wobei eine Beurteilung des Informationsgehaltes eines Modells unter Berücksichtigung der Anzahl eingehender Parameter erfolgt. Für Quasi-Likelihood-basierte Modelle wird das QIC-Maß der Anpassungsgüte (*Quasilikelihood Under the Independence Model Information Criterion*) empfohlen (Pan, 2001). Je kleiner der ermittelte QIC-Wert, desto besser ist die Passung der gewählten Korrelationsstruktur. Aufgrund der Robustheit des GEE-Verfahrens werden jedoch selbst bei Fehlspezifizierung der Korrelationsart die Schätzungen für die Parameter konsistent, sofern die Link-Funktion und der lineare Prädiktor des Modells korrekt bestimmt worden sind (Baltes-Götz, 2016; Windhövel, 2008).

Nach Bestimmung der Arbeitskorrelationsmatrix können zur Schätzung der Kovarianzmatrix $Cov(\beta)$ zwei Varianzschätzer herangezogen werden. Die Auswahl ist von der verfügbaren Datenmenge und der Exaktheit des aufgestellten Modells abhängig (Windhövel, 2008). In der Regel kommt der robuste (Sandwich-) Schätzer zur Anwendung, der bei großen Stichproben auch bei falsch spezifizierter Arbeitskorrelationsmatrix oder unterschiedlichen Korrelationen zwischen den Clustern konsistente Ergebnisse hervorbringt. Modellbasierte Schätzer werden bei einer geringen Anzahl von Clustern angewendet, setzen jedoch eine korrekte Formulierung des Gesamtmodells voraus (Stokes et al., 2012).

Final kommt nach der Festlegung der Verteilung der Zielgröße, der Prädiktoren, der Linkfunktion und der Struktur der Arbeitskorrelationsmatrix ein iterativer Schätzprozess zur Generierung des Regressionsmodells zur Anwendung. Es werden Anfangswerte für die Regressionskoeffizienten über ein GLM oder einer vergleichbaren Methode geschätzt, woraus sich die Parameter der Arbeitskorrelationsmatrix ergeben. Aus diesen Werten werden die Schätzungen für die

Regressionskoeffizienten bis zum Erreichen eines definierten Konvergenzkriteriums angepasst. In der vorliegenden Arbeit kommt für dieses Verfahren das Statistikprogramm SPSS zur Anwendung.

Bewertung und Zahlungsbereitschaft
Beim Vergleich zweier nicht-normalverteilter unabhängiger Stichproben wird der Mann-Whitney-Test herangezogen. Anhand einer erstellten Rangordnung wird geprüft, ob ein signifikanter Unterschied zwischen den Lageparametern der zwei zu untersuchenden Stichproben vorliegt. Hierfür werden alle möglichen Kombinationen der Ränge aufgelistet und die Rangsummen berechnet. Die Annahme bzw. Nullhypothese, dass beide Stichproben aus einer Grundgesamtheit stammen, kann verworfen werden, wenn die Wahrscheinlichkeit der Zufälligkeit des Summenwertes zu vernachlässigen ist (Bortz, 2005).

7.2.1.4 Stichprobe

An der Online-Befragung nahmen insgesamt 573 Personen teil, wovon 146 infolge eines vorzeitigen Abbruchs und vier wegen fehlenden Führerscheins ausgeschlossen werden mussten. Somit konnten 423 vollständig ausgefüllte Fragebögen in die Datenanalyse einbezogen werden.

Die Stichprobe bestätigt hinsichtlich der Geschlechterverteilung mit einem Anteil von 58 % die Überrepräsentation von Männern in der autofahrenden Bevölkerung. Das Durchschnittsalter beträgt 31,5 Jahre. Mit einem Anteil von 89 %, die ein Abitur/Fachabitur oder einen Hochschul-/Fachhochschulabschluss vorweisen können, liegt ein hohes Bildungsniveau vor. Der Großteil der Probanden sind Angestellte (42 %) und Schüler(innen)/Student(en/innen)/Auszubildende (41 %). Über der Hälfte der Befragten stehen im Monat weniger als 2600 EUR als Netto-Haushaltseinkommen zur Verfügung. Im Durchschnitt sind die Befragten im Jahr 14.691 km mit einem Kraftfahrzeug unterwegs. Von den Probanden nutzen 71 % die Autobahn mindestens einmal monatlich. Am häufigsten wird diese Straßenkategorie für Freizeitzwecke befahren (53 %). Von den Autobahnnutzern erleben 31 % mindestens einmal im Monat eine Stausituation. Eine tabellarische Stichprobenbeschreibung ist Anhang D.2 zu entnehmen.

7.2.2 Ergebnisse

Analog zu den bereits berichteten Studien werden nach einer übersichtlichen Darstellung der erhobenen Daten diese mittels inferenzstatistischer Verfahren auf Konformität mit den aufgestellten Hypothesen überprüft. Die Untersuchung des

Einflusses verschiedener Prädiktorvariablen auf die Routenwahl erfolgt mit dem Verfahren der Verallgemeinerten Schätzgleichungen. Zur Analyse der Differenz der zentralen Tendenzen der Bewertung und der Zahlungsbereitschaft zweier unabhängiger Stichproben wird der Mann-Whitney-Test herangezogen.

7.2.2.1 Auswirkungen des Risky Choice Framings auf das Routenwahlverhalten

Allgemeine Angaben

Die Befunde zur Bekanntheit einer zusätzlichen kostenpflichtigen Express-Spur zur Verkehrsentlastung zeigen, dass diese Maßnahme tendenziell unbekannt ist ($M = 2{,}17$; $SD = 1{,}89$).[31] Zweidrittel der Befragten geben an, noch nie von einem solchen Konzept gehört zu haben. Darüber hinaus lässt sich eine beurteilte Unwirksamkeit erkennen. Mehr als die Hälfte der Probanden bewerten eine zusätzliche kostenpflichtige Spur als eher unwirksam oder schlechter zur Verkehrsentlastung. Hinsichtlich der interpersonalen Gerechtigkeit wird ersichtlich, dass 56 % diese Maßnahme als eher ungerecht und schlechter beurteilen. Die Akzeptanzwerte lassen mit Werten von 37 % im positiven und 51 % im negativen Bereich eine leichte Tendenz zur negativen Meinung gegenüber der Einführung eines solchen Gebührensystems erkennen. Die Ergebnisse bezüglich der Nutzungsabsicht zeigen, dass bei Vorhandensein einer zusätzlichen kostenpflichtigen Spur knapp die Hälfte der Befragten diese nutzen würden. Abbildung 7.12 fasst die beschriebenen Ergebnisse anhand der Mittelwerte zusammen.

Routenwahl unter Berücksichtigung der Faktoren A, B, C und D sowie weiterer intervenierender Variablen

Die Ergebnisse zum Einfluss der Frames auf die präsentierten Routenwahlentscheidungen lassen ungeachtet weiterer intervenierender Variablen eine Präferenz für die Fahrspur ohne Gebühr erkennen. In Abhängigkeit der Darstellung der Entscheidungskonsequenzen führt der negative Frame häufiger zur Wahl der Express-Spur im Vergleich zum positiven Frame. Bei kommunizierten Zeitverlusten wählen 38 % der Probanden die kostenpflichtige Strecke. Bei in Aussicht gestellten Zeitgewinnen ist dies bei 31 % der Befragten zu beobachten (vgl. Abbildung 7.13).

[31] Skalen bezüglich Wissen, Effektivität, Gerechtigkeit, Akzeptanz und Nutzungsabsicht von 1 – „Nein, gar nichts“, „sehr unwirksam“, „sehr ungerecht“, „absolut nicht einverstanden“, „stimme gar nicht zu“ bis 7 – „Ja, sehr viel“, „sehr wirksam“, „sehr gerecht“, „absolut einverstanden“, „stimme voll und ganz zu“.

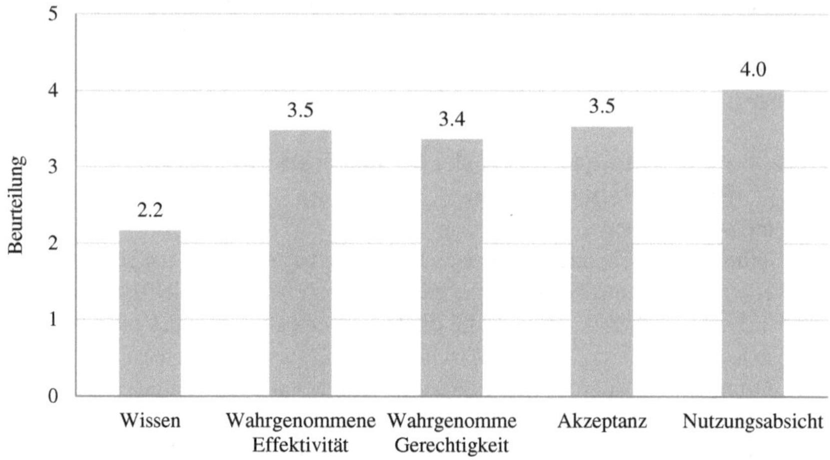

Abbildung 7.12 Wissen, Bewertungen und Nutzungsabsicht (M) – Studie III.II

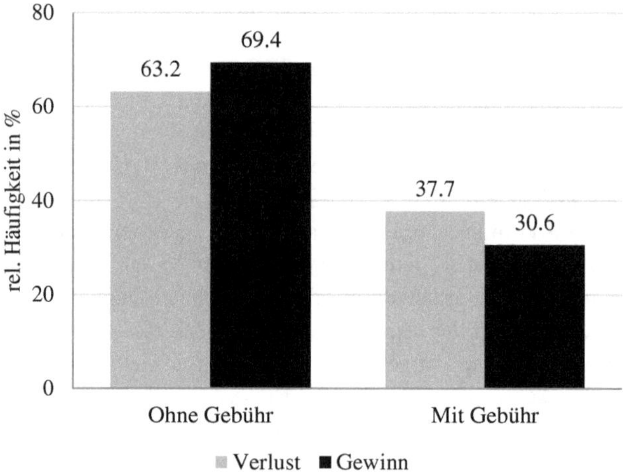

Abbildung 7.13 Routenwahlentscheidungen unter Gewinn- und Verlustbedingungen (gesamt) – Studie III.II

Unter Berücksichtigung des Faktors *A* ergibt sich mit zunehmender Reisezeit eine steigende Tendenz der Wahl der kostenpflichtigen Express-Spur (vgl. Abbildung 7.14). Zudem wird die unterschiedliche Auswirkung der Framing-Bedingungen deutlich, die mit abnehmender Reisezeit geringer ausfällt. Bei langen Fahrzeiten, wie sie bei A1 vorliegen, wird von der Mehrheit (53 %) im Verlust-Frame die kostenpflichtige Spur bevorzugt. Unter Gewinnbedingungen entscheiden sich 60 % der Probanden für die Fahrspur ohne Gebühren. Hier beträgt die Differenz zwischen den Framing-Bedingungen 13 Prozentpunkte. Im letzten Szenario und kurzer Gesamtreisezeit (A4) präferieren 81 % der Befragten unter Verlustbedingung und 83 % in den Gewinnszenarien die kostenlose Fahrspur. Die Differenz beträgt lediglich zwei Prozentpunkte.

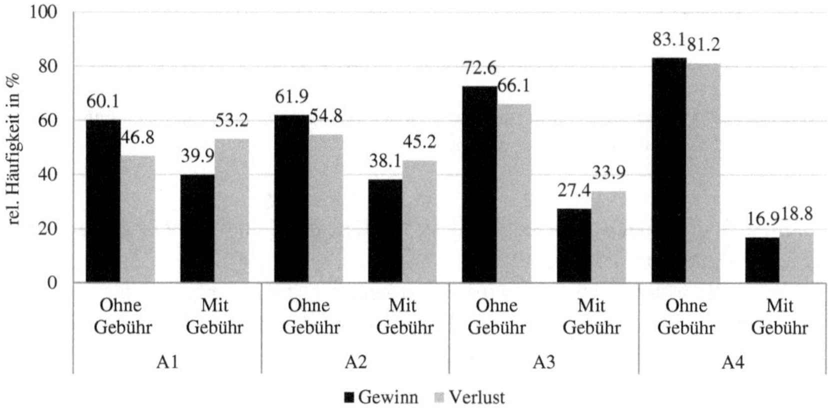

Abbildung 7.14 Routenwahlentscheidungen in Abhängigkeit der Reisezeiten unter Gewinn- und Verlustbedingungen – Studie III.II

Der Einbezug des Faktors *B* lässt einen marginalen Einfluss verschieden großer Zeitabweichungen auf die Routenwahl erkennen (vgl. Abbildung 7.15). Es ist eine steigende Tendenz der Wahl der kostenpflichtigen Spur mit zunehmender Zeitabweichung zu beobachten. Werden große Zeitdifferenzen (B1) präsentiert, wählen unter Gewinnbedingungen 33 % und im Verlust-Frame 40 % der Befragten die Express-Spur. Bei kleinen zeitlichen Abweichungen liegen die Anteile bei 28 % bzw. 35 %. Es wird erneut deutlich, dass ein negativer Rahmen die Wahl der kostenpflichtigen Spur begünstigt. Die Differenz von 7 Prozentpunkten zwischen den

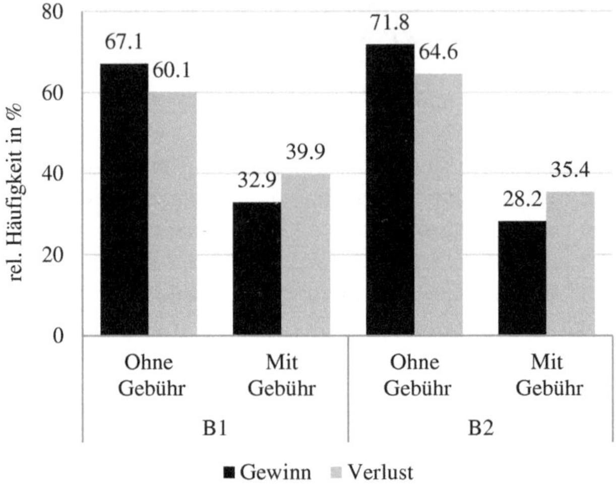

Abbildung 7.15 Routenwahlentscheidungen in Abhängigkeit der Zeitabweichungen unter Gewinn- und Verlustbedingungen – Studie III.II

Framing-Bedingungen zeigt jedoch, dass die Höhe der Zeitabweichung hinsichtlich dieser Wirkung eher irrelevant ist.

Hinsichtlich des Faktors *D* wird mit steigender Höhe der anfallenden Gebühr ein sinkender Anteil der Wahl für die Express-Spur deutlich. Während bei niedriger Gebührenhöhe (D1) unter Verlust-Bedingungen knapp die Hälfte bzw. im Gewinn-Frame 40 % der Befragten die kostenpflichtige Spur präferieren, sind dies 27 % bzw. 22 % bei Vorliegen einer hohen Gebühr (D2). Aus Abbildung 7.16 wird ersichtlich, dass unter Verlustbedingungen die Wahl marginal häufiger auf die kostenpflichtige Fahrspur fällt als unter Gewinnbedingungen. Die Differenz zwischen den Framing-Bedingungen der Routenwahl beträgt in Abhängigkeit der Gebührenhöhe 9 bzw. 5 Prozentpunkte.

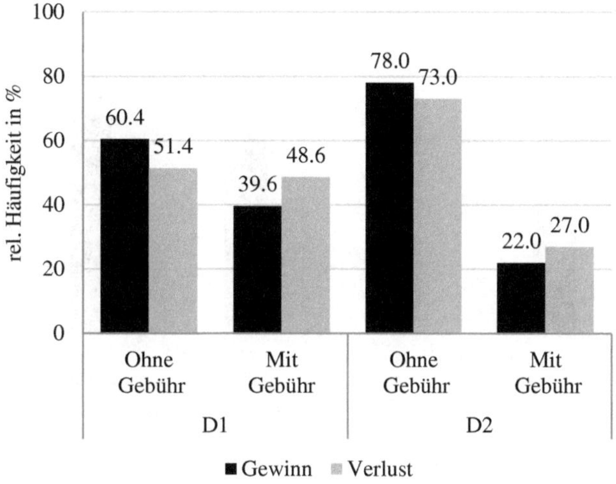

Abbildung 7.16 Routenwahlentscheidungen in Abhängigkeit der Gebührenhöhe unter Gewinn- und Verlustbedingungen – Studie III.II

Es gilt zu prüfen, ob die Angaben bezüglich Wissen, Effektivität, Gerechtigkeit, Akzeptanz und der Nutzungsabsicht einen Einfluss auf die Routenwahl haben. Die deskriptiven Daten lassen erkennen, dass eher Personen mit einem höheren subjektiven Wissen über die Möglichkeit der Verkehrsentlastung durch eine kostenpflichtige Spur zur Nutzung ebendieser tendieren im Vergleich zu denjenigen mit weniger Wissen auf diesem Gebiet. Ebenso geht eine stärkere Nutzenintention mit höheren Effektivitäts-, Gerechtigkeits- und Akzeptanzurteilen einher. Probanden, die die Maßnahme als effektiver und gerechter bewerten sowie mit der Implementierung einverstanden wären, entscheiden sich in den gegebenen Routenwahlszenarien häufiger für die Express-Spur. Zuletzt zeigt sich, dass Personen mit geäußerten Nutzungsabsichten von kostenpflichtigen Spuren diese auch eher wählen als Personen, die ein Befahren von derartigen Fahrspuren nicht in Erwägung ziehen (vgl. Abbildung 7.17).

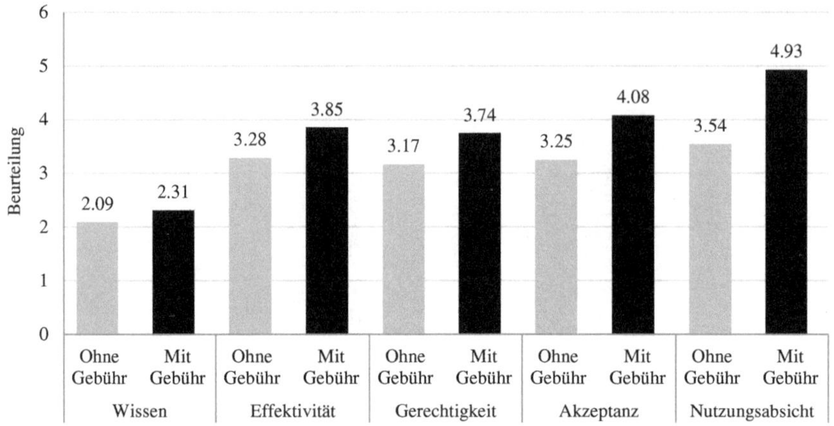

Abbildung 7.17 Wissen, Bewertungen und Nutzungsabsicht nach Routenwahl (M) – Studie III.II

Mittels des GEE-Verfahrens sollen im Folgenden die zuvor einzeln dargestellten Zusammenhänge analysiert und in einem Modell abgebildet werden. Eine Prüfung der Anwendungsvoraussetzungen ergibt mit 423 Versuchspersonen eine ausreichend große Stichprobe und die Unabhängigkeit der Cluster untereinander. Da lediglich Personen in die Stichprobe aufgenommen wurden, die alle (Entscheidungs-) Fragen vollständig beantwortet haben, liegen keine fehlenden Daten vor. Entsprechend können die Verallgemeinerten Schätzgleichungen als geeignetes Analyseverfahren herangezogen werden. Zu Beginn wird anhand der vorliegenden Daten sowie der Eigenschaften der abhängigen Variable die Modellstruktur festgelegt. Es folgt die Auswahl der Linkfunktion und Arbeitskorrelationsmatrix sowie final der iterative Schätzprozess (Hardin & Hilbe, 2013).

In die Analyse werden zunächst die Hauptfaktoren und potentielle Interaktionen aufgenommen. Darüber hinaus erfolgt zur Prüfung weiterer beeinflussender Kriterien die Integration verschiedener unabhängiger Variablen wie die Einstellung gegenüber dem vorgestellten Gebührenkonzept, soziodemografische Faktoren sowie Angaben zum Fahrverhalten. Aufgrund der acht Entscheidungsszenarien pro Proband mit einer jeweils diskreten Wahl liegt eine Studie mit Messwiederholung und einer dichotom abhängigen Variable vor. Analog zu einem generalisierten linearen Modell sind eine Link- und Varianzfunktion als elementare Elemente der GEE-Analyse zu wählen. Infolge der dichotomen Antwortkategorien wird eine Binomialverteilung angenommen und eine Logit-Funktion gewählt. Es gilt, die

Erwartung für den Kriteriumswert über die Linkfunktion mit dem linearen Prädiktor in Beziehung zu setzten. Bei der binären logistischen Regression nimmt die Kriteriumsvariable *Yi* die Werte 0 und 1 an und der Erwartungswert μ_i entspricht der Wahrscheinlichkeit $P(Y_i = 1)$ der Einserkategorie. Die Zielgleichung der Logit-Funktion nimmt folgende Form an (Baltes-Götz, 2016):[32]

$$\log \frac{P(Y_i = 1)}{P(Y_i = 0)} = \log \frac{\mu_i}{1 - \mu_i} = x_i'\beta$$

Darüber hinaus wird eine Varianzfunktion $v(\mu_i)$ gewählt, welche die Varianz der Verteilung als Funktion des Erwartungswerts abbildet:

$$v(\mu_i) = \mu_i(1 - \mu_i)$$

Infolge des zeitlich engen Zusammenhangs zwischen den einzelnen Entscheidungen wird von einer Abhängigkeit der einzelnen Beobachtungen innerhalb eines Clusters ausgegangen. Die GEE erlaubt als Erweiterung der generalisierten linearen Modelle durch die Verwendung einer Arbeitskorrelationsmatrix die Berücksichtigung dieser Abhängigkeiten. Hierfür gilt es, eine möglichst nah an den wahren Korrelationen liegende Arbeitskorrelationsmatrix abzuleiten. Existiert kein Vorwissen über die Struktur, kann infolge der konsistenten Schätzungen der Varianzen eine unstrukturierte Arbeitskorrelationsmatrix angenommen werden (Liu, Boyett & Xiang, 2000). Hierbei unterliegt die Korrelation zwischen den Messpaaren keiner Logik, sodass für jedes Beobachtungspaar eine separate Korrelation geschätzt wird. Dieses Vorgehen ist sehr aufwändig, erzielt jedoch die besten Schätzungen für die Regressionsparameter (Stokes et al., 2012).[33] Zur Bestätigung des korrekt gewählten Korrelationsmusters wird das von der Analysesoftware ermittelte QIC-Maß herangezogen, wobei der niedrigste Wert die höchste Anpassungsgüte angibt. Die unstrukturierte Struktur der Arbeitskorrelationsmatrix $R(\alpha)$ ist gegeben durch (Windhövel, 2008, S. 136):[34]

$$R_i(\alpha) = \begin{pmatrix} 1 & \alpha_{1,2} & \alpha_{1,t} \\ \alpha_{1,2} & 1 & \alpha_{2,t} \\ \alpha_{1,t} & \alpha_{2,t} & 1 \end{pmatrix}$$

---

[32] x… Werte der Prädiktoren
β… Regressionskoeffizienten der Prädiktoren

[33] Die Voraussetzung einer geringen Anzahl an Beobachtungen pro Cluster ist im vorliegenden Fall gegeben.

[34] α … unbekannter Parametervektor.

Nach Festlegung der Rahmenbedingungen (vgl. Tabelle 7.18) werden anschließend die Arbeitsschritte und die Ergebnisse im Detail dargestellt.

Tabelle 7.18 Modellinformationen der GEE – Studie III.II

Abhängige Variable	Route
Wahrscheinlichkeitsverteilung	Binomial
Verknüpfungsfunktion	Logit
Subjekteffekt	Proband
Innersubjekteffekt	Entscheidung
Struktur der Arbeitskorrelationsmatrix	Unstrukturiert
Mit Gebühr (riskless) als Antwort und Ohne Gebühr (risk) als Referenzkategorie	

Das Analyseprogramm SPSS setzt für die Anwendung der GEE-Methodik die Daten im Langformat voraus, sodass jeder Messzeitpunkt einen eigenen Fall abbildet. Entsprechend erfolgt zunächst eine Umstrukturierung, sodass jede der acht Entscheidungen pro Proband separat aufgeführt wird und 3384 Antworten vorliegen. In die ersten Berechnungen werden die Prädiktoren *Reisezeit, Frame, Zeitabweichung* und *Gebühr* aufgenommen. Es gilt die Wahrscheinlichkeit zu schätzen, dass die abhängige Variable den Wert 1 annimmt (kostenpflichtige Spur). Die Referenzkategorie ist die mit Unsicherheit belegte kostenfreie Spur (Wert 0). Das Unabhängigkeitsmodellkriterium nimmt bei der unstrukturierten Struktur einen Wert von QIC = 3987,392 an. Ein Vergleich anderer vom Programm bereit gestellter und in Frage kommender Strukturen bestätigt diese anhand der geringsten Wertigkeit.[35] Es wird deutlich, dass die geprüften Faktoren einen hoch signifikanten Einfluss auf die Routenwahl haben. Es wird davon ausgegangen, dass die einzelnen Prädiktoren zwar nicht unabhängig voneinander jedoch gleichmäßig auf die Kriteriumsvariable einwirken. Um ein den tatsächlichen Zusammenhängen gut angepasstes Modell entwickeln zu können, sollten zudem Interaktionseffekte Berücksichtigung finden. Hierbei werden multiplikative Terme aus den vermutlich interagierenden Variablen gebildet und in die Berechnung aufgenommen. Der Einbezug verschiedener Wechselwirkungen zwischen den bisher untersuchten Faktoren bringt hervor, dass sich unter Berücksichtigung der signifikanten Interaktion von Gebühr und Zeit die Güte des Modells verbessert (QIC = 3969,893). Die Ergebnisse der erweiterten GEE-Analyse fasst Tabelle 7.19 zusammen.

[35] Aufgrund der geringen Unterschiede der QIC-Werte zeigen sich die Schätzer und Tests zu den Parametern auch bei Verwendung einer anderen Arbeitskorrelationsstruktur weitgehend identisch (vgl. Baltes-Götz, 2016).

Tabelle 7.19 Einfluss Reisezeit, Zeitabweichung, Frame und Gebührenhöhe auf die Routenwahl (Modell 1) – Studie III.II

Quelle	Typ III		
	Wald-Chi-Quadrat	df	Sig.
(Konstanter Term)	124,690	1	<,001
Frame	20,197	1	<,001
Gebühr	151,801	1	<,001
Reisezeit	150,368	3	<,001
Zeitabweichung	14,469	1	<,001
Gebühr * Reisezeit	24,978	3	<,001
Abhängige Variable: Route			

Zur Analyse zusätzlicher Einflussfaktoren auf die Routenwahl werden weitere Modelle berechnet. Zunächst sind die von den Probanden abgegebenen Wertungen hinsichtlich Wissen, Gerechtigkeit, Effektivität und Akzeptanz sowie die Nutzungsabsicht zu integrieren (QIC = 3524,347). Hierbei stellt sich lediglich die Wirkung der Nutzungsabsicht als statistisch bedeutsam heraus ($p < .001$). Die Akzeptanz zeigt eine Tendenz zur Signifikanz. Tabelle 7.20 bildet die Haupteffekte der ausgewählten Einflusstherme ab. Infolge fehlender statistischer Bedeutsamkeit sind diese Variablen aus dem Modell eliminiert worden.

Tabelle 7.20 Einfluss Reisezeit, Zeitabweichung, Frame, Gebührenhöhe und Bewertungsvariablen auf die Routenwahl (Modell 2) – Studie III.II

Quelle	Typ III		
	Wald-Chi-Quadrat	df	Sig.
(Konstanter Term)	225,104	1	<,001
Frame	17,871	1	<,001
Gebühr	171,100	1	<,001
Reisezeit	167,180	3	<,001
Zeitabweichung	15,783	1	<,001
Nutzungsabsicht	159,588	1	<,001
Wissen	,532	1	,466
Wirksamkeit	,394	1	,530
Gerechtigkeit	,334	1	,563
Akzeptanz	2,879	1	,090
Abhängige Variable: Route			

Weitere Schätzungen mit Einbezug soziodemografischer Faktoren und verschiedener Interaktionseffekte bringen vordergründig nicht signifikante Einflüsse hervor. Das finale Modell zur Abbildung des Routenwahlverhaltens bei der Existenz einer kostenpflichtigen Fahrspur enthält die vier unabhängigen Faktoren, die *Nutzungsabsicht* sowie die Interaktionseffekte von *Reisezeit* und *Gebühr*, *Reisezeit* und *Nutzungsabsicht* sowie *Frame* und *Geschlecht* (vgl. Tabelle 7.21). Die Modellgüte hat sich mit einem Wert von QIC = 3482,773 weiter verbessert.

Tabelle 7.21 Einfluss Reisezeit, Zeitabweichung, Frame, Gebührenhöhe, Nutzungsabsicht und Interaktionen auf die Routenwahl (finales Modell) – Studie III.II

Quelle	Typ III		
	Wald-Chi-Quadrat	df	Sig.
(Konstanter Term)	248,907	1	<,001
Frame	20,684	1	<,001
Gebühr	165,136	1	<,001
Reisezeit	12,025	3	,007
Zeitabweichung	16,050	1	<,001
Nutzungsabsicht	177,469	1	<,001
Reisezeit * Nutzungsabsicht	10,136	3	,017
Gebühr * Reisezeit	30,406	3	<,001
Frame * Geschlecht	9,117	2	,010
Abhängige Variable: Route			

Tabelle 7.22 zeigt die generierte Arbeitskorrelationsmatrix für die acht Entscheidungssituationen. Die unstrukturierte Struktur spiegelt sich in den unterschiedlichen Korrelationswerten in den Zellen wider. Die Werte geben die durchschnittlichen Zusammenhänge zwischen zwei Messungen innerhalb einer Familie an. Zu beachten ist, dass diese Schätzung nicht zuverlässig ist, da die Korrelationen in der GEE-Analyse nur als Störquelle behandelt werden.

Tabelle 7.22 Arbeitskorrelationsmatrix des finalen Modells – Studie III.II

Messung	Messung							
	[E1]	[E2]	[E3]	[E4]	[E5]	[E6]	[E7]	[E8]
[E1]	1	0,288	0,183	0,314	0,089	0,178	-0,04	0,063
[E2]	0,288	1	0,095	0,263	0,101	0,134	0,042	0,041
[E3]	0,183	0,095	1	0,222	0,211	0,2	0,104	0,18
[E4]	0,314	0,263	0,222	1	0,331	0,254	0,08	0,277
[E5]	0,089	0,101	0,211	0,331	1	0,155	0,193	0,302
[E6]	0,178	0,134	0,2	0,254	0,155	1	0,065	0,232
[E7]	-0,04	0,042	0,104	0,08	0,193	0,065	1	0,286
[E8]	0,063	0,041	0,18	0,277	0,302	0,232	0,286	1

Abhängige Variable: Route

Aus Tabelle 7.23 gehen die Daten der Parameterschätzung hervor. Zur Beurteilung der Effektstärken wird der Effektkoeffizient Exp (B) – auch Odds Ratio – herangezogen. Das Odds Ratio beschreibt als Zusammenhangsmaß zweier Merkmale ein Chancenverhältnis und verdeutlicht den Effekt eines Prädiktors auf die abhängige Variable.[36] Die Wahrscheinlichkeit der Wahl der kostenpflichtigen Route fällt um 40 %, wenn ein Gewinn- im Vergleich zum Verlust-Frame verwendet wird. Die Befunde bezüglich des Faktors *D* ergeben, dass im Vergleich zur niedrigen Gebühr die Chance für die Wahl der Express-Spur bei der hohen Gebührenstufe um 77 % fällt. Bei Betrachtung der Gesamtreisezeit ist zu erkennen, dass die Probabilität der Nutzung der gebührenpflichtigen Strecke um 63 % sinkt, wenn es sich um kurze Reisezeiten (A4) im Vergleich zu langen (A1) handelt. Ein ähnliches Bild wird bezüglich des Faktors *B* ersichtlich, wobei sich bei kleineren Zeitabweichungen seltener für die Express-Spur entschieden wird. Bei geringen Abweichungen sinkt im Vergleich zu großen die Wahrscheinlichkeit, die gebührenpflichtige Route zu wählen, um 28 %. Das Odds Ratio der Nutzungsabsicht gibt an, dass eine um eine Stufe höher bewertete Bereitschaft zum Befahren einer Express-Spur zu einer fast doppelt so hohen Chance der Wahl der kostenpflichtigen Spur führt.

[36]Es gibt die Veränderung der relativen Wahrscheinlichkeit an, wenn die Ausprägung der exogenen Variable bei Konstanz aller anderen steigt (Rudolf & Müller, 2012).

Tabelle 7.23 Schätzung der Regressionsparameter des finalen Modells – Studie III.II

Parameter	Regressionskoeffizient B	Hypothesentest			Exp(B)[a]
		Wald-Chi-Quadrat	df	Sig.	
(Konstanter Term)	−1,901	53,189	1	<,001	0,149
[Frame = 2] Gewinn	−0,509	12,989	1	<,001	0,601
[Frame = 1] Verlust	0[a]				1
[Gebühr = 2] hoch	−1,463	79,160	1	<,001	0,232
[Gebühr = 1] niedrig	0[a]				1
[Reisezeit = 4] niedrig	−0,996	6,436	1	,011	0,369
[Reisezeit = 3]	−0,569	3,204	1	,073	0,566
[Reisezeit = 2]	0,392	2,324	1	,127	1,479
[Reisezeit = 1] hoch	0[a]				1
[Zeitabweichung = 2] niedrig	−0,329	16,050	1	<,001	0,719
[Zeitabweichung = 1] hoch	0[a]				1
Nutzungsabsicht	0,637	137,503	1	,000	1,891
[Reisezeit = 4] * Nutzungsabsicht	−0,251	9,827	1	,002	0,778
[Reisezeit = 3] * Nutzungsabsicht	−0,112	2,861	1	,091	0,894
[Reisezeit = 2] * Nutzungsabsicht	−0,129	4,666	1	,031	0,879
[Reisezeit = 1] * Nutzungsabsicht	0[a]				1
[Gebühr = 2] * [Reisezeit = 4]	1,115	21,113	1	<,001	3,051
[Gebühr = 2] * [Reisezeit = 3]	0,453	4,423	1	,035	1,573
[Gebühr = 2] * [Reisezeit = 2]	0,019	0,007	1	,932	1,019
[Gebühr = 2] * [Reisezeit = 1]	0[a]				1
[Gebühr = 1] * [Reisezeit = 4]	0[a]				1
[Gebühr = 1] * [Reisezeit = 3]	0[a]				1
[Gebühr = 1] * [Reisezeit = 2]	0[a]				1
[Gebühr = 1] * [Reisezeit = 1]	0[a]				1
[Frame = 2] * [Geschlecht = 2]	0,460	8,155	1	004	1,584

(Fortsetzung)

Tabelle 7.23 (Fortsetzung)

Parameter	Regressionskoeffizient B	Hypothesentest			Exp(B)[a]
		Wald-Chi-Quadrat	df	Sig.	
[Frame = 2] * [Geschlecht = 1]	0[a]				1
[Frame = 1] * [Geschlecht = 2]	0,262	3,276	1	,070	1,299
[Frame = 1] * [Geschlecht = 1]	0[a]				1
(Skala)	1				
Abhängige Variable: Route					

[a]Werte kleiner als eins geben eine geringere Chance für die Zielausprägung der abhängigen Variablen gegenüber der Referenzausprägung der Einflussvariablen an. Werte von eins gehen mit einer gleich großen und über eins mit einer größeren Chance für die Wahl der gebührenpflichtigen Route einher.

Die signifikante Interaktion zwischen dem Faktor *Frame* und dem *Geschlecht* gibt an, dass Männer häufiger zur Wahl der gebührenpflichtigen Spur neigen als Frauen und diese Tendenz unter Verlustbedingungen stärker ausgeprägt ist als unter Gewinnbedingungen. Hinsichtlich der Wechselwirkung von *Reisezeit* und *Gebühr* ist zu erkennen, dass die niedrigere Gebühr mit einer höheren Wahrscheinlichkeit für die gebührenpflichtige Route einhergeht und diese Wahrscheinlichkeit mit abnehmender Reisezeit geringer wird. Der Unterschied zwischen den Gebührenstufen in den Häufigkeiten der Routenwahl ist bei langen Gesamtreisezeiten höher als bei kurzen. Ähnliches zeigt sich bei der Interaktion von *Reisezeit* und *Nutzungsabsicht*. Unabhängig von der Ausprägung der Absicht, eine gebührenpflichtige Route zu nutzen, sinkt mit abnehmender Reisezeit die Wahrscheinlichkeit für die Wahl dieser Strecke. Die Differenz zwischen den Nutzungsabsichtsgruppen nimmt mit sinkender Gesamtreisezeit ab. Es liegen jeweils ordinale Wechselwirkungen vor.[37] Abbildung 7.18 stellt die beschriebenen Interaktionen vereinfacht dar.

Die Linkfunktion für binomialverteilte Daten ist der bereits erwähnte Logit-Link:

$$\log \frac{\mu_i}{1-\mu_i} = x\prime_i \beta$$

[37]Die Interaktionen zwischen Frame und Reisezeit ($p = .053$), Frame und Zeitabweichung ($p = .055$) sowie Frame und Gebührenhöhe ($p = .486$) haben keinen statistisch bedeutsamen Einfluss im Gesamtmodell.

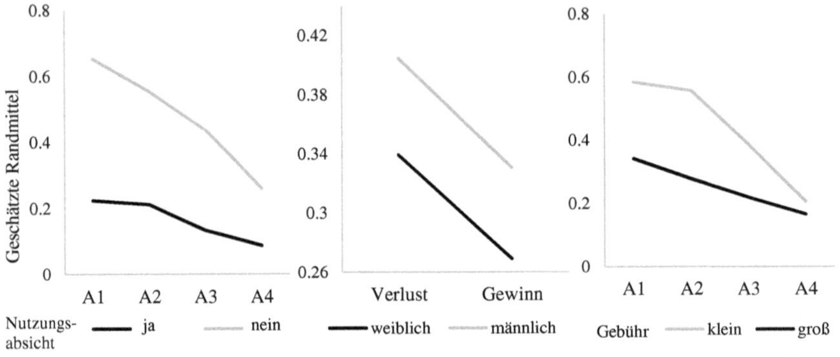

Abbildung 7.18 Interaktionseffekte Faktor A & Nutzungsabsicht, Faktor C & Geschlecht, Faktor A & D – Studie III.II

Die Transformation dieses loglinearen Modells erlaubt Aussagen über die Wahrscheinlichkeit der Einserkategorie:

$$P(Y_i = 1) = \frac{e^{x\prime_i \beta}}{1 + e^{x\prime_i \beta}}$$

Unter Berücksichtigung der beschriebenen signifikanten Parameter ergibt sich folgende Zielgleichung für den Erwartungswert μ_i der Zielvariable Route:

$$\mu_i = \frac{e^{\beta_0+\beta_1 A_i+\beta_2 B_i+\beta_3 C_i+\beta_4 D_i+\beta_5 Na_i+\beta_6 A_i * Na_i+\beta_7 D_i * A_i+\beta_8 C_i * Geschl_i}}{1 + e^{\beta_0+\beta_1 A_i+\beta_2 B_i+\beta_3 C_i+\beta_4 D_i+\beta_5 Na_i+\beta_6 A_i * Na_i+\beta_7 D_i * A_i+\beta_8 C_i * Geschl_i}}$$

7.2.2.2 Auswirkungen des Attribute Framings

Folgend ist zu prüfen, ob der angewendete Frame die Bewertung des dargestellten Sachverhaltes und die Zahlungsbereitschaft für die Nutzung von kostenpflichtigen Fahrspuren beeinflusst.[38] Deskriptiv zeigt sich eine positivere Beurteilung der vorgestellten Maßnahme, wenn infolge der Nutzung der kostenpflichtigen Spur eine Vermeidung von Zeitverlusten kommuniziert wird (M = 51,02; SD = 33,458) im Vergleich zur Erzielung von Zeitgewinnen (M = 41,05; SD = 30,660). Die

[38]Die Analyse der Bewertung erfolgt anhand der ursprünglichen Stichprobengröße von N = 423. Die Teilstrichprobe zur Erhebung der Zahlungsbereitschaft beträgt N = 236.

Boxplots in Abbildung 7.19 machen dies deutlich, lassen jedoch auch eine große Varianz in den Bewertungen erkennen.

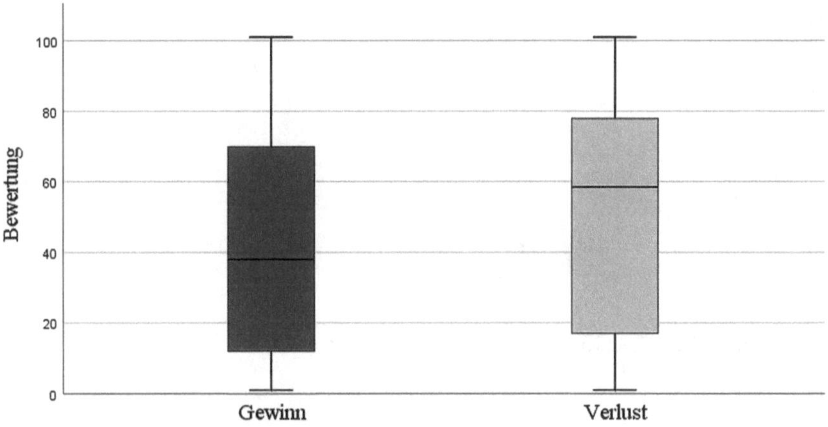

Abbildung 7.19 Bewertung der präsentierten Maßnahme unter Gewinn- und Verlustbedingungen (Boxplot) – Studie III.II

Bezüglich der Zahlungsbereitschaft werden kaum Unterschiede in den Framing-Bedingungen sichtbar, wobei diese im Gewinn-Frame (M = 0,60; SD = 1,06) marginal höher ausfällt als unter Verlustbedingung (M = 0,58; SD = 0,938).

Der zur Überprüfung der Normalverteilung herangezogene Kolmogorov-Smirnov-Test gibt sowohl für die Bewertung als auch für die Zahlungsbereitschaft eine signifikante Abweichung von der Normalverteilung an. Somit kommt als parameterfreies Verfahren der Mann-Whitney-Test zur Anwendung. Dieser gibt an, dass sich die angegebenen Beurteilungen der beiden Gruppen signifikant voneinander unterscheiden (z = - 2,919; p = ,004). Mit einem Korrelationskoeffizienten von r = ,142 liegt ein schwacher Effekt vor (Cohen, 1988). Bezüglich der Zahlungsbereitschaft rufen die Framing-Bedingungen keine signifikanten Unterschiede hervor (z = -,081; p = ,935; r = ,005).[39] Abbildung 7.20 zeigt lediglich eine größere Varianz unter Verlustbedingungen.

[39] Vgl. Anhang D.3

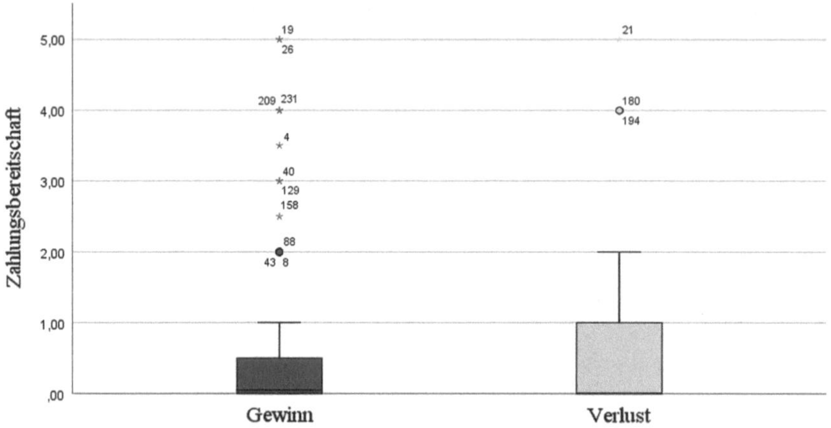

Abbildung 7.20 Geäußerte Zahlungsbereitschaft unter Gewinn- und Verlustbedingungen (Boxplot) – Studie III.II

7.2.3 Diskussion

Routenwahlentscheidungen werden primär unter Abwägung der prognostizierten Reisezeit, der anfallenden Kosten und der auftretenden Unsicherheiten getroffen (Avineri, 2006). Ziel der finalen Studie war die Analyse ebendieser Einflussfaktoren auf die Routenwahl bei Existenz einer kostenpflichtigen Fahrspur. Im Speziellen wurde untersucht, ob die unterschiedliche Darstellungsweise von Entscheidungskonsequenzen die Nutzungsbereitschaft derartiger Spuren beeinflusst. Darüber hinaus war die Wirkung eines herangezogenen Attribute Frames auf die Bewertung des präsentierten Konzeptes einer Straßenbenutzungsgebühr zu analysieren.[40]

Um den Umgang mit Zeit- und Kosteninformationen während einer Fahrt abzugreifen, sind analog zu Studie III.I hypothetische Routenwahlszenarien konzipiert worden, deren Entscheidungskonsequenzen sich im Sinne von positiven bzw. negativen zeitlichen Abweichungen von einer Referenzzeit unterscheiden. Die Bewertungsgrundlage für die Entscheidungsfindung der sich entsprechenden Framing-Bedingungen stellt die unterschiedliche Referenzpunktlage dar. Im Verlust-Frame wird diese in dem Zustand ohne zeitliche Verzögerung gesehen,

---

[40] Aufgrund der Ähnlichkeit des Versuchsdesigns wird bei Überschneidungen der Erklärungsansätze auf den Diskussionsteil von Studie III.I verwiesen.

und die Routenwahloptionen kündigen gegebenenfalls vermeidbare Zeitverluste an. Im Gewinn-Frame wird hingegen auf eine Situation mit Zeitverzögerung Bezug genommen und die Wahlalternativen ermöglichen eine Verbesserung der Situation. In den vorliegenden Szenarien kann durch die Wahl der mit Unsicherheit belegten kostenlosen Spur die Zeit der Ankunft nicht mit Sicherheit vorab bestimmt werden. Durch das Befahren der Express-Spur ist das zeitliche Eintreffen am Ziel vorhersagbar und eine termingerechte Planung der Fahrt gegeben. Zur Prüfung verschiedener Einflüsse auf die Routenwahl wurden die Faktoren *Reisezeit, Zeitabweichung, Frame* sowie *Gebühr* variiert und in 32 Entscheidungsszenarien abgebildet.

Es war zu vermuten, dass eine Vermeidung von Zeitverlusten durch die Nutzung einer kostenpflichtigen Fahrspur eher zu deren Befahren führt als eine Erzielung von Zeitgewinnen. Zudem sollte die Nutzungswahrscheinlichkeit mit zunehmender Reisezeit, Reisezeitabweichung und niedrigeren Gebühren steigen. Es gilt darüber hinaus die Annahme, dass sich dieser Zusammenhang unter Verlustbedingungen ausgeprägter darstellt. Im Folgenden werden die deskriptiven und interferenzstatistischen Befunde präsentiert und diskutiert.

7.2.3.1 Allgemeine Angaben

Zunächst wird deutlich, dass das vorgestellte Gebührenkonzept überwiegend unbekannt ist. Im europäischen Raum werden zur Bepreisung der Autobahninfrastruktur in erster Linie Vignetten- und Zahlpunktsysteme mit Mautstationen für die Benutzung bestimmter Streckenabschnitte eingesetzt. Konzepte mit zusätzlichen Fahrspuren, die lediglich unter gewissen Voraussetzungen wie einer bestimmten Anzahl an Insassen befahrbar sind, scheinen hier unbekannt. Diese *HOV* und *HOT Lanes* erfreuen sich aufgrund der hohen Effektivität und der geringeren Emissionswerte im Vergleich zum normalen Spurbetrieb vor allem in den Vereinigten Staaten großer Beliebtheit (Boriboonsomsin & Barth, 2008).[41] Zahlreiche Studien berichten, dass die angestrebten Ziele der Staureduzierung und daraus resultierende Zeiteinsparungen sowie eine Erhöhung der Zuverlässigkeit bei der Reiseplanung erreicht werden (vgl. u. a. Chang et al., 2008; Safirova et al., 2003; Sullivan, 2000). Dieser tatsächlichen Effektivität stehen die Werte der wahrgenommenen Wirksamkeit fast konträr gegenüber (vgl. Jaensirisak, 2002). Mehr als die Hälfte der Probanden bewertet eine zusätzliche kostenpflichtige Spur als eher unwirksam oder schlechter zur Verkehrsentlastung. Möglicherweise resultieren diese Werte aus der teilweise stark ausgeprägten Unkenntnis über die Maßnahme. Der positive, hoch signifikante Zusammenhang des Wissens und der

---

[41] Kim (2000) hebt das *HOT Lane*-Konzept als effektiver hervor.

beurteilten Wirksamkeit besagt, dass Personen mit wenigen Kenntnissen über das vorgestellte System dieses tendenziell als uneffektiver einschätzen. Steigt im Zuge einer ausreichenden Informationspolitik das subjektive Wissen, desto mehr werden die positiven Konsequenzen wahrgenommen und entsprechend positiver sollte die Bewertung der Maßnahme ausfallen (vgl. Kiell & Müller-Peters, 1999; Kramer, 2018; Schade, 2005).

Ähnliches ist bezüglich des Gerechtigkeitsempfindens zu beobachten. Es wurden moderate, leicht negative Werte bezüglich der Gerechtigkeit festgestellt. Dies lässt sich anhand der in der Literatur auffindbaren negativen Beurteilungen der wahrgenommenen Gerechtigkeit von Straßenbenutzungsgebühren im Allgemeinen bestätigen (vgl. Abschnitt 2.6.2.3). Auch hier kann möglicherweise mit ausreichenden Informationen über das Gebührenkonzept entgegengewirkt werden. Beim Konzept einer Straßenbenutzungsgebühr wird der Aspekt der unterschiedlichen individuellen Zahlungsbereitschaft für Zeit (-einsparungen) und im Speziellen für staufreies Fahren genutzt. Dies empfinden besonders einkommensschwächere Gruppen als ungerecht, da ihnen erschwerte Nutzungsbedingungen für die kostenpflichtige Infrastruktur auferlegt werden (Rothengatter, 1994). Ein Mangel an interpersonaler Gerechtigkeit sollte bei einer zusätzlichen Fahrspur nicht vorliegen, da bei diesem Konzept niemand von der Nutzung der Straßeninfrastruktur ausgeschlossen wird. Zudem bleibt das Mobilitätsverhalten uneingeschränkt und es erfolgt keine finanzielle Schlechterstellung bei Nutzung der kostenlosen Spur. Vielmehr profitieren im Vergleich zu anderen – häufig bezüglich Gerechtigkeitsaspekten kritisierten – Gebührenmaßnahmen wie eine Pkw-Maut alle betroffenen Fahrer, indem Nutzer der bepreisten Spuren einen Mehrwert in Form von Zeiteinsparungen und den damit verbundenen Annehmlichkeiten erfahren. Nicht-Nutzer können ohne finanzielle Mehrbelastung ihr habituiertes Fahrverhalten beibehalten und finden darüber hinaus gegebenenfalls ein geringeres Verkehrsaufkommen vor (Li, 2001, S. 62). Fielding und Klein (1993, S. 5) merken an, dass sich Nicht-Nutzer von *HOV Lanes* dennoch benachteiligt fühlen, da diese trotz der Mitfinanzierung des Baus durch Steuerzahlungen von der Nutzung ausgeschlossen werden. Dies würde bei gebührenpflichtigen Spuren einkommensschwache Personen betreffen. Verifizieren lässt sich dies durch den vorliegenden zwar schwachen, jedoch hoch signifikanten positiven Zusammenhang der Gerechtigkeit und des Einkommens. Besserverdiener beurteilten die vorliegende Maßnahme fairer als Personen mit geringerem Einkommen.

Die Akzeptanzbewertungen des präsentierten Gebührensystems fallen mit einer tendenziell negativen Meinung gegenüber der Einführung erwartungskonform aus (vgl. Abschnitt 2.6.3).[42] Erneut ist der intervenierende Effekt des subjektiven Wissens zu berücksichtigen. Je weniger Kenntnisse über Hintergründe und Eigenschaften der Maßnahmen vorliegen, desto geringer sollte die Befürwortung ausgeprägt sein (Schade, 2005; Schlag, 1998). So erschweren mangelnde Erfahrungswerte beispielsweise hinsichtlich der Gebührenhöhe eine adäquate Beurteilung. Dies bestätigt sich über einen hoch signifikanten positiven Zusammenhang in den vorliegenden Daten. Kramer (2018) beschreibt in ihrer Metaanalyse, dass vordergründig psychologische Variablen wie wahrgenommene Effektivität, interpersonale und intrapersonale Gerechtigkeit hohe Korrelationen mit der öffentlichen Zustimmung zu Straßenbenutzungsgebühren aufweisen. Soziodemografische Faktoren haben einen eher marginalen Einfluss auf die Akzeptanz. Auch wenn in der Literatur keine eindeutigen bzw. teilweise widersprüchliche Befunde bezüglich dieses Zusammenhangs zu finden sind, lassen sich vorliegende Ergebnisse durch die von Evans und Kollegen (2003) sowie der Studie von Sullivan (2000) bestätigen. Es liegen Korrelationen von Alter, Bildung und Einkommen mit der Akzeptanz vor. Die Befürwortung von gebührenpflichtigen Straßen nimmt mit steigendem Einkommen und höherem Bildungsniveau zu.[43] Der Zusammenhang von Alter und Akzeptanz zeigt sich hingegen negativ mit einem höheren Anteil an jungen Befürwortern. Die Flexibilität jüngerer Personen bei der Routenplanung oder die Offenheit gegenüber innovativer, nachhaltiger Verkehrskonzepte unterstützt diese Tendenz (Schade, 2005).

Ähnliche Zusammenhänge lassen sich bei den Angaben zur Nutzungsabsicht erkennen. Jüngere Personen und diejenigen mit höherem Einkommen und Bildungsstatus sind eher bereit, eine gebührenpflichtige Route zu nutzen. Generell äußert knapp die Hälfte der Befragten die Intention des Befahrens derartiger Spuren zum schnelleren Vorankommen zu stark belasteten Zeiten. Es ist jedoch auch zu erkennen, dass nur die Wenigsten im Alltag mit Stausituationen konfrontiert

[42]Die teilweise sehr kritischen Äußerungen der Probanden in den Anmerkungen des Fragebogens bestätigen die Brisanz dieses Themas. Darüber hinaus werden Kritikpunkte gegenüber der vorgestellten Maßnahme wie Sicherheit, Einnahmenverwendung, Flächenversiegelung beim Spurenausbau, Umgang mit Langsamfahrern und zusätzlich induzierter Verkehr genannt.

[43]Die Rechtsschiefe der Verteilung der Bildung ist zu berücksichtigen.

sind. Die Nutzungsintention steigt wiederum mit zunehmenden Akzeptanzwerten und mit der Häufigkeit von Stauerlebnissen.[44] Dies steht im Widerspruch zu den Beobachtungen in Studie I. Hier wurde bei einer zustimmenden Haltung gegenüber Straßenbenutzungsgebühren von einer Nutzung abgesehen. In der Literatur herrscht vornehmlich Uneinigkeit bezüglich des Zusammenhangs zwischen der Akzeptanz und den Verhaltensintentionen nach der Einführung von Gebühren für die Straßeninfrastrukturnutzung. Einerseits induziert eine Adaptation des Verhaltens, dass Akzeptanz mit einer Verhaltensanpassung mit dem Ziel der MIV-Reduktion und der Nutzung alternativer Verkehrsmittel einhergeht. Andererseits wird bei einer positiven Einstellung gegenüber Straßenbenutzungsgebühren von einer Nutzung der kostenpflichtigen Straßeninfrastruktur ausgegangen (Bamberg & Rölle, 2003; Jaensirisak, 2002; Lucke, 1995; Schade, 2005). Gründe für Letzteres lassen sich den egoistischen, von persönlich erwarteten Konsequenzen geprägten Motiven zuordnen. Zwar wird eine Gebühr abgelehnt, jedoch ist der individuelle Nutzen in Form von Zeitgewinnen maßgeblich und es wird von einer Verhaltensadaptation abgesehen. Soziale und stärker vom kollektiven Interesse bestimmte Beweggründe gehen hingegen mit Verhaltensanpassung wie verstärkter ÖPNV-Nutzung einher und korrelieren positiv mit der Akzeptanz. Die Besonderheit des präsentierten Konzeptes einer zusätzlich kostenpflichtigen Spur und die dennoch geäußerten negativen Bewertungen lassen vermuten, dass sich die Angaben nicht auf die beschriebene Maßnahme, sondern vielmehr pauschal auf das Konzept der gebührenpflichtigen Straßeninfrastruktur beziehen. Möglicherweise werden hierbei aus Unkenntnis über das vorliegende Konzept Erfahrungswerte zum Thema Maut im Allgemeinen abgerufen.

Ein weiterer Grund für die Ablehnung wird in der Variabilität der Gebühren gesehen. Diese werden distanzbezogen für einzelne Streckenabschnitte erhoben und deren Höhe orientiert sich an der Kapazitätsauslastung der kostenpflichtigen Spur. Oft werden mangelnde Vorhersehbarkeit der Kosten vor Reiseantritt und die damit einhergehende Unsicherheit kritisiert (Jaensirisak, 2002). Darüber hinaus sollte ein grundlegendes Verständnis des Systems gegeben sein. Laut Coutinho (2006) folgt lediglich bei korrektem Erfassen eines Sachverhaltes eine entsprechende Handlung. Bei komplexen, differenzierten Preissystemen ist meist der kognitive Aufwand der Informationsverarbeitung für den Betrachter zu hoch, sodass diese nicht verstanden werden und eine adäquate, durch die Gestaltung der Maßnahme intendierte Reaktion nicht erfolgen kann (Bonsall & Shires, 2005).

[44]Der Zusammenhang zwischen der Akzeptanz und der Nutzungsabsicht ebenso wie zur empfundenen Gerechtigkeit sowie Effektivität ist statistisch hoch bedeutsam (mittlere Effektstärke). Zudem korreliert das negative Empfinden von Stau und Verspätung positiv mit der Befürwortung einer Implementierung (schwache Effektstärke).

Folgen sind Hinnehmen der Situation mit der Unsicherheit über die Konsequenzen wie die Gebührenhöhe, (un-) bewusster Missbrauch oder die Wahl einer Alternative (Bonsall et al., 2006b; Sutter et al., 2006). Die Bedenken hinsichtlich der Komplexität des Systems lassen sich anhand der Befunde von Boriboonsomsin und Barth (2008, S. 118) bestätigen. In ihrer Studie berichten sie von einem Anteil von etwa 10 % der *HOV*-Fahrer, die trotz Zugangsvoraussetzung von einer Nutzung der *HOV Lanes* absehen. Gründe werden neben dem mangelnden Verständnis in der Angst vor dem Verpassen der Ausfahrt und Unwohlsein durch die teilweise hohe Geschwindigkeitsdifferenz im Vergleich zu den nebenliegenden Fahrstreifen gesehen.

7.2.3.2 Auswirkungen des Risky Choice Framings auf das Routenwahlverhalten

Die Befunde zu den Routenwahlentscheidungen zeigen generell eine mehrheitliche Wahl der kostenfreien Fahrspur. Unabhängig von der Art der Darstellung vermeiden etwa zwei Drittel der Probanden die mit einer Gebühr belegte Express-Spur. Es kann vermutet werden, dass ein Zeitverlust in Kauf genommen wird, um den Status quo der kostenfreien Nutzung der Straßeninfrastruktur aufrecht zu erhalten (Samuelsen & Zeckhauser, 1988). Der Nachteil eines finanziellen Verlustes infolge des Zahlens einer Gebühr wiegt schwerer als die zu erwartende Zeiteinsparung, woraus ein Bedürfnis zum Erhalt der aktuellen Situation folgt. Dieses Wahlverhalten lässt sich anhand der geäußerten negativen Bewertungen gegenüber dem Konzept sowie dem positiven Zusammenhang der Akzeptanz und der Nutzungsabsicht bestätigen. Schlechtere Bewertungen gehen eher mit der Wahl der kostenlosen Spur einher. Unter realen Bedingungen sollte die Vermeidung von Unsicherheiten bezüglich der anfallenden Gebühren berücksichtigt werden (Bonsall & Shires, 2005; Hofstede, 1997). Durch die Belastungsabhängigkeit ist vor Fahrtantritt nicht exakt planbar, welche Gebühren für die Nutzung solcher Express-Spuren anfallen. Dies könnte eine grundlegende Ablehnung eines derartigen Konzeptes implizieren bzw. Nutzungshemmnisse aufbauen.

Frame

Bei Betrachtung der Gesamtstichprobe lassen sich ungeachtet weiterer intervenierender Variablen Verteilungsunterschiede in Abhängigkeit der Problempräsentation erkennen. Es bestätigt sich im Hinblick auf die Darstellung der Szenarien ein unterschiedliches Routenwahlverhalten, wobei Verluste im Vergleich zu Gewinnen stärkere Effekte induzieren. Die deskriptiven Resultate lassen sich durch die Ergebnisse der GEE-Analyse bestätigen. Der bedeutsame Einfluss des Framings auf die Routenwahl wird anhand eines höheren Anteils an Wahlen für eine kostenpflichtige

Spur im Verlust-Frame gegenüber der Gewinndarstellung deutlich. Es kann von einem *Choice Shift* gesprochen werden, da sich die Wahl in den zwei präsentierten Frames verschiebt (Levin et al., 1998). Trotz identischer Konsequenzen in Form der resultierenden Gesamtreisezeit nimmt hypothesenkonform die Vermeidung von Zeitverlusten eine höhere subjektive Wertigkeit an als die Erzielung von Zeitgewinnen. Die Wertschätzung von Zeit bzw. eine Aversion gegenüber Zeitverlusten wird über die Zahlungsbereitschaft sichtbar. Zeitbewertungen werden nicht rational und kontextunabhängig, sondern infolge der hohen Wertigkeit von Zeit vorgenommen. Der Nutzenverlust, resultierend aus einer negativen zeitlichen Abweichung von einem Referenzpunkt, scheint größer als der Nutzenzuwachs aus einer gleich großen positiven Veränderung.

Bei Betrachtung des Unsicherheitsfaktors lässt sich – wie vermutet – im Verlust-Frame eher risikoaverses Verhalten beobachten als unter Gewinnbedingungen. Es wird häufiger die mit Sicherheit belegte Express-Spur zur Vermeidung eines Zeitverlustes gewählt, als im Gewinn-Frame ein sicherer Zeitgewinn angestrebt wird. Eine Risikoaversion im Kontext von Zeit wird in verschiedenen Studien berichtet und kann die vorliegenden Tendenzen bestätigen (De Borger & Fosgerau, 2008; Gunn, 2001, S. 180; Leclerc et al., 1995). Begründungen werden mit dem Bedürfnis nach Planungssicherheit und der Vermeidung von negativen Affekten wie Stress und Ärgernis gegeben (vgl. Abschnitt 7.1.3). Positive Abweichungen vom Referenzpunkt rufen zwar in Form von verkürzten Reisezeiten ein gewisses Maß an Freude hervor, müssen jedoch infolge der unmöglichen Lagerfähigkeit der Zeit sofort konsumiert werden und haben eine geringere Wertigkeit als identische Verluste. Bezüglich der geringen Effektstärken sollte die Tendenz zum Erhalt des Status quo berücksichtigt werden. Es liegt häufig eine Präferenz für die Alternative vor, die am ehesten der aktuellen Situation entspricht und keine Verhaltensanpassung erfordert (Kahneman et al., 1991; Samuelson & Zeckhauser, 1988). Folglich entfällt die Option der Express-Spur aus dem Entscheidungskalkül und somit die Wirkung der Frames auf die Nutzungsabsicht.[45]

Reisezeit, Zeitabweichung und Gebührenhöhe

Verschiedene Untersuchungen beziehen sich auf die Inhomogenität der Wirkung des Framings sowie dessen Abhängigkeit von verschiedenen Faktoren (vgl. Abschnitt 3.3 und 3.4). Basierend auf den Befunden von Studie III.I wurde vermutet, dass eine Variation monetärer und zeitbezogener Größen im Kontext von Routenwahlverhalten bei der Existenz von Straßenbenutzungsgebühren mit einer

[45]Weitere Erklärungsansätze zur geringen bis ausbleibenden Wirkung der Effekte sind Abschnitt 5.3.2 zu entnehmen.

Änderung der Ausprägung der Effekte einhergeht. Hierfür galt es, die Reisezeiten, die erzielbaren Zeitänderungen als Konsequenz der Entscheidung und die anfallenden Gebühren für die Nutzung der kostenpflichtigen Fahrspur zu modifizieren. Die deskriptiven Befunde deuten an, dass die Wahrscheinlichkeit der Wahl der gebührenpflichtigen Spur infolge der beschriebenen Faktoren variiert. Zunächst ist mit zunehmender Reisezeit ein steigender Anteil der Entscheidungen für die Express-Spur zu beobachten. Darüber hinaus wird die Auswirkung der Frames auf die Routenwahl stärker sichtbar. Während bei kurzen Reisezeiten nur marginale Differenzen zwischen den Framing-Bedingungen zu verzeichnen sind, stellt sich bei einer langen Fahrzeit ein deutlicher Unterschied heraus. Obwohl diese Interaktion knapp nicht signifikant ausfällt, wird bei präsentierten Zeitverlusten und langen Reisezeiten eine verstärkte Wahl der gebührenpflichtigen Spur im Vergleich zu angekündigten Zeitgewinnen sichtbar. Die Probanden sind eher bereit, bei langen Gesamtreisezeiten für die Vermeidung eines hohen Zeitverlustes zu zahlen als für die Erzielung einer Zeiteinsparung. Der abnehmende Wertzuwachs des Geldes lässt den mit zunehmender Fahrzeit ansteigenden Reisezeitwert in Form einer Zahlungsbereitschaft sichtbar werden (Hjorth & Fosgerau, 2012, S. 929). Insbesondere Personen mit einem hohen VTT und einer ausgeprägten Sensitivität gegenüber zeitlichen Veränderungen zeigen hohe Wertigkeiten von Sicherheit bezüglich der Reisezeit (Douma et al., 2005). Darüber hinaus wird erneut deutlich, dass Zeitverluste im steigenden Verlauf nicht dem von der PT prognostizierten abnehmenden Wertzuwachs unterliegen (Laux, et al., 2012; Leclerc et al., 1995).

Hiermit im engen Zusammenhang steht der bedeutsame Effekt der Höhe der Zeitabweichung auf die Routenwahl. Die Entscheidungen fallen häufiger auf eine gebührenpflichtige Route, wenn dadurch eine deutliche Änderung der Reisezeit erzielbar ist. Obwohl die relativen Abweichungswerte in den einzelnen Reisezeitstufen identisch sind, nehmen die Probanden bei der Betrachtung der Entscheidungsalternativen anscheinend lediglich die absoluten Beträge wahr und bewerten diese individuell.[46] Es kann die Annahme bestätigt werden, dass längere Reisezeiten mit größeren VTT-Werten einhergehen. Folglich erhöht sich die Nutzungswahrscheinlichkeit bei langen Wegzeiten und hohen Zeitabweichungen (Hjorth & Fosgerau, 2012). Der Interaktionseffekt stellt sich als annähernd signifikant heraus, wobei die Wirkung der Frames bei kleineren Reisezeitabweichungen geringer ausfällt. Denkbar ist, dass deutliche Änderungen der Zeit große Ängste gegenüber Zeitverlusten provozieren, während kleine Zeitabweichungen als nicht

[46] Lange Fahrzeiten gehen mit großen absoluten Zeitänderungen einher und kurze Reisezeiten mit kleinen.

relevant empfunden werden. Hinsichtlich der Bewertung von kleinen Reisezeitänderungen wird analog zu Studie III.I vermutet, dass diese unterhalb einer bestimmten Wertschwelle nicht wahrgenommen werden oder unberücksichtigt bleiben und ein geringerer Zeitwert folgt (Obermeyer et al., 2013, S. 128). Somit wird die gebührenpflichtige Spur als Alternative hinfällig, was wiederum ein Ausbleiben des Framing-Effektes zur Folge hat. Ferner weisen König und Kollegen (2004) auf das Problem der Unsicherheit und Verlässlichkeit bei der Monetarisierung von Reisezeiteinsparungen hin. Wird beispielsweise infolge mangelnder Erfahrung in Frage gestellt, ob die präsentierten zeitlichen Änderungen der Reisezeit infolge der Wahl für die kostenpflichtige Fahrspur tatsächlich erzielt werden, sollte zum einen deren Nutzungswahrscheinlichkeit sinken, aber auch die Wirkung der Frames geschwächt werden. Die resultierende kritische Betrachtung des Sachverhaltes und systematische Verarbeitung lassen ebenfalls Effekte zur Wahrnehmungsbeeinflussung verschwinden (Sieck & Yates, 1997).

Die Analyse des Einflusses unterschiedlicher Gebührenhöhen auf die Nutzung kostenpflichtiger Fahrspuren ergab, dass eine ansteigende Höhe der anfallenden Gebühr mit einer verstärkten Wahl der kostenfreien Route einhergeht. Ben-Elia und Ettema (2009) schreiben hierzu, dass moderat angesetzte finanzielle Anreize ausschlaggebend für eine effektive Verhaltensbeeinflussung sind. Sowohl zu niedrige als auch überhöhte Gebühren können ungewünschte Reaktionen zur Folge haben. Dieser Zusammenhang zeigt sich wiederum leicht von der Art der Formulierung beeinflusst. Unter Verlustbedingungen wählt bei Präsentation der geringen Gebühr annähernd die Hälfte der Befragten die Express-Spur. Wird diese hoch angesetzt, zeigen nur noch 27 % der Befragten dieses Verhalten. Hier fällt der Unterschied der Framing-Wirkung weniger deutlich im Vergleich zur hohen Gebühr aus. Die Betrachtung der Häufigkeiten für die Wahl der gebührenpflichtigen Route lässt auf eine einheitselastische Nachfrage schließen. Eine Verdopplung der Gebühr bewirkt nahezu eine Halbierung der Nutzungswahrscheinlichkeit dieser Spur und die Effektivität der Frames geht zurück. Es kann vermutet werden, dass im Fall geringerer Gebühren sowohl die Nutzungsabsicht als auch die Beeinflussungsmöglichkeit durch herangezogene Frames steigt. Die beobachtete Präferenzverschiebung lässt sich jedoch aufgrund der fehlenden statistischen Signifikanz nicht dem Interaktionseffekt zuschreiben.

Weitere beeinflussende Faktoren

Neben den vier untersuchten Faktoren galt es, weitere Prädiktoren für die Routenwahl zu identifizieren. Die subjektiven Angaben hinsichtlich des Wissens und der Nutzungsintention sowie der Bewertung der Maßnahme ließen deskriptiv einen

Einfluss auf die Wahl der Fahrspur sichtbar werden.[47] Probanden, die die vorgestellte Maßnahme als effektiv und gerecht bewerten sowie eine Implementierung befürworten, zeigen eine stärkere Präferenz für die Express-Spur. Zudem tendieren Personen mit einem höheren Wissensstand bezüglich des Gebührensystems sowie einer ausgeprägten geäußerten Nutzungsabsicht dazu, diese eher zu nutzen als Personen, die einen geringen Kenntnisstand vorweisen und ein Befahren von derartigen Fahrspuren nicht in Erwägung ziehen. Bei Integration der Faktoren in das marginale Modell ließen die Befunde der Verallgemeinerten Schätzgleichungen lediglich die Nutzungsabsicht als beeinflussende Variable erkennen.[48]

Bei Betrachtung verschiedener Wechselwirkungen wird ersichtlich, dass die Differenz zwischen den Gruppen mit unterschiedlich stark ausgeprägter Nutzungsintention mit sinkender Reisezeit abnimmt. Bei langen Reisezeiten wählen Personen, die eine solche Spur generell nicht befahren würden, deutlich weniger die Express-Route als Personen, die im Falle der Existenz derartiger Fahrspuren diese auch nutzen. Bei geringen Reisezeiten ist der Unterschied marginal. Erstere Personengruppe, denen auch niedrige Akzeptanzwerte zugerechnet werden, lässt sich kaum von der Reisezeit beeinflussen. Die ablehnende Haltung gegenüber dem Konzept der Infrastrukturbepreisung lässt intervenierende Faktoren anscheinend unwirksam werden (vgl. Abschnitt 6.3.2). Die Interaktion von Reisezeit und Gebühr stellt sich als weiterer bedeutsamer Prädiktor der Routenwahl heraus. Zunächst geht die niedrigere Gebühr mit einer höheren Wahrscheinlichkeit für die Wahl der kostenpflichtigen Route einher. Diese Wahrscheinlichkeit wird mit abnehmender Reisezeit geringer. Während bei kurzen Reisezeiten kaum ein Unterschied zwischen den Gebührenstufen zu verzeichnen ist und die Wahl für die gebührenfreie Spur dominiert, zeigt sich eine ausgeprägte Differenz bei langen Fahrzeiten. Hier fällt die Wahl bei einer hohen Gebühr deutlich seltener auf die Express-Spur als bei einer geringen Gebühr. Bei hohen anfallenden Kosten für die Streckennutzung bleibt die Entscheidung für die kostenfreie Strecke nahezu unbeeinflusst von der Reisezeit. Letztlich war zwischen dem Geschlecht und dem angewendeten Frame eine bedeutsame Interaktion zu beobachten. Männliche Versuchsteilnehmer wählen häufiger die gebührenpflichtige Route als Frauen. Diese Tendenz ist unter Verlustbedingungen deutlicher zu erkennen. Dies geht mit den Befunden von Fagley und Miller (1997) einher, wobei Männer entgegen den Annahmen der PT unter positiven Bedingungen die risikobehaftete Variante präferieren und bei Anwendung von

[47] Der Mann-Whitney-Test bestätigt die Tendenzen mit hoch signifikanten Befunden.

[48] Wie auch in den anderen Studien sind sowohl die geäußerten Absichten als auch das gezeigte Routenwahlverhalten als Tendenzen zu betrachten. Sie sind unter anderem von situationsbezogenen Aspekten wie zur Verfügung stehende Alternativen abhängig (Schade, 2005).

negativen Frames die Neigung zur Sicherheit stärker ausgeprägt ist. Darüber hinaus konnten Huang und Wang (2010) zeigen, dass die Reaktionen auf negative Frames bei Szenarien mit finanziellem Hintergrund bei Männern stärker ausfielen als bei Frauen. Der Einfluss der Problemdomäne auf die Wirkung der Frames ist auch hier zu erkennen und sollte nicht vernachlässigt werden (vgl. Abschnitt 3.4). So provozieren Entscheidungen mit dem Fokus auf Menschenleben besonders starke Framing-Effekte, während sich im finanziellen Kontext geringe Stärken beobachten lassen (Fagley & Miller, 1997; Schneider, 1992; Tversky & Kahneman, 1991; Zickar & Highhouse, 1998).

7.2.3.3 Auswirkungen des Attribute Framings

In Studie I wurde deutlich, dass der persönlich antizipierte Nutzen infolge der Einführung von Straßenbenutzungsgebühren im Sinne von zeitlichen Folgen durch unterschiedlich dargestellte Informationen beeinflussbar ist. Es ließ sich eine Sensitivität hinsichtlich zeitlicher Veränderungen feststellen. Entsprechend war für die vorliegende Untersuchung zu vermuten, dass mittels Attribute Framing durch unterschiedlich präsentierte Zeitabweichungen eine Beeinflussung der Beurteilung von kostenpflichtigen Spuren möglich ist. Konform mit den in der Literatur berichteten Befunden und den daraus abgeleiteten Hypothesen wird die Nutzung einer kostenpflichtigen Fahrspur zur Vermeidung von Zeitverlusten besser bewertet als zur Erzielung von Zeitersparnissen. Als Erklärungsansätze werden erneut die Verlustaversion und die stärkere Gewichtung von Verlusten im Vergleich zu identischen Gewinnen herangezogen (Kahneman & Tversky, 1979; Rozin & Royzman, 2001; Schneider, 1992). Ferner induzieren in Aussicht gestellte Zeitverluste negative Assoziationen wie zu spätes Ankommen, Stress und Diskomfort. Maßnahmen, die diese kognitiven Dissonanzen mindern oder beseitigen, werden eher befürwortet bzw. als gut bewertet. Trotz einer geringen Effektstärke kann geschlussfolgert werden, dass die Beurteilung und möglicherweise auch die Nutzungsabsicht kostenpflichtiger Spuren durch Hervorheben einer Vermeidung eines Reisezeitverlustes positiv beeinflussbar sind.

Die Befunde zur Wirkung des verwendeten Frames auf die geäußerte Zahlungsbereitschaft für die Nutzung einer kostenpflichtigen Fahrspur bringen keine Unterschiede infolge der Art der Präsentation hervor. Es kann vermutetet werden, dass die Probanden aufgrund von geringen Kenntnissen und mangelnden Erfahrungen mit einem solchen Gebührenkonzept keine Vorstellungen bezüglich einer adäquaten Gebührenhöhe hatten und die Eingabe einer für sie angemessenen Gebühr willkürlich erfolgte. Unterstützt wird dies durch die Angabe teilweise fragwürdiger Zahlenwerte. Ferner kann infolge des überdurchschnittlich hohen

Anteils von Personen, die nicht bereit sind, für Zeiteinsparungen bzw. Vermeidung von Zeitverlusten zu zahlen, von einer Verzerrung der Ergebnisse gesprochen werden. Bei diesen Befragten scheint die Art der Problemdarstellung aufgrund der generell ablehnenden Haltung irrelevant zu sein.

7.2.3.4 Zusammenfassung

Zusammenfassend lassen sich die Annahmen von Kahneman und Tversky (1979) bezüglich der Abhängigkeit des Entscheidungsverhaltens vom gewählten Bezugsrahmen bei den vorliegenden Routenwahlen ansatzweise bestätigen. Es ist ein unterschiedliches Wahlverhalten je nach Präsentation der Entscheidungskonsequenzen zu beobachten, wonach hypothesenkonform *Zeitverluste zu stärkeren Handlungsanreizen* führen als Gewinne. Unter der Annahme von Verlustaversion werden kostenpflichtige Spuren eher genutzt und besser bewertet, wenn dadurch eine Vermeidung von Zeitverlusten und unsicheren Reisezeiten im Gegensatz zur Erzielung von sicheren Zeitgewinnen realisiert werden können. Hypothese zehn ist entsprechend anzunehmen. Für das Entscheidungsverhalten bei Vorhandensein von kostenpflichtigen Routen lassen sowohl die Bedeutsamkeit der Art der Präsentation, der Höhe der Zeitabweichung, der Gebührenhöhe und der Dauer der Fahrt an sich als auch in Wechselwirkung mit der Gebührenhöhe sowie der Nutzungsabsicht schlussfolgern, dass die *Möglichkeit einer Verlustvermeidung*, eine *gewisse Reisedauer* und das grundsätzliche Erwägen der Benutzung wesentliche Voraussetzungen für die Nutzung derartiger Fahrspuren sind. Höhere absolute Zeiteinsparungspotentiale, kommuniziert als vermeidbare Zeitverluste, und geringere monetäre Kosten lassen Entscheidungen dafür attraktiv erscheinen. Da kein signifikanter Interaktionseffekt zum Faktor Frame vorliegt, lässt sich Hypothese elf nur partiell verifizieren.

7.2.4 Kritische Betrachtung

Im Folgenden soll Kritik zum Untersuchungsansatz geäußert und (weitere) mögliche Gründe für die schwachen Effekte des Framings erörtert werden. Aufgrund der Differenzen zu der von der PT prognostizierten Risikoeinstellung in unsicheren Entscheidungssituationen werden kurz die konzeptionellen Unterschiede anhand der Verlustszenarien der vorliegenden Befragung und der auf dem ADP basierenden Studie III.I dargestellt. Grundlegend provoziert letztere einen Konflikt zwischen einem sicheren mittleren Zeitverlust und einer unsicheren variablen, möglicherweise höheren Zeiteinbuße. In Anlehnung an das ADP sind die Erwartungswerte der resultierenden Gesamtreisezeiten der Routenoptionen identisch.

Die in Studie III.II entwickelten Entscheidungsszenarien stellen eine Wahl zwischen einer gebührenpflichtigen Route mit einer sicheren Vermeidung eines Zeitverlustes und einer kostenfreien Route mit unsicheren variablen Zeitabweichungen. Die gewährleistete Sicherheit muss – als Erweiterung von Studie III.I um die monetären Kosten einer Fahrt – mittels einer Gebühr bezahlt werden, womit eine komplette Vermeidung des Zeitverlustes ermöglicht wird. Die Entscheidung für die mit Unsicherheit belegte kostenfreie Alternativroute geht mit einem geringeren Erwartungswert der Zeit gegenüber der sicheren Option einher. Ein Vergleich der Routenoptionen in den zwei Untersuchungen ist somit nur bedingt möglich. Darüber hinaus liegen im Vergleich zum ADP infolge des Verzichts von Wahrscheinlichkeitsangaben Entscheidungen unter Unsicherheit vor. So ist, hervorgerufen durch unterschiedliche individuelle Wahrnehmung, eine gleichverteilte Wahrscheinlichkeit für das Eintreten der Zeitabweichungen oder aber eine Verzerrung zugunsten einer der Angaben möglich.

In Abschnitt 7.1.3.1 wird die Wirkung von Mehrfachentscheidungen als Erklärungsansatz für das Wahlverhalten und die geringe Effektivität des Framings herangezogen. Traub (1999) schreibt, dass monetäre Verluste risikoaffines Verhalten in den Folgeentscheidungen hervorrufen. Wenn im vorliegenden Fall die Wahl auf die gebührenpflichtige Route fällt und dies als finanzieller Verlust wahrgenommen wird, kann eine Tendenz zur Vermeidung weiterer Einbußen durch die Wahl der kostenfreien Spur bei der nächsten Entscheidung vermutet werden. Darüber hinaus darf trotz der Aufforderung, die Routenwahlentscheidungen unabhängig voneinander zu treffen, eine Beeinflussung nicht ausgeschlossen werden. Möglicherweise werden die präsentierten Routenwahlen nicht als acht Einzelentscheidungen, sondern als ein fortlaufender Entscheidungsprozess betrachtet. Hinzu kommen Störvariablen wie Entscheidungsermüdung und das Streben nach konsistentem Verhalten. Die Wirkung des präsentierten Rahmens könnte dadurch herabgesetzt worden sein.

Aufgrund des geringen Wissensstandes über die präsentierte Maßnahme und die tendenziell geringe Betroffenheit derartiger Stausituationen wird erneut hinterfragt, ob die gesamte Thematik von den Probanden in vollem Umfang wahrgenommen wurde (Fagley & Miller, 1997, S. 369). Von den Befragten benutzen 29 % höchstens ein paar Mal pro Jahr die Autobahn mit dem Kraftfahrzeug. Darüber hinaus ist mit Zweidrittel der Probanden, die höchstens ein paar Mal pro Jahr im Stau stehen, die Häufigkeit von Stauerleben eher gering. Es kann vermutet werden, dass ein Hineinversetzen in die Untersuchungsbedingungen und eine wirklichkeitsnahe Repräsentation des Sachverhaltes schwierig sind. Darüber hinaus haben die getroffenen Entscheidungen in den dargestellten hypothetischen Szenarien keinerlei persönliche Konsequenzen für die Probanden. Die unrealistische Situation macht möglicherweise die Nutzbarkeit der durch das Befahren der Express-Route hervorgerufenen Zeiteinsparungen schwer vorstellbar. Eine Abweichung der geäußerten Entscheidungen von Verhaltensweisen in realen Verkehrssituationen unter Berücksichtigung der eigenen finanziellen Situation und tatsächlich auftretenden Zeitverzögerungen ist somit denkbar. Konsistent zu den Angaben zum subjektiven Wissen war den von den Probanden abgegebenen Kommentaren zu entnehmen, dass das vorgestellte Gebührenkonzept mit einer zusätzlichen Spur schwer vorstellbar erschien. Es sind Fragen und Anmerkungen bezüglich baulicher Umsetzung (z. B. Platzanspruch), Betrieb (z. B. Fahrzeugerfassung), Nutzungsanforderungen (z. B. Mindestgeschwindigkeit), Verlässlichkeit der Reisezeitangaben, Einnahmenverwendung und sozialer Gerechtigkeit geäußert worden. Aufgrund der auch in den vorliegenden Daten gefundenen positiven Beziehung zwischen dem Kenntnisstand sowie Erfahrungswerten und der Einstellung gegenüber Preismaßnahmen ist bei einem besseren Verständnis mit positiveren Bewertungen zu rechnen (vgl. Kramer, 2018; Schade, 2005; Schlag, 1998). Insbesondere bei innovativen, weitestgehend unbekannten Maßnahmen wird eine umfangreiche Informationspolitik zur Vermittlung eines ausreichenden Kenntnisstandes empfohlen. Es folgt eine adäquate Beurteilung, die mit wachsenden Erfahrungswerten zunehmen sollte (Bonsall et al., 2004; Brundell-Freij & Jonsson, 2009; Gehlert, 2009).

Erneut sei auf den Umstand des fehlenden Reisezweckes hingewiesen (vgl. Abschnitt 7.1.4). Als Erweiterung von Studie III.I wurde in das Entscheidungskalkül eine monetäre Größe integriert. Neben der Vielzahl von Faktoren, die die Routenwahl beeinflussen, sollten im vorliegenden Fall vordergründig der subjektive Wert der Zeit und die finanziellen Aspekte berücksichtigt werden. Li (2001) stellt fest, dass bei Fahrten zum Arbeitsplatz die Nutzungsbereitschaft für *HOT Lanes* größer ist als bei Fahrten während der Freizeit. Da bei den jeweiligen Reisezwecken interindividuelle Differenzen in der Wertigkeit bestehen, ist auf eine Angabe verzichtet worden. Eine Urlaubsanreise kann als lästiges, möglichst schnell zu überwindendes Mittel zum Zweck, aber auch als schöner Bestandteil des Urlaubes gesehen werden. Aus diesem Grund ist erneut auf eine Angabe des Reisezwecks verzichtet worden. Dies begünstigt zwar die Neutralität der zu treffenden Entscheidungen, birgt aber gleichermaßen die Gefahr von Verzerrungen.[49] Somit führt die Berücksichtigung eines Reisezwecks unter realen Umständen wahrscheinlich zu abweichenden Entscheidungsmustern. Darüber hinaus wird erneut auf die Komplexität tatsächlicher Verkehrssituationen und die

[49]Die Schwierigkeit, Entscheidungen bei fehlendem Reisezweck zu treffen, wurde von einigen Probanden in den Anmerkungen aufgeführt.

Interaktion von Mensch und Umwelt verwiesen (vgl. Katsikopoulos et al., 2000; Schlag, 2006; Xu et al., 2011). Abseits von kontrollierten experimentellen Settings und hypothetischen Situationen ohne jegliche persönlichen Konsequenzen stellen sich Entscheidungsprobleme im Straßenraum weitaus vielschichtiger dar. Die beeinflussende Wirkung von Frames zeigt sich hier gegebenenfalls anders. Sei es in abgeschwächter Form, da beispielsweise Informationen intensiver verarbeitet werden und die Formulierung und Präsentation dieser irrelevant wird (vgl. Levin, Chapman & Johnson, 1988; Siminoff & Fetting, 1989). Denkbar ist andererseits eine Intensivierung des Framing-Effektes aufgrund realer Entscheidungskonsequenzen in Form von Reisezeitänderungen. So wurden im medizinischen Bereich mittels negativer Frames durchaus Handlungsanreize gesetzt und intendiertes Verhalten hervorgerufen (Meyerowitz & Chaiken, 1987; Rothman & Salovey, 1997).

Zum Untersuchungsdesign wird angemerkt, dass die in die Routenwahlsituationen integrierten Faktoren Reisezeit, Reisezeitabweichung, Gebühr und Frame den zu treffenden Entscheidungen eine enorme Komplexität gegeben haben. Die separate Betrachtung einzelner Determinanten und deren Wirkung, wie sie teilweise vorgenommen wurde, ist auch unter Berücksichtigung weiterer intervenierender Variablen mit Bedacht zu werten. Da reale Entscheidungssituationen im Verkehr ähnlich vielschichtig sind, wird die vorliegende Herangehensweise jedoch als angemessen angesehen. Infolge der geringen Variation der einzelnen Faktoren sind wiederum eingeschränkte Aussagen zur Interaktion mit den verwendeten Frames möglich. So erfolgte beispielsweise die Festlegung der Gebührenhöhe in Anlehnung an die in der Literatur aufgeführten Werte des VTT, angepasst an die erzielbaren Zeitabweichungen. In weiterführenden Untersuchungen können mittels mehrerer Gebührenstufen Beeinflussungsmöglichkeiten durch verwendete Frames untersucht werden. Hierfür wird als Obergrenze eine Orientierung am vorliegenden Wert von 8 EUR/h empfohlen. Weitere Faktoren sollten entsprechend konstant gehalten werden oder es ist eine entsprechend große Stichprobe anzustreben.

Die randomisierte Zuordnung der Untersuchungsbedingungen lässt nicht ausschließen, dass Versuchspersonen ein Entscheidungsproblem in zwei unterschiedlichen Darstellungsvarianten präsentiert bekommen haben. Die hohe Datenvariation macht eine Zuordnung zweier identischer Entscheidungsfragen in direkter Folge und eine Identifizierung der inhaltlichen Übereinstimmung zwar unwahrscheinlich. Da sich nach Jungermann und Kollegen (2005) Framing-Effekte jedoch lediglich im *Between-Design* einstellen, wäre eine Abschwächung der Frames möglich.

Letztlich wird bezüglich der Ergebnisse der GEE-Analyse darauf hingewiesen, dass ein marginales Modell erzeugt wurde und lediglich Schätzungen für den Populationsdurchschnitt abgegeben werden. Hardin und Hilbe (2013) merken an, dass die Ergebnisse lediglich Aussagen über allgemeine Zusammenhänge und keine Schlüsse für Einzelfälle zulassen. Dies wurde zur Kenntnis genommen, stellt die Anwendung des Verfahrens mit all seinen Vorteilen bei der vorliegenden Untersuchung jedoch nicht in Frage.

8 Zusammenfassung und Implikationen

In Anbetracht der heute schon beobachtbaren Engpässe im Straßenverkehr und der weiter zu erwartenden Nachfragezuwächse, dem Ausmaß der Umweltbelastung und der gleichzeitigen Knappheit öffentlicher Mittel, steht die Verkehrspolitik vor immer größeren Herausforderungen. Es sind neue Wege einzuschlagen, um die Leistungsfähigkeit der Straßeninfrastruktur wiederherzustellen bzw. zu erhalten und zugleich den ökologischen Ansprüchen gerecht zu werden. Die hierfür vorgeschlagenen Strategien zur Beeinflussung des Nachfrageverhaltens reichen von der Setzung positiver Anreize, um erwünschte Verhaltensweisen der Verkehrsteilnehmer zu fördern, bis hin zu restriktiven Maßnahmen, wodurch eine Vermeidung unerwünschten Verhaltens forciert wird. Zwar zeigt sich bei dem Großteil der in mittleren und größeren Städten lebenden Bevölkerung ein mehr oder weniger stark ausgeprägtes Bewusstsein über die existierenden Verkehrs- und Umweltprobleme (Schade, 2005; Schlag, 1997; Teubel, 2001). Allerdings kann weder in einem absehbaren Zeitraum noch in angemessenem Umfang von freiwilligen Verhaltensveränderungen zugunsten eines eingeschränkten Autogebrauchs ausgegangen werden.

Ziel regulierender staatlicher Maßnahmen ist es, durch die Setzung monetärer Anreize die Habituierung beim Verkehrsverhalten zu durchbrechen und die Bereitschaft für umweltbewusste Verhaltensweisen zu erhöhen. Straßenbenutzungsgebühren haben sich in diesem Zusammenhang als technisch realisierbarer, aus ökonomischer Sicht effektiver und verhaltenswirksamer Lösungsansatz herausgestellt. Trotz der Vorteile dieses preispolitischen Instrumentes regt sich bezüglich einer Einführung starker Widerstand auf öffentlicher und politischer Ebene (Kramer, 2018; Schade, 2005). Der sensiblen und kontextabhängigen Thematik der Gebühren, Steuern und Abgaben sollte daher besonders bei der Darstellung in der Öffentlichkeit Beachtung geschenkt werden. Da in verschieden

D. Kaniok, *Framing im Kontext von Straßenbenutzungsgebühren*, Verkehrspsychologie, https://doi.org/10.1007/978-3-658-33302-7_8

Bereichen formulierungsabhängige Entscheidungen und Beurteilungen nachgewiesen werden konnten (vgl. Kahneman & Tversky, 1979; Kühberger, 1998; Levin et al., 1998; Stocké, 2002), bieten sich möglicherweise Anknüpfungspunkte im Zusammenhang mit Straßenbenutzungsgebühren. Es gilt zum einen die Bereitschaft der politischen Meinungsführer, das Vorhaben zu unterstützen, aber auch das öffentliche Meinungsbild und somit der Erfolg einer verkehrspolitischen Preismaßnahme zu beeinflussen.

Bei Betrachtung menschlicher Entscheidungsmuster wird deutlich, dass abweichend von den Grundsätzen rationalen Verhaltens Präferenzen einer Kontextabhängigkeit unterliegen und Bewertungen eines Sachverhaltes nicht absolut erfolgen. Allein durch die unterschiedliche Formulierung eines Sachverhaltes und dem Erzeugen eines anderen Bezugsrahmens, dem sogenannten Framing, können divergierende Entscheidungsmuster hervorgerufen werden. Trotz identischer Erwartungswerte der angebotenen Alternativen folgen Differenzen in der Wahrnehmung der Akteure. Die Erforschung des Mobilitätsverhaltens unter Berücksichtigung dieser Anomalie ist in den letzten Jahrzehnten vorangeschritten, hat jedoch im Kontext von Gebühren für die Straßeninfrastruktur kaum Aufmerksamkeit erlangt. Bei Betrachtung des Erfolgspotentials bezüglich der Beurteilungsbeeinflussung lag eine mögliche Anwendbarkeit im Verkehrsbereich bei der Thematik der Straßenbenutzungsgebühren und der damit verbundenen Bewertungsproblematik nahe.

Im Rahmen der vorliegenden Arbeit war anhand wissenschaftlicher Untersuchungen zu prüfen, ob sich menschliche Entscheidungen durch Veränderungen der Oberflächenstruktur bei der Darstellung von Gebührenmaßnahmen für die Straßeninfrastruktur beeinflussen lassen. Nachfolgend werden die wesentlichen Forschungsergebnisse der durchgeführten Studien zusammengefasst und der Erkenntnisgewinn der Arbeit identifiziert. Es folgen aus den Befunden der Arbeit sowie aus der Untersuchungskritik abgeleitete offene Forschungsfragen. Dieses Kapitel schließt mit praxisrelevanten Empfehlungen, die bei der Präsentation eines Gebührensystems für die Nutzung der Straßeninfrastruktur für deren positive Beurteilung und Verhalten im Sinne des Systems zu berücksichtigen sind.

8.1 Zentrale Befunde der Arbeit

Zur Prüfung der aufgestellten Hypothesen wurden die drei von Levin und Kollegen (1998) etablierten Unterkategorien des Valenz-Framing-Konzeptes herangezogen: Attribute Framing, Goal Framing und Risky Choice Framing. Es sind vier Befragungsinstrumente entwickelt worden, um Aufschlüsse über die Wirkung der verschiedenen Formulierungsarten auf die Beurteilung von Straßenbenutzungsgebühren und die Nutzungsabsicht kostenpflichtiger Fahrspuren zu geben. Die Erhebung der Daten war in erster Linie von quantitativen Methoden der Sozialforschung bestimmt, welche mittels umfangreicher Stichproben eine Erlangung repräsentativer Ergebnisse ermöglichen.

8.1.1 Attribute Framing – Studie I

Studie I fokussiert die Wirkung des Attribute Framings bei der unterschiedlichen Darstellung systemseitiger Eigenschaften eines Straßenbenutzungsgebührenkonzeptes. Der Effekt zeigt sich, wenn die Beurteilung der Entscheider als Funktion dargestellter Objekteigenschaften variiert (Chan Wu, 2010). Darüber hinaus war der Einfluss von unterschiedlichen Gebührenänderungen in Prozentangaben bzw. absoluten Werten in Form des Metric-Effektes zu untersuchen. Die deskriptiven Ergebnisse der Online-Untersuchung lassen theoriekonform erkennen, dass Gebühren unter Gewinnbedingungen positivere Beurteilungen erlangt haben als unter Verlustbedingungen. Das System, welches Preisermäßigungen bei Nutzung der weniger stark frequentierten Nebenverkehrszeit offeriert, wurde mit höheren Wertigkeiten hinsichtlich der Akzeptanz, Bewertung, wahrgenommenen Gerechtigkeit und Effektivität versehen. Diese Tendenz verstärkt sich im positiven Sinn bei Preisänderungen in Prozentangaben im Vergleich zu absoluten Werten. Hingegen erhielten Aufschläge, die bei Befahren der Innenstadt zu Hauptverkehrszeiten erhoben werden, schlechtere Bewertungen. Die aufgezeigten Tendenzen können jedoch nicht mit statistischen Signifikanzen verifiziert werden. Die verwendeten Frames haben keine bedeutsame Auswirkung auf die Beurteilung des präsentierten Gebührensystems.

Zentrales Ergebnis der Studie ist die Beeinflussungsmöglichkeit des antizipierten Nutzens durch die unterschiedlichen Formulierungsversionen. Es sind Differenzen bezüglich der subjektiven Nutzenerwartung bei kommunizierten Rabatten und Aufschlägen zu erkennen. Bei Letzteren werden trotz identischer Änderung des Budgets häufiger Mehrkosten für Mobilität antizipiert als bei gewährten Rabatten. Verstärkt wird die Negativerwartung durch Aufschläge in Prozentwerten. Es bestätigt sich die von der Prospect Theory postulierte unterschiedliche Evaluation von identischen Gewinnen und Verlusten. Ein Belohnungssystem scheint stärkere Effekte hervorzurufen (Ben-Elia & Ettema, 2009). Die unter Verlustbedingungen ausgelöste Negativitätsverzerrung induziert negative Assoziationen und eine kritischere Beurteilung des Sachverhaltes, welches sich über die Beurteilungsebene äußert (Levin et al., 1998; Rozin & Royzman, 2001). Die

Befunde zur finanziellen Betroffenheit im interpersonalen Vergleich bestätigen diese Tendenzen. Auch wenn knapp nicht signifikant, ruft ein negativer Bezugsrahmen häufiger als ein positiver die Erwartung der finanziellen Benachteiligung gegenüber anderen hervor. Darüber hinaus ergibt sich ein bedeutsamer Einfluss des Faktors Abweichung auf die zu erwartenden zeitlichen Konsequenzen, die aus der Einführung von Straßenbenutzungsgebühren resultieren. Bei Preisänderungen in absoluten Beträgen werden im Vergleich zur Angabe von Prozentwerten eher Zeitverluste und langsameres Vorankommen in der Innenstadt erwartet. Zusammenfassend lässt sich die in anderen Studien gezeigte Sensitivität hinsichtlich der individuellen Zeit- und Kostenaspekte verifizieren (vgl. Avineri & Prashker, 2005; Calfee & Winston, 1998; Lam & Small, 2001).

Die Befunde zur Nutzenerwartung zeigen darüber hinaus, dass die Wahrnehmung persönlicher Konsequenzen stärker beeinflussbar ist als die kollektiver. Die Wirkung der eingesetzten Frames scheint hier bei stärkerer persönlicher Betroffenheit ausgeprägter zu sein (vgl. Kim, 2013). Die Relevanz der individuellen Nutzenwahrnehmung für die Akzeptanz von Straßenbenutzungsgebühren weist Schade (2005) in seinen Studien nach, indem er sie als zentralen Prädiktor hervorhebt. Auf dieser Grundlage und den vorliegenden Befunden bezüglich der Wirkung unterschiedlich dargestellter Informationen auf den persönlich antizipierten Nutzen werden Ansatzpunkte für positive Beeinflussungsmöglichkeiten gesehen.

8.1.2 Goal Framing – Studie II

Der gesellschaftliche Nutzen aus der Implementierung von Straßenbenutzungsgebühren lässt sich unter anderem anhand der Verbesserung der Stau- und Umweltsituation abbilden. Zur Beantwortung der dritten Forschungsfrage war im Rahmen eines Laborexperimentes in Studie II zu prüfen, inwieweit die unterschiedliche Darstellung der angestrebten Ziele eines Gebührensystems einen Einfluss auf dessen Beurteilung hat. Die Variation der Darstellung der Konsequenzen einer Handlung führt bei Goal Framing zu abweichenden Entscheidungsmustern. Zudem wurde hinterfragt, ob sich im Kontext von Umwelt- bzw. Stauproblemen Differenzen in den Bewertungen zeigen. Die deskriptiven Befunde lassen in den Domänen Umwelt und Stau gegenläufige Tendenzen erkennen. Bei der Stauproblematik deutet sich an, dass negativ kommunizierte Folgen im Falle der Nichteinführung von Straßenbenutzungsgebühren zu höheren Akzeptanzwerten in Form von stärkerer Zustimmung zu einer Implementierung führen. Im Gegensatz zeigen sich unter der Umweltbedingung Hinweise dafür, dass positiv dargestellte Informationen zu einer höheren Akzeptanz im Vergleich zum Negativfokus führen. Die höhere Glaubwürdigkeit, dass sich im Falle der Einführung von Straßenbenutzungsgebühren in Städten durch Kraftfahrzeuge verursachte Umweltprobleme wie Luftverschmutzung und Lärm verringern, bestätigt diese Tendenz. Die angedeuteten Differenzen in den Bewertungen zwischen den Framing-Bedingungen weisen jedoch keine statistische Bedeutsamkeit auf. Darüber hinaus liegen keine signifikanten Unterschiede zwischen den Problemdomänen vor. Die aufgeworfenen Hypothesen zur Wirkung von Goal Framing auf die Beurteilung von Straßenbenutzungsgebühren sind abzulehnen.

8.1.3 Risky Choice Framing – Studien III.I & III.II

Die Untersuchungen zum dritten Formulierungseffekt fokussieren die Wirkung differenziert dargestellter Handlungsoptionen, die sich in ihrer Unsicherheitsausprägung unterscheiden. Der hier zentrale Aspekt der Unsicherheit ist auch bei Routenwahlentscheidungen bezüglich der zu erwartenden Reise- oder Ankunftszeit und den anfallenden Kosten maßgeblich. Ebendiese Faktoren sind in Form von Kosten- und Nutzenerwartungen entscheidende Determinanten der Akzeptanz von Straßenbenutzungsgebühren (Kramer, 2018; Schade, 2005). Es war anzunehmen, dass bei der Verwendung von Frames im Kontext entscheidungsrelevanter Zeit- und Kosteninformationen verhaltenswirksame Prozesse angeregt werden, die zu unterschiedlichen Entscheidungen führen. Bereits in Studie I ließ sich bei den Probanden eine Sensitivität gegenüber zeitlichen Veränderungen beobachten. Es deutete sich eine Beeinflussungsmöglichkeit des persönlich antizipierten Nutzens im Sinne von wahrgenommenen Zeitabweichungen mittels unterschiedlich dargestellter Informationen an. Schade (2005, S. 165) schreibt in seinen Ausführungen zur Akzeptanz von Straßenbenutzungsgebühren, dass aufgrund der Dominanz der Nutzenwahrnehmung insbesondere darauf fokussierte Systemeigenschaften berücksichtigt werden müssen, „da sie bestimmte Wahrnehmungsmuster und Informationsverarbeitungsprozesse begünstigen oder erschweren können". Erwartete Vorteile in Form von reduzierten Reisezeiten sollten Straßenbenutzungsgebühren auf allen Bewertungsdimensionen positiver erscheinen lassen. Wird der individuelle Nutzen – operationalisiert in Zeiteinheiten – in differenzierter Art und Weise dargestellt, galt die Vermutung, dass positive Beurteilungen und Nutzungsabsichten kostenpflichtiger Spuren eher mit der Vermeidung von Zeitverlusten im Vergleich zur Erzielung von Zeitgewinnen einhergehen.

Mit dem Ziel, Erkenntnisse über den Umgang mit differenziert dargestellten Zeitinformationen während einer Autofahrt zu liefern, orientieren sich die Studien III.I und III.II an den Annahmen der PT zu Entscheidungen unter Risiko und Unsicherheit (vgl. u. a. Kühberger, 1998; Levin et al., 1998; Tversky & Kahneman, 1981). Aufgrund der zahlreichen intervenierenden Variablen erfolgte in einer ersten Studie lediglich die Berücksichtigung des Zeitaspektes im Entscheidungskalkül. Dieser reduzierte Ansatz, angewendet auf eine ausreichend große Stichprobe, ermöglichte eine erste Analyse zentraler Aspekte des Forschungsvorhabens mittels grundlegender statistischer Verfahren. Auf den Resultaten aufbauend und unter Berücksichtigung der gefundenen Kritikpunkte wurden in einer vertiefenden Untersuchung die aus der Nutzung einer gebührenpflichtigen Strecke resultierenden Kosten integriert.

Studie III.I

Bei der Betrachtung des Entscheidungsverhaltens in Studie III.I können hypothesenkonform Verstöße gegen das Invarianzprinzip der klassischen Nutzentheorie beobachtet werden. Unabhängig von der Unsicherheitsausprägung auf den Routen wird bei präsentierten Zeitgewinnen bei nahezu allen Entscheidungen von einem Routenwechsel abgesehen und das Fahren auf der Referenzstrecke fortgesetzt. Bei sicheren Zeiteinsparungen auf der Referenzroute sind vordergründig risikoaverse Entscheidungen zu beobachten. Die Vorteile eines sicheren mittleren Gewinns erhalten eine stärkere Gewichtung als die Erwartungen bei einem Routenwechsel (vgl. Kahneman et al., 1991; Samuelson & Zeckhauser, 1988; Thaler, 1980). Es ist die Konfundierung mit der Aufrechterhaltung des Status Quo zu berücksichtigen. Selbst hohe in Aussicht gestellte Zeiteinsparungen bleiben möglicherweise aus Abneigung gegenüber Veränderungen unbeachtet. Bei Unsicherheiten auf der Referenzstrecke wird ein gegebenenfalls ausbleibender Gewinn einem Wechsel auf eine Strecke mit einer sicheren Zeiteinsparung vorgezogen. Alternativ ist eine höhere Risikobereitschaft bei Zeitgewinnen, um den Status quo aufrecht zu erhalten oder eine größere Zeiteinsparung zu erreichen, denkbar. Im Vergleich zu den Szenarien mit sicherer Referenzroute tendieren insgesamt mehr Probanden zum Routenwechsel auf die alternative Strecke mit sicheren Konsequenzen. Dies deutet auf ein Bedürfnis nach Planungssicherheit und absehbaren Ankunftszeiten hin (vgl. Katsikopolus, 2000; Xu et al., 2011). Es wird häufiger eine Route mit einer mit Sicherheit belegten Zeitabweichung gewählt.

Diese Risikoaversion lässt sich auch bei zu erwartenden Zeitverlusten anhand einer Präferenz für die mit sicheren Konsequenzen belegte Alternativroute beobachten. Beim Großteil der Ergebnisse mit signifikanten Unterschieden im Routenwahlverhalten je nach präsentiertem Frame wechseln die Probanden die Route und nehmen einen sicheren Verlust in Kauf. Auch hier dominiert anscheinend das Bedürfnis nach vorhersehbaren Reisezeiten vor dem Aufrechterhalten des Status quo. Bei sicherer Referenzstrecke, ausreichend langen Reisezeiten und der negativen Darstellung der Konsequenzen in Form von hohen drohenden Zeitabweichungen lässt sich eine Tendenz zur Risikoaffinität erkennen. Es wird die mit Unsicherheiten belegte Alternativroute gewählt, um gegebenenfalls einen Zeitverlust zu vermeiden. Die inhaltlich identischen Konsequenzen der Gewinn- und Verlustdarstellung mit gleichem Erwartungsnutzen bezüglich der Reisezeit sollten ein indifferentes Entscheidungsverhalten der befragten Personen hervorrufen. Vielmehr bestätigt sich das von der PT prognostizierte Wahlverhalten mit einer Tendenz zur Risikofreude bei präsentierten Verlusten und Risikoaversion bei Gewinnen. Der Einfluss der Höhe der Zeitabweichung lässt vermuten, dass Reisezeitänderungen unter einer bestimmten Wertschwelle nicht wahrgenommen werden oder unberücksichtigt bleiben (vgl. Obermeyer et al., 2013) bzw. drohende Zeitverluste erst ab einer bestimmten Wertigkeit Vermeidungsverhalten hervorrufen.

Es sind marginale Differenzen im Wahlverhalten von Personen mit unterschiedlichen Entscheidungsstrategien zu erkennen. Personen, die vordergründig intuitiv entscheiden, tendieren zu risikosuchendem Verhalten. Diese greifen zur Entscheidungsfindung vielmehr auf Affekte und daraus resultierende Emotionen als primäre Informationsquelle zurück (Betsch, 2004). Ob sich der Entscheidungsstil auf die Verarbeitung des präsentierten Sachverhaltes und die Beurteilung von Konsequenzen auswirkt und letztlich die Effektivität von Frames beeinflusst, lässt sich mit der vorliegenden Untersuchung nicht eindeutig feststellen. Des Weiterem kann hypothesenkonform ein Einfluss des verwendeten Attribute Frames auf die Bewertung festgestellt werden. Positiv dargestellte Informationen in Form von Erfolgsraten führen zu höheren Zufriedenheitswerten im Vergleich zur Präsentation von Misserfolgsraten.

Bezüglich der berichteten Befunde ist zu berücksichtigen, dass die untersuchten Merkmale und deren invasive Wirkung auf die Routenwahl einzeln betrachtet wurden und Interaktionseffekte unberücksichtigt blieben. Darüber hinaus stellten sich intervenierende Faktoren – insbesondere bezüglich der Beschreibung der Szenarien und Routenoptionen – heraus, die in einem erweiterten Ansatz zu berücksichtigen bzw. zu eliminieren waren. Auf Grundlage der gewonnenen Erkenntnisse sind Routenwahlentscheidungen bei Existenz einer gebührenpflichtigen Fahrspur unter Berücksichtigung von differenziert dargestellten Zeitinformationen untersucht worden. Unter Anwendung der Verallgemeinerten Schätzgleichungen galt es, eine globale Betrachtungsweise verschiedener Einflussfaktoren und deren Wechselwirkung herbeizuführen.

Studie III.II

Die in Studie III.I wie auch in der Literatur belegte hohe Wertigkeit der Zeit in Form von Streben nach Planungssicherheit und der Vermeidung von Zeitverlusten war Ansatzpunkt für eine Untersuchung im Kontext von Straßenbenutzungsgebühren und der Berücksichtigung des Kostenfaktors (vgl. Avineri & Prashker, 2005; Calfee & Winston, 1998; Lam & Small, 2001; Leclerc et al., 1995). Grundlage für das Erhebungsinstrument bildet das Konzept einer *HOT Lane,* welches durch das Zahlen einer Gebühr Zugang zu optionalen Fahrspuren ermöglicht und Zeiteinsparungspotential bietet.

Bei einem Vergleich der Routenwahlentscheidungen unter Berücksichtigung des präsentierten Bezugsrahmens war ungeachtet weiterer intervenierender Variablen eine Präferenz für die kostenfreie Route zu erkennen. Anhand von Diskrepanzen im Wahlverhalten bei Präsentation inhaltlich identischer, jedoch unterschiedlich dargestellter Änderungen von Reisezeiten lassen sich Abweichungen von rationalen Entscheidungsmustern bestätigen. Ein negativer Frame setzt – entsprechend der Annahme – durch die Möglichkeit zur sicheren Abwendung einer zeitlichen Verzögerung stärkere Handlungsanreize im Vergleich zur Erzielung eines Zeitgewinns. Der Nutzenverlust, resultierend aus der negativen Abweichung vom Referenzpunkt, scheint größer als der Nutzenzuwachs aus einer gleich großen positiven Veränderung. Die Befunde der GEE-Analyse bestätigen, dass bei drohenden Zeiteinbußen Verhaltensintentionen ausgebildet werden, um vorhersagbare Reisezeiten zu erzielen. Zeitverluste und unsichere Reisezeiten werden von Verkehrsteilnehmern als unangenehm und stressfördernd empfunden und gelten als zu vermeiden (vgl. Avineri & Prashker, 2005; Hjorth & Fosgerau, 2012; Puls, 2008; Rose & Masiero, 2010; Van de Kaa, 2010). Insbesondere bei Betrachtung des Entscheidungsverhaltens bei langen Fahrzeiten wird eine Verlustaversion deutlich. Es kann von einem *Choice Reversal* gesprochen werden, da sich die Routenwahl in den Framing-Bedingungen umkehrt (Levin et al., 1998). Während im Gewinn-Frame die Mehrheit der Probanden die kostenfreie Alternative präferiert, entscheidet sich unter Verlustbedingungen mehr als die Hälfte für die Express-Spur. Mit geringer werdender Reisezeit nimmt die Wahrscheinlichkeit der Wahl der kostenpflichtigen Route ab. Ähnliches ist bei zeitlichen Abweichungen zu beobachten, wobei Entscheidungen häufiger bei einer deutlichen Änderung der Reisedauer auf eine gebührenpflichtige Strecke fallen. Für kurze Wege und geringe Zeitabweichungen werden vielmehr konventionelle bzw. gebührenfreie Routen präferiert. Darüber hinaus nimmt mit sinkender Reisezeit und Zeitabweichung der Unterschied in den Routenwahlen zwischen den Framing-Bedingungen ab. Bezüglich der Höhe der anfallenden Gebühr als weiterer untersuchter Parameter war ein negativer Zusammenhang zur Wahl der Express-Spur zu verzeichnen. Die Nutzungswahrscheinlichkeit dieser Spur sinkt mit steigender Gebührenhöhe. Der deskriptiv angedeutete verstärkende Einfluss der Negativformulierung ließ sich statistisch nicht bestätigen. Die Analyse weiterer Interaktionen stellte die Wechselwirkung des Frames mit dem Geschlecht als bedeutsam heraus. Männer wählen häufiger die gebührenpflichtige Strecke mit vorhersehbaren zeitlichen Konsequenzen als Frauen. Diese Tendenz verstärkt sich unter Verlustbedingungen. Interaktionen weiterer Faktoren mit den herangezogenen Frames wurden aufgrund mangelnder statistischer Signifikanz verworfen.

Das finale loglineare Modell zur Abbildung des Nutzungsverhaltens einer kostenpflichtigen Spur beinhaltet die Faktoren Frame, Zeitabweichung, Gebühr, Reisezeit, Nutzungsabsicht sowie die Interaktionen zwischen Frame und Geschlecht, Gebühr und Reisezeit sowie Nutzungsabsicht und Reisezeit. Die Bedeutsamkeit der Art der Präsentation, der Höhe der Zeitabweichung, der Gebührenhöhe und der Dauer der Fahrt an sich als auch in Wechselwirkung mit der Gebührenhöhe sowie der Nutzungsabsicht lässt schlussfolgern, dass die Möglichkeit einer Verlustvermeidung, eine gewisse Reisedauer und das grundsätzliche Erwägen der Benutzung wesentliche Voraussetzungen für die Nutzung derartiger Fahrspuren sind. Höhere absolute Zeiteinsparungspotentiale, kommuniziert als vermeidbarer Zeitverlust, und geringere monetäre Kosten lassen Entscheidungen dafür attraktiv erscheinen. Wie in Studie III.I wird das Bedürfnis nach Planungssicherheit und absehbaren Ankunftszeiten deutlich (De Borger & Fosgerau, 2008; Katsikopolus, 2000; Leclerc et al., 1995; Xu et al., 2011).

Die gezeigten Routenwahlintentionen werden anhand der Befunde zum untersuchten Attribute Frame gestützt. Die Maßnahme zur Vermeidung von Zeitverlusten wird – wie angenommen –positiver bewertet als zur Erzielung von Zeitersparnissen. Erneut wird als Erklärungsansatz auf die Verlustaversion verwiesen. (Avineri, 2011; Douma et al., 2005; Kahneman & Tversky, 1979; Rozin & Royzman, 2001). Verstärkt wird dies durch die hohe Wertigkeit von Zeit als dominanter Einflussfaktor bei der Routenwahl (Avineri & Prashker, 2005; Calfee & Winston, 1998; Lam & Small, 2001).

8.1.4 Überblick

Mittels vier empirischer Untersuchungen wurde der zentralen Forschungsfrage nachgegangen, inwieweit Framing eine persuasive Wirkung auf die Beurteilung kostenpflichtiger Straßeninfrastruktur und deren Nutzungsabsicht hat. Die Befunde zum Attribute und Risky Choice Framing zeigen, dass sich die von der Prospect Theory prognostizierten Muster bei Entscheidungen unter Unsicherheit im Kontext von Straßenbenutzungsgebühren wiederfinden. Die Ergebnisse deuten auf einen Einfluss der sprachlichen Informationsdarstellung auf die mentale Repräsentation entscheidungsrelevanter Parameter hin. Es ist eine Anfälligkeit für kognitive Verzerrungen und eine Rahmenabhängigkeit zu beobachten. Insbesondere bezüglich der Faktoren Zeit und Kosten zeigt sich eine hohe Sensitivität. In *Studie I* erweisen sich die antizipierten Konsequenzen im Sinne von zu erwartenden Mehrkosten sowie die zeitlichen Folgen, die aus der Implementierung einer Gebührenmaßnahme resultieren, durch den Einsatz eines Frames als beeinflussbar. Das herangezogene Goal Framing lässt in *Studie II* keine bedeutsamen Unterschiede bezüglich der Wirkung einer differenzierten Informationsdarstellung erkennen. Es bestätigen sich vielmehr die stärksten Effekte beim Risky Choice Framing. In den *Studien III.I* und *III.II* löst die Verschiebung des Referenzpunktes insbesondere bei ausreichend langen Reisezeiten respektive zeitlichen Abweichungen ein unterschiedliches Wahlverhalten aus.[1] Zeitbewertungen werden nicht kontextunabhängig, sondern infolge der hohen Wertigkeit von Zeit und infolge von Verlustangst vorgenommen. Drohende Zeitverluste induzieren stärkere Verhaltenseffekte als in Aussicht gestellte Zeitgewinne. Bei identischer Gesamtreisezeit scheint der Nutzenverlust, resultierend aus einer negativen zeitlichen Abweichung von einem Referenzpunkt, größer als der Nutzenzuwachs aus einer gleich großen positiven Veränderung. Die Bedeutsamkeit des Faktors Zeit im menschlichen Entscheidungskalkül und vor allem die Aversion gegenüber Zeitverlusten werden anhand der Zahlungsbereitschaft und stärkeren Nutzungsabsicht gebührenpflichtiger Fahrspuren deutlich. Tabelle 8.1 fasst die Inhalte der Studien und die Ergebnisse zusammen.

[1] Es wird an dieser Stelle lediglich auf die Befunde von Studie III.II Bezug genommen, da sich diese explizit auf Straßenbenutzungsgebühren beziehen.

Tabelle 8.1 Inhalte und Befunde der Studien 1 – III

Studie	Studieninhalt	Ergebnisse
- I - *Attribute Framing & Metric-Effect* Online-Studie (N = 237)	Unterschiedliche Darstellung kostenbasierter Informationen: - City-Mautkonzept - Rabatte vs. Aufschläge - Absolute Zahlen vs. Prozentsätze	Beeinflussungsmöglichkeit der antizipierten finanziellen Konsequenzen → Aufpreise induzieren Mehrkosten sowie stärkere finanzielle Belastung im Vergleich zu Anderen
- II - *Goal Framing* Laborstudie (N = 92)	Unterschiedliche Darstellung der verfolgten Ziele: - City-Mautkonzept - situative Verbesserung vs. keine situative Verbesserung - umwelt- vs. staubezogene Probleme	Kein statistisch signifikanter Einfluss des Bezugsrahmens auf die Bewertung
- III.I & III.II - *Risky Choice Framing & Attribute Framing* Online-Studien ($N_{III.I}$ = 835; $N_{III.II}$ = 423)	Routenwahlentscheidungen mit unterschiedlicher Darstellung zeitbasierter Informationen und Unsicherheitsausprägung: - III.I: - Zeitgewinn vs. Zeitverlust - Variation Reisezeit, Zeitabweichung, Route mit Unsicherheitsfaktor - III.II: - Autobahnmautkonzept - Zeitgewinn vs. Vermeidung Zeitverlust - Variation Reisezeit, Zeitabweichung, Gebührenhöhe	Beeinflussungsmöglichkeit der Bewertung und Nutzungsabsicht → erwartete Zeitverluste induzieren stärkere Verhaltenseffekte → Möglichkeit der Vermeidung von Zeitverlusten ruft positivere Bewertungen und stärkere Nutzungsabsicht hervor

Auf der proximalen Bewertungsebene werden Ansatzpunkte der Beeinflussung mittels unterschiedlich dargestellter Attribute der Gebührenmaßnahme gesehen, welche sich letztlich in Form eines positiven Gesamturteils und Verhaltensabsichten im Sinne des System äußern sollten (vgl. Kapitel 5, 6 und 7). Inwieweit sich Framing unter realen Umständen als Instrument zur Beeinflussung der Beurteilung von Straßenbenutzungsgebühren und des entsprechenden Verhaltens eignet, lässt sich anhand der vorliegenden Untersuchungsbefunde nur eingeschränkt zeigen.

Darüber hinaus ist fraglich, ob langfristig Einstellungs- oder Verhaltensänderungen hervorgerufen werden können. Es sind weiterführende Studien notwendig, um die Tendenzen der vorliegenden Arbeit zu verifizieren und verlässliche Vorhersagen bezüglich der Beeinflussung der Beurteilung und des Verhaltens treffen zu können. Im Folgenden werden Ansätze für zukünftige Arbeiten dargestellt sowie offene Forschungsfragen aufgeworfen.

8.2 Methodenkritik und Forschungsbedarf

Die Befunde der Studien zum Attribute und Risky Choice Framing deuten an, dass mittels sprachlicher Formulierungen eine Beeinflussung der Wahrnehmung von Straßenbenutzungsgebühren sowie den damit einhergehenden Konsequenzen und des Entscheidungsverhaltens von Verkehrsteilnehmern möglich ist. Es sind jedoch weiterführende Untersuchungen anzustreben, die diese Tendenzen bekräftigen und das Potential von Framing-Techniken herausstellen, aber auch bisher unberücksichtigte Problempunkte aufgreifen. Laut den Annahmen der PT werden Sachverhalte oder Konsequenzen von präsentierten Handlungsalternativen als positive oder negative Abweichungen von einem gesetzten Referenzpunkt kodiert und entsprechend bewertet. Abseits von kontrollierten experimentellen Settings und ihren hypothetischen Situationen stellen sich Probleme weitaus komplexer dar. In einem dynamischen Gesamtsystem, wie es auch im Verkehrsbereich vorliegt, beeinflussen zahlreiche situative und dispositionale Faktoren diesen Wirkungsmechanismus, die die Übertragbarkeit der Ergebnisse auf reale Straßenverkehrssituationen schwierig erscheinen lassen. Es stellt sich die Frage, welche Wirkung die Variation der Oberflächenstruktur der Informationen bei einer tatsächlichen Betroffenheit und individuellem Bezug, der bei Mobilitätsentscheidungen vorliegt, hervorruft (vgl. Cheng & Wu, 2010; Lecheler et al., 2009; Levin et al., 1998). Bleiben Framing-Effekte aufgrund des stärkeren Involvements ganz aus? Andererseits ist eine Verstärkung der gefundenen Effekte aufgrund der Komplexität der Entscheidungssituationen denkbar. Zur Reduzierung von kognitivem Aufwand und der Optimierung bei Entscheidungsfindungen sollten Heuristiken eher zum Einsatz kommen, was die Anfälligkeit für gerahmte Informationen erhöht (vgl. Kim et al., 2005).

Es ist zu berücksichtigen, dass zu den Befragungszeiträumen die Thematik einer Straßenbenutzungsgebühr wenig Relevanz aufwies. Laut der Befunde lag unter den Befragten zwar bereits ein Bewusstsein für Verkehrsprobleme wie Stau und durch Kraftfahrzeuge verursachte Umweltverschmutzung vor, jedoch scheint die Dringlichkeit der Lösung durch ein verändertes, nachhaltiges Fahrverhalten kaum gegeben. Eine Maßnahme, die – wie eine City-Maut – eine Restriktion des Kfz-Gebrauchs forciert, sollte in Anbetracht der momentanen Aktualität der Themen „Klimawandel“, „Feinstaubbelastung“, „Fahrverbote“, „CO_2-Steuer“ oder „Infrastrukturabgabe“ andere Bewertungsdimensionen erhalten. Die dann vorliegende stärkere Betroffenheit und die sich gegebenenfalls geänderte Akzeptanz des preispolitischen Lösungsansatzes können wiederum invasiv auf das Auftreten und die Intensität von Formulierungseffekten wirken. Ob sich infolge der unterschiedlichen Darstellung des Entscheidungsproblems nicht nur die Nutzungsbereitschaft kostenpflichtiger Fahrspuren erhöht, sondern auch eine Beeinflussung der Akzeptanz von Straßenbenutzungsgebühren möglich ist, kann in Vorher-Nachher-Messungen geprüft werden. Mittels Longitudinaldaten lassen sich darüber hinaus Aussagen über langfristige Änderungen der Einstellung oder des intendierten Verhaltens treffen. Ob sich diese Absichten im tatsächlichen Verhalten widerspiegeln, wird sich erst bei der Implementierung einer solchen Preismaßnahme zeigen.

Basierend auf dem Untersuchungsdesign von Studie III.II – kostenpflichtige Fahrspuren zur Vermeidung von Zeitverlusten vs. Erzielung von Zeitgewinnen – kann zur Erhöhung des Realitätsgehaltes ein Fahrsimulator herangezogen werden.[2] Darüber hinaus ist der Einsatz eines finanziellen Anreizsystems denkbar. Möglich ist einerseits die Bereitstellung eines Anfangsbudgets, welches sich je nach Routenwahl reduziert (Pre-Pay). Dem gegenüber stehen eine Aufsummierung der Kosten und eine Abrechnung nach absolvierter Fahrt (Post-Pay).[3]

In den Untersuchungen zum Routenwahlverhalten deuten Anmerkungen einiger Probanden auf eine Abhängigkeit der Entscheidungen vom Reisezweck hin. Das Fehlen eines Reisemotivs provoziert die Ergänzung um selbstgenerierte Gründe für die Fahrt, die unterschiedlichen individuellen Wertigkeiten unterliegen. In künftigen Untersuchungen ist eine differenzierte Betrachtung je nach Reisezweck zu empfehlen. Da dieser darüber hinaus die Höhe des Reisezeitwertes beeinflusst und Verluste und Gewinne eine unterschiedliche Valenz aufweisen, ist ein unterschiedliches Wahlverhalten je nach Darstellung der Entscheidungskonsequenzen von bepreisten Fahrspuren zu vermuten.

---

[2]Da sich insbesondere in Studie III.II Beeinflussungsmöglichkeiten durch eine veränderte Oberflächenstruktur der bereitgestellten Informationen zeigen, sollen die vorgeschlagenen Forschungsansätze vordergründig als Vertiefung bzw. Weiterführung dieser Studie betrachtet werden.

[3]Bei tatsächlicher Entlohnung der Probanden je nach Routenwahl sollte die Gefahr der Dominanz der kostenlosen Spur berücksichtigt werden.

Sowohl für die Fahrzeit als auch die Gebührenhöhe waren Differenzen im Wahlverhalten je nach präsentiertem Frame zu beobachten. Es zeigten sich sowohl unterschiedliche Präferenzen je nach Dauer der Fahrt respektive Höhe der Zeitabweichung und dem angesetzten Gebührenniveau als auch in Verbindung mit den präsentierten Entscheidungskonsequenzen. Es können Untersuchungen zur Schwellenproblematik bezüglich der Reisezeit und der Gebührenhöhe unter Berücksichtigung unterschiedlicher Formulierungsversionen angestellt werden. Es ist zu prüfen, ab welcher Zeitersparnis respektive vermiedenem Zeitverlust eine kostenpflichtige Fahrspur in Anspruch genommen wird. Anderseits ist eine Fokussierung der Gebührenhöhe und des Levels, ab dem für eine Verlustvermeidung bzw. eine Gewinnerzielung gezahlt werden würde, denkbar. Hier gilt es unter anderem zu berücksichtigen, dass die einzelnen Routenwahlentscheidungen separat und nicht in zeitlicher Abfolge zu beschreiben sind.

Es wird deutlich, dass sich im Bereich der Framing-Forschung und der persuasiven Wirkung von Frames auf die Bewertung und Nutzungsabsicht kostenpflichtiger Straßeninfrastruktur zahlreiche weitere Ansatzpunkte finden lassen. Insbesondere im Hinblick auf die Aktualität des Themas der verkehrsverursachten Umweltschäden, deren Vermeidung oder zumindest Verminderung immer nachdrücklicher gefordert werden, erhält die Thematik der Entscheidungslenkung mittels Framing verkehrspolitische Relevanz. Welche praxisrelevanten Implikationen sich aus den vorliegenden Untersuchungen ableiten lassen und wie die sensible Thematik der Straßenbenutzungsgebühren mittels verschiedener Framing-Techniken für eine möglichst positive Bewertung darzustellen ist, wird im Anschluss dargestellt.

8.3 Empfehlungen

Die vorliegende Arbeit konnte zeigen, dass die in der Literatur angenommene Verlustangst und das damit einhergehende Vermeidungsverhalten bei menschlichen Entscheidungen auch bei der Präsentation einer Gebührenmaßnahme von zentraler Bedeutung sind. Die unterschiedliche Formulierung systemseitiger Eigenschaften wirkt beeinflussend auf die Wahrnehmung des aus der Implementierung einer Straßenbenutzungsgebühr resultierenden subjektiv wahrgenommen Nutzens und ruft entsprechend differierende Entscheidungsmuster hervor. Bezüglich kostenrelevanter Faktoren empfiehlt es sich, einen positiven Bezugsrahmen vorzugeben. Werden bei einem Konzept zur Bepreisung der Straßeninfrastruktur zeitliche Differenzierungsstufen in Betracht gezogen, mindert eine *Fokussierung des Einsparungspotentials bei Verhaltensanpassung* die Befürchtung von Mehrkosten und finanzieller Benachteiligung gegenüber anderen. Somit ist die Setzung des Referenzpunktes auf hochpreisige Hauptverkehrszeiten zu empfehlen und bei Änderung des Fahrtzeitpunktes auf weniger stark frequentierte Zeiten sind Rabattierungen zu gewähren. Die Wahrnehmung möglichst weniger persönlicher Nachteile geht mit positiveren Bewertungen der Maßnahme einher.

Darüber hinaus sollte die Bedeutsamkeit des Faktors Zeit bei der Präsentation eines Gebührenkonzeptes Berücksichtigung finden. Es wird das Hervorheben der *Möglichkeit der Vermeidung von Zeitverlusten* empfohlen. Zudem sind *ausreichend große Handlungsanreize* in Form von Zeiteinsparungspotential notwendig, um insbesondere bei einem Konzept mit einer zusätzlichen kostenpflichtigen Fahrspur stärkere Nutzungsanreize zu setzen. Mit einem deutlich wahrnehmbaren individuellen Nutzen in Form von vermeidbaren Zeitverlusten sowie moderat angesetzten Gebühren sollten gute Voraussetzungen für positivere Bewertungen und ein Verhalten im Sinne des Systems geschaffen sein. Durch die Entzerrung der Verkehrsströme sind eine Entspannung der gesamten Verkehrslage und somit eine Reduzierung negativer externer Effekte zu erwarten. Im zeitlichen Verlauf können Differenzierungen und Gebührenanpassungen erfolgen, um das Potential einer solchen verhaltensbeeinflussenden Maßnahme weiter auszuschöpfen (Francke & Kaniok, 2013; Obst, 2007). Abbildung 8.1 stellt die identifizierten Wirkungsprozesse der durchgeführten Studien vereinfacht dar.

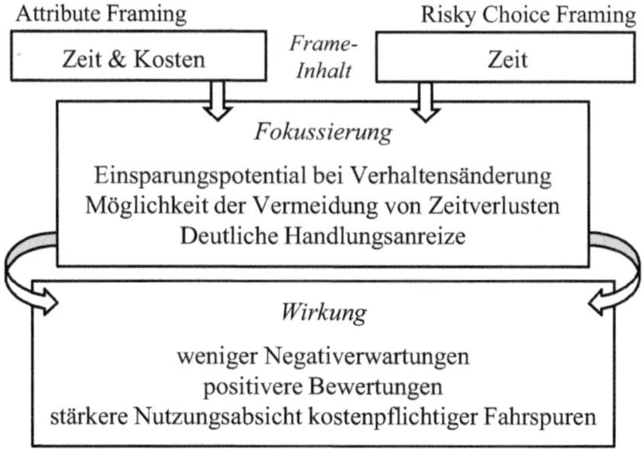

Abbildung 8.1 Wirkungsprozesse und Empfehlungen

Es wird auf die Übertragbarkeit der gewonnenen Erkenntnisse auf andere Anwendungsbereiche zur Beeinflussung des Mobilitätsverhaltens hingewiesen. Es wird im Allgemeinen eine stärkere Fokussierung auf den Deutungsrahmen empfohlen, sodass mittels gezielt eingesetzter Informationsdarstellung Verhaltens- und Einstellungsmuster im Sinne der Nachhaltigkeit hervorgerufen werden. Die aufgezeigte Aversion gegenüber Zeitverlusten kann beispielsweise zum Ziel der Attraktivitätssteigerung des ÖPNVs genutzt werden. Es sollten die Möglichkeit der Vermeidung von Verlusten bei der Nutzung des öffentlichen Nahverkehrs im Vergleich zu anderen Verkehrsmitteln und der daraus resultierende individuelle Mehrwert für die Adressaten deutlich werden.

Abschließend wird angemerkt, dass die Art der Darstellung allein nicht hinreichend für wesentliche Veränderungen der globalen Einstellung gegenüber einem Sachverhalt ist. Es sind weitere essentielle Punkte wie eine umfangreiche Informationspolitik und Transparenz sowie das Vorhandensein adäquater Handlungsalternativen bei der Implementierung von Straßenbenutzungsgebühren zu berücksichtigen (Kramer, 2018; Schade, 2005). Mit der Einbindung von entsprechend dargestellten Straßenbenutzungsgebühren in ein Paket verschiedener Mobilitätsmaßnahmen, welches Verhaltenswirksamkeit zeigt und auf Akzeptanz in der Bevölkerung trifft, sollte ein wichtiger und notwendiger Schritt in Richtung von zukunftsorientiertem und umweltfreundlichem Verkehr gemacht sein, ohne dabei das Bedürfnis der Verkehrsteilnehmer nach Mobilität zu vernachlässigen.

Literaturverzeichnis

Aberle, G. (2003). Transportwirtschaft: Einzelwirtschaftliche und gesamtwirtschaftliche Grundlagen. München/Wien: Oldenbourg.

ABMG (Autobahnmautgesetz) (2004). Gesetz über die Erhebung von streckenbezogenen Gebühren für die Benutzung von Bundesautobahnen mit schweren Nutzfahrzeugen. *Fassung vom 2. Dezember 2004.*

Anderson, J. R. (2001). Kognitive Psychologie. Berlin/Heidelberg: Spektrum Akademischer Verlag GmbH.

Andersson, F. J. M. (2006). Straßenmaut verringert den Verkehr in Stockholm. *Veröffentlichung im Auftrag des Schwedischen Instituts.* Abgerufen am 26.01.2007 auf: https://www.sweden.se/templates/cs/Article____14522.aspx.

Anstadt, U. (1994). Determinanten der individuellen Akzeptanz bei Einführung neuer Technologien. eine empirische arbeitswissenschaftliche Studie am Beispiel von CNC-Werkzeugmaschinen und Industrierobotern. Frankfurt am Main: Peter Lang Verlag.

Arkes, H. & Blumer, C. (1985). The Psychology of Sunk Costs. *Organizational Behaviour and Human Decision Processes*, 35, 124–40.

Armstrong, K., Schwartz, J. S., Fitzgerald, G., Putt, M. & Ubel, P. A. (2002). Effect of framing as gain versus loss on understanding and hypothetical treatment choices: Survival and mortality curves. *Medical Decision Making,* 22(1), 76–83.

Avineri, E. (2006). The Effect of Reference Point on Stochastic Network Equilibrium. *Transportation Science.* 40 (4), 409–420.

Avineri, E. (2011). Applying Behavioural Economics in the Design of Travel Information Systems. In: *43rd Universities Transport Study Group Conference*, Milton Keynes, UK, 5th–7th January, 2011.

Avineri, E. & Bovy, P. (2008). Identification of parameters for prospect theory model for travel choice analysis. *Transportation Research Record*: Travel Behavior Analysis (2082), 141–147.

Avineri, E. & Prashker, J. N. (2004). Sensitivity to travel time variability: Travelers' learning perspective. *Transportation Research Part C,* 13, 157–183.

D. Kaniok, *Framing im Kontext von Straßenbenutzungsgebühren*, Verkehrspsychologie, https://doi.org/10.1007/978-3-658-33302-7

Avineri, E. & Waygood, O. (2012). Applying valence framing to enhance the effect of information on transport-related carbon dioxide emissions. *Transportation Research Part A: Policy and Practice*, 48, 31–38.

Baltes-Götz, B. (2016). Generalisierte lineare Modelle und GEE-Modelle in SPSS Statistics, Zentrum für Informations-, Medien- und Kommunikationstechnologie (ZIMK). Abgerufen am 09.04.2016 von https://www.uni-trier.de/fileadmin/urt/doku/gzlm_gee/gzlm_gee.pdf.

Bamberg, G. & Coenenberg, A. G. (2006). Betriebswirtschaftliche Entscheidungslehre. München: Franz Vahlen Verlag.

Bamberg, S., Niestroj, M. & Weber, C . (2000). Wie schätzen Verkehrsexperten die Effektivität von Maßnahmen zur Vermeidung und Verlagerung von Pkw-Fahrten ein? *Internationales Verkehrswesen*, 52, 502–506.

Bamberg, S. & Rölle, D. (2003). Determinants of people's acceptability of pricing measures: Replication and extension of a causal model. In J. Schade & B. Schlag (Hrsg.), *Acceptability of transport pricing strategies* (235–248). Amsterdam: Elsevier.

Barak, A. & English, N. (2002). Prospects and Limitations of Psychological Testing on the Internet. *Journal of Technology in Human Services*, 2/3 (19), 65–89.

Baron, J. (2008). Thinking and Deciding. New York: Cambidge University Press.

Bassili, J. N. & Scott, B. S. (1996). Response Latency as a Signal to Question Problems in Survey Research. *Public Opinion Quarterly*, 60, 390–399.

Baumeister, C. (2000). Nachfragebündelung als Instrument der Preisdifferenzierung. Lohmar: Josef Eul Verlag GmbH.

Becker, G. S. (1965). The Theory of the Allocation of Time. *The Economic Journal*, 75 (299), 493–517.

Becker, T. (2016). Sozialräumliche Verteilung von verkehrsbedingtem Lärm und Luftschadstoffen am Beispiel von Berlin. *Dissertation*, Technische Universität Dresden, Fachbereich Verkehrsökologie.

Becker, T., Becker, U. & Gerlach, J. (2012). The True Costs of Automobility: External Costs of Cars – Overview on existing estimates in EU-27. Abgerufen am 14.04.2016 auf: https://nbn-resolving.de/urn:nbn:de:bsz:14-qucosa-216656.

Ben-Akiva, M. & Lerman, S. R. (1985). Discrete Choice Analysis. Cambridge, London: MIT Press.

Ben-Akiva, M., De Palma, A. & Kaysi, I. (1991). Dynamic Network Models And Driver Information Systems, *Transportation Research Part A General*, 25, No. 5, 251–266. https://doi.org/10.1016/0191-2607(91)90142-D.

Ben-Elia, E. & Ettema, D. (2009). Carrots versus Sticks: Rewarding commuters for avoiding the rush-hour — a study of willingness to participate. *Transport Policy*, 16, 68–76.

Ben-Elia, E. & Shiftan, Y. (2010). Which road do I take? A learning-based model of route-choice behavior with real-time information. *Transportation Research Part A Policy and Practice*, 44 (4), 249–264.

Berger, D. (2010). Wissenschaftliches Arbeiten in den Wirtschafts- und Sozialwissenschaften, Hilfreiche Tipps und praktische Beispiele. Wiesbaden: Gabler Verlag.

Betsch, C. (2004). Präferenz für Intuition und Deliberation (PID): Inventar zur Erfassung von affekts- und kognitionsbasiertem Entscheiden. *Sonderforschungsbereich 504*, Universität Mannheim, No. 04–19, 3–50.

Betsch, C. (2005). Präferenz für Intuition und Deliberation- Messung und Konsequenzen von affekt- und kognitionsbasiertem Entscheiden. *Dissertation*, Ruprecht-Karls-Universität Heidelberg.

Bielaczek, C. (1998). Untersuchungen zur Auswirkung einer aktiven Fahrerbeeinflussung auf die Fahrsicherheit beim Pkw-Fahren im realen Straßenverkehr. Düsseldorf: VDI-Verlag GmbH.

Blake, J. (1999). Overcoming the 'value-action gap' in environmental policy: Tensions between national policy and local experience. *Local Environment*, 4 (3), 257–278.

Bless, H., Fellhauer, R. F., Bohner, G. & Schwarz, N. (1991). Need For Cognition. Eine Skala zur Erfassung von Engagement und Freude bei Denkaufgaben. *ZUMA-Arbeitsbericht*, Nr. 91/06. Mannheim.

BMU (Bundesministerium für Umwelt, Naturschutz und nukleare Sicherheit) (2019). Klimaschutzbericht 2018. Zum Aktionsprogramm Klimaschutz 2020 der Bundesregierung. Abgerufen am 05.03.2019 auf: https://www.bmu.de/fileadmin/Daten_BMU/Download_PDF/Klimaschutz/klimaschutzbericht_2018_bf.pdf.

BMVBS (Bundesministerium für Verkehr, Bau und Stadtentwicklung) (2007). Lkw-Maut: innovativ, ökologisch und gerecht. Abgerufen am 02.12.2007 auf: https://www.bmvbs.de/dokumente/-,302.7443/Artikel/dokument.htm.

BMVBW (Bundesministerium für Verkehr, Bau- und Wohnungswesen) (2003). Bundesverkehrswegeplan 2003. Berlin: Bundesministerium für Verkehr, Bau- und Wohnungswesen.

BMVI (Bundesministerium für Verkehr und digitale Infrastruktur) (2016). Bundesverkehrswegeplan 2030. Berlin. Bundesministerium für Verkehr und digitale Infrastruktur. Abgerufen am 02.12.17 auf https://www.bmvi.de/SharedDocs/DE/Anlage/VerkehrUndMobilitaet/BVWP/bvwp-2030-gesamtplan.pdf?__blob=publicationFile.

BMVI (Bundesministerium für Verkehr und digitale Infrastruktur) (2017). Infopapier Infrastrukturabgabe. Download am 19.9.17 auf: https://www.bmvi.de/SharedDocs/DE/Pressemappen/2017/infrastrukturabgabe.html.

Bock, E., Hohlweg, G. & Schwarz, O. (1996). Straßenbenutzungsgebühren und Telematik. Hamburg: Verlag Dr. Kovač.

Bolderdijk, J. W. (2011). Buying people : the persuasive power of money. *Dissertation.* Rijksuniversiteit Groningen.

Bonsall, P. & Shires, J. (2005). Can people respond to complex pricing signals? *Paper presented at European Transport Conference.* Strasbourg.

Bonsall, P. W., Shires, J. D., Matthews, B., Maule, J. & Beale, J. (2004). Road User Charging – Pricing Structures. *Final Report for the Department for Transport.* Leeds: Institute for Transport Studies.

Bonsall, P., Link, H., Toepel, K., Ricci A., Enei, R., Martin, J. C., Román, C., Voltes, A., Meersman, H., Pauwels, T., Van de Voorde, E. & Vanelslander T., (2006a). Information requirements for analysis of optimal complexity. *GRACE Report.* Deliverable 2.5.

Bonsall, P., Stone, V., Stewart, J. & Dix, M. (2006b). Consumer behaviour and pricing structures: Final Report on Qualitative Research. ITS University, Leeds. Abgerufen am 15.03.2007 auf: https://www.dft.gov.uk/pgr/roads/roadpricing/consumerbehaviourandpricings3993.

Boriboonsomsin, K. & Barth, M. (2008). Impacts of freeway high-occupancy vehicle lane configuration on vehicle emissions. *Transportation Research Part D*, 13(2), 112–125.

Bortz, J. (2005). Statistik für Human- und Sozialwissenschaftler. Heidelberg: Springer Medizin Verlag.

Bortz, J. & Döhring, N. (2006). Forschungsmethoden und Evaluation. Heidelberg: Springer Medizin Verlag.

Börjesson, M., Eliasson, J. & Hamilton, C. (2016). Why experience changes attitudes to congestion pricing: The case of Gothenburg. *Transportation Research Part A*, 85, 1–16.

Brauchlin, E. & Heene, R. (1995). Problemlösung und Entscheidungsmethodik: Eine Einführung. Bern/Stuttgart/Wien: Paul Haupt Verlag.

Braun, K. A., Gaeth, G. J. & Levin, I. P.(1997). Framing Effects With Differential Impact: the Role of Attribute Salience. *Advances in Consumer Research*, 24 (1), 405–411.

Braun, N. & Gautschi, T. (2011). Rational-Choice-Theorie. Weinheim/München: Juventa-Verlag.

Brehm, J. W. *(1966). A theory of psychological reactance. New York/San Francisco/London: Academic Press.*

Broemer, P. (2002). Relative effectiveness of differently framed health messages: The influence of ambivalence. *European Journal of Social Psychology, 32,* 685–703.

Brown, M. K. & Rogers, J. C. (2005). Need for Cognition Scale (NCS). *Report on behalf of the Center of Inquiry in the Liberal Arts. Michigan/*Crawfordsville.

Brundell-Freij, K. & Jonsson, L. (2009). Accepting charging – a matter of trusting the effects? *Presented at the 2009 European Transport Conference,* Netherlands.

Bühl, A. (2014). SPSS Version 22. Einführung in die moderne Datenanalyse. Hallbergmoos: Pearson.

Bühl, A. & Zöfel, P. (2000). SPSS Version 10. Einführung in die moderne Datenanalyse unter Windows. München: Addison Wesley Verlag.

BUND (Bund für Umwelt und Naturschutz Deutschland e. V.) (2004). BUND-Hintergrund: Finanzknappheit erzwingt Wende in der Verkehrsinvestitionspolitik. Berlin: Bund für Umwelt und Naturschutz Deutschland e. V.

Burris, M. W. & Pendyala, R. M. (2002). Discrete Choice Models of Traveler Participation in Differential Time of Day Pricing Programs. *Transport Policy*, 9, 241–251.

Cacioppo, J. T. & Petty, R. E. (1982). The need for cognition. *Journal of Personality and Social Psychology*, 42, 116–131.

Cacioppo, J. T., Petty, R. E. & Kao, C. F. (1984). The Efficient Assessment of Need for Cognition. *Journal of Personality Assessment*, 48 (3), 306–307.

Cacioppo, J. T., Petty, R. E., Feinstein, J. A. & Jarvis, W. B. G (1996). Dispositional differences in cognitive motivation: The life and times of individuals varying in need for cognition. *Psychological Bulletin*, Vol. 119, 197–253.

Calfee, J. & Winston, C. (1998). The value of automobile travel time: implications for congestion policy. *Journal of Public Economics*, 69, 83–102.

Cassotti, M. Habib, M., Poirel, N., Aite, A., Houdé, O. & Moutier, S. (2012). Positive Emotional Context Eliminates the Framing Effect in Decision-Making. *Emotion*, 12 (5), 926–931.

CERTU (Centre d'Études sur les réseaux, l'urbanisme et les construcion publique) (2007). Urban Road Pricing. The question of acceptability. *Report on behalf of the Ministère des Transports de L'Équipment du Tourisme et de la Mer.*

Chang, C. (2008). Ad framing effects for consumption products: An affect priming process. Psychology & Marketing, 25, 24–46.

Chang, M., Wiegmann, J., Smith, A. & Bilotto, C. (2008). A Review of HOV Lane Performance and Policy Options in the United States. *HOV Lane Performance Project*. Task 4 – Final Report.

Chebat, J. -C., Limoges, F. & GTlinas-Chebat, C. (1998). Limits of the Effects of Advertisement Framing: the Moderating Effects of Prior Knowledge and Involvement. In J. W. Alba & J. W. Hutchinson, Provo, UT (Hrsg.), *Advances in Consumer Research,* Volume 25. Association for Consumer Research, 324–333.

Chen, S. S., Monroe, K. B. & Lou, Y. (1998). The Effects of Framing Price Promotion Messages on Consumers' Perceptions and Purchase Intentions. *Journal of Retailing*, 74(3), 353–372.

Chen, F. -F. & Wu, C. -S. (2010). Debiasing the Framing Effect: The Effect of Warning and Involvement. Decision Support Systems, 49 (3), 328–334.

Chin, A. T. H. (2007). Implications of Prospect Theory on Road Pricing. *Ethos*, 4(2), 45–49.

Claus, D. (1997). Bewertung verschiedener Road Pricing-Systeme in Agglomerationen – bisher gesammelte praktische Erfahrungen und das Fallbeispiel Kiel. *Dissertation*. Kiel 1997.

Cohen (1988). Statistical Power Analysis for the Behavioral Sciences. Hillsdale, NJ: Lawrence Erlbaum Associates.

Coutinho, S. A. (2006). The Relationship between the Need for Cognition, Metacognition, and Intellectual Task Performance. *Educational Research and Reviews,* Vol. 1 (5), 162–164.

Covey, J. (2012). The Role of Dispositional Factors in Moderating Message Framing Effects. *Health Psychology*, 16 (7), 788–801.

Dahlgren, J. (1999). High Occupancy Vehicle/Toll Lanes: How Do They Operate and Where Do They Make Sense? *California PATH Program*, Institute of Transportation Studies, University of California at Berkeley.

De La Fuente Layos, L. A. (2005). Kurzstreckenmobilität in Europa. *Statistik kurz gefasst – Verkehr,* 05/2005. Luxemburg.

DelVecchio, D., Krishnan, H. S. & Smith, D. C. (2007). Cents or Percent? The Effects of Promotion Framing on Price Expectations and Choice, Journal of Marketing, 71, 158–170.

DelVecchio, D., Lakshmanan, A. & Krishnan, H. S (2009). The Effects of Discount Location and Frame on Consumers' Price Estimates. *Journal of Retailing,* 85 (3), 336–346.

De Borger, B. & Fosgerau, M. (2008). The trade-off between money and travel time: A test of the theory of reference-dependent preferences. *Journal of Urban Economics*, 64, 101–115.

De Palma, A., Ben-Akiva, M., Brownstone, D., Holt, C., Magnac, T., McFadden, D., Moffatt, P., Picard, N., Train, K., Wakker, P. & Walker, J. (2008): Risk, uncertainty and discrete choice models. *Marketing letters*, 19, 269–285.

De Palma A. & Picard, N. (2005): Route choice decision under travel time uncertainty. *Transportation Research Part A*, 295–324.

Department for Transport (2004). Feasibility study of road pricing in the UK – Full report. Abgerufen am 23.06.2007 auf: https://www.dft.gov.uk/pgr/roads/roadpricing/feasibilitystudy/studyreport/feasibilitystudyofroadpricin4002.

Deppert, A. (2001). Verstehen und Verständlichkeit. Wissenschaftstexte und die Rolle themaspezifischen Vorwissens. Wiesbaden: Deutscher Universitäts-Verlag.

Detweiler, J. B., Bedell, B. T., Salovey, P., Pronin, E. & Rothman, A. J. (1999). Message framing and sunscreen use: Gain-framed messages motivate beach-goers. *Health Psychology, 18*, 189–196.

Dia, H. (2002). An agent-based approach to modelling driver route choice behavior under the influence of real-time information. *Transportation Research*, 10C, 331–349.

Diekmann, A. & Voss, T. (2004). Die Theorie rationalen Handelns. Stand und Perspektiven. In: A. Diekmann und T. Voss (Hrsg.), *Rational-Choice-Theorie in den Sozialwissenschaften. Anwendungen und Probleme* (13–29). München: Oldenbourg.

Diller, H. (2000). Preispolitik. Stuttgart: Kohlhammer.

Dinse, G. (2000). Akzeptanz von wasserstoffgetriebenen Fahrzeugen. Eine Studie über die Verwendung eines neuen und ungewohnten Kraftstoffs. Berlin: Papyrus Druck.

Donovan, R. J. & Jalleh, G. (1998). Positively Versus Negatively Framed Product Attributes: The Influence of Involvement. *Psychology and Marketing*, 16 (7), 613–630.

Dosch, W. (2001). Argumente für und gegen die Einführung von Straßenbenutzungsgebühren. In W. Rothengatter (Hrsg.), *Faire Preise für die Benutzung von Straßen und Schienen. DVWG – Reihe B,* Seminar 236, 62–71. Bergisch Gladbach: DVWG.

Douma, F., Zmud, J. & Patterson, T. (2005). Pricing Comes to Minnesota: Attitudinal Evaluation of I-394 HOT Lane Project. Technical Report. Humphrey Institute of Public Affairs, University of Minnesota, Minneapolis.

Druckman, J. N. (2001). On the Limit of Framing Effects: Who Can Frame? *The Journal of Politics,* 63 (4), 1041–1066.

Dunegan, K. J. (1993). Framing, cognitive modes, and image theory: Toward an understanding of a glass half full. *Journal of Applied Psychology*, 78, 491–503.

Düsterhöft, A. & Brandmayer, E. (2018). Telematik bei Autoversicherungen – ein umsichtiger Fahrstil spart Geld bei der Kfz-Versicherung. Abgerufen am 16.10.2018 auf https://www.finanztip.de/kfz-versicherung/telematik-tarif/.

Eagly, A. H. & Chaiken, S. (1993). The Psychology of Attitudes. Fort Worth: Harcourt Brace Jovanovich.

Einbock, M. (2007). Die fahrleistungsabhängige Lkw-Maut – Konsequenzen für Unternehmen am Beispiel Österreichs. Wiesbaden: Deutscher Universitäts-Verlag.

Eisenführ, F. & Weber, M. (1999): Rationales Entscheiden. 3. Aufl., Berlin: Springer.

Eisenkopf, A. (2002). Effiziente Straßenbenutzungsabgaben – Theoretische Grundlagen und konzeptionelle Vorschläge für ein Infrastrukturabgabensystem. Hamburg: Deutscher Verkehrs-Verlag.

Eisenkopf, A. (2017). Kritische Anmerkungen zur Diskussion um die aktuellen Einnahmenprognosen zur Infrastrukturabgabe für ausländische Pkw. Friedrichshafen, 03.03.2017.

Eliasson, J. (2016). Is congestion pricing fair? Consumer and citizen perspectives on equity effects. Transport Policy, 52, 1–15.

Eliasson, J., Amelsfort, D. van, Börjesson, M. & Brundell-Freij, K. & Engelson, L. (2012). Accuracy of Congestion Pricing Forecasts. *Working papers in Transport Economics*, Centre for Transport Studies Stockholm (KTH and VTI).

Endsley, M. R. (1988): Design and Evaluation for Situation Awareness Enhancement. *Proceedings of the Human Factors Society 32nd Annual Meeting* (97–101). Santa Monica, CA: Human Factors Society.

Endsley, M. R. (1999). Situation Awareness in Aviation Systems. In D.J. Garland, J.A. Wise & V.D. Hopkin, (Hrsg.) *Handbook of Aviation Human Factors* (257–276). Mahwah, NJ: Erlbaum.

Engel, J. F., Blackwell, R. D. & Miniard, P. W. (1990). Consumer Behavior (6. Auflage). Chicago: Dryden Press.

Epstein, S. (1994): Integration of the Cognitive and the Psychodynamic Unconscious. *American Psychologist*, 49 (8), 709–724.

Essen, H. v., Schroten, A., Otten, M., Sutter, D., Schreyer, C., Zandonella, R., Maibach, M. & Doll, C. (2011). External Costs of Transport in Europe – Update Study for 2008. Delft. Abgerufen am 04.05.2013 auf: https://www.cedelft.eu/?go=home.downloadPub&id=1258&file=CE_Delft_4215_External_Costs_of_Transport_in_Europe_def.pdf.

Ettema, D. F. & Timmermans, H. J. P. (2006). Costs of travel time uncertainty and benefits of travel time information: Conceptual model and numerical examples. *Transportation Research. Part C: Emerging Technologies*, 14 (5), 335–350.

Europäische Kommission (1995). Faire und effiziente Preise im Verkehr. Politische Konzepte zur Internalisierung der externen Kosten des Verkehrs in der Europäischen Union. *Grünbuch*, KOM(95) 691.

Europäische Kommission (1998). Faire Preise für die Infrastrukturnutzung. Ein abgestuftes Konzept für einen Gemeinschaftsrahmen für Verkehrs-Infrastrukturgebühren in der EU. *Weißbuch*, KOM(98) 466.

European Environment Agency (2003): Europe's environment: the third assessment. *Environmental assessment report*, No. 10, Kopenhagen.

Evans, J. E., Bhatt, K. U. & Turnbull, K. F. (2003). Traveler Response to Transportation System Changes. Chapter 14 – Road Value Pricing. *Transportation Research Broad*, 14/1–14/67. Washington D.C.

Fagley, N. S. & Miller, P. M. (1997). Framing effects and arenas of choice: Your money or your life? *Organizational Behavior and Human Decision Processes*, 71(3), 355–373.

Fielding, G. & Klein, D. (1993). High Occupancy/Toll Lanes: Phasing in Congestion Pricing a Lane at a Time. *Reason Foundation*, Policy Study, 170.

Fiori, S. (2005). Simon's Bounded Rationality. Origins and Use in Economic Theory. *Working paper* No. 09. Turin.

Fishbein, M. & Ajzen, I. (1975). Belief, Attitude, Intention, and Behavior: An Introduction to Theory and Research. Reading, MA: Addison-Wesley.

Follmer R., Gruschwitz, D., Jesske, B., Quandt, S., Lenz, B., Nobis, C., Köhler, K. & Mehlin, M. (2008). Mobilität in Deutschland 2008 – Ergebnisbericht. Im Auftrag des Bundesministeriums für Verkehr, Bau und Stadtentwicklung (FE-Nr. 70.801/2006). Bonn & Berlin.

Francke, A. & Kaniok, D. (2013): Responses to differentiated road pricing schemes. *Transportation Research Part A: Policy and Practice*, 48, 25–30.

Freling, T. H., Vincent, L. H. & Henard, D. H. (2014). When not to accentuate the positive: Re-examining valence effects in attribute framing. *Organizational Behavior and Human Decision Processes,* 124, 95–109.

Friedman, R. S. & Förster, J. (2005). Effects of motivational cues on perceptual asymmetry: Implications for creativity and analytical problem solving. *Journal of Personality and Social Psychology, 88*(2), 263–275.

Fritsch, M., Wein, T. & Ewers, H. -J. (2005). Marktversagen und Wirtschaftspolitik: mikroökonomische Grundlagen staatlichen Handelns. München: Vahlen.

Fujimoto, H. & Park, E. S. (2010). Framing Effects and Gender Differences in Voluntary Public Goods Provision Experiments. *Journal of Socio-Economics*, 39 (4), 455–457.

Gao, S., Frejinger E. & Ben-Akiva, M. (2010): Adaptive route choices in risky traffic networks: A prospect theory approach. *Transportation Research Part C*, Vol. 18, S. 727–740.

Gärling, T., Eek, D., Loukopoulos, P., Fujii, S., Johansson-Stenman, O., Kitamura, R., Pendyala, R. & Vilhelmson, B. (2002), A conceptual analysis of the impact of travel demand management on private car use. *Transport Policy*, Vol. 9, 59–70.

Gehlert, T. (2009). Straßenbenutzungsgebühren in Städten. Akzeptanz und Mobilitätsverhalten. Wiesbaden: VS Verlag.

Gendall, P., Hoek, J., Pope, T. & Young, K. (2006). Message Framing Effects on Price Discounting. *Journal of Product and Brand Management*, 15(7), 458–465.

Georgantzís, N. & Navarro-Martínez, D. (2010) Understanding the WTA–WTP gap : attitudes, feelings, uncertainty and personality. *Journal of Economic Psychology,* Vol. 31 (6), 895–907.

Gerend, M. A. & Cullen, M.(2008). Effects of message framing and temporal context on college student drinking behavior. Journal of Experimental Social Psychology, 44(4), 1167–1173.

Gerend, M. A. & Maner, J. K. (2011). Fear, Anger, Fruits, and Veggies: Interactive Effects of Emotion and Message Framing on Health Behavior. *Health Psychology*, 30 (4), 420–423.

Gericke, R. & Seidel, T. (2005). Internalisierung externer Effekte im Verkehr – Chance oder Illusion? *Verkehrsforschung online,* Beitrag 2, Ausgabe 2.

Gerstenmaier, J. & Mandl, H. (2000). Einleitung: Die Kluft zwischen Wissen und Handeln. In H. Mandl & J. Gerstenmaier (Hrsg.), *Die Kluft zwischen Wissen und Handeln. Empirische und theoretische Lösungsansätze* (11–25). Göttingen: Hogrefe.

Gigerenzer, G. & Gaissmaier, W. (2006). Denken und Urteilen unter Unsicherheit: Kognitive Heuristiken. In J. Funke (Hrsg.), *Enzyklopädie der Psychologie: Vol. C, II, 8. Denken und Problemlösen* (329–374). Göttingen: Hogrefe.

Giuliano, G., Levine, D. & Teal, R. (1990). Impact of high occupancy vehicle lanes on carpooling behavior. *Transportation*, 17(2), 159–177.

Gonzalez, C., Dana, J., Koshino, H. & Just, M. (2005). The framing effect and risky decisions: Examining cognitive functions with fMRI. *Journal of Economic Psychology*, Vol. 26, issue 1, 1–20.

González, E. M., Eduardo, E., Roggeveen, A. & Grewal, D. (2016). Amount off versus percentage off – when does it matter? *Journal of Business Research*, 69, 1022–1027.

Gosling, S. D., Vazire, S., Srivastava, S. & John, O. P. (2004). Should we trust web-based studies? A comparative analysis of six preconceptions about internet questionnaires. *The American Psychologist*, 59(2), 93–104.

Güller, P., Neuenschwander, R., Rapp, M. & Maibach, M. (2000). Road Pricing in der Schweiz. Akzeptanz und Machbarkeit möglicher Ansätze im Spiegel von Umfragen und internationalen Erfahrungen. *Nationales Forschungsprogramm NVP 41*, Report D11. Bern.

Gunn, H. (2001). Spatial and temporal transferability of relationships between travel demand, trip cost and travel time. *Transportation Research Part E: Logistics and Transportation Review,* 37, 163–189.

Hacker, W. (1986): Allgemeine Arbeitspsychologie, Psychische Regulation von Arbeitstätigkeiten. Berlin: Deutscher Verlag der Wissenschaften.

Hager, W., Spies, K. & Heise, E. (2001). Versuchsdurchführung und Versuchsbericht. Ein Leitfaden. Göttingen: Hogrefe-Verlag.

Halekoh, U. (2008). Generalized Estimating Equations (GEE) Lecture. Online-Dokument. Abgerufen auf: https://genetics.agrsci.dk/statistics/courses/phd08/material/Day10/gee-handout.pdf.

Hamilton, K. (2001). Gender and Transport in Developed Countries. *Background Paper for the Expert Workshop "Gender Perspectives for Earth Summit 2002: Energy, Transport, Information for Decision-Making"*. London.

Hardin, J. W. & Hilbe, J. M. (2013). Generalized Estimating Equations (Second Edition). Boca Raton, FL: CRC Press.

Harrington, W., Krupnick, A. J. & Alberini, A. (2001). Overcoming Public Aversion to Congestion Pricing. *Transportation Research Part A: Policy and Practice,* 35, 87–105.

Harris, R. J. (1973). Answering questions containing marked and unmarked adjectives and adverbs. *Journal of Experimental Psychology*, 97, 399–401.

Hasseldine, J. & Hite, P. A. (2004). The Effects of Attribute Framing and Political Party Affiliation on Taxpayer Preferences. *eJournal of Tax Research*, 1 (1). Abgerufen am 29.08.2016 auf: SSRN: https://ssrn.com/abstract=624261.

Hautzinger, H., Fichert, F., Fuchs, M. & Stock, W. (2011). Eignung einer City-Maut als Instrument der Verkehrs- und Umweltpolitik in der Freien und Hansestadt Hamburg. *Institut für angewandte Verkehrs- und Tourismusforschung e.V. (IVT), im Auftrag der Freien und Hansestadt Hamburg.* Mannheim/Heilbronn.

Hårsman, B. & Quigley, J. M. (2010). Political and public acceptability of congestion pricing: Ideology and self-interest. *Journal of Policy Analysis and Management*, 29 (4), 854–874.

Hecht, K., König, O. & Scherf, H. P. (2001). Emotioneller Stress durch Überforderung und Unterforderung. Berlin: Schibri-Verlag.

Heine, H., Mautz, R. & Rosenbaum, W. (2001). Mobilität im Alltag – Warum wir nicht vom Auto lassen. Frankfurt/New York: Campus Verlag.

Heinemann, F., Förg, M., Jonas, E. & Traut-Mattausch, E. (2008). Psychologische Restriktionen wirtschaftspolitischer Reformen. *Perspektiven der Wirtschaftspolitik,* 9(4), 383–404.

Helmedag, F. (2001). Preisdifferenzierung. *WiSt,* Heft 1, 10–16.

Hertwig, R. & Gigerenzer, G. (1999). The ‚Conjunction Fallacy' Revisited: How Intel-ligent Inferences Look Like Reasoning Errors. *Journal of Behavioral Decision Making*, 12 (4), 275–305.

Heyer, J. (2001). Aspekte der politischen Durchsetzbarkeit von Nutzungsgebühren für Verkehrswege. In W. Rothengatter (Hrsg.), *Faire Preise für die Benutzung von Straßen und Schienen. DVWG – Reihe B, Seminar 236* (23–30). Bergisch Gladbach: DVWG.

Hjorth, K. & Ramjerdi, F. (2011). A prospect theory approach to travel time variability. *Presented at the International Choice Modelling Conference.* Oulta Hall, Leeds.

Hoffmann, J., Schade, J. & Schlag, B. (2006). Interim Results of Behavioral Analysis and Framework. *DIFFERENT Report*. Deliverable 4.1.

Hofstede, G. (1997): Lokales Denken, globales Handeln: Kulturen, Zusammenarbeit und Management. München: DTV.

Homburg, C. & Koschate, N. (2005). Behavioral Pricing – Forschung im Überblick. Teil 1: Grundlagen, Preisinformationsaufnahme und Preisinformationsbeurteilung. *Zeitschrift für Betriebswirtschaft*, Heft 4, 383–423.

Homburg, C. & Krohmer, h. (2003). Marketingmanagement. Strategie – Instrumente – Umsetzung – Unternehmensführung. Wiesbaden: Gabler Verlag.

Horowitz, J. K. & McConnell, K. E. (2002). A review of WTA/WTP studies. *Journal of Environmental Economics and Management*, 44, 426–447.

Hoven, T. (1996). Experiences with the Norway toll ring project. *Proc. IBC Conference on Electronic payment system in Transport,* 25–26. Amsterdam.

Hsu, S. (2009). Psychological Barriers to Gasoline Taxation. *Critical Issues in Environmental Taxation.* VOL. VI (333–347). Oxford University Press.

Hsu, S., Walters, J. & Purgas, A. (2007). Pollution Tax Heuristics: An Empirical Study of Public Attitudes Towards Gasoline Taxes. Paper presented at Canadian Law and Economics Association Annual Meeting, University of Toronto Law School, 29.09.2007.

Huang, Y. & Wang, L. (2010). Sex differences in framing effects across task domain. *Personality and Individual Differences*, 48, 649–653.

Huckestein, B. & Verron, H. (1996). Externe Effekte des Verkehrs in Deutschland. *Mobilität um jeden Preis? Expertenworkshop zu den externen Kosten des Verkehrs und den Möglichkeiten sie zu verringern.* Berlin.

Jacks, J. Z. & Devine, P. G. (2000). Attitude Importance, Forewarning of Message Content, and Resistance to Persuasion. *Basic and Applied Social Psychology*, 22 (1), 19–29.

Jacoby, J. & Olson, J. C. (1977). Consumer response to price: An attitudinal information processing perspective. In Y. Wind & M. Greenberg (Hrsg.), *Moving ahead in attitude research* (73–86). Chicago: American Marketing Association.

Jaensirisak, S. (2002). Road user charging: Acceptability and effectiveness. *Unveröffentlichte Dissertation,* University of Leeds, Institute for Transport Studies.

Jakobsson, C., Fujii, S. & Gärling, T. (1999). Determinants of private car users´ acceptance of road pricing. *Paper presented at the conference "Urban Transport Systems"*. Lund University, Sweden.

Janssen, j. & Laatz, W. (2003). Statistische Datenanalyse mit SPSS für Windows. Eine anwendungsorientierte Einführung in das Basissystem und das Modul Exakte Tests. Berlin/Heidelberg: Springer-Verlag.

Johnson, E. J., Hershey, J., Meszaros, J. & Kunreuther, H. (1993). Framing, Probability Distortions, and Insurance Decisions. *Journal of Risk and Uncertainty*, 7, 35–51.

Joireman, J. A., van Lange, P. A. M. & van Vugt, M. (2003). Who Cares About the Environmental Impact of Cars? Those With an Eye Toward the Future. *Environment and Behavior*, 35 (X), 1–20.

Jones, P. M. (2003). Acceptability of road user charging: Meeting the challenge. In J. Schade & B. Schlag (Hrsg.), *Acceptability of transport pricing strategies* (27–62). Oxford: Elsevier.

Jungermann, H., Pfister, H. R. & Fischer, K. (2005). Die Psychologie der Entscheidung. Heidelberg: Elsevier Spektrum Akademischer Verlag.

Kahneman, D. (2011). Thinking, fast and slow. London: Penguin Books.

Kahneman, D. & Thaler, R. H. (2006). Anomalies, Utility Maximization and Experienced Utility, Journal of Economic Perspectives, 20 (1), 221–234.

Kahneman, D. & Tversky, A. (1979). Prospect Theory: An Analysis of Decision under Risk. *Econometrica*: Journal of the Econometric Society, 47, 263–291.

Kahneman, D. & Tversky, A. (1984). Choices, Values, and Frames. *American Psychologist*, 39(4), 341–350.

Kahneman, D., Knetsch, J. L. & Thaler, R. H. (1990). Experimental Test of the Endowment Effect and the Coase Theorem. *The Journal of Political Economy*, 98 (6), 193–206.

Kahneman, D., Knetsch, J. L. & Thaler, R. H. (1991). Anomalies: The Endowment Effect, Loss Aversion, and Status Quo Bias. *Journal of Economic Perspectives*, 5 (1), 1325–1348.

Kanfer, F. H. & Saslow, G. (1969). Behavioral Diagnosis. In C. M. Franks (Hrsg.), *Behavior Therapy: Appraisal and Status* (417–444). New York: McGraw-Hill.

Kaniok, D. & Francke, A. (2011). The effect of pricing structures and communication on user reactions towards road pricing. *Presentation at the mobil.TUM 2011 conference*: Making Sustainable Mobilities – Interdisciplinary Perspectives, 07.-08.04.2011, München, 08.04.2011.

Katsikopoulos, K. V., Duse-Anthony, Y., Fisher, D. L. & Duffy, S. A. (2000). The Framing of Drivers' Route Choice when Travel Time Information Is Provided under Varying Degrees of Cognitive Load. *Human Factors*, 42 (3), 470–481.

Katsikopoulos, K. V., Duse-Anthony, Y., Fisher, D. L. & Duffy, S. A. (2002). Risk Attitude Reversals in Drivers' Route Choice When Range of Travel Time Information Is Provided. *Human Factors*, 44 (3), 466–473.

Keller, J., Bohner, G. & Erb, H. -P. (2000). Intuitive und heuristische Urteilsbildung – verschiedene Prozesse? Präsentation einer deutschen Fassung des „Rational-Experiential Inventory" sowie neuer Selbstberichtskalen zur Heuristiknutzung. *Zeitschrift für Sozialpsychologie*, 31, 87–101.

Keren, G. (2011). Perspectives on framing. New York: Psychology Press.

Kiell, G. & Müller-Peters, A. (1999). Die Einstellung der Europäer zum Euro. In L. Fischer, T. Kutsch & E. Stephan (Hrsg.), *Finanzpsychologie* (273–297). München, Wien: Oldenbourg.

Kim, E. (2000). HOT Lanes: A Comparative Evaluation of Costs, Benefits and Performance. *Dissertation*, University of California.

Kim, Y. -N. (2013). The Influence of Message Framing and Issue Involvement on Promoting Abandoned Animals Adoption Behaviors. *Procedia – Social and Behavioral Sciences*, 82, 338–341.

Kim S., Goldstein D., Hasher L. & Zacks R. T. (2005) Framing effects in younger and older adults. *The Journals of Gerontology Series B: Psychological Sciences and Social Sciences*, 60, 215–218.

Knight, F. (1924): Some Fallacies in the Interpretation of Social Cost. *Quarterly Journal of Economics*, 38, 582–606.

König, A., Axhausen, K. W. & Abay, G. (2004). Zeitkostenansätze im Personenverkehr. Final report for SVI 2001/534, Schriftenreihe, 1065, Bundesamt für Strassen, UVEK, Bern.

Kossak, A. (2004). Straßenbenutzungsgebühren – Mittel der Stauminderung und Verkehrslenkung. *Internationales Verkehrswesen*, 56, 536–540.

Kragt, Marit & Bennett, J. (2012). Attribute Framing in Choice Experiments: How Do Attribute Level Descriptions Affect Value Estimates? *Environmental & Resource Economics*, 51 (1), 43–59.

Kramer, C. (2018). Public support for road pricing. A meta-analysis and truncated meta-analytic structural equation model of psychological, mobility-related and sociodemographic determinants. *Dissertation*, Technische Universität Dresden, Fachbereich Verkehrspsychologie.

Kraus, N., Malmfors, T. & Slovic, P. (1992). Intuitive toxicology: Expert and lay judgments of chemical risks. *Risk Analysis*, 12, 215–232.

Krause, T. (1996). Die Nahverkehrsabgabe – Verfassungsrechtliche Probleme unter Berücksichtigung der verkehrspolitischen Diskussion in Hamburg. Frankfurt am Main: Europäischer Verlag der Wissenschaften.

Krause, T. (2003). Dynamische Straßenbenutzungsgebühren zur Reduzierung von Staus. Frankfurt am Main: Peter Lang Verlag.

Krishnamurthy, P. & Kumar, P. (2002). Self-Other Discrepancies in Waiting Time Decisions. *Organizational Behavior and Human Decision Processes*, 87 (2), 207–226.

Kuhn, K. M. (1997): Communicating Uncertainty: Framing Effects on Responses to Vague Probabilities. *Organizational Behavior and Human Decision Processes*, 71, 55–83.

Kühberger, A. (1998). The Influence of Framing on Risky Decisions: A Meta-Analysis. *Organizational Behavior and Human Decision Processes*, 75, 23–55.

Kühberger, A. & Tanner, C. (2010). Risky Choice Framing: Task Versions and a Comparison of Prospect Theory and Fuzzy-Trace Theory. *Journal of Behavioral Decision Making*, 23, 314–329.

Kuvaas, B. & Selart, M. (2003). Effects of Attribute Framing on Cognitive Processing and Evaluation. *Organizational Behavior and Human Decision Processes*, 95, 198–207.

Kwon, J. & Varaiya, P. (2005). Effectiveness of High Occupancy Vehicle (HOV) Lanes in the San Francisco Bay Area. Department of Electrical Engineering and Computer Science, University of California, Berkeley.

Lam, T. C. & Small, K. A. (2001): The value of time and reliability: measurement from a value pricing experiment. *Transportation Research Part E: Logistics and Transportation Review*, 37, 231–251.

Laucken, U. (1984) Über den Wandel des Begriffs ‚Verstehen' in verschiedenen psychologischen Denkformen. In J. Engelkamp (Hrsg.), *Psychologische Aspekte des Verstehens* (231–254). Berlin u. a.: Springer.

Lauriola, M., Russo, P. M., Lucidi, F., Violani, C. & Levin, I. P. (2005). The role of personality in positively and negatively framed risky health decisions. *Personality and Individual Differences*, *38*(1), 45–59.

Laux, H., Gillenkirch, R. M. & Schenk-Mathes, H. (2012). Entscheidungstheorie. Berlin, Heidelberg: Springer-Verlag.

Leclerc, F., Schmitt, B. H. & Dube, L. (1995), Waiting Time and Decision Making: Is Time like Money? *Journal of Consumer Research*, 22, issue 1, 110–119.

Lehmann, C. (1996). Die politische Ökonomie des Road Pricing. *Vorträge und Studien aus dem Institut für Verkehrswissenschaft an der Universität Münster*, Vandenhoeck & Ruprecht in Göttingen.

Levin, I. P., (1987a). Associate Effects of Information Framing, Bulletin of the Psychonomic Society 25, 85–86.

Levin, I. P. (1987b). Associative effects of information framing on human judgments. Paper presented at the annual meeting of the Midwestern Psychological Association, May, Chicago, IL.

Levin, I. P., Chapman, D. P. & Johnson, R. D. (1988). Confidence in judgments based on incomplete information: An investigation using both hypothetical and real gambles. *Journal of Behavioral Decision Making*, 1, 29–41.

Levin, I. P. & Gaeth G. J. (1988). How Consumers are Effected by the Framing of Attribute Information Before and After Consuming the Product, *Journal of Consumer Research*, 15, 374–378.

Levin, I. P., Johnson, R. D., Deldin, P. J., Carstens, L. M., Cressey, L. J. & Davis, C. R. (1986). Framing effects in decisions with completely and incompletely described alternatives. *Organizational Behavior and Human Decision Processes*, 38, 48–64.

Levin, I. P., Schneider, S. L. & Gaeth G. J. (1998). All Frames Are Not Created Equal: A Typology and Critical Analysis of Framing Effects. *Organizational Behavior and Human Decision Processes*, 76 (2), 149–188.

Li, J. (2001). Explaining high-occupancy-toll lane use. *Transportation Research Part D: Transport and Environment*, 6(1), 61–74.

Li, Z., Hensher, D. A. & Rose, J. M. (2010). Willingness to pay for travel time reliability in passenger transport: A review and some new empirical evidence. *Transportation Research Part E: Logistics and Transportation Review*, 46, issue 3, 384–403.

Liang, K. -Y. & Zeger, S. L. (1986). Longitudinal data analysis using generalized linear models. *Biometrika*, 73 (1), 13–22.

Lindenberg, S. (1989). Choice and Culture: The behavioral basis of cultural impact on transactions. In H. Haferkamp (Hrsg.), *Social Structure and Culture* (175–200). Berlin: De Gruyter.

Lindenberg, S. & Steg, L. (2007). Normative, Gain and Hedonic Goal Frames Guiding Environmental Behavior. *Journal of Social Issues*, 63, 117–137.

Litman, T. (2003). The online TDM encyclopedia: Mobility management information gateway. *Transport Policy*, 10 (3), 245–249.

Littlejohn, S. W. (2002). Theories of Human Communication. Stamford: Wadsworth.

Liu, A., Boyett, J. M. & Xiong, X. (2000). Sample size calculation for planning group sequential longitudinal trials. *Statistics in Medicine,* 19, 205–220.

Long, R. & Curry, D. (2000). HOV Lanes in California: Are They Achieving Their Goals. An LAO Report. Sacramento, CA: Legislative Analyst's Office.

Luce, K. H., Winzelberg, A. J., Das, S., Osborne, M. I., Bryson, S. W. & Barr Taylor, C. (2007). Reliability of self-report: paper versus online administration. *Computers in Human Behavior*, 23, 1384–1389.

Lucke, D. (1995). Akzeptanz. Legitimität in der „Abstimmungsgesellschaft". Opladen: Leske + Budrich.

Luk, J. & Chung, E. (1997). Public acceptance and technologies for road pricing. Vermont South: ARRB Transport Research Ltd.

Luz, F. (1994). Zur Akzeptanz landschaftsplanerischer Projekte. Determinanten lokaler Akzeptanz und Umsetzbarkeit von landschaftsplanerischen Projekten zur Extensivierung, Biotopvernetzung und anderen Maßnahmen des Natur- und Umweltschutzes. *Europäische Hochschulschriften,* 42 (11). Frankfurt am Main: Peter Lang Verlag.

Maheswaran, D. & Meyers-Levy, J. (1990). The Influence of Message Framing and Issue Involvement. *Journal of Marketing Research*, 227, 361–367.

Masiero, L. & Hensher, D. A. (2011). Shift of reference point and implications on behavioural reaction to gains and losses. *Transportation*, 38, 249–271.

Masiero, L. & Maggi, R. (2011). Accounting for WTP/WTA discrepancy in discrete choice models : discussion of policy implications based on two freight transport stated choice experiments. In M. Ben-Akiva, H. Meersman, E. Van de Voorde (Hrsg.), *Freight Transport Modelling* (187–203). Bingley, UK: Emerald Group Publishing Limited.

Mayerl, J. (2009). Kognitive Grundlagen sozialen Verhaltens. Framing, Einstellungen und Rationalität. Wiesbaden: VS Verlag für Sozialwissenschaften.

Mayerl, J., Sellke, P. & Urban, D. (2005). Analyzing cognitive processes in CATI-Surveys with response latencies: An empirical evaluation of the consequences of using different baseline speed measures. *Schriftenreihe des Instituts für Sozialwissenschaften der Universität Stuttgart*, No. 02/05. Stuttgart.

McCaffery, E. J. & Baron, J. (2003). Heuristics and Biases in Thinking about Tax. *Research Paper 03–31*. University of Pennsylvania, Institute for Law & Economics.

McCaffery, E. J. & Baron, J. (2004). Framing and Taxation: Evaluation of Tax Policies Involving Household Composition. *Journal of Economic Psychology*, 25, 679–705.

McCaffery, E. J. & Baron, J. (2005). The Political Psychology of Redistribution. *Research Paper 05–11*. University of Pennsylvania, Institute for Law & Economics.

McCullagh, P & Nelder, J. A (1989). Generalized Linear Models. London New York. Chapman & Hall.

McElroy, T. & Seta, J. J. (2003). Framing Effects: An Analytic-Holistic Perspective. *Journal of Experimental Social Psychology*, 39(6), 610–617.

McElroy, T. & Seta, J. J. (2004). On the other hand am I rational? Hemispheric activation and the framing effect. *Brain and Cognition*, 55, 572–580.

Meyer, C. (1999). Straßenbenutzungsgebühren als Instrument zur Internalisierung der externen Kosten des Pkw-Verkehrs. Aachen: Shaker Verlag.

Meyerowitz, B. E. & Chaiken, S. (1987). The effect of message framing on breast self-examination attitudes, intentions, and behavior. *Journal of Personality and Social Psychology*, 52 (3), 500–510.

Michaelis, P. (2006). Kosteninternalisierung im Straßenverkehr – Eine umweltökonomische Begründung. In M. Rodi (Hrsg.), *Fairer Preis für Mobilität. Straßenbenutzungsgebühren als Instrument zur Steuerung von Verkehrsströmen. 2. Greifswalder Forum Umwelt und Verkehr 2006* (1–29). Berlin: Lexxion Verlagsgesellschaft mbH.

Milne, D., Niskanen, E. & Verhoef, E. (2000). Operationalisation of marginal cost pricing within urban transport. *VATT research reports* (63). Helsinki.

Ministry of Transport (1964): Road Pricing – The Economic and Technical Possibilities, London.

Morris, J. & Bird, J. (2006). Public Opinion and Road Pricing. *Report from Primary Research*. Institute for Public Policy Research, London.

Müller, P., Schleicher-Jester, F., Schmidt, P. & Topp, H. H. (1992). Konzepte flächenhafter Verkehrsberuhigung in 16 Städten. Grüne Reihe des Fachgebietes Verkehrswesen der Universität Kaiserslautern, Nr. 24.

Murray, D. & Fisher, J. (2002). The Internet: A Virtually Untapped Tool for Research. *Journal of Technology in Human Services*, 2/3 (19), 5–18.

Myers, D. G. (2014). Psychologie. Berlin Heidelberg: Springer Verlag.

Nielsen, S. -M. (2001). Beiträge des Verkehrssystem-Managements zum stadtverträglicheren Straßenverkehr – Straßenbenutzungsabgaben, Zufahrtbeschränkung und elektrisch angetriebene Stadtautos im Vergleich. *Unveröffentlichte Dissertation*, Technische Universität Berlin, Institut für Straßen- und Schienenverkehr.

Nowakowski, J. M. & Petty, R. E. (2002). Need for Cognition in Self-Improvement Programs. *Poster presented at 17th annual conference for the Society for Industrial and Organizational Psychology*, Toronto, Canada.

Obermeyer, A., Evangelinos, C. & Besherz, A. (2013). Der Wert der Reisezeit deutscher Pendler, *Perspektiven der Wirtschaftspolitik*, 14 (1–2), 118–131.

Obst, D. (2007). Psychologische Einflussfaktoren auf den Umgang mit differenzierten Straßenbenutzungsgebühren – eine experimentelle Untersuchung. *Unveröffentlichte Diplomarbeit*. Technische Universität Dresden, Fachbereich Verkehrspsychologie.

OECD (1990). Behavioural adaptions to changes in the road transport system. Paris: OECD expert group.

OECD (2002). Policy instruments for achieving environmentally sustainable transport. Paris: OECD Publications.

O'Keefe, D. J. (2011). Generalizing about the persuasive effects of message variations: The case of gain-framed and loss-framed appeals. In T. V. Haaften, H. Jansen, J. D. Jong & W. Koetsenruijter (Hrsg.), *Bending opinion: Essays on persuasion in the public domain* (pp. 117–131). The Netherlands: Leiden University Press.

Olson, K., Camp, C. & Fuller, D. (1984). Curiosity and need for cognition. *Psychological Reports*, 54(1), 71–74.

O'Mahony, M. (2001). Pricing. *Skriptum im Rahmen des Projektes PORTAL*, EU-Forschungsergebnisse im Bereich des Stadt- und Regionalbereiches.

Oppermann, P. (1984). Aktive Akzeptanzunterstützung durch Betroffenenbeteiligung. *Office Management*, 32/11, 1084–1086.

PB Study Team (2002). HOV Performance Program Evaluation Report. Los Angeles County Metropolitan Transportation Authority, Parson Brinckerhoff Study Team, Los Angeles.

Pechtl, H. (2005). Preispolitik. Stuttgart: Lucius & Lucius.

Petty, R. E. & Cacioppo, J. T. (1983). Central and Peripheral Routes to Persuasion. Application to Advertising. In L. Percy & Woodside, A. G. (Hrsg.), *Advertising and Consumer Psychology* (3–23). Lexington: Rowman & Littlefield Publishers.

Petty, R. E. & Cacioppo, J. T. (1986). Communication and persuasion: Central and peripheral routes to attitude change. New York: Springer-Verlag.

Petty, R. E. & Wegener, D. T. (1999). The Elaboration Likelihood Model: Current Status and Controversies. In S. Chaiken & Y. Trope (Hrsg.), *Dual Process Theories in Social Psychology* (41–72). New York: Guilford Press.

Pfister, H. R., Jungermann, H. & Fischer, K. (2017). Die Psychologie der Entscheidung. Eine Einführung. Berlin Heidelberg: Springer.

Pigou, A. C. (1929). The economics of welfare. London: Macmillan.

Piñon, A. & Gambara, H. (2005). A meta-analytic review of framing effect: risky, attribute and goal framing. *Psicothema 2005*. Vol. 17 (2), 325–331.

Praschl, M. & Risser, R. (1994). Die Diskrepanz zwischen Wissen und Handeln am Beispiel der Verkehrsmittelwahl. In A. Flade (Hrsg.), *Mobilitätsverhalten* (209–224). Weinheim: PVU.

Prätorius, G. & Wichert C. (2004). Die Ergänzung der Haushalts- durch Nutzerfinanzierung von Verkehrsinfrastrukturen. *Discussion Paper SP III 2004–108*, Wissenschaftszentrum Berlin für Sozialforschung.

PROGR€SS Project (2005). The Transport Situation in Trondheim. Abgerufen am 26.07.2007 auf: https://www.progress-project.org/Progress/tron.html.

Pronello, C., RamalhoVeiga Simão, J. P. & Rappazzo, V. (2017). The effects of the multimodal real time information systems on the travel behaviour. *Transportation Research Procedia,* 25C, 2681–2693.

Prose, F. (1994). Ansätze zur Veränderung von Umweltbewußtsein und Umweltverhalten aus sozialpsychologischer Perspektive. In Senatsverwaltung für Stadtentwicklung und Umweltschutz Berlin (Hrsg.), *Neue Wege im Energiesparmarketing. Materialien zur Energiepolitik in Berlin,* Heft 16, 14–23.

Puls, T. (2008): Stadtverkehr im Fokus. Ist eine City-Maut die Lösung der Stauprobleme?, Forschungsberichte aus dem Institut der deutschen Wirtschaft Köln, Nr. 37. Köln: Deutscher Instituts-Verlag.

Ramjerdi, F. (1995). Road Pricing and Toll Financing – with Examples from Oslo and Stockholm. *Thesis*, Royal Institute of Technology, Department of Infrastructure and Planning.

Ratzenberger, R. (2017). Stellungnahme zur Prognose der Einnahmen aus der Infrastrukturabgabe für Pkw. *Für die öffentlichen Anhörungen des Ausschusses für Verkehr und digitale Infrastruktur sowie des Finanzausschusses des Deutschen Bundestags am 20. März 2017*, München.

Reason, J. (1994). Menschliches Versagen. Heidelberg: Spektrum Akademischer Verlag.

Recke, G. (2004). Entscheidungsanalyse unter Risiko und Unsicherheit: Entscheidungscharakteristika in ökonomischen Netzen. Göttingen: Duehrkohp und Radicke.

Reyna, V. F. & Brainerd, C. J. (1991). Fuzzy-trace theory and framing affects in choice: gist extraction, truncation, and conversion. *Journal of Behavioral Decision Making*, 4, 249–262.

Rietveld, P. (2006). First Survey of Theory on Differentiated Charging; Formulation of Hypotheses and of Methodical Framework. *DIFFERENT Report*. Deliverable 3.1.

Rietveld, P. & Verhoef, E. T. (1998). Social feasibility of policies to reduce externalities in transport. In K. J. Button & E. T. Verhoef (Hrsg.), *Road Pricing, Traffic Congestion and the Environment. Issues of Efficiency and Social Feasibility* (285–307). Northampton/Massachusetts: Edward Elgar Publishing.

Rogers, R. W. (1983). Cognitive and physiological processes in fear appeals and attitude change: A revised theory of protection motivation. In I. T. Cacioppo & R. E. Petty (Hrsg.), *Social Psychophysiology: A source book* (153–176). New York: Guilford.

Rose, J. M. & Masiero, L. (2010). A comparison of the impacts of aspects of prospect theory on WTP/WTA estimated in preference and WTP/WTA space. *European Journal of Transport and Infrastructure Research,* 10 (4), 330–346.

Rößger, L., Schade, J., Obst, D., Gehlert, T., Schlag, B., Bonsall, P. & Lythgoe, B. (2008). Psychological Constraints of User Reactions towards Differentiated Charging. Deliverable 4.2. EU-Project DIFFERENT, 6th Framework Programme, Contract number 019746, Dresden, Leeds.

Rothengatter, W. (1994). Obstacles to the use of economic instruments in transport policy. In OECD/ECMT (Hrsg.), *Internalising the Social Costs of Transport* (1–34). Paris: OECD Publications.

Rothman, A. J. & Salovey, P. (1997). Shaping perceptions to motivate healthy behavior: The role of message framing. *Psychological Bulletin*, 121, 3–19.

Rothman, A. J., Salovey, P., Antone, C., Keough, K. & Martin, C. D. (1993). The Influence of Message Framing on Intentions to Perform Health Behaviors, *Journal of Experimental Social Psychology, 29*, 408–433.

Rouwendal, J. & Verhoef, E. T. (2006). Basic economic principles of road pricing: From theory to applications. *Transport Policy*, 13, 106–114.

Rozin, P. & Royzman, E. B. (2001). Negativity Bias, Negativity Dominance, and Contagion. *Personality and Social Psychology Review*, 5 (4), 296–320.

Rudolf, M. & Müller, J. (2012). Multivariate Verfahren. Eine praxisorientierte Einführung mit Anwendungsbeispielen in SPSS (2., überarbeitetet und erweiterte Aufl.). Göttingen: Hogrefe.

Sadowski, C. & Gulgoz, S. (1996). Elaborative processing mediates the relationship between the need for cognition and academic performance. *Journal of Psychology,* 30, 303–308.

Safirova, E., Gillingham, K., Harrington, W. & Nelson, P. (2003). Are HOT Lanes a Hot Deal? The Potential Consequences of Converting HOV to HOT Lanes in Northern Virginia. Urban Complexities Issue Brief 03–03.

Samuelson, W. & Zeckhauser, R. J. (1988). Status quo bias in decision making. *Journal of Risk and Uncertainty*, Volume 1, Issue 1, 7–59.

Sarris, V. & Reiß, S. (2005). Kurzer Leitfaden der Experimentalpsychologie. München: Pearson Studium.

Savage, L. J. (1954). The Foundations of Statistics. New York: John Wiley.

Schade, J. (1999). Individuelle Akzeptanz von Straßenbenutzungsentgelten. In B. Schlag (Hrsg.), *Empirische Verkehrspsychologie* (227–244). Lengerich: Pabst Science Publishers.

Schade, J. (2003). European research results on transport pricing acceptability. In J. Schade & B. Schlag (Hrsg.), *Acceptability of transport pricing strategies* (109–124). Oxford: Elsevier.

Schade, J. (2005). Akzeptanz von Straßenbenutzungsgebühren: Entwicklung und Überprüfung eines Modells. Lengerich: Pabst Science Publishers.

Schade, J., Kämpfe, B., Kecskés M. & Schlag, B. (2003). Anreizsysteme in der Verkehrssicherheitsarbeit – Eine Expertenevaluation. *Im Auftrag des Deutschen Verkehrssicherheitsrat e. V., Bonn.* Lehrstuhl für Verkehrspsychologie der TU Dresden.

Schade, J. & Schlag, B. (2000). Acceptability of urban transport pricing. *VATT Research Reports*, 72. Helsinki: VATT.

Schade, J. & Schlag, B. (2003). Acceptability of transport pricing strategies. An introduction. In J. Schade & B. Schlag (Hrsg.), *Acceptability of transport pricing strategies* (1–10). Oxford: Elsevier.

Schade, J. & Stern, J. (1997). Einstellungsbedingungen beim Autoabschaffen. In B. Schlag (Hrsg.), *Fortschritte der Verkehrspsychologie.* 36. BDP- Kongress für Verkehrspsychologie (225–233). Bonn: Deutscher Psychologen Verlag GmbH.

Schlag, B. (1994): Geschwindigkeitswahl und Verkehrsstärke auf Bundesautobahnen. *Zeitschrift für Verkehrssicherheit*, Nr. 40 (1), 27–29.

Schlag, B. (1997). Road Pricing-Maßnahmen und ihre Akzeptanz. In B. Schlag (Hrsg.), *Fortschritte der Verkehrspsychologie 1996. Kongressbericht* (217–224). Bonn: Dt. Psychologen-Verlag GmbH.

Schlag, B. (1998). Zur Akzeptanz von Straßenbenutzungsentgelten. *Internationales Verkehrswesen*, 50, 308–312

Schlag, B. & Schade, J. (2000). Public acceptability of traffic demand management in Europe. *Traffic Engineering and Control, 41(8)*, 314–318.

Schlag, B. & Schade, J. (2007). Psychologie des Mobilitätsverhaltens. APuZ, 29/30, 27–32.

Schneider, S. L. (1992). Framing and conflict: Aspiration level contingency, the status quo, and current theories of risky choice. *Journal of Experimental Psychology: Learning, Memory, and Cognition*, 18 (5), 1040–1057.

Schoemaker, P. J. H. (1979): The Role of Statistical Knowledge in Gambling Decisions: Moment vs Risk Dimension Approaches. *Organizational Behavior and Human Performance*, 24, 1–17.

Scholz, R. W. (1981). Stochastische Problemaufgaben: Analysen aus didaktischer und psychologischer Perspektive. IDM Materialien und Studien, Band 23, Bielefeld: Universität Bielefeld.

Schreyer, C., Maibach, M., Sutter, D., Doll, C. & Bickel, P. (2007). Externe Kosten des Verkehrs in Deutschland – Aufdatierung 2005. Zürich: INFRAS.

Schröder, M. (2005). Die Pkw-Maut: Ein Appell an die ökonomische Vernunft. *Internationales Verkehrswesen*, 57, 558–560.

Schulze, J. H. (2013). Wie Sprache unsere Entscheidungen beeinflussen kann. *Bavarian Working Papers in Linguistics*, 2, 29–41.

Schütte, C. (1998). Road-Pricing in der Praxis – Ein konkretes Preiskonzept. *Dissertation*, Technische Universität Berlin, Fachbereich Verkehrswesen und Angewandte Mechanik.

Seidel, T., Matthes, A., Wieland, B., Schlag, B., Schade, J., Verhoef, E., Ubbels, B., Tánczos, K., Kosztyó, Á. & Mészáros, F. (2004). Political Acceptability and Perceived Legitimacy of Transport Policy Implementation. *Deliverable 4*, Final Version. Transport Institutions in the Policy Process (TIPP).

Seta, J. J., McCormick, M., Gallagher, P., McElroy, T. & Seta, C. E. (2010). Voice frequency impacts hemispheric processing of attribute frames, *Journal of Experimental Social Psychology*, 46, 1089–1092.

Sherman, M. & Le Cessie, S. (1997). A comparison between bootstrap methods and generalized estimating equations for correlated outcomes in generalized linear models. *Communications in Statistics – Simulation and Computation*, 26 (3), 901–925.

Shires, J. D. & de Jong, G. C. (2009). An international meta-analysis of values of travel time savings. *Evaluation and Program Planning*, 32 (4), 315–325.

Shmueli, D. F. (2008). Framing in geographical analysis of environmental conflicts: Theory, methodology and three case studies. *Geoforum*, 39, 2048–2061.

Sieck, W. & Yates, J. F. (1997). Exposition Effects on Decision Making: Choice and Confidence in Choice. *Organizational Behavior and Human Decision Processes*, 70 (3), 207–219.

Siminoff, L. A. & Fetting, J. H. (1989). Effects of outcome framing on treatment decisions in the real world: Impact of framing on adjuvant breast cancer decisions. *Medical Decision Making*, 9, 262–271.

Simon, H. A. (1982). Models of Bounded Rationality. Cambridge (Mass.): MIT Press.

Smith, S. M. & Petty, R. E. (1996). Message Framing and Persuasion: A Message Processing Analysis. *Personality and Social Psychology Bulletin, 22* (3), 257–268.

Sorger, G. (1999). Entscheidungstheorie bei Unsicherheit: Grundlagen und Anwendungen. Stuttgart: Lucius & Lucius.

Soriguera, F. (2014). On the value of highway travel time information systems. *Transportation Research Part A: Policy and Practice,* 70, 294–310.

Southern California Association of Governments (2004). Regional high-occupancy Vehicle lane system. Performance Study. *Final Summary Report,* Los Angeles.

Small, K. A. & Yan, J. (2001). The value of 'Value Pricing' of roads: second-best pricing and product differentiation. *Journal of Urban Economics,* 49, 310–336.

Stanovich, K. E. & West, R. F. (2008). On the Relative Independence of Thinking Biases and Cognitive Ability. *Journal of Personality and Social Psychology*, 94 (4), 672–695.

Stathopoulos, A. & Hess, S. (2012). Revisiting reference point formation, gains-losses asymmetry and non-linear sensitivities with an emphasis on attribute specific treatment. *Transportation Research Part A: Policy and Practice*, 46, 1673–1689.

Statistisches Bundesamt (2005). Leben und Arbeiten in Deutschland – Ergebnisse des Mikrozensus 2004. Wiesbaden: Statistisches Bundesamt Deutschland.

Statistisches Bundesamt (2007a). Statistisches Jahrbuch 2007. Für die Bundesrepublik Deutschland. Wiesbaden: Statistisches Bundesamt Deutschland.

Statistisches Bundesamt(2007b). Verkehrsunfälle – Zeitreihen 2006. Wiesbaden: Statistisches Bundesamt Deutschland.

Steg, E. M. & Vlek, C. A. J. (1997). The role of problem awareness in willingness-to-change car-use and in evaluating relevant policy measures. In T. Rothengatter & E. C. Vaya (Hrsg.), *Traffic and Transport Psychology* (465–475). Amsterdam: Pergamon.

Stocké, V. (2002). Framing und Rationalität: Die Bedeutung der Informationsdarstellung für das Entscheidungsverhalten. Oldenbourg Verlag: München.

Stockmann, U. (2001). Erhebung von Infrastrukturbenutzungsgebühren – die Sicht des Europäischen Parlaments. In W. Rothengatter (Hrsg.), *Faire Preise für die Benutzung von Straßen und Schienen. DVWG – Reihe B, Seminar 236* (9–22). Bergisch Gladbach: DVWG.

Stokes, M. E., Davis, C. S. & Koch, G. G. (2012). Generalized Estimating Equations. In M. E. Stokes, C. S. Davis & G. G. Koch (Hrsg.), *Categorical Data Analysis Using SAS®* (Kapitel 15). Elektronische Version. Abgerufen am 16.03.2016 auf: https://proquest.tech.safaribooksonline.de/9781607646648.

Sullivan, E. (2000). Continuation Study to Evaluate the Impacts of the SR 91 Value-Priced Express Lanes. Final Report. *Prepared for California Department of Transportation.* Sacramento, CA.

Sutter, D., Maibach, M., Peter, M., Keller, M., Rapp, M., Yen, R. & Egeler, C. (2006). Road Pricing Modelle auf Autobahnen und in Stadtregionen – Schlussbericht. Zürich/Basel. INFRAS-RappTrans.

Teubel, U. (2001). Road Pricing – effizient, aber unsozial? Eine theoretische und empirische Analyse der Verteilungswirkungen von Straßenbenutzungsabgaben in Städten. Frankfurt am Main: Peter Lang Verlag.

Thaler, R. (1980). Toward a Positive Theory of Consumer Choice. *Journal of Economic Behavior and Organization,* 1 (1), 39–60.

Thaler, R. (1985). Mental Accounting and Consumer Choice. *Marketing Science,* 4 (3), 199–214.

Thaler, R. H. & Sunstein, C. R. (2009). Nudge. Wie man kluge Entscheidungen anstößt. Berlin: Ullstein Buchverlage.

Thielsch, M. T. & Weltzin, S. (2009). Online-Befragungen in der Praxis. In T. Brandenburg & M. T. Thielsch (Hrsg.), *Praxis der Wirtschaftspsychologie: Themen und Fallbeispiele für Studium und Praxis* (69–85). Münster: MV Wissenschaft.

Transport for London (2007). Central London Congestion Charging: Impacts monitoring – Fifth Annual Report. London: Transport for London.

Traub, S. (1999). Framing Effects in Taxation. An Empirical Study Using the German Income Tax Schedule. Heidelberg: Physica-Verlag.

Trope, Y. & Liberman, N. (2010). Construal-Level Theory of Psychological Distance. *Psychological Review*, *117*(2), 440–463.

Tu, J., Kao, T. & Tu, Y. (2013). Influences of framing effect and green message on advertising effect. *Social Behavior and Personality: An international journal*, *41*, 1083–1098.

Tversky, A. & Kahneman, D. (1974). Judgment under Uncertainty: Heuristics and Biases. *Science*, New Series, 185, 1124–1131.

Tversky, A. & Kahneman, D. (1981). The Framing of Decisions and the Psychology of Choice. *Science*, New Series, 211 (4481), 453–458.

Tversky, A. & Kahneman, D. (1983). Extensional versus Intuitive Reasoning: The Conjunction Fallacy in Probability Judgment. *Psychological Review*, 90(4), 293–315.

Tversky, A. & Kahneman, D. (1986). Rational Choice and the Framing of Decisions. *The Journal of Business*, 59 (4/2), 251–278.

Tversky, A. & Kahneman, D. (1991). Loss Aversion in Riskless Choice: A Reference-Dependent Model. *The Quarterly Journal of Economics*, 106 (4), 1039–1061.

Tversky, A. & Kahneman, D. (1992). Advances in prospect theory: Cumulative representation of uncertainty. Journal of Risk and Uncertainty, 5, 297–323.

UBA (2012). Umweltbundesamt: Methodenkonvention 2.0 zur Schätzung von Umweltkosten – Ökonomische Bewertung von Umweltschäden. Dessau-Roßlau, Bundesministerium für Umwelt, Naturschutz, Bau und Reaktorsicherheit. Abgerufen am 29.05.2016 auf: https://www.umweltbundesamt.de/publikationen/oekonomische-bewertung-von-umweltschaeden-0.

UBA (2017). Umweltbewusstsein in Deutschland 2016. Ergebnisse einer repräsentativen Bevölkerungsumfrage. Berlin: Bundesministerium für Umwelt, Naturschutz, Bau und Reaktorsicherheit. Abgerufen am 09.04.2017 auf: https://www.umweltbundesamt.de/publikationen/umweltbewusstsein-in-deutschland-2016.

Ubbels, B. J. (2006). Road Pricing – Effectiveness, Acceptance and Institutional Aspects. *Unveröffentlichte Dissertation*, FU Amsterdam.

Updegraff, J. A., Rothman, A. J. & Salovey, P. (2012). Using Message Framing to Promote Healthful Behaviors : An Update. In: J. A. Trafton & W. P. Gordon (Hrsg.). *Best Practices in the Behavioral Management of Chronic Diseases.* Los Altos, CA: Institute for Brain Potential.

Vägverket (2007). Congestion tax in Stockholm. Abgerufen am 04.09.2007 auf: https://www.vv.se/templates/page3____17154.aspx.

Van de Kaa, E. J. (2010). Sign-dependent Value of Time in Stated Preference: Judgment Bias or Exposure of Genuine Preference? *European Journal of Transport and Infrastructure Research* (EJTIR), 10(4), 347–367.

Van de Velde, L., Verbeke, W., Popp, M P. & Van Huylenbroeck, G. (2010). The importance of message framing for providing information about sustainability and environmental aspects of energy. Energy Policy, Energy Policy, 38 (10), 5541–5549.

Van Wee, G. P. (2010). Prospect Theory and Travel Behaviour: A Personal Reflection Based on a Seminar. *European Journal of Transport and Infrastructure Research* (EJTIR), 10 (4), 385–394.

Varian, H. R. (2007). Grundzüge der Mikroökonomik. München/Wien: Oldenbourg.

Verhoef, E. T. (2005). Second-best Road Pricing Through Highway Franchising. *Tinbergen Institute Discussion Paper,* TI 2005–082/3. Amsterdam.

Vohs, K. D., Baumeister, R. F., Twenge, J. M, Schmeichel, B. J., Tice, D. T. & Crocker, J. (2005). Decision Fatigue Exhausts Self-Regulatory Resources- But So Does Accommodating to Unchosen Alternatives. *Running Head: Self-Regulation and Choice.* Minneapolis, MN: University of Minnesota.

Von Neumann, J. & Morgenstern, O. (1944). Theory of games and economic behavior. Princeton, NJ, US: Princeton University Press.

Vrtic, M., Schuessler, N, Erath, A. & Axhausen, K. W. (2010). The Impacts of Road Pricing on Route and Mode Choice Behaviour, *Journal of Choice Modelling*, 3(1), 109–126.

Wardman, M. (1988). A Comparison of Revealed Preference and Stated Preference Models of Travel Behaviour. *Journal if Transport Economics and Policy*, 22 (1), 71–91.

Weimer, R. & Stamer, H. H. (2005). Segmentspezifische Modellierung des Preisverhaltens durch Aufdeckung interdependenter Variablenstrukturen: Eine Anwendung finiter Mischungen von Mittelwert und Kovarianzstrukturmodellen zur Preissegmentierung. *Arbeitspapier Nr. 125 des Lehrstuhls für Marketing an der Universität Erlangen*, Nürnberg.

Weller, G. & Schlag, B. (2004). Verhaltensadaptation nach Einführung von Fahrerassistenzsystemen: Vorstellung eines Modells und Ergebnisse einer Expertenbefragung. In B. Schlag (Hrsg.) *Verkehrspsychologie. Mobilität – Sicherheit – Fahrerassistenz* (351–370). Lengerich: Papst Science Publishers.

Welling, A. (2013). Strategien externen Unternehmenswachstums: Ein spieltheoretischer Realoptionenansatz. Wiesbaden: Springer Gabler.

Wellisch, D. (2000). Finanzwissenschaft. Band II. München: Vahlen.

Wehling, E. (2017). Framing Manual. Berkeley International Framing Institite. Abgerufen am 30.01.2018 auf: https://cdn.netzpolitik.org/wp-upload/2019/02/framing_gutachten_ard.pdf.

Willeke, R. (1996). Mobilität, Verkehrsmarktordnung, externe Kosten und Nutzen des Verkehrs. Frankfurt am Main: VDA.

Windhövel, C. (2008). Determinanten der Teamperformance. Eine personalökonom(etr)ische Untersuchung auf Basis von Mikrodaten. München: Rainer Hampp Verlag.

Wissenschaftlicher Beirat beim Bundesminister für Verkehr – Gruppe A Verkehrswirtschaft. (1992). Marktwirtschaftliche Instrumente zur Reduktion von Luftschadstoffemissionen des Verkehrs. *Zeitschrift für Verkehrswissenschaft*, 63, 114–133.

Wittling, H. (2001). Faire Preise für die Benutzung von Straßen und Schienen. In W. Rothengatter (Hrsg.), *Faire Preise für die Benutzung von Straßen und Schienen. DVWG – Reihe B, Seminar 236* (4–8). Bergisch Gladbach: DVWG.

Woll, A. (2003). Allgemeine Volkswirtschaftslehre. München: Vahlen.

Xu, Hongli, Zhou, J. & Xu, W. (2011). A decision-making rule for modeling travelers' route choice behavior based on cumulative prospect theory. *Transportation Research Part C,* 19 (2), 218–228.

Yates, J. F., Veinott, E. S. & Patalano, A. L. (2003). Hard decisions, bad decisions: on decision quality and decision aiding. In S. L. Schneider & J. Shanteau (Hrsg.), *Emerging Perspectives on Judgment and Decison Research* (13–63). Cambridge: Cambridge University Press.

Zickar M. J. & Highhouse, S. (1998). Looking Closer at the Effects of Framing on Risky Choice: An Item Response Theory Analysis. *Organizational Behavior and Human Decision Processes*, 75 (1), 75–91.